SIMPLIFIED
RUSSIAN GRAMMAR

SIMPLIFIED
RUSSIAN
GRAMMAR

MISCHA FAYER

National Textbook Company
a division of NTC/CONTEMPORARY PUBLISHING GROUP
Lincolnwood, Illinois USA

Mischa H. Fayer is the author of the *Basic Russian* series, and is former head of the Russian Department and Director of The Russian School and the Institute of Soviet Studies at Middlebury College, Vermont. He was also Chairperson of the Department of Oriental and Slavic Languages at the University of Kentucky.

ISBN: 8442-4231-4

Published by National Textbook Company,
a division of NTC/Contemporary Publishing Group, Inc.,
4255 West Touhy Avenue,
Lincolnwood (Chicago), Illinois 60646-1975 U.S.A.
© 1985, 1977 by NTC/Contemporary Publishing Group, Inc.
Manufactured in the United States of America.
Library of Congress Catalog Card Number: 73-92153

9 0 BC 9 8 7 6

PREFACE

Simplified Russian Grammar has been designed to make the study of the Russian language an enjoyable and enriching experience. The material in this book is presented gradually with a systematic use of charts to make explanations as clear as possible. The reading selections are varied and interesting and contain vocabulary that is relevant to the activities and concerns of everyday life. With a text as carefully organized as this one, students will learn Russian with relative ease. In fact, Russian, as presented in this text, can be mastered as quickly and thoroughly as any other foreign language.

This textbook is made up of forty-one lessons grouped into six sections. The book begins with an introductory lesson on the Russian alphabet in its written and printed forms. Teachers who stress oral proficiency in their classes may omit this introductory presentation and start immediately with the readings and vocabulary of the initial lessons. The material included in this text lends itself equally well to oral practice or to reading.

The elements of each lesson are ordered in the following sequence: text, vocabulary list, idioms, vocabulary comments, pronunciation (treated in the first thirteen lessons), grammar, and exercises. The readings in these lessons were chosen on the basis of their interest to mature students who are beginning their study of Russian.

About 1000 basic words have been selected for use in *Simplified Russian Grammar*. The "comments" that follow the vocabulary lists highlight common roots and word-formation patterns. They help students master new vocabulary words by associating them with words learned previously. This method provides an effective review of the vocabulary of preceding lessons

v

as well. Each grammar rule introduced in the text is illustrated by examples and reinforced by exercises. Additional reinforcement is provided by Review Lessons found at the end of major sections.

In creating this book, the author has adopted the principle that all rules relating to a topic be presented together. This integrated presentation eliminates the necessity of time-wasting hunts for information scattered in bits and pieces throughout a book. Another of the author's guiding principles has been to eliminate guesswork through clarity of presentation—even at the risk of occasional repetition.

The Appendix of *Simplified Russian Grammar* offers a wide array of supplementary material to be used as teacher or student sees fit. Particularly useful in the first part of the Appendix are the supplementary pattern drills with suggestions for additional oral and written practice. These drills begin on page 339. The content of the exercises parallels the order of presentation in the text lessons. They also include useful expressions that cover such conversation topics as school, the weather, health, and greetings.

The second part of the Appendix offers science texts written at a popular level. These reading selections introduce students to commonly used terminology in such fields as chemistry, medicine, space, physiology, and ecology. Students who are studying Russian with a view to a career in science will find these texts both interesting and useful. This part of the Appendix also presents the texts of Russian songs, grammar and pronunciation charts, reference lists, Russian-English and English-Russian vocabularies, as well as an index.

Simplified Russian Grammar is accompanied by a variety of separate components that facilitate the teaching and learning process. These include an Answer Key to the text (4234-9), a Workbook (4232-2), Tests (4236-5), Records (4233-0), and Tapes (4235-7). These materials are adaptable to a wide range of teaching objectives and allow the teacher of Russian considerable flexibility in classroom situations.

CONTENTS

SECTION I

CONTENTS

CONTENTS

SECTION II

CONTENTS

CONTENTS

SECTION III

CONTENTS

SECTION IV

CONTENTS

CONTENTS

SECTION V

CONTENTS

CONTENTS

CONTENTS

CONTENTS

Abbreviations

The following abbreviations are used throughout the text and in the vocabularies. Ordinarily, an italicized word in parentheses applies to the Russian word it follows; for example, автомобиль (*m.*) means that автомобиль is a masculine noun. Parts of speech are indicated only when confusion might arise; gender, only when it is not obvious from the ending.

acc.	accusative	*lit.*	literally
act.	actual verb	*L.*	lesson
adj.	adjective	*m.*	masculine
adv.	adverb	*n.*	neuter
cf.	compare	*nom.*	nominative
colloq.	colloquial	*not decl.*	not declined
comp.	comparative	*pers.*	personal
conj.	conjugation	*pf.*	perfective
conjunc.	conjunction	*pl.*	plural
dat.	dative	*pol.*	polite
decl.	declension, declined	*ppp.*	past passive participle
dim.	diminutive	*pr.*	pronounced
f.	feminine	*pred.*	predicative
fam.	familiar	*prep.*	prepositional
fl	fleeting **o** or **e**	*pres.*	present
fut.	future	*pron.*	pronoun
gen.	genitive	*recip.*	reciprocal
hab.	habitual	*reflex.*	reflexive
imp.	imperfective	*rel. pron.*	relative pronoun
imper.	imperative	*sing.*	singular
inf.	infinitive	*super.*	superlative
instr.	instrumental	*v.*	verb
interr.	interrogative	*vocab.*	vocabulary
intrans.	intransitive	I	First Conjugation
irr.	irregular	II	Second Conjugation

INTRODUCTORY LESSON

THE RUSSIAN ALPHABET

Russian uses the Cyrillic alphabet, supposedly devised in the ninth century by St. Cyril, a monk from Salonika, who came to Moravia to convert the Slavs to Christianity. In the tenth century this alphabet was adopted by the Russians simultaneously with Christianity. The Cyrillic alphabet was modernized by Peter the Great, and, in October, 1918, it was further simplified when several letters (I, Ѣ, Ѳ, V) were abolished by the decree on the new orthography. The alphabet now consists of 33 characters (counting the **ё** and the **й**).

The Written Alphabet

Since writing is not only an objective in itself but also an effective way of accelerating the learning process, students will profit by mastering the written alphabet from the outset.

Facility and speed in writing Russian can be achieved in a very short time if the following suggestions are carefully observed and the proper writing habits formed.

1. Study the form of each written letter in the charts that follow.

2. Write the strokes of each letter in the sequence and in the direction indicated by the numbered arrows.

3. Do not add any strokes, curves, or loops of your own to the forms of the letters.

4. Maintain the correct relationship in size between capital and small letters.

Group I

a. How to pronounce *А а* through *К к.*

Written	Russian Name	Approximate English Sound	Examples
1. *А а*	ah	a in car	*Áнна*
2. *Б б*	beh	b in book	*Бáда*
3. *В в*	veh	v in visit	*Вáза*
4. *Г г*	gheh	g in glad	*Газóн*
5. *Д д*	deh	d in do	*Дáма*
6. *Е е*	yeh	ye in yes	*Éва*
7. *Ж ж*	zheh	s in treasure	*Жáда*
8. *З з*	zeh	z in zone	*Зóна*
9. *И и*	ee	ee in see	*Ида*
10. *К к*	kah	k in king	*Кот*

b. How to write *А а* through *К к.*

c. Drill: Write each of the above letters a number of times until you can write them correctly.

Group II

a. How to pronounce *Л л* through *Ф ф*.

	Written	Russian Name	Approximate English Sound	Examples
11.	*Л л*	ell	*ll* in we*ll*	*Лóндон*
12.	*М м*	em	*m* in ja*m*	*Мáма*
13.	*Н н*	en	*n* in *n*arrow	*Нóта*
14.	*О о*	aw	*o* in sport	*Вóлга*
15.	*П п*	peh	*p* in *p*ark	*Пáпа*
16.	*Р р*	err	*r* in *r*ose	*Рáдио*
17.	*С с*	ess	*s* in *s*top	*Стол*
18.	*Т т*	teh	*t* in *t*ip	*Тон*
19.	*У у*	oo	*oo* in booty	*Утро*
20.	*Ф ф*	eff	*f* in *f*act	*Факт*

b. How to write *Л л* through *Ф ф*.

Л л М м Н н О о П п

Р р С с Т т У у Ф ф

c. Drill: Write each of the above letters a number of times until you can write them correctly.

Group III

a. How to pronounce *Х х* through *Я я*.

	Written	Russian Name	Approximate English Sound	Examples
21.	*Х х*	hah	h in *h*and (strongly aspirated)	*Хор*
22.	*Ц ц*	tseh	ts in fla*ts*	*Цвет*
23.	*Ч ч*	cheh	ch in *ch*eck	*Час*
24.	*Ш ш*	shah	sh in *sh*ort	*Школа*
25.	*Щ щ*	shchah	shch in fresh cheese	*Щи*
*26.	*ъ*	(hard sign)	(has no sound)	*Отъéзд*
*27.	*ы*	yerih	y in s*y*llable	*Рыба*
*28.	*ь*	(soft sign)†	(has no sound)	*Пальтó*
29.	*Э э*	eh	e in *e*gg	*Этáж*
30.	*Ю ю*	you	u in *u*se	*Юмор*
31.	*Я я*	ya	ya in *ya*rd	*Ялта*

b. How to write *Х х* through *Я я*.

* These letters are never used at the beginning of a word; hence they have no written capitals.

† Indicates that the preceding consonant is pronounced soft.

c. Drill: Write each of the above letters a number of times until you can write them correctly.

Group IV

a. How to pronounce *Ё ё* and *Й й*.

Note: The two dots (called a *diaeresis*) over the *е* (*ё*) change the sound from *ye* to *yo* (as in *y*olk). The sign ⌣ over the *и* (*й*) shortens the sound from *ee* to *y* (as in bo*y*).

Written	Russian Name	Approximate English Sound	Examples
Ё ё	*yaw*	*yo* in *y*olk	*Ёлка*
Й й	short и	*y* in bo*y*	*Чай*

b. Drill: Practice pronouncing these syllables and words.

SYLLABLES

Аи, Аӥ; Ии, Иӥ; Ои, Оӥ; Уи, Уӥ; ыи, ыӥ; Юи, Юӥ; Эи, Эӥ; Еи, Еӥ; Ёи, Ёӥ; Яи, Яӥ.

WORDS

Мой, Твой, Тройка; Умей, Чайка, Яйца.

Correct Writing and Joining of Letters

1. In joining letters be sure to set *л, м,* and *я* off from preceding letters. For example:

хотя must not be written *хотя*

или must not be written *или*

Note that *хотя* could be mistaken for **хопя** and *или* for **иги** . This confusion can be avoided by beginning the letters *я* and *л* with the short hook.

2. Letters can be written continuously without a break, except when *л, м,* or *я* follow *о* . For example:

моя, полка, потом

3. Note the differences between *и* and *й*. Always make the *ш* with three loops; do not make it like the English *w*. The tails in *ц* and *щ* must be considerably shorter than that of *у*.

4. In order to avoid confusion between *т* and *ш*, they are frequently written thus:

т̄ (т),   *ш̱* (ш).

The Printed Alphabet

Russians ordinarily do not print. However, in order to learn the printed alphabet more easily, practice printing for a while. Later, use the Russian script exclusively.

Memorize the alphabet and, to avoid confusion, always refer to Russian letters by their Russian names.

SCRIPT	PRINT	NAME	SCRIPT	PRINT	NAME
1. *А а*	А а	*ah*	17. *С с*	С с	*ess*
2. *Б б*	Б б	*beh*	18. *Т т*	Т т	*teh*
3. *В в*	В в	*veh*	19. *У у*	У у	*oo*
4. *Г г*	Г г	*gheh*	20. *Ф ф*	Ф ф	*eff*
5. *Д д*	Д д	*deh*	21. *Х х*	Х х	*hah*
6. *Е е*	Е е	*yeh*	22. *Ц ц*	Ц ц	*tseh*
7. *Ж ж*	Ж ж	*zheh*	23. *Ч ч*	Ч ч	*cheh*
8. *З з*	З з	*zeh*	24. *Ш ш*	Ш ш	*shah*
9. *И и*	И и	*ee*	25. *Щ щ*	Щ щ	*shchah*
10. *К к*	К к	*kah*	26. *ъ*		Ъ	*hard sign*
11. *Л л*	Л л	*ell*	27. *ы*		Ы	*yerih*
12. *М м*	М м	*em*	28. *ь*		Ь	*soft sign*
13. *Н н*	Н н	*en*	29. *Э э*	Э э	*eh*
14. *О о*	О о	*aw*	30. *Ю ю*	Ю ю	*you*
15. *П п*	П п	*peh*	31. *Я я*	Я я	*ya*
16. *Р р*	Р р	*err*			

SCRIPT	PRINT	NAME
Ё ё	Е ё	*yaw*
Й й	й й	*short и*

ПЕ́РВЫЙ УРО́К

ЧТО Э́ТО?

STŌ   ÉTA   ÉTA

— Что э́то? — Э́то стол.
— Что э́то? — Э́то стул. Э́то стол и стул.
— Что э́то? — Э́то перо́.
— Что э́то? — Э́то каранда́ш. Э́то перо́ и каранда́ш.
— Э́то бума́га? — Да, э́то бума́га.
— Э́то газе́та? — Да, э́то газе́та.
— Э́то журна́л? — Да, э́то журна́л.
— Э́то кни́га? — Да, э́то кни́га.
Вот стол и стул. Вот перо́ и каранда́ш.
Вот бума́га и газе́та. Вот журна́л и кни́га.

Слова́рь (*Vocabulary*)

что (*pr.* **што**) what
э́то this
что э́то what is this?
стол table
э́то стол this is a table
стул chair
и and
перо́ pen
каранда́ш pencil
бума́га paper
да yes
газе́та newspaper
журна́л magazine
кни́га book
вот here is, here are

Пе́рвый уро́к   (First lesson)

Что э́то?

— Что э́то? — Э́то стол.

— Что э́то? — Э́то стул. Э́то стол и стул.

— Что э́то? — Э́то перо́.

— Что э́то? — Э́то каранда́ш. Э́то перо́ и каранда́ш.

— Э́то бума́га? — Да, э́то бума́га.

— Э́то газе́та? — Да, э́то газе́та.

— Э́то журна́л? — Да, э́то журна́л.

— Э́то кни́га? — Да, э́то кни́га.

— Вот стол и стул. Вот перо́ и каранда́ш. Вот бума́га и газе́та. Вот журна́л и кни́га.

Слова́рь (Vocabulary)

что (pr. што) what

э́то this

что э́то? what is this?

стол table

э́то стол this (is) a table

стул chair

и and

перо́ pen

каранда́ш pencil

бума́га paper

да yes

газе́та newspaper

журна́л magazine

кни́га book

вот here is, here are

Произношéние (*Pronunciation*)

1-A. Intonation in Questions

a. In simple affirmative sentences the voice drops at the end. For example:

Это книга.   This is a book.

b. A simple affirmative sentence can be changed to interrogative by merely changing the intonation, that is, by raising the voice on the key word of the question.   For example:

Это книга.   This is a book.

Это книга?   Is this a book?

1-B. Stress

a. In every Russian word there is only *one* stressed syllable.

b. The stress may fall on any syllable in the word.   For example:

э́то, бумáга, карандáш

c. The stressed syllable is articulated with much greater force than the unstressed syllables, and is thereby lengthened.

d. Stressed vowels are pronounced more clearly and distinctly than the unstressed vowels and require more time to pronounce them.   Unstressed vowels are less drawn out and are pronounced more faintly.   For example:

э́то, перó

перó, газéта

e. Stressed vowels (except **у, и, ы**) have different sounds than the unstressed vowels.   Therefore, accurate pronunciation depends largely upon proper stress.

f. Accent marks are not part of Russian spelling but are used throughout this text to indicate the stressed syllable.   No accent marks are given for one-syllable words.

Граммáтика (*Grammar*)

1-1. Это and вот

Note the difference in the meanings of э́то and вот.

a. Э́то means *this is, that is, it is, these are, those are*.   It is used to define, name, or describe something.   For example:

Это книга.   This is a book.

Это Бостóн.   This is Boston.

b. **Вот** (*here is, here are*) is used to point out something or to call attention to something.   For example:

Вот газе́та.   Here is the (*or* a) newspaper.
Вот А́нна.   Here is Anne.

1-2. Articles in Russian

There are no articles, definite or indefinite, in Russian; *a* or *the* must be supplied in English according to the context.   For example:

Перо́   may mean *a pen* or *the pen.*

1-3. "To Be" in the Present Tense

In the present tense, the verb *to be* is usually omitted in Russian. For example:

Э́то стол.   This is a table.
Э́то газе́та.   This is a newspaper.
Вот перо́.   Here is a pen.

Перево́д (*Translation*)

Translate the following sentences into Russian.   Omit the words in parentheses.
1. What (is) this?   2. This (is a) chair.   3. (Is) this (a) table?
4. Yes, this (is a) table.   5. Here (is a) pen, and here (is a) pencil.
6. (Is) this paper?   7. Yes, this (is) paper.   8. Here (are a) newspaper, (a) book, and (a) magazine.

Вопро́сы (*Questions*)

Answer the following questions in the affirmative.   For example:

Э́то стол?   *Answer:* **Да, э́то стол.**

1. Э́то кни́га?   2. Э́то бума́га?   3. Э́то газе́та?   4. Э́то журна́л?   5. Э́то перо́?   6. Э́то каранда́ш?   7. Э́то стол и стул?

Вопро́сы (*Questions*)

Answer the following questions in the affirmative.   For example:

Э́то стол?   *Answer:*   Да, э́то стол.

1. Э́то кни́га?   2. Э́то бума́га?   3. Э́то газе́та?
4. Э́то журна́л?   5. Э́то перо́?   6. Э́то каранда́ш?
7. Э́то стол и стул?

ВТОРОЙ УРО́К

Э́ТО КО́МНАТА*

— Вот ко́мната. Что э́то? — Э́то ко́мната.
— Вот пол и потоло́к. Что э́то? — Э́то пол и потоло́к.
— Вот стена́, ка́рта и окно́. Что э́то? — Э́то стена́, ка́рта и окно́.
— Вот доска́. Что э́то? — Э́то доска́.
— Э́то мел? — Да, э́то мел.
— Вот ла́мпа. Что э́то? — Э́то ла́мпа.
— Э́то ко́мната? — Да, э́то ко́мната.
— Э́то пол? — Да, э́то пол.
— Э́то потоло́к? — Да, э́то потоло́к.
— Э́то перо́? — Нет, э́то не перо́, а каранда́ш.
— Э́то стена́? — Нет, э́то не стена́, а ка́рта.
— Э́то окно́? — Нет, э́то не окно́, а стена́.
— Э́то мел? — Нет, э́то не мел, а перо́.

Слова́рь (*Vocabulary*)

ко́мната room
пол floor
потоло́к ceiling
стена́ wall
ка́рта map
окно́ window
доска́ blackboard
мел chalk
ла́мпа lamp
нет no
не not
а but
э́то не перо́, а каранда́ш this is not a pen, but a pencil

* The same text, vocabulary, and exercises are given in script.

Второй урок   (Second lesson)

Это комната

— Вот комната. Что это? Это комната.

— Вот пол и потолок. Что это? — Это пол и потолок. — Вот стена, карта и окно. Что это?

— Это стена, карта и окно.

— Вот доска. Что это? — Это доска.

— Это мел? — Да, это мел.

— Вот лампа. Что это? — Это лампа.

— Это комната? — Да, это комната.

— Это пол? — Да, это пол.

— Это потолок? — Да, это потолок.

— Это перо? — Нет, это не перо, а карандаш.

— Это стена? — Нет, это не стена, а карта.

— Это окно? — Нет, это не окно, а стена.

— Это мел? — Нет, это не мел, а перо.

Словарь (Vocabulary)

комната room	мел chalk
пол floor	лампа lamp
потолок ceiling	нет no
стена wall	не not
карта map	а but
окно window	это не перо, а карандаш
доска blackboard	this is not a pen, but a pencil

Произношéние (*Pronunciation*)*

2-A. Stressed and Unstressed "a"

a. The stressed **a** is pronounced like *a* in the English word *car*. For example:

бумáга, журнáл

b. The unstressed **a** is pronounced *more* or *less* like *a* in the English word *cigarette*. For example:

акадéмия, газéта, кóмната, лáмп**а**

Phonetic Drill. Pronounce the following words aloud:

да, бумáга, газéта, журнáл, кни́га, карандáш, кóмната, стенá, кáрта, лáмпа, дрáма, Áнна, мáма, Ми́ша, пáпа, абажýр, математика, Амéрика, американец, магази́н.

2-B. Stressed and Unstressed "o"

a. The stressed **o** is pronounced like *o* in the English word *sport*. For example:

ст**о**л, к**ó**мната

b. The pronunciation of the unstressed **o** depends upon its position in the word.

1. When the **o** alone forms the first syllable, it is pronounced like *o* in *come*. For example:

огорóд, **о**ригинáл

2. When the **o** is *pre-tonic* (i.e. when it immediately precedes a stressed syllable) it is also pronounced like *o* in *come*. For example:

окнó, д**о**скá

3. When the **o** is *post-tonic*, i.e. when it immediately follows the stressed syllable or appears in any other position not mentioned above, it has the indistinct sound of *a* in *sofa* or *o* in *lemon*. For example:

профéсс**о**р, э́т**о**, п**о**толóк

Phonetic Drill. Pronounce the following words aloud:

что, э́то, стол, перó, вот, пол, доскá, кóмната, окнó, потолóк, конфéта, головá, собáка, профéссор, дóктор, орáтор, оригинáл, операция, молокó, хóлодно.

---

* The English sounds given throughout are only approximate equivalents of Russian sounds. For complete accuracy, imitate your teacher and use records prepared by native speakers.

Грамма́тика (*Grammar*)

2-1. Syllabification

a. Words are divided into syllables according to the number of vowels. For example:

ка́р — та	(two vowels — two syllables)
ко́м — на — та	(three vowels — three syllables)

Note: For purposes of word division, only syllables can be carried from the end of one line to the beginning of the next.

b. A consonant between two vowels goes with the following vowel. For example:

кни́ — га   бу — ма́ — га

c. When two or more consonants occur between two vowels, the last one usually goes with the following vowel.* For example:

ка́р — та   сту — де́нт — ка

d. Two consecutive vowels form two separate syllables. For example:

ду — э́т   э — го — и́ст

e. The semivowel **й** always forms a diphthong in combination with its preceding vowel and cannot be separated from it. For example:

ча́й — ник   дво́й — ни́к

Spelling Drill. Write each of the following words by syllables, noting the stress:

порт, ра́дио, телефо́н, сала́т, журна́л,
ла́мпа, тури́ст, профе́ссор, Аме́рика,
университе́т, слу́чай, како́й.

Перево́д (*Translation*)

Translate the following sentences into Russian. Omit the words in parentheses.

1. Here (is a) room. 2. This (is a) floor. This (is a) ceiling. 3. This (is a) wall, (a) map, (a) blackboard, and chalk. 4. Here (is the) newspaper and (the) magazine. 5. This (is a) pencil and paper. 6. Here (is a) pen and (a) book. 7. (Is) this (the) ceiling? 8. (Is) this (a) lamp? No, this (is) not (a) lamp but (a) window. 9. (Is) this (a) map? No, this (is) not (a) map but (a) wall. 10. (Is) this (a) wall? No, this (is) not (a) wall but (a) blackboard.

---

* Some combinations of consonants, such as **ст**, **стр**, and **пл**, represent exceptions. For example: у — стал, се — стра́, ка́ — пля.

Вопро́сы (*Questions*)

Answer the following questions in both the affirmative and the negative. For example:

Э́то каранда́ш? *Answers:* 1. Да, э́то каранда́ш. 2. Нет, э́то не каранда́ш, а перо́.

1. Э́то ко́мната? 2. Э́то пол? 3. Э́то потоло́к? 4. Э́то стена́? 5. Э́то ка́рта? 6. Э́то окно́? 7. Э́то доска́? 8. Э́то мел? 9. Э́то ла́мпа? 10. Э́то газе́та?

Вопро́сы (*Questions*)

Answer the following questions in both the affirmative and the negative. For example: *Э́то каранда́ш? Да, э́то каранда́ш. Нет, э́то не каранда́ш, а перо́.*

1. Э́то ко́мната? 2. Э́то пол? 3. Э́то потоло́к? 4. Э́то стена́? 5. Э́то ка́рта? 6. Э́то окно́? 7. Э́то доска́? 8. Э́то мел? 9. Э́то ла́мпа? 10. Э́то газе́та?

LESSON 3

ТРÉТИЙ УРÓК

КТО ÉТО?

— Кто э́то? — Э́то он.
— Кто э́то? — Э́то она́. Э́то он и она́.
— Э́то студе́нт и́ли студе́нтка? — Э́то студе́нт. Он студе́нт, а она́ студе́нтка.
— Э́то я. Я профе́ссор. Кто я, профе́ссор и́ли студе́нт?
— Вы профе́ссор, а я студе́нт.
— Вы зна́ете кто э́то? — Да, я зна́ю кто э́то. Э́то господи́н Смит. Он то́же студе́нт.
— Они́ зна́ют, что господи́н Смит студе́нт?
— Нет, они́ не зна́ют, что господи́н Смит студе́нт.
— Где господи́н Смит? Он тут? — Да, он тут.
— А где госпожа́ Смит? Она́ там? — Нет, она́ до́ма.
— Где перо́? — Оно́ тут.
— Где каранда́ш? — Он там.
— А где бума́га? Она́ тут и́ли там? — Мы не зна́ем, где она́.

Слова́рь (*Vocabulary*)

кто who (*see* ¶ 3-1)
он he
она́ she
студе́нт (*m.*) student
и́ли or
студе́нтка (*f.*) student
а *here*: and
я I (*see* ¶ 3-6)
профе́ссор professor (*see* ¶ 3-6)
вы you
вы зна́ете? do* you know (*see* ¶ 3-4)
я зна́ю I know
господи́н Mr. (*see* ¶ 3-5 & 3-6)

Смит Smith
то́же also, too (*see* ¶ 3-A d)
они́ зна́ют? do they know?
что that (*see* ¶ 3-1)
они́ не зна́ют they do* not know (*see* ¶ 3-A c-2)
где where
тут here
госпожа́ Mrs. (*see* ¶ 3-5 & 3-6)
там there
до́ма at home
оно́ (*n.*) it
мы не зна́ем we do* not know

* The English auxiliary verb *do* has no counterpart in Russian.

17

Произношёние (*Pronunciation*)

3-A. Unstressed "e"*

The pronunciation of the unstressed **e** depends upon its position in the word.

a. At the beginning of a word or after a vowel, the unstressed **e** is pronounced like the *ye* in *year*. For example:

Европа, ему, её

b. Unstressed Pre-tonic **e**.

1. The unstressed **e** in the pre-tonic position is pronounced like the first *e* in *event*. For example:

стена, перо

2. The negative particle **не** is usually pronounced as part of the following word and is unstressed. Hence, the **e** sounds like the first *e* in *event*. For example:

Он не знáет	*sounds like*	Он низнáет.
Это не перó	*sounds like*	Это нипирó.

c. In positions other than initial or pre-tonic, the unstressed **e** sounds fainter and less distinct than the first *e* in *event*. For example:

он знáет, вы знáете

d. After **ж, ш**, or **ц**, the unstressed pre-tonic **e** sounds more like **ы** than **э**. (Compare ¶ **4-B**.) For example:

женá, шестóй, ценá

Phonetic Drill. Pronounce the following words aloud:

едá, едвá, ездá, едúм, Европа, перó, стенá, сестрá, рекá, веснá, не тут, не там, не дóма, мы не знáем, он не студéнт, женá, женúх, вышел, ценá, сéрдце.

* For stressed e, see ¶ **4-B**.

Грамма́тика (*Grammar*)

3-1. Interrogative Pronouns: кто? and что?

   a. **Кто?** (*who?*) refers to persons.   For example:

   Кто э́то?   Э́то **профе́ссор.**

   b. **Что?** (*what?*) refers to things.   For example:

   Что э́то?   Э́то **перо́.**

   c. As an interrogative pronoun, **что** means *what*; as a conjunction, it means *that* and introduces a subordinate clause.

   Я зна́ю, **что** он профе́ссор.

Note: Subordinate clauses are separated from the main clause by a comma.

3-2. Personal Pronouns

		SINGULAR		PLURAL
1*st person:*	**я**	I	**мы**	we
2*d person:*	**ты**	you (*fam. sing.*)	**вы**	you (*pl.* or polite sing.)
3*d person:*	**он**	he		
	она́	she	**они́**	they
	оно́	it		

Note: **Ты** is the *familiar singular* form of the second person and is used in addressing a close friend, a member of one's family, a child, or an animal.   **Вы** is used for the plural and the polite singular.

3-3. Genders

   There are three genders in Russian — masculine, feminine, and neuter.

   a. Common endings for the genders are as follows:

   1. *Masculine* words typically end in a *hard consonant.*   For example:

   студе́нт, стол, он

2. *Feminine* words typically end in **-a**.

студе́нтк**а**, ла́мп**а**, он**а́**

3. *Neuter* words typically end in **-o**.

пер**о́**, окн**о́**, он**о́**

b. To remember these endings, think of the personal pronoun for the *third person singular* in its three genders

он, он**а́**, он**о́**

c. Personal pronouns must agree in gender and number with the nouns to which they refer.

Где студе́нт? **Он** там.	Where is the student? *He* is there.
Где журна́л? **Он** тут.	Where is the magazine? *It* is here.
Где студе́нтка? **Она́** там.	Where is the student? *She* is there.
Где доска́? **Она́** тут.	Where is the blackboard? *It* is here.
Где перо́? **Оно́** тут.	Where is the pen? *It* is here.
Где студе́нт и профе́ссор? **Они́** тут.	Where are the student and the professor? *They* are here.

3-4. Present Tense of знать (*to know*)

A great many Russian verbs have the ending **-ать** in the infinitive. They are conjugated in the present tense like **знать** (*to know*).

a. To form the present tense of **знать**, drop the **-ть** from the infinitive and add the following endings

$$\begin{Bmatrix} \text{-ю, -ешь, -ет} \\ \text{-ем, -ете, -ют} \end{Bmatrix}$$

AFFIRMATIVE

я зна́**ю**	I know, I do know
ты зна́**ешь**	you know, you do know
он зна́**ет**	he knows, he does know
она́ зна́**ет**	she knows, she does know
оно́ зна́**ет**	it knows, it does know
мы зна́**ем**	we know, we do know
вы зна́**ете**	you know, you do know
они́ зна́**ют**	they know, they do know

b. The negative is formed by placing **не** before the verb.

NEGATIVE

я **не** зна́ю	I do not know
ты **не** зна́ешь	you do not know
он **не** зна́ет	he does not know
она́ **не** зна́ет	she does not know
оно́ **не** зна́ет	it does not know
мы **не** зна́ем	we do not know
вы **не** зна́ете	you do not know
они́ **не** зна́ют	they do not know

3-5. Use of господи́н (Mr.) and госпожа́ (Mrs. or Miss)

The words **господи́н** and **госпожа́** are now obsolete in the Soviet Union, though still used by Soviet citizens in addressing foreigners or by Russians living abroad. The usual term of address in the Soviet Union is now either **граждани́н** (**гражда́нка**) *citizen* (*citizeness*), or **това́рищ** (*comrade*).

3-6. Capitalization

a. The personal pronoun **я** (*I*) is capitalized in Russian only at the beginning of a sentence.

b. The same rule applies to **господи́н** (*Mr.*), **госпожа́** (*Mrs. or Miss*), and to titles such as **профе́ссор** (*Professor*).

Упражне́ния (*Exercises*)

Fill in each blank with an appropriate word. For example:

Где кни́га?   Она́ там

1. Э́то студе́нтка и́ли _student_? 2. Он студе́нт, а она́ _студентка_. 3. Она́ не _знает_, что э́то _не_ Смит. 4. Профе́ссор _тут_, а студе́нт там. 5. Мы не _знаем_, кто э́то. 6. _ты_ зна́ешь, кто она́? 7. Они́ _знают_, что господи́н Смит до́ма? 8. Где он и она́? _Они_ до́ма. 9. Где окно́? _Оно_ там. 10. Кто вы? _____ госпожа́ Смит. 11. Где ла́мпа? _она_ там. 12. Где каранда́ш? _он_ тут. 13. Где потоло́к? Вот _оно_. 14. Журна́л тут, а газе́та _там_. 15. Э́то не ка́рта, а _бумага; вот_

Перевóд (*Translation*)

Translate the following sentences. Omit the words in parentheses.*

1. What is this, the floor or the ceiling?   2. Here are the book, the magazine, a newspaper, and paper.   3. Do you know who this is?   4. Yes, we know who this is.   5. This is Professor Smith. 6. Professor Smith and the student are here, and Mrs. Smith is at home.   7. Mrs. Smith does not know where they are.   8. You are a professor and I am a student.   9. Mr. Smith is a student (*m.*) and Mrs. Smith is a (woman) student.   10. I am also a (woman) student.   11. Do you know where the paper is?   12. Yes, I know. Here it is.

Вопрóсы (*Questions*)

1. Это он и́ли онá?   2. Это студéнт и́ли студéнтка?   3. Это господи́н Смит и́ли госпожá Смит?   4. Вы знáете где профéссор? 5. Онá тóже знáет где профéссор?   6. Они́ знáют, что госпожá Смит дóма?   7. Где мел?   8. Где карандáш и бумáга?

---

* From this point on, articles, forms of the verb *to be* and the auxiliary verb *do* will not be set off in parentheses; it should be understood that they are to be omitted in Russian.

LESSON 4

ЧЕТВЁРТЫЙ УРОК

ГРАЖДАНИ́Н НО́ВИКО́В И ГОСПОЖА́ СМИТ

zdras tvuyte!

— Здра́вствуйте. Вы граждани́н Но́виков?
— Да, я Но́виков.
— Вы Ива́н Но́виков?
— Нет. Ива́н Но́виков мой брат. А вы госпожа́ Смит?
— Да, я Ве́ра Смит.
— Я о́чень рад, что вы в СССР.
— Я то́же ра́да, что я тут.
— Вы хорошо́ говори́те по-ру́сски?
— Нет, я понима́ю, но говорю́ пло́хо.
— Ничего́, мой брат хорошо́ понима́ет и говори́т по-англи́йски.
— Да, я зна́ю, что и вы и он понима́ете и говори́те по-англи́й-ски.
— Мы всегда́ чита́ем по-англи́йски, когда́ мы до́ма.
— Это о́чень хорошо́. Я никогда́ не чита́ю по-ру́сски и говорю́ о́чень пло́хо.
— Нет, не о́чень пло́хо. А вот Ива́н!
— Здра́вствуйте, граждани́н Но́виков.
— Здра́вствуйте, госпожа́ Смит.

Слова́рь (*Vocabulary*)

граждани́н citizen
Но́виков Novikov (*see* ¶ 4-A)
здра́вствуйте (*pr.* здра́ствуйте) how do you do? hello!
Ива́н Ivan
мой (*adj., m.*) my
брат brother
Ве́ра Vera
о́чень very
рад (*adj., m.*) glad (*see* ¶ 4-A)
в in

23

СССР* U.S.S.R.
в СССР in the U.S.S.R.
ра́да (*adj., f.*) glad
хорошо́ (*adv.*) well
вы говори́те you speak, talk (*see* ¶ 4-1 b)
по-ру́сски (*adv.*) Russian (*lit.*, in Russian)
я понима́ю I understand (*see* ¶ 4-1 a)
но but (*see* ¶ 4-3)
говорю́ I speak
пло́хо badly, poorly
ничего́ (*pr.* ничево́) nothing; *here*: no matter
понима́ет understands
говори́т speaks
по-англи́йски (*adv.*) English (*lit.*, in English)
и . . . и . . . both . . . and . . .
всегда́ (*pr.* фсегда́) always
чита́ть (I); **чита́ю, -ешь, -ют** to read (*see* ¶ 4-1 c)
когда́ when
никогда́ never (*see* ¶ 4-2)

Произноше́ние (*Pronunciation*)

4-A. Final "в" and "д"

At the end of a word, **в** is pronounced like **ф**, and **д** like **т**.　For example:

Но́виков is pronounced Но́викоф; рад is pronounced ра**т**.

4-B. Stressed "e"†

The pronunciation of the stressed **e** depends upon its position in the word.

a. At the beginning of a word or after a vowel, the stressed **e** is pronounced like *ye* in *yes*.　For example:

Е́ва, е́ду, уе́ду, прие́хал

b. In other positions, the stressed **e** sounds like the *e* in *bet* and indicates that the preceding consonant is soft.　For example:

мел, нет, где, газе́та

---

* Abbreviation combining the first letters of the full name for the U.S.S.R.: Сою́з Сове́тских Социалисти́ческих Респу́блик.
† For unstressed **e**, *see* ¶ 3-A.

c. After **ж, ш** or **ц**, the stressed **e** is pronounced like **э** (i.e., like *e* in *egg*). For example:

жест, шест, жéртва, центр

Phonetic Drill. Pronounce the following words aloud:

Нóвиков, Иванóв, Петрóв, здорóв, рад, парáд, сад, год, éсли, ем, éле, ель, есть, éхать, éздить, Вéра, студéнтка, нет, свет, дéло, дéлать, плен, шесть, акцéнт, офицéр.

Граммáтика (*Grammar*)

4-1. Conjugations

There are two basic conjugations in Russian, i.e., two basic patterns for the inflection of verbs.

a. The First Conjugation. Infinitive: **читáть** (*to read*)

To form the *present tense* of **читáть**, drop the ending **-ть** from the infinitive and add the personal endings

-ю, -ешь, -ет
-ем, -ете, -ют

to **чита-** (i.e., to the stem of the infinitive).

PRESENT TENSE*

я читáю	I read, am reading, do read
ты читáешь	you read, are reading, do read
он читáет	he reads, is reading, does read
онá читáет	she reads, is reading, does read
онó читáет	it reads, is reading, does read
мы читáем	we read, are reading, do read
вы читáете	you read, are reading, do read
они́ читáют	they read, are reading, do read

Note: The distinguishing mark of the First Conjugation is the vowel **e** in the ending **-ешь** in the second person singular of the present tense.

* This tense is used for any of the three English forms; for example: *I read, I am reading, I do read*—**я читáю**.

b. The Second Conjugation. Infinitive: **говори́ть** (*to speak*)

To form the present tense of **говори́ть**, add the personal endings

$$\begin{Bmatrix} \text{-ю, -ишь, -ит} \\ \text{-им, -ите, -ят} \end{Bmatrix}$$

to the present stem (i.e., to **говор-**). *gah-voh-reed*

PRESENT TENSE

я говорю́ *gah-vah-ryoo*	I speak, am speaking, do speak
ты говори́шь	you speak, are speaking, do speak
он говори́т	he speaks, is speaking, does speak
она́ говори́т	she speaks, is speaking, does speak
оно́ говори́т	it speaks, is speaking, does speak
мы говори́м	we speak, are speaking, do speak
вы говори́те	you speak, are speaking, do speak
они́ говоря́т	they speak, are speaking, do speak

Note: The distinguishing mark of the Second Conjugation is the vowel **и** in the ending **-ишь** in the second person singular of the present tense.

c. To conjugate any verb correctly, it is important to know not only the *infinitive*, but the *first* and *second person singular* in the *present tense* as well.

d. Henceforth, verbs of the First and Second Conjugations will be designated by the Roman numerals (**I**) and (**II**); those deviating from the regular patterns will be marked (*irr.*) (irregular).

4-2. The Double Negative in Russian

When a sentence contains a negative such as **ничего́** (*nothing*) or **никогда́** (*never*), the negative **не** must also be used. **Не** always precedes the word it negates. For example:

Я ничего́ **не** зна́ю.	I know nothing.
Я никогда́ **не** чита́ю.	I never read.
Он чита́ет, **не** я.	He is reading, not I.

4-3. The Conjunctions но and a

a. **Но**, meaning *but*, introduces a statement contrary to the one logically expected.

Я чита́ю по-ру́сски, **но** не понима́ю.	I read Russian, *but* I do not understand (it).
Он профе́ссор, **но** ничего́ не зна́ет.	He is a professor, *but* he knows nothing.

Normally, one who reads Russian would also be expected to understand it. Normally, a professor would be expected to know a great deal. **Но** stresses the fact that what is *ordinarily* true does not apply to the particular situation at hand. In the sentence, "The sun is shining, *but* it is raining," the word *but* must be translated by **но**; for ordinarily the sun does not shine when it is raining.

b. **А**, meaning *and* or *but*, expresses difference or contrast.

Э́то не мел, **а** каранда́ш.	This is not chalk, *but* a pencil.
Она́ не тут, **а** до́ма.	She is not here, *but* at home.
Стол тут, **а** доска́ там.	The table is here *and* the blackboard there.
Я говорю́ по-ру́сски, **а** вы по-англи́йски.	I speak Russian *and* you (speak) English.

On the whole, the function of **а** is to indicate that objects or situations belong in different categories.

c. Compare:

Он профе́ссор, **но** ничего́ не зна́ет. — *but*
Он профе́ссор, **а** я студе́нт. — *and*
Он не профе́ссор, **а** студе́нт. — *but*
Он студе́нт, **а не** профе́ссор. — *and not*

Note: After a negative, **а** means *but*; before a negative, **а** means *and not*.

Упражне́ния (*Exercises*)

Conjugate the following verbs in the present affirmative and negative. Indicate the stress.

1. знать 2. чита́ть 3. понима́ть 4. говори́ть

Перево́д (*Translation*)

A. Omit the words in parentheses and include the words in brackets.

1. I read and speak Russian. 2. Who reads English? 3. Who knows what she is reading? 4. They understand Russian but never speak (it). 5. You (*fam.*) read well but speak badly. 6. She is glad that he is here. 7. Do you speak Russian? 8. We do not speak Russian, but we speak English very well. 9. When are they home? 10. I do not know. 11. Mr. Novikov says that they are always home. 12. Ivan is my brother. 13. He is at home. 14. Hello, Mrs. Smith. 15. I am glad (*m.*) [that] you are in the U.S.S.R. 16. I am also glad (*f.*) [that] I am here.

B. Include words in brackets.

1. Mr. Smith is always reading. 2. Mrs. Smith is always speaking. 3. He reads and she talks. 4. She knows [that] he is reading, but she is talking. 5. Mr. Smith is a professor, and Mrs. Smith is a student. 6. Professor Smith understands English but speaks badly. 7. Mrs. Smith understands Russian and English. 8. Here is citizen Novikov. 9. Hello, citizen Novikov! 10. How do you do, Mr. Smith? 11. I am very glad that you are here. 12. I am glad that you are home.

Вопро́сы (*Questions*)

Prepare to answer the questions below in complete sentences, without using the book. In the beginning, try to repeat most of the question in your answer, adding some familiar word or words of your own. For example:

Вы говори́те по-ру́сски? *Answers:* 1. Да, я говорю́ по-ру́сски. 2. Нет, я не говорю́ по-ру́сски, я говорю́ по-англи́йски.

For another example: Вы понима́ете, что я говорю́? 1. Да, я понима́ю, что вы говори́те. 2. Я понима́ю. 3. Нет, я не понима́ю, что вы говори́те. 4. Я не понима́ю. 5. Я никогда́ ничего́ не понима́ю.

1. Вы граждани́н Но́виков? 2. Вы Ива́н Но́виков? 3. Вы госпожа́ Смит? 4. Вы хорошо́ говори́те по-ру́сски? 5. Когда́ вы говори́те по-ру́сски? 6. Кто хорошо́ говори́т и понима́ет по-англи́йски? 7. Кто хорошо́ чита́ет по-англи́йски? 8. Кто пло́хо чита́ет по-ру́сски? 9. Вы всегда́ чита́ете по-ру́сски, когда́ вы до́ма? 10. Вы зна́ете кто я? кто он? кто она́?

LESSON

ПЯ́ТЫЙ УРО́К

КТО ХО́ЧЕТ ГОВОРИ́ТЬ ПО-РУ́ССКИ?

Профе́ссор: — Кто сего́дня зна́ет уро́к?

Жу́ков: — Я сего́дня зна́ю уро́к.

Пр.: — Я о́чень рад, что вы зна́ете уро́к. Чита́йте, пожа́луйста, Жу́ков! (Жу́ков чита́ет.) Вы о́чень хорошо́ чита́ете.

Ж.: — Господи́н профе́ссор, у меня́ есть вопро́с.

Пр.: — Пожа́луйста, что вы хоти́те знать?

Ж.: — Я хочу́ знать, как по-ру́сски ''I want to speak Russian well.''

Пр.: — ''Я хочу́ хорошо́ говори́ть по-ру́сски.'' Повтори́те, пожа́луйста!

Ж.: — ''Я хочу́ хорошо́ говори́ть по-ру́сски.''

Пр.: — О́чень хорошо́! Повтори́те ещё раз.

Ж.: — ''Я хочу́ хорошо́ говори́ть по-ру́сски.''

Пр.: — Ва́ша сестра́ Ве́ра уже́ хорошо́ говори́т по-ру́сски?

Ж.: — Нет, но она́ хо́чет хорошо́ говори́ть по-ру́сски. Она́ уже́ хорошо́ говори́т и пи́шет по-францу́зски.

Пр.: — Ва́ша жена́ ру́сская?

Ж.: — Нет, она́ америка́нка, но она́ говори́т по-ру́сски. Я то́же америка́нец, но я говорю́ и по-ру́сски и по-англи́йски.

Пр.: — А до́ма, вы говори́те по-ру́сски и́ли по-англи́йски?

Ж.: — До́ма мы всегда́ говори́м по-ру́сски. Мы хоти́м хорошо́ говори́ть по-ру́сски.

Пр.: — Моя́ жена́ англича́нка, но она́ о́чень хорошо́ понима́ет и по-ру́сски и по-испа́нски. Жу́ков, ва́ша сестра́ понима́ет по-испа́нски?

Ж.: — Нет, она́ не понима́ет по-испа́нски.

Пр.: — Вы всегда́ пи́шете о́чень хорошо́, но сего́дня, Жу́ков, вы пи́шете пло́хо.

29

Ж.: — Моё перо́ пло́хо пи́шет сего́дня.   Да́йте, пожа́луйста, ваш каранда́ш.

Пр.: — Вот мой каранда́ш.   Пиши́те: ''Граждани́н Но́виков ру́сский, но он пи́шет по-англи́йски.   Господи́н Смит англича́нин, но он пи́шет по-ру́сски.''

Слова́рь (*Vocabulary*)

хо́чет wants, wishes (*see* ¶ 5-1)
сего́дня (*pr.* **сево́дня**) today
уро́к lesson
Жу́ков Zhukov
чита́йте! (*imper., pl. or polite sing.*) read!
пожа́луйста (*pr.* **пожа́луста**) please
у меня́ есть* I have
вопро́с question
вы хоти́те you want, wish (*see* ¶ 5-1)
я хочу́ I want, wish (*see* ¶ 5-1)
как how, what
как по-ру́сски? what is the Russian for? (*lit.,* how in Russian?)
повтори́те! (*imper., pl. or polite sing.*) (*pr.* **пофтори́те**) repeat!
ещё (*adv.*) more, still, yet
ещё раз once more, again
ва́ша (*adj. & pron., f.*) your, yours
сестра́ sister
уже́ already
писа́ть (I); пишу́, пи́шешь, пи́шут to write (*see* ¶ 5-2)
по-францу́зски (*adv.*) (*pr.* **по-францу́сски**) French (*lit.,* in French)
жена́ wife
ру́сская (*noun & adj., f.*) Russian
америка́нка (*noun, f.*) American
америка́нец (*noun, m.*) American
хоти́м we want, wish (*see* ¶ 5-1)
моя́ (*adj. & pron., f.*) my
англича́нка (*noun. f.*) Englishwoman
по-испа́нски (*adv.*) Spanish (*lit.,* in Spanish)
моё (*adj. & pron., n.*) my
да́йте (*imper., pl. or polite sing.*) give
ваш (*adj. & pron., m.*) your, yours
пиши́те! *imper., pl. or polite sing.*) write!
ру́сский (*noun & adj., m.*) Russian
англича́нин (*noun, m.*) Englishman

* For a full explanation, *see* ¶ 11-2.

Произношéние (*Pronunciation*)

5-A. Vowel Mutation

The following rules on spelling and pronunciation explain many deviations from the regular grammatical endings. Therefore, study the rules carefully.

a. After the sibilants ж ч ш щ

я is replaced by **a**
ю is replaced by **y**
ы is replaced by **и**

For example: хочу́ (instead of хочю́)
пишу́ (instead of пишю́)

b. After ж ш ц   и is pronounced **ы**

For example: жить   is pronounced **жыть**
маши́на is pronounced **машы́на**
ци́фра   is pronounced **цы́фра**

Phonetic Drill. Pronounce the following words aloud:

жир, режи́м, ши́на, ши́рма, этажи́, у́ши, карандаши́, цирк, на́ция, медици́на, поли́ция, ста́нция.

Грамма́тика (*Grammar*)

5-1. Conjugation of хотéть (*irr.*) (to want, to wish)

PRESENT TENSE

я хочу́	I want, wish	мы хоти́м	we want
ты хо́чешь	you want	вы хоти́те	you want
он хо́чет	he wants	они́ хотя́т	they want
она́ хо́чет	she wants		
оно́ хо́чет	it wants		

Note three peculiarities of this verb: (1) In the singular, **ч** replaces **т** as the final consonant of the stem. (2) In the first person singular, **y** replaces the usual ending **ю** (*see* ¶ 5-A a). (3) In the singular, the endings are those of the First Conjugation; in the plural, those of the Second Conjugation.

5-2. Conjugation of писа́ть (I) (to write)

PRESENT TENSE

я пишу́	I write	мы пи́шем	we write
ты пи́шешь	you write	вы пи́шете	you write
он пи́шет	he writes	они́ пи́шут	they write
она́ пи́шет	she writes		
оно́ пи́шет	it writes		

Note: The change of **с** to **ш** in the present stem of **писа́ть** causes the change from **ю** to **у** and **ют** to **ут** in the present (*see* ¶ **5-A a**).

5-3. The Imperative

The imperative is formed from the present stem.

a. If the present stem ends in a consonant, add **-й** for the singular and **-йте** for the plural.

PRESENT		IMPERATIVE	
ты **пи́шешь**	пиши́	Write!	(*fam. sing.*)
	пиши́те	Write!	(*pl.* or *polite sing.*)
ты **говори́шь**	говори́	Speak!	(*fam. sing.*)
	говори́те	Speak!	(*pl.* or *polite sing.*)

b. If the present stem ends in a vowel, add **-й** or **-йте**.

PRESENT		IMPERATIVE	
ты **чита́ешь**	чита́й	Read!	(*fam. sing.*)
	чита́йте	Read!	(*pl.* or *polite sing.*)

For imperatives in **-ь** and **-ьте**, see ¶ **22-1**.

5-4. Capitalization of Nouns and Adjectives

Proper names are capitalized, but nouns and adjectives derived from them are not, except at the beginning of a sentence. For example:

PROPER NAMES		DERIVATIVES	
America	Аме́рика	*but:* an American	америка́нец
Russia	Росси́я	*but:* a Russian citizen	ру́сский граждани́н

5-5. Agreement of Adjectives and Possessive Pronouns

Adjectives and possessive pronouns (with the exception of the third person singular and plural) agree with the nouns they modify—in gender, case, and number.

MASCULINE

мой стол	my table
стол — мой*	the table is mine
ваш каранда́ш	your pencil
каранда́ш — ваш	the pencil is yours

FEMININE

моя́ доска́	my blackboard
доска́ — моя́	the blackboard is mine
ва́ша кни́га	your book
кни́га — ва́ша	the book is yours

NEUTER

моё перо́	my pen
перо́ — моё	the pen is mine
ва́ше окно́	your window
окно́ — ва́ше	the window is yours

Упражне́ния (Exercises)

A. Supply the proper forms in the present tense for the verbs given in parentheses. Then read the sentences aloud and translate them.

1. Кто (хоте́ть) говори́ть по-ру́сски? 2. Мы (хоте́ть) говори́ть по-ру́сски. 3. Он (хоте́ть) писа́ть по-францу́зски. 4. Ты (хоте́ть) чита́ть по-англи́йски? 5. Нет, я не (хоте́ть) чита́ть по-англи́йски. 6. Кто уже́ хорошо́ (говори́ть) и (писа́ть) по-испа́нски? 7. Ива́н и Ве́ра уже́ хорошо́ (говори́ть) и (писа́ть) по-испа́нски. 8. Господи́н Жу́ков, ваш брат и ва́ша сестра́ (понима́ть) по-францу́зски? 9. Они́ о́чень хорошо́ (понима́ть) и по-францу́зски и по-испа́нски, но они́ всегда́ (хоте́ть) говори́ть по-ру́сски. 10. Они́ уже́ (писа́ть) по-ру́сски.

---

* For clarity, a dash is often used to indicate the omission of the verb *to be* in the present tense.

B. Supply the familiar or the polite imperative forms for the verbs given in parentheses. Then read the sentences aloud and translate them.

1. Граждани́н Но́виков, (чита́ть *pol.*), пожа́луйста, уро́к! 2. Ве́ра, (чита́ть *fam.*) уро́к ещё раз! 3. Ива́н и Ве́ра, пожа́луйста, всегда́ (говори́ть) до́ма по-ру́сски. 4. Госпожа́ Смит (знать *pol.*), что тут мы никогда́ не говори́м по-англи́йски! 5. Ива́н, (писа́ть *fam.*) уро́к!

Перево́д (*Translation*)

A. Omit the words in parentheses and include those in brackets.

1. He wants to speak French, but she does not [want]. 2. They want to write Russian well. 3. Please repeat my question again. 4. What is your wife writing today? 5. My wife and citizen Zhukov are writing the lesson. 6. He is a Russian and speaks Russian very well. 7. She is English [an Englishwoman], but she understands Spanish and French. 8. Hello, Mr. Novikov. Are you a Russian? 9. No, I am an Englishman. 10. My wife is an American, but she wants to speak Russian. 11. Your professor is a Russian, and mine is an American. 12. Give me [мне] the chalk, please, citizen Zhukov. 13. Read the lesson, Mrs. Smith. 14. Repeat the lesson. 15. I have a question. What is the Russian for [how in Russian]: "They are home already"?

B. Include the words in brackets.

1. Mr. and Mrs. Smith know the lesson today. 2. They want to speak Russian well, and always read and write the lesson. 3. They already understand Russian very well. 4. But you, Ivan, understand Russian poorly. 5. Is your wife Russian? 6. No, she is English [an Englishwoman]. 7. I am an Englishman, but I read and speak Spanish. 8. Please, Mr. Novikov, do not write French here. 9. Here we always speak, read, and write Russian. 10. Please, write French at home.

Вопро́сы (*Questions*)

1. Кто хо́чет говори́ть по-ру́сски? 2. Кто уже́ хорошо́ говори́т по-ру́сски? 3. Ва́ша жена́ понима́ет по-францу́зски и́ли по-испа́нски? 4. Ва́ша сестра́ англича́нка и́ли америка́нка? 5. Ваш брат ру́сский и́ли америка́нец? 6. Ва́ше перо́ пи́шет хорошо́ и́ли пло́хо? 7. Кто ваш профе́ссор? 8. Госпожа́ Смит ру́сская и́ли америка́нка? 9. Господи́н Но́виков англича́нин и́ли ру́сский? 10. До́ма вы говори́те по-ру́сски и́ли по-англи́йски?

LESSON 6

ШЕСТÓЙ УРÓК

ЧТО НА КÁРТЕ?

Профéссор: — Вот стол. Что на столé?
Студéнт: — На столé кнѝга.
Пр.: — Что в кнѝге?
Ст.: — В кнѝге кáрта.
Пр.: — Что на стенé?
Ст.: — На стенé тóже кáрта.
Пр.: — Что на кáрте?
Ст.: — На кáрте Еврóпа. Вот Áзия. Тут Áфрика, а там Австрáлия.
Пр.: — Посмотрѝте, вот Амéрика. Еврóпа — континéнт. Австрáлия — континéнт. Амéрика тóже континéнт. Вот США, а здесь на кáрте Нью-Йóрк. Нью-Йóрк — гóрод.
Ст.: — А где Чикáго?
Пр.: — Гóрод Чикáго в США. Гóрод Вашингтóн — столѝца США.
Ст.: — А где СССР?
Пр.: — Вот СССР. Посмотрѝте, вот рекá Вóлга. Здесь гóрод Волгогрáд. Волгогрáд на Вóлге. Вот Москвá — столѝца СССР.

Словáрь

на on
на кáрте on the map (*see* ¶ **6-3**)
на столé on the table (*see* ¶ **6-3**)
Еврóпа Europe
Áзия Asia
Áфрика Africa
Австрáлия Australia
посмотрѝте look, take a look
Амéрика America
континéнт continent
США (*pr.* **Сэ Ша А**) (**Соединённые Штáты Амéрики**) U.S.A.

здесь here
Нью-Йóрк New York
гóрод town, city
Чикáго (*not decl.*) Chicago
Вашингтóн Washington
столѝца capital, capital city
рекá river
Вóлга Volga (river in U.S.S.R.)
Волгогрáд Volgograd (formerly Stalingrad)
Москвá Moscow

35

Разгово́р (*Conversation*)

— До́брый ве́чер, гражда́нка. Как ва́ша фами́лия?

— Моя́ фами́лия Каре́нина.

— Михаи́л Каре́нин ваш муж?

— Да, он мой муж.

— Ваш муж ру́сский?

— Да, он ру́сский, но я америка́нка.

— Вы о́чень хорошо́ говори́те по-ру́сски.

— Спаси́бо. В кла́ссе мы тепе́рь говори́м то́лько по-ру́сски.

— Я о́чень рад, что америка́нка так хорошо́ говори́т по-ру́сски.
Я ещё о́чень пло́хо говорю́ по-англи́йски.

Слова́рь (*Vocabulary*)

разгово́р conversation
до́брый ве́чер good evening
гражда́нка citizeness
фами́лия (*f.*) surname, last name
как ва́ша фами́лия? what is your last name?
Каре́нина Karenina
Михаи́л Michael

Каре́нин Karenin
муж husband (*see* ¶ 6-A b-1)
спаси́бо thanks, thank you
класс class, classroom
тепе́рь now
то́лько only
так so

Произноше́ние (*Pronunciation*)

6-A. Voiced and Voiceless Consonants

a. For the sake of accurate pronunciation and spelling, it is important to distinguish between voiced and voiceless consonants. The difference between the two is that in pronouncing a *voiced* consonant, the vocal cords in the throat are used, thus producing a buzzing sound when the air passes through them; while in pronouncing a *voiceless* consonant the cords remain inactive.

Voiced:	б	в	г	д	ж	з
Voiceless:	п	ф	к, х	т	ш	с

The consonants л, м, н, and р are always voiced.
The consonants ц, ч, and щ are always voiceless.

b. It is important to think of the voiced and voiceless consonants in pairs, because voiced consonants are pronounced like their voiceless counterparts in two situations:

1. At the end of a word.   For example:

клуб	(*club*)	is pronounced клуп
здоро́в	(*well*)	is pronounced здоро́ф
друг	(*friend*)	is pronounced друк
год	(*year*)	is pronounced гот
муж	(*husband*)	is pronounced муш
глаз	(*eye*)	is pronounced глас

2. When a voiced consonant precedes a voiceless one.   For example:

всегда́	(*always*)	is pronounced фсегда́
второй	(*second*)	is pronounced фторо́й
во́дка	(*vodka*)	is pronounced во́тка
ска́зка	(*tale*)	is pronounced ска́ска
ло́жка	(*spoon*)	is pronounced·ло́шка
тру́бка	(*pipe*)	is pronounced тру́пка

Phonetic Drill.   Pronounce the following words aloud:

клуб, груб, про́бка, тру́бка; здоро́в, гото́в, Жу́ков, Но́виков, Турге́нев, Че́хов, вчера́, всегда́, повтори́те, Австра́лия; снег, флаг; сад, го́род, заво́д, рад; нож, гара́ж, эта́ж, муж; раз, из, глаз, бли́зко, по-францу́зски.

Грамма́тика (*Grammar*)

6-1. Cases

Russian nouns are *declined*, that is, they change their endings according to number and case.   There are six cases, each associated with a definite function or functions and answering certain questions.

The cases will be treated in detail individually with respect to formation and use, then grouped into declensions according to their inflection patterns.   Those preferring to familiarize themselves with the latter from the outset will find the declensions of typical nouns and adjectives, and of all pronouns, in the *Appendix*.

Case	Expresses	Answers
1. Nominative	Subject or predicate noun	who? = кто? what? = что?
2. Genitive	Possession	of whom? whose? = когó? of what? = чегó?
3. Dative	Indirect object	to whom? = комý? to what? = чемý?
4. Accusative	Direct object	whom? = когó? what? = что?
5. Instrumental	Agent or instrument	by whom? = кем? with what? = чем?
6. Prepositional (locative)	Location, rest; concerning	about whom? = о ком? about what? = о чём?

6-2. The Nominative Case

The nominative case is used to express:

a. The subject of a sentence. For example:

Мой **брат** говори́т по-ру́сски.　　My *brother* speaks Russian.

b. The predicate noun. For example:

　　Мой брат **профéссор**.　　My brother is a *professor*.

6-3. The Prepositional Case

a. This case, as the name implies, is used only with prepositions. When used with the prepositions **в** (*in, at*) and **на** (*on, at*), the prepositional indicates the location of an object or an action and answers the question **где?** (*where?*). For example:

Ка́рта **на** стенé. (Где ка́рта?)　　The map is *on* the wall.

Ивáн читáет **в** клáссе. (Где Ивáн читáет?)　　Ivan reads *in* class.

Он гуля́ет **в** пáрке. (Где он гуля́ет?)　　He takes a walk *in* the park.

b. Masculine nouns add **-e** to the nominative singular to form the prepositional case in the singular.

　　　　nom.　стул　стол
　　　　prep.　сту́ле　столé★

★ Note shift of stress.

c. Feminine and neuter nouns drop the final vowel **-a** or **-o** and add the characteristic prepositional ending **-e** to the stem.

nom.	кни́г**а**	стен**а́**	пер**о́**
prep.	кни́г**е**	стен**е́**	пер**е́**

Упражне́ния (*Exercises*)

Supply the prepositional case of the nouns in parentheses.

1. Каранда́ш на (стол), а кни́га на (стул). 2. Стол в (ко́мната). 3. Студе́нтка в (го́род). 4. Ка́рта на (стена́). 5. Волгогра́д на (Во́лга). 6. Нью-Йо́рк и Вашингто́н в (Аме́рика). 7. Мы говори́м то́лько по-ру́сски в (класс). 8. Мой брат тепе́рь в (Вашингто́н). 9. Моя́ сестра́ тепе́рь в (Нью-Йо́рк). 10. Ваш муж сего́дня до́ма и́ли в (го́род)?

Перево́д (*Translation*)

Omit the words in parentheses.

1. Here is a room. 2. In the room there is a table, a chair, a map, and a blackboard. 3. The board is on the wall, and the map is on the table. 4. Look, here is Europe, Asia, Africa, Australia, and America. 5. Chicago is a city in the U.S.A. 6. Washington is the capital of the U.S.A. 7. Moscow is the capital of the U.S.S.R. 8. Here is the river Volga. 9. Volgograd is on the Volga. 10. Good evening, citizeness Karenina. 11. Is your husband (at) home? 12. No, he is now in class. 13. What is your last name? 14. My last name is Smith. 15. You speak Russian very well. 16. Thanks, I now speak only Russian. I want to speak Russian well.

Вопро́сы (*Questions*)

1. Что на столе́? 2. Что в кни́ге? 3. Что на стене́? 4. Где Чика́го? 5. А где Нью-Йо́рк? 6. Где го́род Волгогра́д? 7. Где река́ Во́лга? 8. Москва́ столи́ца СССР? 9. Евро́па — контине́нт? 10. Австра́лия то́же контине́нт? 11. Как ва́ша фами́лия? 12. Вы ру́сский и́ли америка́нец? 13. Вы англича́нка и́ли ру́сская? 14. Как вы говори́те по-ру́сски — хорошо́ и́ли пло́хо? 15. А как вы говори́те по-францу́зски?

LESSON 7

СЕДЬМО́Й УРО́К

АМЕРИКА́НЕЦ И РУ́ССКАЯ

Америка́нец : — Здра́вствуйте. Вы ру́сская?

Ру́сская : — Да, я ру́сская. А вы америка́нец?

Ам. : — Да, я америка́нец. Что вы де́лаете в Москве́?

Русс. : — Я живу́ и рабо́таю в Москве́. Моя́ сестра́ то́же живёт в Москве́. Она́ студе́нтка. А вы где живёте?

Ам. : — Я живу́ и рабо́таю в Нью-Йо́рке. Там мой дом. Где вы рабо́таете?

Русс. : — Я рабо́таю в конто́ре, но сего́дня в СССР никто́ не рабо́тает. Куда́ вы тепе́рь идёте?

Ам. : — Я иду́ в парк гуля́ть. Вы то́же хоти́те гуля́ть в па́рке?

Русс. : — Нет. Я иду́ в кино́. Там тепе́рь идёт англи́йская карти́на. А моя́ сестра́ идёт домо́й. Она́ хо́чет чита́ть кни́гу.

Ам. : — Вы идёте в кино́! А вы понима́ете по-англи́йски?

Русс. : — Да, немно́го, но я всегда́ чита́ю ру́сский перево́д.

Ам. : — Э́то хоро́шая карти́на?

Русс. : — Не зна́ю. Говоря́т, что хоро́шая.

Ам. : — Я то́же иду́ в кино́.

Русс. : — Пожа́луйста. Я о́чень ра́да.

Слова́рь (*Vocabulary*)

де́лать (I); де́лаю, -ешь, -ют to do
жить (I); живу́, живёшь, -у́т to live (*see* ¶ 7-A & 7-1)
рабо́тать (I); рабо́таю, -ешь, -ют to work
дом house
конто́ра office
никто́ (*pron.*) nobody, no one
куда́ where to, whither

40

идти́ (I); **иду́, идёшь, -у́т** to go, to walk (*see* ¶ 7-A & 7-2)
парк park
гуля́ть (I); **гуля́ю, -ешь, -ют** to walk (*for pleasure*), to take a walk
домо́й home, homeward (*see* ¶ 7-5)
кино́ (*n., not decl.*) movies, movie theater
карти́на picture
идёт карти́на a picture is playing, they are showing a picture
англи́йская (*adj., f.*) English
немно́го a little
перево́д translation
хоро́шая (*adj., f.*) good
говоря́т they say (*see* ¶ 7-6)
пожа́луйста *here:* please do

Идио́мы (*Idioms*)

я иду́ гуля́ть I am going for a walk
идёт хоро́шая карти́на a good picture is playing

Произноше́ние (*Pronunciation*)

7-A. The Diaeresis

The stressed **e** frequently becomes **ё**. In such cases, the diaeresis (the two dots over the **e**) indicates the stress, and the accent mark is not used.

7-B. Palatalization of Consonants

a. Palatalization in Speech.

1. An important feature of the Russian language is the *palatalization*, or softening, of consonants. This takes place when the blade of the tongue is raised toward the hard palate, as in pronouncing *y* in *yes*. (For differences in sound between hard and soft consonants, compare, for example, the *d* in *do* with the *d* in *dew*, or the *p* in *pooh* with the *p* in *pew*.)

Frequently, the meaning of a Russian word depends entirely on whether a consonant is palatalized or not. For example:

у́гол	corner	у́голь	coal
брат	brother	брать	to take

2. **ж, ш**, and **ц** are always hard and are never palatalized even when followed by **e, ё, и,** or **ь**.
3. **ч, щ** and **й** are always soft.
4. The remaining consonants can be either hard or soft. (*See Appendix*, Chart 4.)

b. Palatalization in Spelling.

As there is no separate set of characters to denote soft consonants, these are indicated in spelling in the following ways:

1. By placing ь (the soft sign) after a final consonant, as in о́чень; or in the middle of a word before another consonant, as in то́лько.

2. By generally replacing the hard vowels

а, э, ы, о, у

with a set of soft* vowels

я, е, и, ё, ю

(*See Appendix*, Chart 3.) Four of these can be considered the equivalents of the *y* sound in *yes* plus the corresponding hard vowels, thus:

HARD   SOFT

$y + a = я$
$y + э = е$
$y + o = ё$
$y + y = ю$

Note: After the hard consonants **ж** and **ш**, the soft vowel **ё** is always pronounced like the hard **o**. (*See* also ¶ **5-A b.**) For example:

шёл   *is pronounced*   шол
жёлтый   *is pronounced*   жо́лтый

Phonetic Drill. Pronounce the following syllables and words aloud:

ёлка, лёд, лён, всё, нёс, идёт, тётя, ковёр, зелёный, котёнок, весёлый, телёнок.

ва — вя; во — вё; да — дя; дэ — де; ду — дю; до — дё; на — ня; но — нё; ну — ню; мэ — ме; ма — мя; та — тя; тэ — те; то — тё; ту — тю.

был — быль; брат — брать; быт — быть; вес — весь; дал — даль; ел — ель; мел — мель; пыл — пыль; у́гол — у́голь; стал — сталь; по́лка — по́лька; письмо́, ма́льчик, то́лько; здесь, о́чень, тепе́рь, мать, хоте́ть, де́лать, гуля́ть; рад — ряд; нос — нёс; лук — люк.

---

* Strictly speaking, it is the consonant that is either *hard* or *soft*, not the vowel. For the practical purposes of grammar, however, it is simpler to refer to such vowels as *soft* to distinguish them from their hard counterparts. Remember this classification of vowels, as it will simplify the study of Russian declensions.

Грамма́тика (*Grammar*)

7-1. Infinitive: жить (I) (to live)

PRESENT TENSE

я живу́	мы живём
ты живёшь	вы живёте
он живёт	они́ живу́т

Note: The letter **в** is inserted after the infinitive stem, and **e** changes to **ё** in the personal endings.

7-2. Infinitive: идти́ (I) (to go, to walk)

This verb denotes motion *on foot*, never in a conveyance. It also indicates that the action is actually taking place. Thus:

Я **иду́** в шко́лу   I *am going* to school

means "I am actually on my way there"; it cannot be used to mean: "I attend school."

PRESENT TENSE

я иду́	мы идём
ты идёшь	вы идёте
он идёт	они́ иду́т

7-3. The Accusative Case

a. The accusative case is used to express the direct object of a transitive verb.

Я чита́ю **кни́гу**.	I am reading *a book*.
Он пи́шет **уро́к**.	He is writing *the lesson*.

b. When used with the prepositions **в** (*in, into*) and **на** (*to, on, at*), the accusative indicates direction or motion toward a certain object, *the object being the goal of the motion*. The accusative then answers the question **куда́?** (*where to? whither?*). For example:

Жу́ков идёт **в** шко́лу. (Куда́ Жу́ков идёт?)	Zhukov is going *to* school.
Ве́ра рабо́тает **на** по́чте, но сего́дня она́ не идёт **на** по́чту.	Vera works *at* the post office, but today she is not going *to* the post office.

c. In the following illustrations, compare the use of the accusative and the prepositional with **в**.

Motion *toward* the interior of an object: Я иду́ **в** парк. (Куда́? *acc.*) (*On the way — not yet there.*)

Rest *within* an object: Я **в** па́рке. (Где? *prep.*) (*There already.*)

Location of an action: Я гуля́ю **в** па́рке. (Где? *prep.*) (*Object not the goal of the motion.*)

d. Masculine nouns denoting inanimate objects and all neuter nouns are alike in the nominative and accusative singular.

nom.	парк	окно́
acc.	парк	окно́

e. Feminine nouns change **-a** to **-y** in the accusative.

nom.	ка́рта	жена́
acc.	ка́рту	жену́

7-4. Table of Case Endings

Case	Masculine	Feminine	Neuter
Nominative	стол каранда́ш	ка́рта Москва́	перо́ окно́
Accusative	стол каранда́ш	ка́рту Москву́	перо́ окно́
Prepositional	столе́ карандаше́	ка́рте Москве́	пере́ окне́

7-5. До́ма and домо́й

До́ма and домо́й are adverbs. Note carefully that **до́ма** means *at home* and indicates location, whereas **домо́й** means *home* or *homeward* and indicates direction.

Я **до́ма**.	I am at home (*location*).
Я иду́ **домо́й**.	I am going home (*direction*).

7-6. Impersonal Expressions: Third Person Plural

The third person plural of a verb may convey the impersonal idea of *one, they, people*. In such impersonal constructions, the subject is not expressed. For example, **говоря́т** may mean *one says, they say, people say, it is said*. (Compare *man sagt* or *on dit*.)

Упражне́ния (*Exercises*)

Supply the proper forms of the words given in parentheses.

1. Мы (жить) в (го́род). 2. Вы (идти́) в (конто́ра). 3. Я (гуля́ть) в (парк). 4. Куда́ он тепе́рь (идти́), домо́й и́ли в (кино́)? 5. Она́ (хоте́ть) жить в (Москва́) и рабо́тать в (конто́ра). 6. Вы всегда́ (чита́ть) (кни́га) и́ли (газе́та). 7. Ве́ра хорошо́ (понима́ть) по-ру́сски и по-англи́йски, но она́ (писа́ть) то́лько по-ру́сски. 8. Мы немно́го (говори́ть) по-испа́нски. 9. Наш брат тепе́рь в (кино́) и не (хоте́ть) идти́ домо́й. 10. Они́ (чита́ть) англи́йский перево́д и всегда́ (понима́ть) (карти́на).

Перево́д (*Translation*)

Omit the words in parentheses and include the words in brackets.

1. Where are you going? 2. I am going to town. 3. What do you do in town? 4. I work there in an office. 5. And where is your sister going? 6. She is going (walking) home. 7. Ivan and Vera are going to the movies today. 8. What is playing [**Что идёт**] now at the movies? 9. They say that an English picture is playing. 10. Where do you live? 11. We live in Volgograd. 12. Do you always walk (take a walk) in the park? 13. Yes, I always take a walk there, but today I am not going to the park. 14. In the U.S.S.R. nobody is working today. 15. My sister is going home. 16. She wants to read a book. 17. She always reads when she is home, but I never read anything [nothing]. 18. My sister is a very good student.

Вопро́сы (*Questions*)

1. Где вы живёте? 2. Куда́ вы идёте? 3. Где вы всегда́ гуля́ете? 4. Где вы рабо́таете? 5. Кто здесь живёт? 6. Что они́ чита́ют, кни́гу и́ли газе́ту? 7. Кто немно́го понима́ет по-англи́йски? 8. Что тепе́рь идёт в кино́? 9. Кто говори́т, что карти́на хоро́шая? 10. Это ру́сская и́ли англи́йская карти́на? 11. Кто всегда́ чита́ет перево́д? 12. Кто сего́дня идёт в кино́? 13. Где живёт америка́нец? 14. Где ру́сская живёт? 15. Где вы живёте? 16. Что вы де́лаете до́ма? 17. Где вы рабо́таете?

REVIEW LESSON

1 [LESSONS 1—7]

Alphabet Review

A. Write the Russian characters in script, in alphabetical order.

B. Print the Russian characters in alphabetical order.

Vocabulary Review

A. Write the Russian equivalent for each of the following words, and indicate the stress with an accent mark, except in one-syllable words.

1. what	9. home (homeward)	17. no
2. who	10. when	18. not
3. nobody	11. already	19. only
4. where	12. now	20. nothing
5. where to	13. still	21. but
6. here	14. today	22. or
7. here is	15. always	23. also
8. at home	16. yes	24. a little

B. Write the Russian equivalents for the following nouns and indicate the stress.

1. Mr.	9. American (*noun, m.*)
2. Miss, Mrs.	10. American (*noun, f.*)
3. citizen	11. Englishman
4. citizeness	12. Englishwoman
5. brother	13. Russian (*noun, m.*)
6. sister	14. Russian (*noun, f.*)
7. husband	15. student (*m.*)
8. wife	16. student (*f.*)

46

C. Write the Russian equivalent for each of the following nouns, and indicate the gender of each. Underline the ending which shows the gender. For example:

$$\text{house} \quad \text{—} \quad \text{до}\underline{\text{м}} \ (m.)$$
$$\text{picture} \text{—} \text{карти́н}\underline{\text{а}} \ (f.)$$
$$\text{pen} \quad \text{—} \quad \text{пер}\underline{\text{о́}} \ (n.)$$

1. pencil	6. room	11. city
2. wall	7. paper	12. Moscow
3. window	8. movie theater	13. Volgograd
4. ceiling	9. chalk	14. capital
5. blackboard	10. lamp	15. Zhukov

Grammar Review

A. Conjugate the following verbs in the present tense, and indicate the stress.

1. знать	6. говори́ть
2. чита́ть	7. писа́ть
3. рабо́тать	8. жить
4. де́лать	9. идти́
5. понима́ть	10. хоте́ть

B. Supply the imperative forms for the first seven verbs above.

C. Supply the accusative and the prepositional cases for each of the following nouns.

1. парк	6. го́род
2. вопро́с	7. столи́ца
3. жена́	8. Ве́ра
4. окно́	9. кино́
5. сестра́	10. контине́нт

Reading Review

Following is a connected narrative, based on the vocabulary and typical sentences of the first seven lessons. Read it aloud for comprehension and for drill in correct pronunciation. Reread the selection until you can retell it orally with fluency and self-assurance.

Pattern your oral recitation on this selection, but try not to reproduce it verbatim. The more you improvise, the quicker you will acquire fluency in oral expression.

Ива́н и Ве́ра

(Suggested variation for oral recitation: Husband and wife. They live in Washington. He studies Russian.)

Вот дом. В до́ме ко́мната. В ко́мнате живёт Ива́н Жу́ков. Он ру́сский. Он хорошо́ говори́т по-ру́сски, но ещё пло́хо говори́т по-англи́йски. Он о́чень хо́чет хорошо́ чита́ть, писа́ть, и говори́ть по-англи́йски. Вот стол. На столе́ англи́йская кни́га. Когда́ Ива́н до́ма, он всегда́ пи́шет и́ли чита́ет.

Ве́ра тепе́рь то́же в ко́мнате. Ива́н и Ве́ра брат и сестра́. Они́ живу́т в Москве́. Москва́ — столи́ца СССР.

Когда́ Ива́н и Ве́ра не рабо́тают, они́ гуля́ют в па́рке и́ли иду́т в кино́. Сего́дня они́ иду́т в кино́. Там тепе́рь идёт о́чень хоро́шая англи́йская карти́на. Ива́н и Ве́ра всегда́ чита́ют ру́сский перево́д. Они́ ещё пло́хо понима́ют по-англи́йски.

Перево́д (*Translation*)

1. What is this? 2. This is a table. 3. Here is a book. 4. Where is the newspaper? 5. This is not a wall, but a map. 6. No, this is not the floor, but the ceiling. 7. Do you know who this is? 8. They do not know that Mrs. Smith is here. 9. Citizeness Karenina is a good student. 10. Good evening, citizen Novikov. 11. I am very glad (*f.*) that you are in the U.S.A. 12. Please, repeat again. 13. She is an American, but she speaks Russian well. 14. We live in Europe and speak French, Spanish, and English. 15. Volgograd is on the Volga. 16. The Volga is a river in the U.S.S.R. 17. What are you doing in Washington? 18. I live and work here. 19. Where are you going now? 20. I am going to the office now.

LESSON 8

ВОСЬМÓЙ УРÓК

В КЛÁССЕ

Вот наш класс. Учи́тель чита́ет. Мы слу́шаем. Учи́тель чита́ет по-ру́сски о́чень хорошо́. Мой това́рищ Ива́н то́же чита́ет хорошо́, но не так хорошо́, как наш учи́тель.

В кла́ссе я пишу́ и́ли чита́ю. Я пишу́ на бума́ге и́ли на доске́. На бума́ге я пишу́ карандашо́м и́ли перо́м, а на доске́ я пишу́ ме́лом. Моя́ кни́га всегда́ лежи́т на столе́, но иногда́ я смотрю́ на Ве́ру, а не в кни́гу.

Когда́ я пишу́ в кла́ссе, я всегда́ сижу́. Мой това́рищ Ива́н иногда́ стои́т, когда́ он пи́шет. Наш учи́тель ча́сто сиди́т на сту́ле, но иногда́ он стои́т. Когда́ мы отвеча́ем в кла́ссе, мы иногда́ сиди́м, а иногда́ стои́м. Мы смо́трим в кни́гу и́ли в тетра́дь и слу́шаем, когда́ учи́тель чита́ет. То́лько моя́ сестра́ Же́ня не слу́шает. Никто́ не понима́ет, почему́ она́ никогда́ ничего́ не де́лает.

Словáрь

наш, нáша, нáше (*pron. & adj.*) our, ours
учи́тель (*m.*) teacher (*man*)
слу́шать (**I**); **слу́шаю, -ешь, -ют** to listen
това́рищ comrade, friend (*see ¶ 8-1*)
так . . . как . . . as . . . as . . .
карандашо́м with a pencil (*see ¶ 8-2*)
перо́м with a pen (*see ¶ 8-2*)
ме́лом with chalk (*see ¶ 8-2*)
лежа́ть (**II**); **лежу́, лежи́шь, -а́т** to lie (*see ¶ 8-3 a*)
иногда́ sometimes
смотре́ть (**II**); **смотрю́, смо́тришь, -ят** to look, to look at (*see ¶ 8-3 b*)
сиде́ть (**II**); **сижу́, сиди́шь, -я́т** to sit, to be seated (*see ¶ 8-3 c*)
ча́сто often
стоя́ть (**II**); **стою́, -и́шь, -я́т** to stand
отвеча́ть (**I**); **отвеча́ю, -ешь, -ют** to answer
тетра́дь (*f.*) notebook, tablet (*see ¶ 8-4*)
Же́ня (*f.*) (*dim. of* **Евге́ния**, Eugenia) Zhenya
никто́ не понима́ет nobody understands
почему́ why
она́ никогда́ ничего́ не де́лает she never does anything

49

Грамма́тика

8-1. Use of това́рищ

The word **това́рищ** may refer to either a man or a woman. It is used among fellow workers, colleagues, and friends. In the Soviet Union the word is often used in place of **граждани́н** or **гражда́нка**.

8-2. The Instrumental Case

a. This case primarily denotes the instrument, means, or agent by which an action is performed. It answers the question **чем?** (*with what? wherewith?*) or **кем?** (*by whom?*).

Учи́тель пи́шет карандашо́м. (Чем он пи́шет?)	The teacher is writing *with* (that is, *by means of*) a pencil.

b. For *masculine* nouns ending in a hard consonant in the nominative singular, add **-ом** to form the instrumental.*

nom.	вопро́с	стол	брат
instr.	вопро́сом	столо́м	бра́том

c. For *neuter* nouns ending in **-о**, add **-м**.

nom.	перо́	окно́
instr.	перо́м	окно́м

d. For *feminine* nouns ending in **-а**, change the ending to **-ой** or **-ою**. †

nom.	ко́мната	сестра́
instr.	{ ко́мнат**ой** { сестр**о́й** { ко́мнат**ою** { сестр**о́ю**	

8-3. Typical Irregularities in the Present Tense

The following verbs contain some typical irregularities in the present tense. Memorize them carefully, noting the exceptions.

a. Infinitive: **лежа́ть (II)** (*to lie*)

PRESENT TENSE

я лежу́	мы лежи́м
ты лежи́шь	вы лежи́те
он лежи́т	они́ лежа́т

Note: This verb belongs to the Second Conjugation although the infinitive ends in **-ать**. The endings **-у** and **-ат** replace **-ю** and **-ят** after the hard consonant **ж** (*see* ¶ 5-A a).

---

* For exceptions to this rule, *see* ¶ 15-2 c-3.

† For exceptions, *see* ¶ 13-5 c-3.

b. Infinitive: **смотре́ть** (**II**) (*to look, to look at*)

PRESENT TENSE

я смотрю́	мы смо́трим
ты смо́тришь	вы смо́трите
он смо́трит	они́ смо́трят

Note: The stress shifts from the personal ending in the first person to the stem in all other persons.

1. "To look *at*" is expressed by **смотре́ть** + **на** + the *accusative* of the object. For example:

Я смотрю́ **на** Ве́ру.   I am looking *at* Vera.

2. "To look *in* or *into*" is expressed by смотре́ть + **в** + the *accusative* of the object. For example:

Я смотрю́ **в** кни́гу.   I am looking *in* the book.

c. Infinitive: **сиде́ть** (**II**) (*to sit*)

PRESENT TENSE

я сижу́	мы сиди́м
ты сиди́шь	вы сиди́те
он сиди́т	они́ сидя́т

Note: The letter **д** changes to **ж** in the first person singular. Remember that the *second person singular* regularly determines the inflectional pattern of the present tense.

8-4. Feminine Nouns in -ь

Feminine nouns ending in **-ь** are always alike in the nominative and accusative singular. For example:

nom.	тетра́дь
acc.	тетра́дь

Упражне́ния

A. In place of the blanks use suitable verbs in the present tense.

1. Кни́га _____ на столе́. 2. Я _____ на сту́ле. 3. Учи́тель _____, когда́ он чита́ет. 4. Това́рищ _____не так хорошо́, как я. 5. Мы всегда́ _____, когда́ мы отвеча́ем в кла́ссе. 6. Они́ _____ в тетра́дь, когда́ они́ _____. 7. Мы _____ в кни́гу, когда́ мы _____. 8. Же́ня никогда́ не _____, когда́ учи́тель чита́ет. 9. Она́ никогда́ ничего́ не _____ в кла́ссе. 10. Никто́ не _____ почему́.

B. Supply the proper endings and indicate the stress.

1. мы зна___
2. она́ говор___
3. я пиш___
4. мы смотр___
5. мы леж___
6. он работа___
7. мы хот___
8. я сиж___
9. мы ид___
10. она́ понима___

11. вы ид___
12. они́ леж___
13. мы работа___
14. вы хот___
15. вы сид___
16. вы зна___
17. они́ смотр___
18. мы говор___
19. они́ понима___
20. вы пиш___

Перево́д

Omit the words in parentheses and include the words in brackets.

1. Our teacher never sits in class; he always stands. 2. I always sit when I am writing, but I sometimes stand when I am reading. 3. My friend Ivan reads Russian well, but not as well as our teacher. 4. You (*fam.*) write very well with chalk on the blackboard. 5. Do you listen when we read the lesson? 6. With what [**Чем**] do you (*pl.*) write on paper, with pen or with pencil? 7. Are they now looking in the book or in the notebook? 8. Ivan often looks at Vera, and not in the book. 9. Comrade Zhukov sometimes answers well in class, and sometimes poorly. 10. Zhenya always listens when Zhukov is answering. 11. Where is the book lying now? 12. It is lying on the table or on the chair. 13. Please look [**смотри́те**] in the book and listen. 14. My wife never does anything. 15. Nobody understands why she wants to live in the capital.

Вопро́сы

1. Где ваш класс? 2. Кто в кла́ссе? 3. Что де́лает учи́тель? 4. Что вы де́лаете, когда́ учи́тель чита́ет? 5. А что де́лает Же́ня, когда́ учи́тель чита́ет? 6. Чем вы пи́шете на бума́ге, перо́м и́ли карандашо́м? 7. Чем учи́тель пи́шет на доске́? 8. Вы сиди́те и́ли стои́те, когда́ вы отвеча́ете в кла́ссе? 9. Где всегда́ лежи́т ва́ша кни́га? 10. А где иногда́ лежи́т ва́ша тетра́дь? 11. Вы смо́трите в кни́гу и́ли в тетра́дь, когпа́ учи́тель чита́ет уро́к? 12. Кто никогда́ ничего́ не де́лает?

LESSON 9

ДЕВЯ́ТЫЙ УРО́К

ПИСЬМО́

Ива́н Андре́евич Петро́в ру́сский и живёт в Москве́. Он студе́нт и изуча́ет фи́зику и матема́тику в университе́те.

Мэ́ри Смит молода́я и краси́вая америка́нка и живёт в Нью-Йо́рке. Она́ то́же изуча́ет матема́тику в университе́те.

Мэ́ри та́кже изуча́ет ру́сский язы́к и уже́ пи́шет и чита́ет по-ру́сски. Ива́н то́лько оди́н год изуча́ет англи́йский язы́к и уже́ хорошо́ пи́шет и чита́ет по-англи́йски, но говори́т ещё о́чень пло́хо.

Мэ́ри спра́шивает сестру́:

— Почему́ мой друг, Ива́н Андре́евич, мне так давно́ ничего́ не пи́шет?

— Он тебе́ так давно́ не пи́шет — отвеча́ет сестра́ — потому́ что ты ему́ то́же ничего́ не пи́шешь. Вот бума́га и конве́рт. Пожа́луйста, пиши́ Ива́ну письмо́ сего́дня же. Сего́дня ты не идёшь в университе́т и не рабо́таешь.

Сестра́ даёт Мэ́ри бума́гу и перо́, и вот Мэ́ри идёт к столу́ и пи́шет граждани́ну Петро́ву письмо́.

Слова́рь

письмо́ letter

Ива́н Андре́евич Ivan Andreyevich (*lit.*, Ivan, son of Andrew) (*see* ¶ 9-1)

Петро́в Petrov

изуча́ть (I); **изуча́ю, -ешь, -ют** to study; to concentrate on a subject (*see* ¶ 9-2)

фи́зика (*sing. in Russian*) physics

матема́тика (*sing. in Russian*) mathematics

университе́т university

Мэ́ри (*not decl.*) Mary

молода́я (*adj., f.*) young

краси́вая (*adj., f.*) beautiful

та́кже also, in addition,

язы́к language (*see* ¶ 9-A & 9-4)

оди́н one

год year

англи́йский (*adj., m.*) English

спра́шивать (I); **спра́шиваю, -ешь, -ют** to ask (questions) (*used with acc. of person asked*)

Мэ́ри спра́шивает сестру́ Mary asks her sister

давно́ for a long time (*preceding the moment of speech*)

друг (*m.*) friend (man or woman)

53

мне (*dat. of* я) to me
тебе́ (*dat. of* ты) to you
потому́ что because
ему́ (*dat. of* он) to him
конве́рт envelope
Ива́ну to Ivan (*see* ¶ 9-6)
же (*emphatic*) very
сего́дня же this very day
дава́ть (I); даю́, даёшь, -ю́т to
   give (*see* ¶ 9-7)
к (*with dat.*) to, towards
и вот *here*: and there

Произноше́ние
9-A. Stressed and Unstressed "я"

a. Stressed: я.

At the beginning of a word or after a vowel, the stressed я is pronounced like *ya* in *yard*. For example:

я́сно, стоя́ть, моя́

b. Unstressed: я.

1. When initial, the unstressed я is pronounced like *ye* in *year*. For example:

язы́к, ядро́

2. In other positions, the unstressed я is pronounced like the unstressed е (*see* ¶ 3-A). For example:

пятно́ взяла́

Phonetic Drill. Pronounce the following words aloud:

Я́лта, я́ма, Я́ша, твоя́, ня́ня, дя́дя, тётя, Со́ня, ды́ня, мая́к, Же́ня, сего́дня, пята́к, ряды́, А́зия, фами́лия, гуля́ть, стоя́ть

Грамма́тика
9-1. Patronymics

a. Patronymics are names formed by the addition of a suffix to the father's first name, such as **-евич** or **-ович** for the masculine and **-евна** or **-овна** for the feminine. For example:

Андре́ (й) + евич = Андре́**евич** (*lit.*, son of Andrew)
Андре́ (й) + евна = Андре́**евна** (*lit.*, daughter of Andrew)
Ива́н   + ович = Ива́н**ович** (*lit.*, son of Ivan)
Ива́н   + овна = Ива́н**овна** (*lit.*, daughter of Ivan)

b. Russians use the first name together with the patronymic in addressing one another, unless they are relatives or close friends. For example:

Ива́н Андре́евич   (*lit.*, Ivan son of Andrew)

9-2. Meaning and Use of изуча́ть (to study)

a. **Изуча́ть** implies study involving concentration on a given subject for a long period of time (such as taking a course or majoring in something).   For example:

Мэ́ри изуча́ет ру́сский язы́к.   Mary is studying Russian.

b. The object of study must *always* be stated with **изуча́ть**.

9-3. Present Tense Used as English Present Perfect

The present tense is used to indicate an action that has gone on in the past and continues in the present.   For example:

Мэ́ри уже́ давно́ изуча́ет ру́сский язы́к.

Mary has been studying Russian for a long time (*has been and now is*).

Ива́н то́лько оди́н год в Нью-Йо́рке.

Ivan has been only one year in New York (*has been and still is*).

9-4. Ру́сский язы́к

The adjective **ру́сский** cannot be used alone to mean *Russian language*; the noun **язы́к** must also be added.   The same principle applies to other languages as well.   For example:

англи́йский язы́к, францу́зский язы́к

9-5. Omission of the Possessive

When reference is made to close members of the family, possessives like **мой**, **наш**, and **ваш** can be omitted.   For example:

Мэ́ри спра́шивает **сестру́**.   Mary asks *her sister*.
Муж тепе́рь в го́роде.   *My husband* is now in town.

9-6. The Dative Case

a. The dative case is used to express the indirect object.   It answers the question **кому́?** (*to whom?*) or **чему́?** (*to what?*).   The case ending performs the same function as the preposition *to* does in English.   For example:

Я даю́ каранда́ш сестре́. (Кому́ вы даёте каранда́ш?)	I give the pencil *to* my sister.
Она́ пи́шет граждани́ну письмо́.	She writes a letter *to* the citizen.

b. When using an intransitive verb to indicate *motion toward a person or a place*, the preposition **к** must be used with the dative.

Я иду́ **к** сестре́.	I am going *to* my sister (sister's).
Они́ иду́т **к** столу́.	They are going *to* the table.

Compare:

Я иду́ **к** реке́.	I am going *to* the river (*up to it*).
Я иду́ **в** ре́ку.	I am going *into* the river.

c. For *masculine* nouns ending in a *consonant*, add **-у** to form the dative.

nom.	стул	стол	студе́нт
dat.	сту́лу	столу́	студе́нту

d. For *neuter* nouns ending in **-о**, change **-о** to **-у**.

nom.	перо́	окно́
dat.	перу́	окну́

e. For *feminine* nouns ending in **-а**, change **-а** to **-е**.

nom.	кни́га	сестра́
dat.	кни́ге	сестре́

9-7. Infinitive: дава́ть (I) (*to give*)

PRESENT TENSE

я даю́	мы даём
ты даёшь	вы даёте
он даёт	они́ даю́т

Note: The syllable **-ва-** of the infinitive stem is omitted in the present tense.

Упражнéния

Put the words in parentheses into the proper case, and supply Russian equivalents for the English words in italics.

1. Я живу́ в (Вашингто́н), а Ива́н Андре́евич живёт в (Москва́). 2. Он изуча́ет (фи́зика) и (матема́тика), а я изуча́ю *Russian*. 3. Я уже́ давно́ *have been reading and writing* по-ру́сски. 4. *My sister* даёт *me* бума́гу и говори́т: "Пиши́ (Ива́н Петро́в) письмо́." 5. Я спра́шиваю *sister* "Почему́ ты (он) то́же не пи́шешь?"

6. Сего́дня мы идём к (профе́ссор). 7. Профе́ссор сего́дня в (университе́т). 8. Учи́тель говори́т Ива́ну: "Иди́те, пожа́луйста, к (доска́), а не к (стол) и́ли к (окно́)." 9. Учи́тель спра́шивает (Ве́ра): "Что ты тепе́рь де́лаешь?" 10. Ве́ра отвеча́ет: "Я *nothing* не де́лаю. Сего́дня *nobody is doing anything* [*nothing*].

Перево́д

A. Omit the words in parentheses and include the words in brackets:

1. Michael, please go to the blackboard. 2. Vera, go to the window. 3. Ivan, go to the table. 4. Where are you going now? I am going to (my) brother. 5. Mrs. Smith is writing a letter to (her) sister. 6. Citizen Zhukov is studying physics and mathematics. 7. Mary asks (her) sister: "Why do you not write (your) husband?" 8. The sister answers: "I do not write him because he has not written me anything [nothing] (for) a long time."

B. Omit the words in parentheses and include the words in brackets.

1. My friend Ivan Andreyevich never writes me anything [nothing], but he often writes to Vera because she is a young and beautiful American (girl). 2. Please write Ivan a letter this very day. 3. He has not been writing to you (*fam.*) because you have not been writing him. 4. How long [как до́лго] have you been studying English? 5. I have been studying English (for) only one year. 6. You already write and read English well, but why do you speak so poorly? 7. I speak so poorly because nobody speaks English at the university, and at home, too, we speak only Russian.

Вопро́сы

1. Где живёт Ива́н Андре́евич Петро́в? 2. Он уже́ давно́ изуча́ет англи́йский язы́к? 3. Как он говори́т по-англи́йски? 4. Что изуча́ет Мэ́ри? 5. Она́ уже́ хорошо́ говори́т по-ру́сски? 6. Что Мэ́ри говори́т сестре́? 7. Что отвеча́ет сестра́? 8. Что сестра́ даёт Мэ́ри? 9. Мэ́ри сего́дня рабо́тает? 10. Что тепе́рь де́лает Мэ́ри?

LESSON 10

ДЕСЯ́ТЫЙ УРО́К

ПИСЬМО́ (Continued)

По-ру́сски а́дрес пи́шут так:

СССР

Москва́

Пу́шкинская у́лица, дом №. (но́мер) 3 (три)

кв. (кварти́ра) (но́мер) 2 (два)

И. А. Петро́ву

Вот письмо́:

Дорого́й Ива́н Андре́евич,

Почему́ Вы* так давно́ ничего́ не пи́шете ни мне ни сестре́? Как Вы пожива́ете и что Вы де́лаете? Я зна́ю, что Вы изуча́ете англи́йский язы́к и что Ва́ша учи́тельница — молода́я англича́нка. Вы наве́рно уже́ говори́те по-англи́йски, как англича́нин.

Как ви́дите, я пишу́ э́то письмо́ по-ру́сски. Я ду́маю, что ру́сский язы́к интере́сный и не о́чень тру́дный. Я о́чень люблю́ э́тот язы́к.

Вы по́мните профе́ссора Но́викова? Здесь все его́ зна́ют. Он наш но́вый учи́тель и о́чень хорошо́ объясня́ет ру́сскую грамма́тику. Мы его́ о́чень лю́бим, и он нас то́же о́чень лю́бит.

Я уже́ свобо́дно чита́ю по-ру́сски, но говорю́ ещё дово́льно пло́хо. Когда́ говоря́т ме́дленно, я всё понима́ю. Но когда́ говоря́т бы́стро, я ничего́ не понима́ю.

Мы с бра́том лю́бим чита́ть в библиоте́ке. Там всегда́ о́чень ти́хо. Я тепе́рь чита́ю интере́сную ру́сскую кни́гу.

До свида́ния, Ива́н Андре́евич. Пиши́те.

Ваш друг, Мэ́ри Смит.

---

* In letters, the polite form **Вы** is usually capitalized.

Словáрь

áдрес address
ýлица street
Пýшкинская ýлица Pushkin Street
нóмер number
три three
квартѝра (*abbreviated* кв.) apartment
два two
дорогóй, -áя, -óе dear (*see* ¶ 10-1)
ни . . . ни . . . neither . . . nor . . .
поживáть (I); поживáю, -ешь, -ют to get along
как вы поживáете? how are you?
учѝтельница (*f.*) teacher (woman)
навéрно surely, most likely
как how; *here:* as
вѝдеть (II); вѝжу, вѝдишь, вѝдят to see
э́тот, э́та, э́то (*pron. & adj.*) this (*see* ¶ 10-2)
дýмать (I); дýмаю, -ешь, -ют to think
интерéсный, -ая, -ое interesting (*see* ¶ 10-1)
трýдный, -ая, -ое difficult
любѝть (II); люблю́, лю́бишь, лю́бят to love, to like
óчень любѝть to love very much
пóмнить (II); пóмню, -ишь, -ят to remember
все (*pr.* фсе) (*pl.*) everybody, all
егó (*pr.* евó) (*acc. of* он) him (*see* ¶ 10-5)
нóвый, -ая, -ое new
объяснѝть (I); объясня́ю, -ешь, -ют to explain (*see* ¶ 10-A)
граммáтика grammar
нас (*acc. of* мы) us (*see* ¶ 10-5)
свобóдно freely, fluently
довóльно (*adv.*) quite, rather
мéдленно (*adv.*) slowly
всё (*pr.* фсё) (*pron.*) everything
бы́стро (*adv.*) rapidly
с (*with instr.*) with
мы с брáтом brother and I (*see* ¶ 10-6)
библиотéка library
тѝхо (*adv.*) quietly, quiet
до свидáния good-bye

Идиóмы

Как вы поживáете? How are you?

Произношéние

10-A. Separation Signs: "ъ" and "ь"

The letters ъ (hard sign) and ь (soft sign) represent no sounds themselves. Rather they are used to indicate the pronunciation of other letters.

a. The ъ is used in the middle of a word to indicate that a vowel is separated from the consonant which precedes it, and that the vowel is pronounced with an initial *y*-sound. For example:

отъе́зд (departure) is pronounced *ot-yézd*

объясня́ть (to explain) is pronounced *ob-yas-niát'*

Note: **Отъе́зд** without the **ъ** would be pronounced *o-tézd.*

b. The **ь**, in addition to indicating the softening of consonants, is also used to indicate the separation of a vowel from a preceding consonant, as in

пью (I drink), pronounced *p-you*

or the separation of a hard consonant from a preceding soft one, as in

письмо́ (letter), pronounced *pees'-mó*

Phonetic Drill. Pronounce the following words aloud:

сел — съел; ве́тер — въе́хать; идём — подъём; вя́лый — объясня́ть; заявле́ние — объясне́ние; тётя — Татья́на; се́мя — семья́; Ко́ля — ко́лья; но́чью, о́сенью, вью́га, пье́са, сту́лья, бра́тья, пе́рья; письмо́, про́сьба, понеде́льник.

Грамма́тика

10-1. Declension of Adjectives

a. There are three declensions of adjectives, depending upon the nature of their endings: *hard, soft,* and *mixed.* To determine the declension of an adjective, remember the classification of vowels:

Hard:	**а,**	**э,**	**ы,**	**о,**	**у**
Soft:	**я,**	**е,**	**и,**	**ё,**	**ю**

b. The nature of the adjectival ending is determined by the first vowel of the ending.

1. If the first vowel is hard, the ending, as well as the adjective, is hard. For example:

но́в**ый**   но́в**ая**   но́в**ое**   (*hard:* **-ы-, -а-, -о-**)

молод**о́й**   молод**а́я**   молод**о́е**   (*hard:* **-о-, -а-, -о-**)

Note: Hard adjectives fall into two groups, according to their nominative singular: those with unstressed endings in **-ый, -ая, -ое** for the masculine, feminine and neuter; and those with stressed endings in **-о́й, -а́я, -о́е.**

2. If the first vowel is soft, the ending and the adjective are soft. For example:

после́дн**ий**   после́дн**яя**   после́дн**ее**   (*soft:* **-и-, -я-, -е-**)

3. Adjectives having some soft and some hard endings in their different genders and cases belong to the *Mixed Declension*. For example:

$$\begin{matrix} \text{ру́сский} & soft: \text{-и-} \\ \left.\begin{matrix} \text{ру́сская} \\ \text{ру́сское} \end{matrix}\right\} & hard: \text{-а-, -о-} \end{matrix}$$

c. Hard Declension of Adjectives — Singular.

NOMINATIVE

	I		II	
	Hard	Un-stressed	Hard	Stressed
m.	но́вый а́дрес	-ый	молодо́й сад	-о́й
	но́вый профе́ссор	-ый	молодо́й студе́нт	-о́й
f.	но́вая библиоте́ка	-ая	молода́я студе́нтка	-а́я
n.	но́вое перо́	-ое	молодо́е де́рево	-о́е

ACCUSATIVE★

	I		II	
	Hard	Un-stressed	Hard	Stressed
m.	но́вый а́дрес	-ый	молодо́й сад	-о́й
	но́вого† профе́ссора	-ого†	молодо́го† студе́нта	-о́го†
f.	но́вую библиоте́ку	-ую	молоду́ю студе́нтку	-у́ю
n.	но́вое перо́	-ое	молодо́е де́рево	-о́е

10-2. The Demonstrative Adjective-Pronoun: э́тот, э́та, э́то

This demonstrative adjective-pronoun is used attributively and agrees in gender and number with the noun to which it refers. For example:

Э́тот уро́к тру́дный.	This lesson is difficult.
Э́та кни́га но́вая.	This book is new.
Э́то письмо́ интере́сное.	This letter is interesting.

★ In the masculine, when the adjective modifies an inanimate object, it ends in **-ый** in the accusative singular; when it modifies an animate object, the ending is **-ого**. The feminine changes **-ая** to **-ую** in the accusative. The neuter in the accusative is the same as in the nominative.

† Note that **-ого** is pronounced **-ово**.

Do not confuse it with the uninflected pronoun **это** used predicatively and meaning *this is, that is, there are, those are.*

Это трýдный урóк.   This (that) is a difficult lesson.
Это нóвая кнйга.   This is a new book.
Это интерéсное письмó.   This is an interesting letter.

Compare:
    Это учйтель.   This is the (a) teacher.
    Он учйтель.   He is a (the) teacher.

10-3. Accusative of Masculine Animate Nouns

For masculine nouns denoting animate objects and ending in a consonant in the nominative, add **-a** to form the accusative.

nom.	брат	профéссор
acc.	брáт**a**	профéссор**a**

The accusative of animate nouns answers the question **когó?** (*pr.* **ковó**) (*whom?*).

Я вйжу Ивáн**а** Андрéевич**а**   I see Ivan Andreevich Petrov.
Петрóв**а**. (**Когó** я вйжу?)   (Whom do I see?)

10-4. Все and всё

Do not confuse **все** (meaning *all the, everybody*) with **всё** (meaning *all, everything*). Note that **все** requires the verb in the plural.

Все студéнты знáют урóк.   *All the* students know the lesson.
Я **всё** знáю.   I know *everything.*
Мы **всё** это знáем.   We know *all* that.
Мы **все** это знáем.   *All* of us know that (it).
Мы **все всё** знáем.   *All of us* know *everything.*

10-5. Personal Pronouns in the Genitive and Accusative

The personal pronouns in their various cases are used to form important idiomatic expressions. Therefore, learn the following inflections:

SINGULAR

nom.	я	ты	он	она́	оно́
gen.	меня́	тебя́	его́	её	его́
acc.	меня́	тебя́	его́	её	его́

PLURAL

nom.	мы	вы	они́
gen.	нас	вас	их
acc.	нас	вас	их

10-6. Plural Subjects with the Instrumental

To express a plural subject, especially in the first person, the preposition **c** is often used with the instrumental, thus:

Мы с бра́том идём в библио- те́ку.	My brother and I are going to the library.
Мы с бра́том пи́шем кни́гу.	My brother and I are writing a book.

Упражне́ния

A. Supply the proper forms in the present tense for the infinitives in parentheses, and give the correct case endings of the nouns and adjectives. Indicate the stress. (Master ¶ **10-1** and **10-3** first.)

1. Я (видеть) нов____ картин____ на стен____. 2. Ты (видеть) молод____ англичанк____? 3. Они́ (видеть) нов____ профессор____. 4. Вы (изуча́ть) русск____ грамматик____. 5. Все (знать) профессор____ Новиков____. 6. Мэ́ри (писа́ть) интересн____ письм____ Иван____ Петров____. 7. Мы с сестр____ (люби́ть) чита́ть в библиотек____. 8. Как вы (пожива́ть), дорог____ Вер____ Андре́евна? 9. Учи́тель хорошо́ (объясня́ть) трудн____ урок____. 10. Мы (чита́ть) о́чень интересн____ книг____.

B. Complete each sentence with an appropriate adverb from the following list: **по-ру́сски, по-англи́йски, бы́стро, ме́дленно, ти́хо.**

1. Я люблю́ гуля́ть _____. 　2. Ты лю́бишь писа́ть _____.
3. Он лю́бит чита́ть _____. 　4. Мы лю́бим говори́ть _____.
5. Вы лю́бите рабо́тать _____. 　6. Они́ лю́бят отвеча́ть _____.

C. Supply the Russian equivalents for the English words in italics; then translate each sentence into English. (Master ¶ **10-4** and **10-5** first.)

1. Вы всегда́ *everything* зна́ете, а я никогда́ *nothing* не зна́ю. 2. *Everybody* [*all*] лю́бят граждани́на Петро́ва. 3. Когда́ мой учи́тель объясня́ет уро́к, я *everything* понима́ю. 4. Мы *all* изуча́ем ру́сский язы́к. 5. Ты *me* лю́бишь?. 6. Да, я *you* (*fam.*) люблю́. 7. А *whom* вы лю́бите — *him* и́ли *her*? 8. Вы *them* пло́хо зна́ете, но они́ *you* (*pl.*) хорошо́ зна́ют. 9. Вы *us* ви́дите? 10. Да, я *you* (*pl.*) ви́жу.

Перево́д

A. Translate the following sentences. (Master ¶ **10-2** first.)

1. This conversation is interesting. 2. This is an interesting conversation. 3. This apartment is beautiful. 4. This is a beautiful apartment. 5. This is a new pen. 6. This pen is new. 7. This student (*m.*) is young. 8. She is a young student (*f.*).

B. Omit the words in parentheses and include the words in brackets.

1. Ivan is a Russian student. 2. He is now living in New York and studying English. 3. The teacher (*m.*) gives the student an English book. 4. Ivan reads English fluently. 5. He thinks that English is not difficult. 6. He likes English grammar and does not think that it is difficult. 7. He is now writing an interesting letter to (his) brother. 8. Here it is [**Вот оно́**]. 9. Dear brother, Why have you not written me for so long? 10. Why do you not write to Professor Ivan Andreyevich Petrov? 11. He is now living in Washington. 12. He thinks that Washington is an interesting American town. 13. I am now writing in the library. 14. It is very quiet here. 15. Please write me.

C. Use the familiar form throughout. Omit the words in parentheses and include the words in brackets.

1. Dear Mary,
How are you and what are you doing? 2. Why have you written nothing [neither] to me or [nor] to (my) brother for so long? 3. As you see, I am writing this letter in Russian. 4. I think that Russian is a very interesting language. 5. All of us like [love] Russian very much [**о́чень**].

6. Do you remember Mr. Zhukov? 7. He is our teacher now, and we all love him very much. 8. He also loves us. 9. When he explains Russian grammar, I understand everything. 10. But sometimes he speaks very fast, and I understand nothing.

11. Sometimes the professor and I walk (for pleasure) in the park and speak only Russian. 12. I already speak Russian quite fluently.

13. Here is my address:
Chicago
New Street
House Number 2
Apartment Number 3
14. Good-bye, Mary. Please write me and (my) brother.

Your friend, Vera.

Вопро́сы

1. Кому́ (to whom) Мэ́ри пи́шет письмо́? 2. Где живёт Ива́н Петро́в? 3. Что Ива́н тепе́рь изуча́ет? 4. Мэ́ри ду́мает, что Ива́н уже́ хорошо́ говори́т по-англи́йски? 5. Что Мэ́ри тепе́рь изуча́ет? 6. Как она́ пи́шет и чита́ет по-ру́сски? 7. Она́ уже́ свобо́дно говори́т по-ру́сски? 8. Когда́ говоря́т ме́дленно, она́ всё понима́ет? 9. Когда́ она́ ничего́ не понима́ет? 10. Как но́вый учи́тель, профе́ссор Но́виков, объясня́ет ру́сскую грамма́тику? 11. Все лю́бят профе́ссора Но́викова? 12. Все его́ зна́ют? 13. Каку́ю кни́гу тепе́рь чита́ет Мэ́ри? 14. Вы лю́бите чита́ть в библиоте́ке? 15. Что вы там чита́ете?

LESSON 11

ОДИ́ННАДЦАТЫЙ УРО́К

ОТВЕ́Т

Мэ́ри Смит живёт в Нью-Йо́рке с бра́том и с сестро́й. Ива́н Петро́в пи́шет Мэ́ри отве́т в Нью-Йо́рк. Вот его́ письмо́:

Ми́лая Мэ́ри,

Большо́е спаси́бо за Ва́ше интере́сное письмо́. Я о́чень рад, что Вы изуча́ете ру́сский язы́к и уже́ так хорошо́ пи́шете по-ру́сски.

Я изуча́ю англи́йский язы́к то́лько оди́н год и, коне́чно, ещё не говорю́ по-англи́йски как англича́нин. У меня́ да́же о́чень плохо́е произноше́ние, но я люблю́ англи́йский язы́к и англи́йскую литерату́ру.

У нас тепе́рь но́вый профе́ссор. Он ру́сский, но он о́чень хорошо́ зна́ет англи́йский язы́к и англи́йскую литерату́ру. Он мой хоро́ший друг, и мы ча́сто хо́дим вме́сте в кино́, когда́ идёт интере́сная англи́йская и́ли америка́нская карти́на.

Иногда́ мы с профе́ссором сиди́м до́ма и чита́ем англи́йскую кни́гу. Мой профе́ссор о́чень лю́бит Шекспи́ра, и мы тепе́рь чита́ем ''Оте́лло'' по-англи́йски. Вы по́мните после́дний акт? Мой профе́ссор говори́т, что э́тот акт о́чень интере́сный.

Вы хоти́те знать что я де́лаю и как пожива́ю. У́тром у меня́ англи́йский уро́к. Днём я рабо́таю в конто́ре, а пото́м хожу́ в библиоте́ку. Ве́чером я ча́сто сижу́ до́ма, но иногда́ хожу́ в теа́тр и́ли в кино́. Когда́ сестра́ до́ма, мы все за́втракаем, обе́даем и у́жинаем вме́сте.

Вы зна́ете мой а́дрес. Пиши́те. До свида́ния.

Ваш друг, Ива́н Петро́в

Слова́рь

отве́т answer (*noun*)
ми́лый, -ая, -ое dear, lovely
большо́й, -а́я, -о́е big, large
большо́е спаси́бо many thanks
за (*with acc.*) for
коне́чно (*pr.* коне́шно) of course, certainly
у (*with gen.*) by, at
у меня́ I have (*see* ¶ 11-2)
да́же even
плохо́й, -а́я, -о́е bad, poor
произноше́ние (*n.*) pronunciation
литерату́ра literature
у нас we have (*see* ¶ 11-2)
хоро́ший, -ая, -ее good
ходи́ть (II); хожу́, хо́дишь, хо́дят to go, to come (*on foot*) (*see* ¶ 11-3)
вме́сте (*adv.*) together
америка́нский, -ая, -ое American
сиде́ть до́ма to stay home
Шекспи́р Shakespeare
"Оте́лло" (*not decl.*) "Othello"
после́дний, -яя, -ее last, final (*see* ¶ 11-4)
акт act
у́тром in the morning
днём in the daytime
пото́м then, afterwards
ве́чером in the evening
теа́тр theater
за́втракать (I); за́втракаю, -ешь, -ют to have breakfast
обе́дать (I); обе́даю, -ешь, -ют to dine, to have dinner
у́жинать (I); у́жинаю, -ешь, -ют to have supper

Идио́мы (*Idioms*)

большо́е спаси́бо many thanks
сиде́ть до́ма to stay home

Произноше́ние

11-A. Assimilation of Consonants

a. When a voiceless consonant comes before б, г, д, ж, or з, it is pronounced like its voiced counterpart (*see* ¶ 6-A). For example:

сде́лать	*is pronounced*	зде́лать
сбе́гал	*is pronounced*	збе́гал
та́кже	*is pronounced*	та́гже

b. The same principle applies to two separate words pronounced together. For example:

с бра́том	*is pronounced*	з бра́том
к жене́	*is pronounced*	г жене́
брат был	*is pronounced*	брад был

Phonetic Drill. Pronounce the following words aloud:

сгоре́л, сза́ди, отде́л, экза́мен, вокза́л, про́сьба, отгада́ть; с горы́; от бра́та; к дру́гу.

Грамма́тика

11-1. The Instrumental Case with the Preposition "c"

a. When used with the preposition **c**, the instrumental case often indicates association or mutual participation and means *with, together with, along with.* For example:

| Я живу́ **с сестро́й** в го́роде. | I live with my sister in town. |
| Я говорю́ по-ру́сски **с бра́том**. | I speak Russian with my brother. |

b. With whom? is translated **с кем?**

| С кем вы живёте? | With whom do you live? |

11-2. Possessive Phrases

a. **У** + *pronoun* or *noun* in the *genitive.*

1. The verb *to have* is most frequently rendered in Russian by the preposition **y** + *pronoun* or *noun* in the *genitive.*

у меня́	I have	у нас	we have
у тебя́	you have	у вас	you have
у него́	he has	у них	they have
у неё	she has		

у бра́та	brother has
у сестры́	sister has
у Ве́ры	Vera has

2. *At the home of* is also rendered by the preposition **y** + *pronoun* or *noun* in the *genitive.*

Профе́ссор живёт **у меня́**.	The professor is living at my home (house).
Ива́н живёт **у тебя́**.	Ivan is living at your home (house).
Мой муж **у вас?**	Is my husband at your house?
Нет, он **у сестры́**.	No, he is at his sister's house.

3. The above construction is also used in place of possessives like **мой, ваш**, etc.

у нас на столе́	on *our* table
у тебя́ в ко́мнате	in *your* room

4. **У кого́?** means *who has?* or *at whose house?*

У кого́ моё перо́?	*Who has* my pen?
У кого́ живёт учи́тель?	*At whose house* does the teacher live?

b. **У** + *pronoun* or *noun* in the *genitive* + **есть**.

1. To emphasize ownership or possession in the sense of having the right to make use of an object, **есть** (third person singular of **быть**, *to be*, in the present) is added. Compare:

У кого́ де́ньги?	Who has *the* money? (In whose safekeeping is it? The banker may have it, but he cannot spend it.)
У кого́ **есть** де́ньги?	Who has some money (to spend)?
У кого́ автомоби́ль?	Who has *the* automobile? (In whose care is it at present? The garageman may have it, but only to grease it or fix it.)
У кого́ **есть** автомоби́ль?	Who has *an* automobile? (that is, *to drive*. Right to use the car is implied here.)

Note: In general, **есть** is used in Russian when the *indefinite* article is used in English; it is omitted when the *definite* article is used.

2. **Есть** is also used in questions and answers.

У вас **есть** перо́?	Have you a pen?
Да, **есть**.	Yes, I have.

3. An affirmative reply may be limited to the word **есть**.

Есть у вас бума́га?	Have you paper?
Есть.	I have.

c. Omission of **есть**.

When the object possessed is accompanied by a modifier, **есть** is usually omitted.   For example:

У меня **есть** ка́рта.	I have a map.
but: У меня **больша́я** ка́рта.	I have a *big* map.

У меня **есть** бума́га.	I have paper.
but: У меня **ма́ло** бума́ги.*	I have *little* paper.

11-3. Actual and Habitual Forms of Verbs: идти́ and ходи́ть

Verbs of motion have two distinct forms: the *actual* and the *habitual*.

a. The *actual* verb implies *actual* performance at a *given time.* It is specific with regard to:

1. The *direction* of the motion.

Я иду́ в конто́ру.	I am going (on foot) to the office. (I am bound for the office.)

2. The *time* the action *actually* takes place.

Я тепе́рь иду́ домо́й.	I am now going (on foot) home. (I am *actually* on my way home.)
Я ве́чером иду́ домо́й.	I am going home in the evening. (I will actually be on my way home in the evening.)

b. The *habitual* verb implies possible performance at an *unspecified time* or at *various times.*   It is *general* and *indefinite* with regard to:

1. The *direction* of the motion.

Я ча́сто хожу́ гуля́ть.	I often go for a walk. (Walking could be aimless or in any direction.)

* *See ¶ 12-2 b-4.*

2. Time of *possible* performance.

Я иногда́ хожу́ в го́род.	I sometimes walk to town. (No indication of when the action takes place or could take place.)

Note: With such words as **всегда́, ча́сто, иногда́,** or **никогда́,** implying *repetition* or *habit,* the habitual form must be used.

11-4. Soft Declension of Adjectives*

SINGULAR

	NOMINATIVE	ACCUSATIVE
m.	⌠после́дний акт	⌠после́дний акт
	⌡после́дний студе́нт	⌡после́днего студе́нта
f.	после́дняя кни́га	после́днюю кни́гу
n.	после́днее письмо́	после́днее письмо́

Note: The inflection of soft adjectives differs from the hard only in the following substitution of soft vowels for hard:

	NOMINATIVE	ACCUSATIVE
m.	**-ий** for **-ый**	**-его** for **-ого**
f.	**-яя** for **-ая**	**-юю** for **-ую**
n.	**-ее** for **-ое**	**-ее** for **-ое**

Упражне́ния

A. Translate the following sentences into English. (Master ¶ **11-2** first.)

1. — У кого́ есть тетра́дь?   — У меня́ есть тетра́дь.
2. — Ве́ра, у вас то́же есть тетра́дь?   — Есть.
3. — А у кого́ кни́га?   — Кни́га тепе́рь у них на столе́.
4. — У кого́ ка́рта?   — Ка́рта у него́ в ко́мнате.
5. — У кого́ хоро́шее произноше́ние?   — У неё о́чень хоро́шее произноше́ние.
6. — У вас хоро́шая кварти́ра?   — Нет, у нас о́чень плоха́я кварти́ра.
7. — У кого́ живёт ваш брат?   — Он иногда́ живёт у нас, а иногда́ он живёт у них.
8. — У тебя́ есть ла́мпа?   — Да, у меня́ больша́я но́вая ла́мпа.

---

* *See* ¶ **10-1 b.**

B. Supply the appropriate form of **идти́** or **ходи́ть**, as required by the meaning of each sentence.

1. Я ча́сто _____ в библиоте́ку. 2. Он всегда́ _____ в библиоте́ку у́тром, но сего́дня он _____ ве́чером. 3. Они́ тепе́рь _____ не в теа́тр, а в кино́. 4. Мы никогда́ не _____ в шко́лу ве́чером. 5. Я тепе́рь _____ домо́й, а пото́м _____ в конто́ру. 6. Вы с сестро́й никогда́ не _____ в парк.

Перево́д

A. Omit the words in parentheses and include the words in brackets.

1. Who has a newspaper? 2. Who has the newspaper? 3. You have a new book. 4. Your brother is now at our house. 5. Is my sister at your house? 6. She sees me, but I do not see her. 7. They know you, but you do not know them. 8. Her sister loves me. 9. My brother loves you. 10. Do you love him? 11. Everybody loves us. 12. Do you have an envelope? 13. I do [I have]. 14. This is my last letter. 15. Many thanks for your (*pol.*) lovely answer. 16. Are you writing the last book? 17. Is this the last act? 18. Do you see the last student (*m.*)? 19. He has a very bad pronunciation. 20. I know his [**его́**] young wife.

B. Omit the words in parentheses and include the words in brackets. Use the polite form throughout.

1. Dear Miss Smith,
Many thanks for (your) lovely letter. 2. You want to know what we are doing and how we are. 3. We often stay home in the morning. 4. We have breakfast, read the paper or a magazine, and then (my) brother and I sometimes go to the park.

5. In the daytime (my) sister and I go to the library. 6. We like [love] English literature and often read an English book together. 7. I have, of course, a very poor [bad] pronunciation, but I read English quite fluently. 8. We are now reading Shakespeare. 9. Do you remember "Othello"? 10. The last act is very interesting.

11. In the evening we have dinner [dine] at home. 12. Then we go [**хо́дим**] to the theater or to the movies. 13. Today we are going to the movies. 14. They are now showing [**идёт**] "Othello," and [**a**] we like Shakespeare very much.

15. Many thanks for the interesting book. 16. Please write often. Good-bye.

17. Your friend, Vera Karenina.

Вопро́сы

1. Где живёт Мэ́ри Смит?   2. С кем (with whom) она́ живёт?
3. Кто пи́шет Мэ́ри письмо́ в Нью-Йо́рк?   4. Ива́н Петро́в
рад, что Мэ́ри изуча́ет ру́сский язы́к?   5. У него́ хоро́шее и́ли
плохо́е произноше́ние?   6. Он лю́бит англи́йскую литерату́ру?
7. С кем Ива́н Петро́в ча́сто хо́дит в кино́?   8. Что они́ тепе́рь
чита́ют?   9. Куда́ Ива́н Петро́в хо́дит днём?   10. Куда́ он
иногда́ хо́дит ве́чером?   11. Где он у́жинает, когда́ его́ сестра́
до́ма?   12. Где вы за́втракаете?   13. С кем вы всегда́ обе́даете?
14. Куда́ вы идёте сего́дня, в кино́ и́ли в теа́тр?   15. С кем
вы идёте?

LESSON 12

ДВЕНА́ДЦАТЫЙ УРО́К

МОЙ ДЕНЬ

Вот уже́ у́тро. Я люблю́ гуля́ть у́тром. Когда́ я не рабо́таю, я ча́сто гуля́ю в па́рке. Мой брат Михаи́л то́же лю́бит гуля́ть. Мы гуля́ем вме́сте, а пото́м за́втракаем в рестора́не.

У́тром я пью горя́чий ко́фе с молоко́м, а Михаи́л пьёт холо́дное молоко́. Он не лю́бит ко́фе, а я не люблю́ молока́. Мать говори́т, что я пью ма́ло молока́, потому́ что я пью то́лько оди́н стака́н молока́ в день. Михаи́л всегда́ пьёт четы́ре стака́на молока́ в день.

По́сле за́втрака мы с бра́том иногда́ игра́ем в те́ннис. В час дня у нас уро́к му́зыки. Я игра́ю на роя́ле, а Михаи́л игра́ет на скри́пке. В два часа́ у нас уро́к ру́сского языка́. Мы уже́ хорошо́ чита́ем и пи́шем по-ру́сски, но говори́м ещё дово́льно пло́хо. Когда́ на́ша учи́тельница говори́т о́чень ме́дленно, мы всё понима́ем. Но иногда́ она́ говори́т сли́шком бы́стро, и мы ничего́ не понима́ем.

Мы всегда́ обе́даем до́ма. Мы еди́м суп, мя́со, десе́рт и пьём чай. По́сле обе́да я мо́ю посу́ду, а Ива́н чита́ет газе́ту. Он говори́т, что я о́чень хоро́шая сестра́ и ми́лая де́вушка, потому́ что я всегда́ мно́го рабо́таю, а он никогда́ ничего́ не де́лает.

Слова́рь

день (*m.*) day
у́тро morning
рестора́н restaurant
пить (I); **пью, пьёшь, пьют** to drink
горя́чий, -ая, -ее hot (*used with objects or emotions*) (*see* ¶ 12-1 a-2)
ко́фе (*m.*) (*not decl.*) coffee
молоко́ milk
холо́дный, -ая, -ое cold
мать mother
ма́ло (*adv.*) little (not much)
стака́н glass
четы́ре four
в день a day, per day (*see* ¶ 12-3 d)

74

после (*with gen.*) after
завтрак (*noun*) breakfast
играть (I); играю, -ешь, -ют to play
теннис tennis
играть в теннис to play tennis (*see* ¶ 12-3 a)
час hour
в час дня at one o'clock in the afternoon (*see* ¶ 12-3 c)
музыка music
рояль (*m.*) grand piano
играть на рояле to play the piano (*see* ¶ 12-3 b)
скрипка violin
играть на скрипке to play the violin (*see* ¶ 12-3 b)
в два часа at two o'clock (*see* ¶ 12-A)
урок русского языка Russian lesson
мы говорим ещё довольно плохо we still speak quite poorly
слишком (*adv.*) too (much)
есть (*irr.*) to eat
суп soup
мясо (*no pl.*) meat
десерт dessert
чай (*m.*) tea
обед dinner
мыть (I); мою, -ешь, -ют to wash
посуда (*sing. in Russian*) dishes
девушка girl
много (*adv.*) much, a great deal

Произношение

12-A. Effect of "ч" and "щ" on Certain Vowels

a. After the soft consonants ч and щ, a is always written in place of я, and у in place of ю. For example:

час, чай, хочу

b. After ч and щ, an unstressed a sounds close to и. For example:

часа	*sounds like*	чиса
чай	*sounds like*	чий
щадить	*sounds like*	щидить

Грамматика

12-1. Mixed Declension of Adjectives

a. Adjectives of this declension fall into three groups.

1. *Group I:* Adjectives with a stem ending in a guttural (г, к, or х) and the endings -ий, -ая, -ое. Adjectives of this group take *hard* endings, except that the gutturals cause the following ы to change to и. For example:

ру́сский	(*not* ру́сск**ый**)
ру́сск**ая**	(*no change*)
ру́сск**ое**	(*no change*)

2. *Group II:* Adjectives with a stem ending in a sibilant (ж, ч, ш, or щ) and the endings **-ий, -ая, -ее**. Adjectives of this group take *hard* endings, except that the sibilants change **ы** to **и** and the unstressed **о** to **е**. For example:

хоро́ший	(*not* хоро́ш**ый**)
хоро́ш**ая**	(*no change*)
хоро́ш**ее**	(*not* хоро́ш**ое**)

3. *Group III:* Adjectives with a stem ending in a guttural or a sibilant and the stressed endings **-о́й, -а́я, -о́е**. These adjectives are declined like Group I, except for the position of the stress and the masculine form in the nominative singular.

b. Table of Mixed Declension of Adjectives—Singular

		Group I	Group II	Group III
		Stem in г, к, х + -ий, -ая, -ое	Stem in ж, ч, ш, щ + -ий, -ая, -ее	Stem in г, к, х, ж, ч, ш, щ + -о́й, -а́я, -о́е
m.	*nom.*	ру́сский	хоро́ший	большо́й
	acc.	{ ру́сский *or* ру́сского	{ хоро́ший *or* хоро́шего	{ большо́й *or* большо́го
f.	*nom.*	ру́сская	хоро́шая	больша́я
	acc.	ру́сскую	хоро́шую	большу́ю
n.	*nom.*	ру́сское	хоро́шее	большо́е
	acc.	ру́сское	хоро́шее	большо́е

12-2. The Genitive Case of Nouns

a. Formation of the Genitive Singular.

1. For *masculine* nouns ending in a consonant, add **-a** to form the genitive.

nom.	стул	стол	студе́нт
gen.	сту́л**а**	стол**а́**	студе́нт**а**

2. For *feminine* nouns ending in -**a**, change -**a** to -**ы**.

nom.	ка́рта	жена́
gen.	ка́рт**ы**	жен**ы́**

Note: Feminine nouns whose stems end in **г, к, х** or in **ж, ч, ш, щ** take -**и** instead of -**ы**.

nom.	скри́пка	госпожа́
gen.	скри́пк**и**	госпож**и́**

3. For *neuter* nouns ending in -**o**, change -**o** to -**a**.

nom.	мя́со	молоко́
gen.	мя́с**а**	молок**а́**

b. Uses of the Genitive.

The genitive case is used:

1. To express possession. The case ending performs the same function as the preposition *of* or the *'s* in English. For example:

вопро́с учи́тельниц**ы**	the teacher's question
фами́лия де́вушк**и**	the girl's surname
перо́ студе́нт**а**	the student's pen

2. To express the object of a verb in the negative.

Я ви́жу карти́н**у** (*acc.*).	I see the picture.
but: Я не ви́жу карти́н**ы**.	I do not see the picture.

Я люблю́ молок**о́**.	I like milk.
but: Я не люблю́ молок**а́**.	I do not like milk.

3. To indicate measure.

стака́н молок**а́**	a glass of milk
фунт мя́с**а**	a pound of meat

4. After adverbs of quantity.

Они́ едя́т мно́го мя́с**а**.	They eat much meat.
Они́ пьют ма́ло молок**а́**.	They drink little milk.

5. Attributively, or to describe the relation of one thing to another.

уро́к му́зык**и**	a music lesson
но́мер кварти́р**ы**	the apartment number

6. After the numbers **два, три**, and **четы́ре**: the noun is in the genitive singular, and not in the nominative plural. **Два** is the form for the masculine and neuter, and **две** for the feminine.

два бра́та	two brothers (*lit.*, two of a brother)
две сестры́	two sisters
три часа́	three hours
четы́ре карти́ны	four pictures

12-3. Idioms with в and на

Memorize the following idioms:

a. **Игра́ть + в + acc.** = to play a game.

Мы игра́ем **в** те́ннис.   We play tennis.

b. **Игра́ть + на + prep.** = to play an instrument.

Она́ игра́ет **на** скри́пке.   She plays the violin.
На чём вы игра́ете?   What do you play (*on*)?

c. **В + acc.** = at (point in time).

в два часа́   at two o'clock

d. **В + acc.** = per, a (duration of time).

в день   per day, a day
в час   per hour, an hour

12-4. Infinitive: есть (*irr.*) (to eat)

я ем	мы еди́м
ты ешь	вы еди́те
он ест	они́ едя́т

Уражне́ния

Supply the proper case endings and verb forms.

1. Мы (обе́дать) в два час___. 2. Я (пить) холо́дн___ молок___, а мать (пить) горя́ч___ чай. 3. Иногда́ я (пить) три и́ли четы́ре стакан___ молок___ в день. 4. Моя́ сестра́ Же́ня не (есть) ни мяс___, ни десерт___ и не (пить) молок___. 5. В четы́ре час___ мы с брат___ (игра́ть) в теннис___. 6. Пото́м я (игра́ть) на роял___, а сестра́ (игра́ть) на скрипк___. 7. Ве́чером у нас уро́к музы́к___. 8. Пото́м сестра́ (чита́ть) ру́сск___ книг___, а я (чита́ть) англи́йск___ газе́т___. 9. Я не (понима́ть) вопро́с___ профессор___, а ты не (знать) уро́к___. 10. Они́ не (ви́деть) картин___.

Перевóд

A. Omit the words in parentheses and include the words in brackets.

1. It is already morning. 2. We have breakfast at home. 3. In the morning (my) mother drinks hot tea or coffee, and I drink two or three glasses of milk. 4. I drink too much milk, because I like milk very much.

5. After breakfast (my) brother and I wash the dishes, and (my) sister plays the piano. 6. She is a very lovely girl, but she still plays the piano very poorly. 7. My brother does not like music and never listens.

8. At two o'clock we play tennis. 9. Then [afterwards] we have dinner in a restaurant. 10. I eat soup, meat, and dessert and drink three or four glasses of milk. 11. Our friend Michael eats little meat, but he drinks much coffee.

12. At four o'clock we have a music lesson. 13. Ivan Petrov is our professor. 14. Do you know the professor's young wife? 15. She plays the piano and he plays the violin.

B. Omit the words in parentheses and include the words in brackets.

1. You want to know what I do in the morning, in the daytime, and in the evening? 2. All right [Хорошó], listen. 3. In the morning (my) brother and I go to a good restaurant. 4. We eat and drink very slowly, and after breakfast go to the park. 5. My brother likes to play tennis, and we often play two (or) three hours a day. 6. Then we go home, read a Russian magazine or an English paper, or play the piano. 7. My sister is a lovely girl, but she does not like music. 8. She likes neither the theater nor the movies, and often stays home in the evening. 9. Sometimes she has supper in town. 10. When she is in town, (my) brother and I do everything [that] we want.

Вопрóсы

1. Вы любите гулять утром? 2. Что вы делаете, когда вы не работаете? 3. Ваш брат тоже любит гулять? 4. Где вы завтракаете? 5. Где вы гуляете? 6. Что вы пьёте вечером? 7. Что пьёт ваш брат? 8. Он любит кофе? 9. Кто пьёт много молока? 10. Что вы делаете после завтрака? 11. Кто играет в теннис? 12. Что вы делаете в час дня? 13. Когда у вас урок музыки? 14. На чём (see ¶ 12-3 b) вы играете? 15. На чём играет ваш брат? 16. Что вы делаете в два часа? 17. Как вы говорите по-русски? 18. Что вы делаете после урока? 19. Кто моет посуду после обеда? 20. А что вы делаете после обеда?

LESSON 13

ТРИНА́ДЦАТЫЙ УРО́К

ЗА́ВТРА ПРА́ЗДНИК

Кака́я сего́дня прекра́сная пого́да! Прия́тно ходи́ть пешко́м, когда́ све́тит со́лнце. Я живу́ недалеко́ от шко́лы и ча́сто хожу́ пешко́м; но когда́ идёт дождь, я е́зжу на трамва́е. В таку́ю прекра́сную пого́ду как сего́дня хорошо́ гуля́ть и́ли игра́ть в те́ннис, но я до́лжен сиде́ть в шко́ле.

Я тепе́рь изуча́ю ру́сский язы́к. На сего́дня у нас о́чень лёгкий уро́к, но упражне́ние дово́льно тру́дное. Я мно́го рабо́таю, потому́ что хочу́ свобо́дно говори́ть по-ру́сски. Учи́тельница говори́т, что у меня́ хоро́шее произноше́ние и что я уже́ дово́льно хорошо́ пишу́ по-ру́сски.

За́втра мы не идём в шко́лу, и у меня́ та́кже нет уро́ка му́зыки. За́втра пра́здник, и мы е́дем в дере́вню к дя́де и тёте.

Сего́дня в четы́ре часа́ мы с дя́дей идём в магази́н. Дя́дя всегда́ покупа́ет в го́роде мя́со, ко́фе, чай и всё, что тёте ну́жно для за́втрака и́ли для обе́да. Пото́м мы ча́сто е́здим с дя́дей в дере́вню. У дя́ди большо́й и но́вый автомоби́ль, и мы о́чень лю́бим е́здить на его́ автомоби́ле.

У тёти в дере́вне прекра́сный дом и сад, недалеко́ от ле́са. Како́й там краси́вый лес! Когда́ я у тёти, я люблю́ чита́ть в саду́ и́ли гуля́ть в лесу́. Как хорошо́ в дере́вне ле́том! Но зимо́й я хочу́ жить в го́роде.

Слова́рь

за́втра tomorrow
пра́здник holiday
како́й, -а́я, -о́е what a, what kind of
прекра́сный, -ая, -ое fine, splendid, excellent
пого́да weather
прия́тно (*adv.*) it is pleasant
пешко́м (*adv.*) on foot
идти́
ходи́ть } **пешко́м** to go on foot

80

свети́ть (II); свечу́, све́тишь, -ят to shine
со́лнце (n.) (pr. со́нце) sun
недалеко́ not far
от (with gen.) from
шко́ла school
дождь (m.) rain
идёт дождь it rains
е́здить (II) hab.; е́зжу, е́здишь, -ят to go, to ride (see ¶ 13-A & 13-2)
трамва́й (m.) streetcar
е́здить на трамва́е to go by streetcar
тако́й, -а́я, -о́е such, such a
в таку́ю пого́ду in such weather
хорошо́ well, fine, good
до́лжен, должна́, должно́ must, obliged to, have to
на сего́дня for today
лёгкий, -ая, -ое (pr. лёхкий) easy, light
упражне́ние (n.) exercise
нет no; there is not, there are not (see ¶ 13-4)
е́хать (I) act.; е́ду, е́дешь, -ут to go (by conveyance) (see ¶ 13-2)
дере́вня village, country (see ¶ 13-5)
дя́дя (m.) uncle (see ¶ 13-5)
тётя aunt
магази́н store
покупа́ть (I); покупа́ю, -ешь, -ют to buy
ну́жно it is necessary (see ¶ 13-6)
всё, что ей ну́жно everything she needs
для (with gen.) for
для за́втрака for breakfast
автомоби́ль (m.) automobile
сад garden (see ¶ 13-7)
лес forest, wood (see ¶ 13-7)
ле́том in summer (see ¶ 13-3 a-3)
зимо́й in winter (see ¶ 13-3 a-3)

Идио́мы (Idioms)

идти́ пешко́м ⎫
ходи́ть пешко́м ⎭ to go on foot
идёт дождь it rains, it is raining
в таку́ю пого́ду in such weather
е́здить на трамва́е to go by streetcar
е́здить на автомоби́ле to ride in a car

Произноше́ние

13-A. The Double ж Sound

The зж combination in some instances sounds like жж. For example:

е́зжу	sounds like	е́жжу
по́зже	sounds like	по́жже
поезжа́й	sounds like	поежжа́й
без жены́	sounds like	бежжены́

Грамма́тика

13-1. Како́й and тако́й

Како́й and **тако́й** are used as adjectives or pronouns, and are declined like **большо́й** (*see* ¶ 12-1).

13-2. Verbs of Motion*

The use of these verbs is highly idiomatic. To avoid confusion, master the specific meaning of each of the following verbs:

идти́ (*actual*)
ходи́ть (*habitual*) } to go on foot

е́хать (*actual*)
е́здить (*habitual*) } to ride (go in a vehicle)

13-3. Adverbs

a. Formation of Adverbs.

1. Many adverbs are derived from adjectives by dropping the masculine endings (**-ый, -ий,** or **-ой**) and adding **-о** to the stem. For example:

ADJECTIVES		ADVERBS	
ме́дленн**ый**	slow	ме́дленн**о**	slowly
хоро́ш**ий**	good	хорош**о́**	well
плох**о́й**	bad	пло́х**о**	badly

2. Adverbs formed from adjectives ending in **-ский** change **-ский** to **-ски**. For example:

коми́ческ**ий** comical   коми́ческ**и** comically

Note: Such adverbs, when prefixed by **по-,** have the meaning *in the manner of.* When formed from an adjective of nationality, they are used as follows:

Я говорю́ по-ру́сски, по-   I speak Russian, Spanish, Ger-
испа́нски, по-неме́цки.   man (*lit.*, I speak in a Russian
                              manner, etc.).

* *See also* ¶ 11-3.

133

3. A number of nouns in the instrumental are used adverbially. For example:

NOUN	ADVERB	MEANING
у́тро	у́тром	in the morning
день	днём	in the daytime
ве́чер	ве́чером	in the evening
ночь	но́чью	at night
зима́	зимо́й	in winter
ле́то	ле́том	in summer

b. Use of Adverbs.

Russian is more precise than modern English in the use of adverbs of *place*; therefore, care must be taken to distinguish between those adverbs denoting *location* and those denoting *direction*.

Где вы живёте?	*Where* do you live?
Куда́ вы идёте?	*Where* (*whither*) are you going?
Мы живём **там**.	We live *there*.
Мы идём **туда́**.	We are going *there* (*thither*).
Чита́йте **здесь**.	Read *here*.
Иди́те **сюда́**.	Come *here* (*hither*).

13-4. Use of нет*

a. In Expressions of Absence or Lack.

In such expressions, **нет** means *there is not, there are not*, or *there is no, there are no*. It expresses the opposite of **есть**, that is, the *absence, lack,* or *nonexistence* of an object. For example:

Ива́на **нет** в кла́ссе.	Ivan *is not* in class (*absence*).
Его́ **нет** до́ма.	He *is not* at home (*absence*).
В го́роде **нет** шко́лы.	There *is no* school in town (*nonexistence*).
Скри́пки **нет**.	The violin *is not* here (*missing* or *gone*).

Note: The subject of such negative sentences must be in the *genitive*.

---

* **нет** is a contraction of **не** + **есть**.

b. In Possessive Phrases in the Negative.

1. The present tense of the verb *to have* in the negative is rendered thus:

$$\left.\begin{array}{l} \text{у меня́ } \textbf{нет} \\ \text{у тебя́ } \textbf{нет} \\ \text{у него́ } \textbf{нет} \\ \text{у неё } \textbf{нет} \end{array}\right\} + \text{genitive} \qquad \left.\begin{array}{l} \text{у нас } \textbf{нет} \\ \text{у вас } \textbf{нет} \\ \text{у них } \textbf{нет} \end{array}\right\} + \text{genitive}$$

For example:

У меня́ **нет** уро́ка.	I have no lesson.
У меня́ **нет** скри́пки.	I have no violin.

2. Do not confuse *expressions of absence or lack* with *possessive phrases in the negative.* Compare:

Скри́пки **нет**.	The violin is not here (it is missing or gone).
У меня́ **нет** скри́пки.	I have no violin (I do not *own* or cannot *dispose* of one).

Note: In the first sentence above, *violin* is rendered in English as the *subject*; in the second sentence it is the *direct object*.

13-5. Declension of Nouns

There are three declensions of nouns in Russian. These are determined on the basis of gender.

a. First Declension — Membership.

1. All feminine nouns ending in **-а, -я,** or **-ия** in the nominative singular belong to the First Declension. For example:

шко́ла, тётя, фами́лия

2. A few masculine nouns with feminine endings, such as дéдушк**а** (*grandfather*) or дя́д**я**, also belong to the First Declension. Although they are declined as feminine nouns, they are otherwise treated as masculine. For example:

Мой дéдушка хоро́ший учи́тель.	My grandfather is a good teacher.

b. The declensions are subdivided into two classes of nouns: *hard* and *soft.*

1. Nouns ending in **-a** are *hard*; those in **-я** or **-ия** are *soft.*

2. The inflection of soft nouns in **-я** differs from that of the hard vowels in **-a** only in the substitution of soft vowels for the corresponding hard ones.

c. First Declension — Singular.

	Hard		Soft	
	-a	**-я**	**-ия**	
nom.	шко́ла	тётя	дя́дя	фами́лия
gen.	шко́лы	тёти	дя́ди	фами́лии
dat.	шко́ле	тёте	дя́де	фами́лии
acc.	шко́лу	тётю	дя́дю	фами́лию
instr.	шко́лой	тётей	дя́дей	фами́лией
	(**-ою**)	(**-ею**)	(**-ею**)	(**-ею**)
prep.	*o шко́ле	*o тёте	*o дя́де	*o фами́лии

1. Nouns ending in **-га, -ка, -ха,** and **-жа, -ча, -ша, -ща** take **-и** instead of **-ы** in the genitive singular. For example:

nom.	кни́га	доска́	госпожа́
gen.	кни́ги	доски́	госпожи́

2. In the singular, animate and inanimate feminine nouns are declined alike; that is, **дере́вня** is declined like **тётя**.

3. Nouns ending in **-жа, -ча, -ша, -ща,** or **-ца** take **-о́й** in the instrumental when the stress falls on the ending, and **-ей** when it falls on the stem. For example:

nom.	госпожа́	свеча́ (*candle*)	душа́ (*soul*)
instr.	госпож**о́й**	свеч**о́й**	душ**о́й**

but:

nom.	у́лица	пи́ща (*food*)	да́ча (*summer house*)
instr.	у́лиц**ей**	пи́щ**ей**	да́ч**ей**

---

* Because of its frequency, the preposition **o**, meaning *about* or *concerning*, is usually given with the prepositional form in declensions.

4. When stressed, **-ей** or **-ею** becomes **-ёй** or **-ёю**. For example:

nom.	земля́ (*earth, land*)
instr.	землёй (-ёю)

13-6. Ну́жен, нужна́, ну́жно

In constructions using **ну́жен**, **нужна́**, or **ну́жно** — meaning *necessary* — the subject of the English sentence must be expressed in the dative. For example:

Мне нужна́ бума́га.	I need paper (*lit.*, paper is necessary to me).
Ей ну́жно перо́.	She needs a pen (*lit.*, a pen is necessary to her).

Note: **Ну́жен** agrees in gender with the thing needed.

13-7. Nouns with Prepositional in -у́

Some masculine nouns ending in a consonant in the *nominative* take the stressed **-у́** in the *prepositional* when governed by the prepositions **в** or **на**.

nom.	*prep.*	
пол	на полу́	*on* the floor
бе́рег	на берегу́	*on* the shore
сад	в саду́	*in* the garden
лес	в лесу́	*in* the forest

Упражне́ния

A. Decline the following nouns in the singular, and indicate the stress throughout.

1. пого́да	6. де́вушка	11. Же́ня
2. жена́	7. госпожа́	12. дя́дя
3. Ве́ра	8. учени́ца	13. сестра́
4. му́зыка	9. у́лица	14. А́зия
5. скри́пка	10. дере́вня	15. Австра́лия

B. Put the nouns in parentheses in the proper case.

1. Мы живём недалеко́ от (деревня). 2. Мы с (Женя) пи́шем (дядя) письмо́. 3. В таку́ю (погода) мы всегда́ е́здим на (трамвай). 4. Я люблю́ е́здить на (автомобиль) (дядя). 5. Же́ня должна́ сиде́ть в (школа). 6. Мы иногда́ чита́ем в (сад).

7. Лес недалеко́ от (дом).   8. У́тром мы гуля́ем в (лес).   9. Вы говори́те о (дя́дя) и о (тётя).   10. Ве́чером мы е́дем в (дере́вня) к (дя́дя) и (тётя).   11. Они́ живу́т в (А́зия).   12. Сего́дня они́ е́дут в (Австра́лия).   13. Она́ идёт домо́й по́сле (обе́д).   14. Ива́н гуля́ет в (сад) с (де́вушка).   15. У нас нет ни (кни́га), ни (бума́га) и ни (перо́).   16. В (го́род) нет (теа́тр).   17. Ты понима́ешь (учи́тельница), но не понима́ешь (уро́к).

C. In place of the blanks use **ну́жен, нужна́,** or **ну́жно.**

1. Мне _____ ваш брат.   2. Тёте не _____ э́та кни́га. 3. Ему́ _____ автомоби́ль.   4. Же́не _____ перо́.   5. Де́вушке _____ скри́пка.   6. Студе́нту _____ роя́ль.   7. Тебе́ _____ письмо́.   8. Ива́ну _____ ка́рта?

Перево́д

Omit words in parentheses.

1. When the sun is shining I often walk to the park with (my) uncle and aunt.   2. When it rains, I go by streetcar or automobile. 3. Our school is not far from the library.   4. My teacher (*m.*) says that I must read the exercise quietly in class.   5. They speak Russian very little, but they have (a) very good pronunciation.   6. They have a very easy lesson for tomorrow.   7. I have to write a letter to (my) uncle and aunt, but I have neither pen nor paper.   8. What fine weather we are having today!   9. How pleasant it is to walk in the garden or in the forest in such weather!   10. I often speak with Mrs. Smith.   11. She lives in the village, not far from the forest. She has a big house and a beautiful garden there.   12. In summer she likes to sit in the garden.   13. There is no store in the village and sometimes she goes on foot to town.   14. She buys in town everything that she needs.   15. Tomorrow is a holiday, and we are going (by vehicle) to the country.   16. (My) brother has a new car, and I like to ride in his car.   17. I love (my) aunt and want to live in her house, but (my) brother does not like the village and wants to live in town.   18. I always speak about (my) aunt and uncle.

Вопро́сы

1. Кака́я сего́дня пого́да?   2. Что вы лю́бите де́лать в таку́ю пого́ду?   3. Вы живёте недалеко́ от шко́лы?   4. Како́й сего́дня уро́к, лёгкий и́ли тру́дный?   5. Кто хо́чет хорошо́ говори́ть по-ру́сски?   6. У кого́ хоро́шее произноше́ние?   7. Почему́ вы

завтра не идёте в шко́лу?   8. Почему́ у вас за́втра нет уро́ка му́зыки?   9. Куда́ вы е́дете за́втра?   10. К кому́ (to whom) вы е́дете?   11. Куда́ вы идёте сего́дня по́сле уро́ка?   12. С кем вы идёте в магази́н?   13. Что вы покупа́ете в магази́не?   14. Где сего́дня ваш брат?   15. Вы лю́бите е́здить на автомоби́ле?   16. Что у тёти в дере́вне?   17. Вы лю́бите сиде́ть в саду́?   18. Како́й дом у тёти?   19. Когда́ вы гуля́ете в лесу́?   20. Где вы хоти́те жить ле́том и где зимо́й?

LESSON 14

ЧЕТЫ́РНАДЦАТЫЙ УРО́К

ВЫ МЕНЯ́ ЛЮ́БИТЕ?

Ива́н Андре́евич : — Здра́вствуйте, Ве́ра Ива́новна. Как поживаете?

Ве́ра Ива́новна : — О́чень хорошо́, спаси́бо, Ива́н Андре́евич. Я ра́да вас ви́деть. Вас давно́ у нас не́ было.

И.А. : — Меня́ не́ было в го́роде.

В.И. : — Вот как! Я не зна́ла, что вас не́ было в го́роде. Где же вы бы́ли?

И.А. : — Я был в Ленингра́де, в Москве́, в Волгогра́де и на Кавка́зе.

В.И. : — И что вы там де́лали?

И.А. : — В Ленингра́де я рабо́тал на по́чте, в Москве — на вокза́ле, а в Волгогра́де — на заво́де.

В.И. : — А что вы де́лали на Кавка́зе?

И.А. : — Там я то́лько отдыха́л.

В.И. : — Что вы тепе́рь де́лаете до́ма? Опя́ть отдыха́ете?

И.А. : — Нет. Я тепе́рь пишу́ кни́гу. Вчера́ я был до́ма оди́н и писа́л весь день, а ве́чером я был на конце́рте. Мать рабо́тает на фа́брике, а сестра́ рабо́тает в магази́не. У нас в до́ме о́чень ти́хо и прия́тно рабо́тать. А вы что де́лали вчера́?

В.И. : — Вчера́ я то́же сиде́ла до́ма и писа́ла.

И.А. : — А что вы писа́ли? Мо́жно спроси́ть?

В.И. : — Коне́чно мо́жно. Я вчера́ получи́ла о́чень интере́сное письмо́ и сейча́с же написа́ла отве́т.

И.А. : — Мо́жно спроси́ть от кого́ вы получи́ли письмо́? Э́то не секре́т?

В.И. : — Коне́чно нет. Я получи́ла письмо́ от бра́та. Он мне пи́шет ка́ждую неде́лю. Я то́же пишу́ ему́ ка́ждую неде́лю, а иногда́ да́же ка́ждый день.

И.А. : — Я по́мню, что у вас был о́чень дорого́й друг в Ки́еве . . .

В.И. : — Михаи́л?

И.А. : — Да, Михаи́л. Вы ему́ то́же пи́шете так ча́сто?

В.И. : — Я ему́ давно́ ничего́ не писа́ла.   У Михаи́ла тепе́рь есть жена́.   Почему́ вы меня́ спра́шиваете о Михаи́ле?

И.А. : — Ве́ра Ива́новна, вы ми́лая, прекра́сная де́вушка. Вы лю́бите чита́ть и я люблю́ чита́ть.   Вы лю́бите гуля́ть но́чью в саду́, и я люблю́ гуля́ть но́чью.   Вы лю́бите му́зыку, и я люблю́ му́зыку.   Вы игра́ете на роя́ле, а я игра́ю на скри́пке. Вы лю́бите игра́ть в те́ннис, и я люблю́ игра́ть в те́ннис . . .

В.И. : — Я ничего́ не понима́ю . . .

И.А. : — Я вас люблю́, Ве́ра Ива́новна!   Вы меня́ то́же лю́бите?

В.И. : — Я вас ещё ма́ло зна́ю, Ива́н Андре́евич . . . Пото́м . . . мо́жет быть . . .

Слова́рь

Ива́новна Ivanovna
быть (*irr.*); *past* **был, была́, бы́ло, бы́ли** to be (*see* ¶ **14-2**)
вас давно́ у нас не́ было you haven't been at our house for a long time (*see* ¶ **14-3**)
вот как! is that so!
я не зна́ла I did not know (*see* ¶ **14-1**)
же then (*emphatic*)
где же вы бы́ли? then where were you?
Ленингра́д Leningrad
Кавка́з Caucasus (*see* ¶ **14-4**)
по́чта post office
вокза́л railway station
заво́д plant (industrial)
отдыха́ть (I); **отдыха́ю, -ешь, -ют** to rest
опя́ть again
вчера́ yesterday
оди́н, одна́, одно́ one; *here:* alone (*see* ¶ **14-5**)
весь, вся, всё (*pron. & adj.*) entire, whole (*see* ¶ **14-6**)
конце́рт concert (*see* ¶ **14-4**)
фа́брика factory
мо́жно it is possible; one may
спроси́ть (II) *pf.* to ask a question (*once*) (*see* ¶ **14-7**)
получи́ть (II) *pf.* to receive, to get (*once*) (*see* ¶ **14-7**)
сейча́с же immediately, at once
написа́ть (I) *pf.* to have written (*once*) (*see* ¶ **14-7**)
кого́ (*pr.* **ково́**) gen. *of* **кто**
от кого́ from whom
секре́т secret
ка́ждый, -ая, -ое every, each
неде́ля week
ка́ждую неде́лю every week (*see* ¶ **14-6**)
Ки́ев Kiev
о (об) about, concerning
но́чью at night
мо́жет быть perhaps

Идио́мы (*Idioms*)

вот как! is that so!

Грамма́тика

14-1. The Past Tense

a. The past tense of most verbs is formed by dropping the ending
-ть from the infinitive and adding to the stem:

-л for the masculine ⎞
-ла for the feminine ⎬ of all three persons in the singular
-ло for the neuter ⎠

and **-ли** for any gender of all three persons in the plural.

b. Past Tense of **чита́ть.**

	Singular			Plural
	m.	*f.*	*n.*	*m., f., n.*
я	чита́л	чита́ла		мы чита́ли
ты	чита́л	чита́ла		вы* чита́ли
он	чита́л			
она́		чита́ла		} они́ чита́ли
оно́			чита́ло	

c. Past Tense of **говори́ть.**

	m.	*f.*	*n.*	*m., f., n.*
я	говори́л	говори́ла		мы говори́ли
ты	говори́л	говори́ла		вы* говори́ли
он	говори́л			
она́		говори́ла		} они́ говори́ли
оно́			говори́ло	

* *Note:* The plural form is also used as the polite singular.

14-2. Past Tense of **быть** (*irr.*) **(to be)**

	SINGULAR		PLURAL	
m.	я, ты, он бы<u>л</u>		мы ⎞	
f.	я, ты, она́ бы<u>ла́</u>		вы ⎬ бы́<u>ли</u>	
n.	оно́ бы́<u>ло</u>		они́ ⎠	

14-3. Use of не́ было*

a. In Expressions of Absence or Lack — Past Tense.

In such expressions, *was not* or *were not* is rendered by **не́ было**; the subject of the sentence is in the genitive.   For example:

Ива́на **не́ было** в кла́ссе.	Ivan *was not* in class. (*Absence.*)
Его́ **не́ было** до́ма.	He *was not* at home. (*Absence.*)
В го́роде **не́ было** шко́лы.	There *was no* school in town. (*Nonexistence.*)
Скри́пки **не́ было**.	The violin *was not* there. (*Missing or gone.*)

b. In Possessive Phrases in the Negative — Past Tense.

у меня́
у тебя́   **не́ было**
у него́   + genitive
у неё

у нас
у вас   **не́ было**
у них   + genitive

For example:

У меня́ **не́ было** уро́ка.	I *had no* lesson.
У меня́ **не́ было** скри́пки.	I *had no* violin.

14-4. Idiomatic Use of the Preposition на

The preposition **на**, governing the prepositional or the accusative, is often used idiomatically in place of **в** as follows (*see also* ¶ **6-3** and **7-3**):

a. With specific nouns.

Мы живём **на** Кавка́зе.	We live *in* the Caucasus.
Они́ е́дут **на** Кавка́з.	They are going (in a vehicle) *to* the Caucasus.
Я рабо́таю **на** по́чте, **на** заво́де, **на** фа́брике.	I work *at* the post office, the plant, the factory.
Я иду́ **на** по́чту, **на** заво́д, **на** фа́брику.	I am going *to* the post office, the plant, the factory.

b. With nouns designating *occasions* or *events* rather than naming location.

Я иду́ **на** уро́к, **на** конце́рт, **на** ле́кцию, **на** бал.	I am going *to* the lesson, the concert, the lecture, the ball.

---

* Compare with ¶ **13-4**.

14-5. The Numeral оди́н, одна́, одно́

The numeral *one* has three forms: оди́н (*m.*), одна́ (*f.*), and одно́ (*n.*). It is declined like an adjective and agrees with the word it modifies. For example:

оди́н каранда́ш	*one* pencil
одна́ тетра́дь	*one* notebook
одно́ перо́	*one* pen

14-6. Expressions of Time with the Accusative

To express length of time or recurrence in time, the accusative without a preposition is used.

весь день	the whole day, all day
всю ночь	the whole night, all night
всё у́тро	the whole morning, all morning
ка́ждый день	every day
ка́ждую ночь	every night
ка́ждое у́тро	every morning

14-7. The Aspects

Verbs of motion, as indicated in ¶ 11-3, have two distinct forms: the *habitual* and the *actual*. Most Russian verbs, however, including those of motion, have two other forms known as the *Imperfective Aspect* and the *Perfective Aspect*. The *aspects* are treated in detail in Lessons 20 through 23. Here it will suffice to point out their major functions.

The *Imperfective Aspect* expresses *continuity* or *repetition* of an action without indicating its beginning or end. The *Perfective Aspect* expresses *completion* or *result* of an action, its *brevity* or *instantaneousness*.

The infinitive forms of the two aspects are usually closely related and easier to master when learned together. The *Imperfective Aspect* has three tenses: present, past, and future. The *Perfective Aspect* lacks the present, since a completed action cannot be going on in the present. For example:

imp.	получа́ть	to be receiving regularly
pf.	получи́ть	to receive once, to get
imp.	писа́ть	to write, to be writing
pf.	написа́ть	to have written (*and finished*)
imp.	спра́шивать	to ask (questions)
pf.	спроси́ть	to ask a question (*once*)

Infinitive forms of the *Perfective Aspect* occurring for the first time will, from now on, be marked *pf.* in the vocabulary.

Упражнéния

Supply the past tense of the infinitives in parentheses. Make sure that the past tense forms are in the proper gender and number.

1. Здрáвствуйте, Михаúл. Что вы (дéлать) вчерá? 2. Утром я (писáть) упражнéние. 3. Днём я (читáть) кнúгу, а вéчером мы с сестрóй (гуля́ть) в саду́. 4. А мы вéчером (быть) на концéрте и (слу́шать) му́зыку. 5. Вчерá у нас нé (быть) урóка, потому́ что учúтельницы нé (быть) в гóроде. 6. Мы не (пóмнить), что вчерá (быть) прáздник.

7. Мой дя́дя (рабóтать) в гóроде, но всегдá (отдыхáть) в дерéвне. 8. Он óчень (любúть) ходúть пешкóм и (ходúть) в контóру кáждый день. 9. Тётя же не (любúть) ходúть пешкóм и всегдá (éздить) на автомобúле úли на трамвáе. 10. Онá чáсто (éздить) в гóрод, потому́ что онá всё (покупáть) в гóроде.

11. Вéра (получúть) письмó от Михаúла и сейчáс же (написáть) ему́ отвéт. 12. Письмó (лежáть) на столé, а конвéрт (лежáть) на сту́ле. 13. Ивáн (спросúть) Вéру, почему́ онá так чáсто пúшет Михаúлу, но Вéра (написáть) ему́ тóлько однó письмó. 14. Погóда (быть) óчень хорóшая, сóлнце (светúть), и Ивáн (хотéть) гуля́ть с Вéрой в саду́. 15. Но Вéра (ду́мать) о Михаúле и не (хотéть) гуля́ть с Ивáном.

Перевóд

A. Omit the words in parentheses and include the words in brackets.

1. I rode on the streetcar every day. 2. Today I rode in an automobile (for) one hour. 3. She did nothing all morning. 4. She never worked, but she played the violin every evening. 5. She always stayed home alone. 6. I remembered that you often walked in the forest with (your) uncle. 7. Mother received a letter from (her) sister. 8. May we ask what you were doing in the morning, in the daytime, and in the evening? 9. Of course, you may. This is no secret. 10. I was writing a book. 11. Is that so! I did not know (*f.*) that you were writing a book. 12. You haven't been at our house for a long time [давнó]. 13. I wasn't in town. 14. I was in Leningrad. I worked there at the railway station. 15. I also worked at the post office and at a factory.

B. Omit the words in parentheses and include the words in brackets.

1. We weren't in town all week. 2. We were resting in the Caucasus. 3. I often read (*past tense*) in the library, and (my)

sister stayed home alone.   4. We often went (on foot) to a concert
in the evening.   5. Yesterday (my) sister received a letter and
immediately wrote an answer.   6. I do not know from whom she
received the letter.   7. She says that it is a secret.   8. When we
lived in Kiev, she had a very dear friend.   9. She saw him every
day.   10. Often they even walked in the garden at night.   11.
Perhaps she still loves him.   12. When I ask her "Do you love
him?" she answers: "Perhaps. . . ."

Вопро́сы

1. Почему́ Ива́н Андре́евич давно́ не́ был у Ве́ры Ива́новны?
2. Ве́ра Ива́новна ра́да его́ ви́деть?   3. Она́ зна́ла, что Ива́на
Андре́евича не́ было в го́роде?   4. Где же был Ива́н Андре́евич?
5. Что он де́лал в Ленингра́де?   6. Где он рабо́тал в Москве́?
7. А что он де́лал на Кавка́зе?   8. Что он тепе́рь де́лает до́ма?
9. Где Ива́н Андре́евич был вчера́ ве́чером (last evening)?
10. Почему́ так ти́хо в до́ме Ива́на Андре́евича?   11. От кого́
Ве́ра Ива́новна вчера́ получи́ла письмо́?   12. Когда́ она́ написа́ла
отве́т?   13. Как ча́сто она́ пи́шет бра́ту?   14. Где жил Михаи́л?
15. Почему́ Ве́ра Ива́новна давно́ ничего́ не писа́ла Михаи́лу?
16. Почему́ Ива́н Андре́евич спра́шивает её о Михаи́ле?   17.
На чём игра́ет Ве́ра Ива́новна, и на чём игра́ет Ива́н Андре́евич?
18. Что отвеча́ет Ве́ра Ива́новна, когда́ Ива́н Андре́евич
говори́т, что он её лю́бит?

REVIEW LESSON 2 [LESSONS 8—14]

Grammar Review

A. Conjugate the following verbs in the present tense, and indicate the stress throughout. (Review ¶ 8-3, 9-7, and 12-4.)

1. объяснять	6. стоять	11. есть
2. помнить	7. сидеть	12. éхать
3. лежать	8. любить	13. ходить
4. давать	9. пить	14. éздить
5. смотреть	10. светить	15. мыть

B. Conjugate the following verbs in the past tense. (Review ¶ 14-1 and 14-2.)

1. отдыхать	6. быть
2. покупать	7. делать
3. спросить	8. спрашивать
4. получить	9. думать
5. написать	10. завтракать

C. Decline the following nouns in the singular, and indicate the stress. (Review ¶ 13-5.)

1. фабрика	4. неделя
2. улица	5. фамилия
3. госпожа	

Reading and Comprehension Drill

Supply the appropriate endings and indicate the stress; then read the sentences aloud and translate them.

1. Я пиш____ на бумаг____ или на доск____. 2. На бумаг____ я пиш____ пер____ или карандаш____, а на доск____ пиш____ мел____. 3. Иногда я смотр____ на Михаил____, а не в

96

книг____. 4. Мэ́ри изуча____ физик____. 5. Ива́н даёт
сестр____ книг____. 6. Сестра́ идёт к стол____ и пи́шет
граждани́н____ Петро́в____ письмо́. 7. Мы с брат____ полу-
чи́ли русск____ книг____ от учительниц____. 8. Вы помн____
господи́н____ Жуков____? Он наш нов____ учи́тель. 9. Я
всегда́ говор____ по-ру́сски с дяд____ и с тёт____. 10. Ве́ра не
лю́бит молок____. Она́ пьёт то́лько два стака́н____ молок____
в день. 11. По́сле ужин____ мы с сестр____ игра____ на
роял____. 12. За́втра пра́здник и мы ед____ в деревн____ к
дяд____ и тёт____. 13. Где моя́ кни́га? Вчера́ она́ лежа____
на стол____, но сего́дня книг____ нет. 14. Тебя́ вчера́ не́ бы____
в го́род____. Где ты бы____ (*f.*) 15. Ве́ра Ива́новна две
недел____ рабо́тала на фабрик____ и три недел____ на почт____.

Перево́д

A. Omit the words in parentheses and include the words in
brackets.

1. I need a lamp. 2. Who has a lamp? 3. I have a new lamp.
4. It is now at (my) brother's. 5. It stands on his [**у него́**] table.
6. Who has a car? 7. I have (my) brother's car. 8. She always
goes (on foot) to school in the morning, but today she is going in the
evening. 9. Your (*pl.*) uncle is now at our house. 10. This is my
last picture. 11. I am giving you (*fam.*) the last picture. 12.
When mother is home, we all have breakfast, dinner, and supper
together. 13. We eat soup, meat, and dessert, and drink hot tea.
14. After dinner I wash dishes. 15. In the evening I read an
English magazine or a Russian newspaper.

B. Omit the words in parentheses and include the words in
brackets:

1. We drink three or four glasses of milk a day. 2. At two
o'clock we have a music lesson. 3. I play the violin and (my)
sister plays the piano. 4. In such weather it is pleasant to walk in
the garden. 5. I like to walk [on foot], but when it rains, I always
go to school by streetcar. 6. (My) aunt always buys in town
everything she needs for breakfast or dinner. 7. (My) uncle has
a big new car. 8. I like very much to ride in [**на**] (my) uncle's
car. 9. What a splendid house (my) aunt has in the country!
10. Yesterday we had no music lesson, and tomorrow we also have
no lesson. 11. We worked at the plant all morning. 12. In the
evening we are going to a concert.

Reading Review

The following text is based on the vocabulary, idioms, and sentences in Lessons 8–14. Read it aloud for comprehension and drill in correct pronunciation. Then retell the text orally, introducing any changes that the vocabulary and grammar covered thus far will permit.

Наш учитель

Мы с сестрой изучаем русский язык. Мы читаем, пишем и говорим по-русски. Моя сестра очень хорошая студентка и уже довольно свободно говорит по-русски. Я же говорю ещё очень медленно.

Наш учитель — русский. Его фамилия — Новиков. Господин Новиков очень хорошо объясняет русскую грамматику. Мы думаем, что русский язык интересный и не очень трудный.

Когда наш учитель объясняет урок, мы все слушаем и смотрим в книгу. Только Михаил часто не слушает и читает газету или пишет письмо в классе. Вчера Михаил получил письмо от друга и сейчас же написал ответ в классе. "В такую погоду — говорит Михаил — приятно гулять или играть в теннис, а я должен сидеть в школе." Учитель говорит: "Михаил ещё долго будет сидеть (will stay) в школе, потому что он никогда ничего не слушает в классе и дома тоже ничего не делает."

Вопросы

1. Что вы делаете, когда учитель даёт урок? 2. Где лежит ваша книга? 3. Вы уже хорошо говорите по-русски? 4. Вы часто ходите в библиотеку? 5. Куда вы идёте сегодня? 6. Где вы живёте, в городе или в деревне? 7. С кем вы там живёте? 8. Где вы обедаете, дома или в ресторане? 9. Когда вы любите гулять? 10. На чём вы играете, на скрипке или на рояле? 11. Кто у вас моет посуду после завтрака? 12. Что вы делаете после обеда? 13. Какая сегодня погода? 14. Что вы любите делать в такую погоду?· 15. Где вы хотите жить летом и где зимой? 16. Где вы были вчера? 17. Почему вас не было в классе вчера? 18. Вы часто ездите в город? в деревню?

LESSON 15

ПЯТНА́ДЦАТЫЙ УРО́К

ДВА ТОВА́РИЩА

Пе́тя и Ва́ся о́чень лю́бят друг дру́га. Пе́тя приле́жный учени́к и о́чень хорошо́ занима́ется в шко́ле. Ва́ся лени́вый учени́к и никогда́ не зна́ет уро́ка. Пе́тя почти́ всегда́ сиди́т до́ма и занима́ется, а Ва́ся ча́сто хо́дит в кино́.

Пе́тя о́чень лю́бит ру́сский язы́к. Он всегда́ по́льзуется словарём, когда́ он приготовля́ет уро́к и́ли упражне́ние. Ва́ся же почти́ никогда́ не по́льзуется словарём и ре́дко приготовля́ет уро́к и́ли упражне́ние. Он ча́сто прихо́дит в шко́лу без уче́бника, без бума́ги, без пера́ и́ли карандаша́. Ва́ся о́чень не лю́бит занима́ться. Он то́лько лю́бит гуля́ть в лесу́ и́ли в по́ле, купа́ться в реке́ и́ли игра́ть в мяч. Ра́но у́тром и́ли по́здно ве́чером, когда́ все спят, он хо́чет петь и́ли игра́ть на роя́ле.

Все говоря́т: "Пе́тя приле́жный ма́льчик, а Ва́ся лени́вый; Пе́тя хоро́ший учени́к, а Ва́ся плохо́й; Пе́тя всегда́ занима́ется, а Ва́ся никогда́ ничего́ не де́лает." Никто́ не мо́жет поня́ть и́ли объясни́ть почему́ Пе́тя и Ва́ся так лю́бят друг дру́га.

Слова́рь

Vocabulary Comments often follow the *Vocabulary* itself as an aid to the memory. Their chief purpose is to help the student associate new words with words previously learned. This is achieved by underscoring common roots or pointing out patterns of word formation. Words marked by an asterisk in the *Vocabulary* are discussed in the *Comments*.

Пе́тя (*m.*) Petya (Peter)
Ва́ся (*m.*) Vasya (Basil)
друг дру́га each other
приле́жный, -ая, -ое diligent
*учени́к pupil (*m.*)

занима́ться (I) (*intrans.*); занима́юсь, -ешься, -ются to study, to busy oneself with (*see* ¶ 15-1)
лени́вый, -ая, -ое lazy
почти́ (*adv.*) almost, nearly
по́льзоваться (*with instr.*) (I); по́льзуюсь, -ешься, -ются to use (*see* ¶ 15-1)
*слова́рь (*m.*) (*gen.* словаря́) dictionary
по́льзоваться словарём to use a dictionary
приготовля́ть (I); приготовля́ю, -ешь, -ют to prepare
обы́чно usually
*сло́во word
ре́дко (*adv.*) seldom, rarely
приходи́ть (II); прихожу́, прихо́дишь, прихо́дят to come, arrive (*on foot*)
без (*with gen.*) without
*уче́бник textbook
о́чень не лю́бит very much dislikes
по́ле (*n.*) field
купа́ться (I) (*pr.* купа́ца); купа́юсь, -ешься (*pr.* купа́ешса), купа́ются (*pr.* купа́юца) to bathe (oneself) (*see* ¶ 15-1)
мяч (*gen.* мяча́) ball
игра́ть в мяч to play ball
ра́но (*adv.*) early
по́здно (*adv.*) late
спать (II); сплю, спишь, спят; *past* спал, спала́, -о, -и to sleep
петь (I); пою́, поёшь, пою́т to sing
ма́льчик boy
мочь (I); могу́, мо́жешь, мо́гут; *past* мог, могла́, -о́, -и́ to be able (*physically*), to be in position to (*see* ¶ 15-3)
поня́ть (I) (*pf. of* понима́ть, I); *past* по́нял, -а́, -о, -и to understand, to grasp
объясни́ть (II) (*pf. of* объясня́ть, I) to explain

Идио́мы

игра́ть в мяч to play ball

Примеча́ния (*Comments*)

учени́к pupil: *cf.* уче́бник textbook; учи́тель teacher (*m.*); учи́тельница teacher (*f.*)
слова́рь dictionary: *cf.* сло́во word

Грамма́тика

15-1. Verbs in -ся

The particles -ся and -сь are contractions of the reflexive pronoun себя́ (*oneself*). They are used in the conjugation of (*a*) reflexive verbs, (*b*) reciprocal verbs, and (*c*) certain intransitive verbs.

a. Reflexive Verbs.

1. A *reflexive verb* denotes action which the subject is performing upon himself. Compare:

купа́ть	to bathe (*someone else*)
купа́ться	to bathe (*oneself*)

2. Reflexive verbs are formed by adding **-ся** or **-сь** to regular verb endings.

-ся is added after a *consonant*, **ь**, or **й**.
-сь is added after a *vowel*.*

3. Infinitive: **купа́ться** (**I**) (*pr.* **купа́ца**) *to bathe* (*oneself*)

PRESENT TENSE

я купа́ю**сь**	
ты купа́ешь**ся**	(*pr.* купа́еш**са**)
он, она́, оно́ купа́ет**ся**	(*pr.* купа́е**ца**)
мы купа́ем**ся**	(*pr.* купа́ем**са**)
вы купа́ете**сь**	
они́ купа́ют**ся**	(*pr.* купа́ю**ца**)

PAST TENSE

я, ты, он купа́л**ся**	мы	
я, ты, она́ купа́ла**сь**	вы	купа́ли**сь**
оно́ купа́ло**сь**	они́	

IMPERATIVE

купа́й**ся** (*fam. sing.*)   купа́йте**сь** (*pl.*, or *pol. sing.*)

b. Reciprocal Verbs.

Some verbs in **-ся** indicate reciprocal action and imply two or more agents. For example:

целова́ть	to kiss (*someone*)
целова́ться	to kiss each other

c. Intransitive Verbs.

A number of intransitive verbs in **-ся** are neither reciprocal nor reflexive. For example:

занима́ться	to study
смея́ться	to laugh

15-2. Second Declension of Nouns

a. To this declension belong all masculine nouns ending in a *consonant*, **-ь**, or **-й**; and neuter nouns ending in **-о**, **-е**, or **-ие**.

* Except in participles (*see* ¶ **38-2 a-3**).

b. Nouns of the Second Declension ending in a consonant or in
-о are *hard*; those ending in -ь, -й, -e, or -ие are *soft*.

c. Second Declension—Singular.

MASCULINE

Case	Hard	Soft		
		-ь		-й
	Consonant	Stress on stem	Stress on ending	
nom.	стол	автомобиль	словарь	трамвай
gen.	стола́	автомоби́ля	словаря́	трамва́я
dat.	столу́	автомоби́лю	словарю́	трамва́ю
acc.	стол	автомоби́ль	словарь	трамва́й
instr.	столо́м	автомоби́лем	словарём	трамва́ем
prep.	о столе́	*об автомоби́ле	о словаре́	о трамва́е

NEUTER

Case	Hard	Soft	
	-o	-e	-ие
nom.	сло́во	по́ле	упражне́ние
gen.	сло́ва	по́ля	упражне́ния
dat.	сло́ву	по́лю	упражне́нию
acc.	сло́во	по́ле	упражне́ние
instr.	сло́вом	по́лем	упражне́нием
prep.	о сло́ве	о по́ле	*об упражне́нии

* Note that the preposition **o** becomes **об** before a vowel.

1. In the singular, the stress in the *genitive* determines the
pattern for the other oblique cases. It is therefore important to
know the *genitive* form, as well as the *nominative*, of every noun.

Note: Henceforth, the *genitive* of a noun will be given in the
vocabulary if it is not stressed on the same syllable as the nominative.
It will also be given in the *Russian-English Vocabulary* at the end of
the book.

2. The accusative of masculine nouns denoting animate objects (persons human and divine, or animals) is like the genitive (*see* ¶ **7-3** and **10-3**). For example:

nom.	студе́нт	а́нгел (*angel*)	волк (*wolf*)
gen.	студе́нта	а́нгела	во́лка
acc.	студе́нта	а́нгела	во́лка

3. After **ж, ч, ш, щ,** and **ц,** the instrumental case ending **-ом** becomes **-ем** when unstressed. For example:

nom.	*instr.*
мяч	мячо́м
каранда́ш	карандашо́м

but:

това́рищ	това́рищем

4. In soft nouns the instrumental ending **-ем** becomes **-ём** when stressed. For example:

nom.	*instr.*
автомоби́ль	автомоби́лем

but:

словарь	словарём

5. Neuter nouns ending in **-же, -че, -ше, -ще,** and **-це** are declined like **сло́во,** but have the ending **-ем** in the instrumental (*see* ¶ **5-A**). To this group belong nouns like **полоте́нце** (*towel*), **се́рдце** (*heart*), and the like.

nom.	со́лнце	*acc.*	со́лнце
gen.	со́лнца	*instr.*	со́лнцем
dat.	со́лнцу	*prep.*	о со́лнце

15-3. Infinitive: мочь (I) (to be able physically, to be in a position to)

PRESENT TENSE

я могу́	мы мо́жем
ты мо́жешь	вы мо́жете
он мо́жет	они́ мо́гут

PAST TENSE

мог могла́ могло́ могли́

Упражнéния

Put the nouns in parentheses into the proper case, and substitute the proper forms of the past tense for the infinitives in parentheses. For example:

Я там (рабóтать) на (завóд).
Я там рабóтал на завóде.

1. Недалекó от (сад) (стоя́ть) автомобúль. 2. В (автомобúль) (сидéть) два товáрища. 3. На (словáрь) (лежáть) тетрáдь. 4. Вéра (петь) на (концéрт). 5. Он (éздить) к (учúтель). 6. Онú не (вúдеть) (пóле). 7. Онá (ходúть) в (шкóла) кáждый день. 8. Онú всегдá (жить) в (Австрáлия). 9. Мы с (брат) (игрáть) на (роя́ль). 10. Мы не (говорúть) об (упражнéние). 11. Онá (знать) мой (секрéт). 12. Вчерá у нас (быть) прáздник. 13. Вáся (написáть) (тётя) письмó. 14. Ты (пóльзоваться) (учéбник)? 15. Я (написáть) письмó (дя́дя). 16. Вчерá, когдá мы (быть) в (дерéвня) у (тётя), сóлнце (светúть). 17. Зимóй онá (хотéть) жить в (гóрод). 18. Я вчерá не (написáть) (перевóд). 19. Мы два (час) (купáться) в (рекá). 20. Онá (получúть) (письмó) от (учúтель).

Перевóд

A. Omit the words in parentheses and include the words in brackets.

1. Please explain why Petya and Vasya liked [loved] each other. 2. The teacher knows that Vasya often does not prepare (his) lesson. 3. Petya studied all day yesterday. 4. Every new word is in the textbook, and I seldom have to [дóлжен] use a dictionary. 5. A lazy pupil always comes to class late. 6. The teacher explained the lesson to the boy. 7. I never sleep after dinner. 8. He did not sleep all night. 9. It is raining today, and we are staying home and studying. 10. She does not like to bathe in the river when it rains. 11. The teacher and I saw the picture. 12. We sat in (my) uncle's automobile and prepared the exercise for tomorrow. 13. Usually I do not like to walk when there is no sun. 14. In good weather Vera plays ball or tennis in the garden. 15. You never want to play the violin or the piano, but you always want to play ball.

B. Include the words in brackets.

1. Vera is a very diligent girl. 2. She works in a factory in the daytime, and in the evening she studies. 3. Vera is now studying

Russian, and her teacher thinks that she is an excellent student.
4. The class also thinks that she is an excellent student, but nobody
can explain how she always remembers every word.   5. When they
ask her [её спра́шивают] how she studies, she explains that she
reads the lesson in the textbook, then writes the exercise, and that
she always uses a dictionary.   6. But Vera does not always stay
home and study.   7. She likes to ride [е́здить] in a car, bathe in
the river, or walk in the forest.   8. When she has a holiday, she
does not even want to think about school, about the teacher, about
the textbook, or about the dictionary.

Вопро́сы

1. Кого́ лю́бит Пе́тя?   2. А Ва́ся то́же лю́бит Пе́тю?   3. Кто
никогда́ не зна́ет уро́ка?   4. Кто почти́ всегда́ сиди́т до́ма?
5. Что он де́лает до́ма?   6. А кто ча́сто хо́дит в кино́?   7. Кто
всегда́ по́льзуется словарём?   8. Вы то́же по́льзуетесь словарём,
когда́ вы приготовля́ете уро́к?   9. Како́й у вас ру́сский уче́бник,
тру́дный и́ли лёгкий?   10. Вы всегда́ зна́ете ка́ждое ру́сское
сло́во в уро́ке?   11. Что Ва́ся хо́чет де́лать ра́но у́тром?   12. Что
он хо́чет де́лать по́здно ве́чером?   13. Кто мо́жет объясни́ть,
почему́ Ва́ся пло́хо занима́ется?   14. Кто обы́чно прихо́дит в
класс без уче́бника и без пера́?   15. Кто лени́вый учени́к, и
кто приле́жный?

LESSON 16

ШЕСТНА́ДЦАТЫЙ УРО́К

МЫ Е́ДЕМ НА ДА́ЧУ

Моя́ сестра́ о́чень хоро́шая учени́ца. Она́ всю зи́му приле́жно занима́лась. Я то́же мно́го занима́лся зимо́й, а вчера́ пе́ред экза́меном я рабо́тал всю ночь. Тепе́рь у нас кани́кулы, и мы е́дем на да́чу. А́нна, подру́га сестры́, и её брат, Пётр, то́же е́дут с на́ми.

У нас ма́ленькая да́ча на берегу́ реки́. В саду́ о́коло до́ма у нас есть большо́е краси́вое де́рево. Как прия́тно лежа́ть под де́ревом и слу́шать, как пою́т пти́цы! Я рад, что о́сень и зима́ позади́. Как бы́стро идёт вре́мя! Вот уже́ весна́, и ско́ро ле́то!

У отца́ на да́че есть прекра́сная ло́шадь. Я о́чень люблю́ е́здить на его́ ло́шади и ка́ждое у́тро е́зжу верхо́м. А́нна то́же лю́бит е́здить верхо́м. Она́ о́чень ми́лая и краси́вая де́вушка. Жаль, что у нас на да́че то́лько одна́ ло́шадь. . . . Пётр и моя́ сестра́ уме́ют е́здить верхо́м, но предпочита́ют ходи́ть.

Вот мы уже́ в автомоби́ле. Проща́й, шко́ла! Проща́йте, учителя́, кни́ги, уро́ки и упражне́ния! Проща́й, го́род! Проща́йте, у́лицы и магази́ны! Мы е́дем на да́чу. Мы ви́дим дере́вни, дома́, сады́, ре́ки, поля́ и леса́. Мы е́дем о́чень бы́стро. Вот мы уже́ на да́че. Как ти́хо и прия́тно здесь! Со́лнце све́тит, и пого́да прекра́сная.

Слова́рь

да́ча summer cottage, summer home
е́хать в дере́вню⎫ to go to the country
е́хать на да́чу ⎭
*учени́ца pupil (*f.*)
*зима́ (*acc.* зи́му) winter
всю зи́му all winter
приле́жно diligently
пе́ред (*with instr.*) before; in front of
экза́мен examination
*ночь (*f.*) night
кани́кулы (*f. pl., used only in pl.*) vacation, school holidays
А́нна Anne

106

подру́га friend (*f.*)

её her (*see* ¶ 16-1)

*Пётр (*gen.* Петра́) Peter

с на́ми with us

*ма́ленький, -ая, -ое small, little

бе́рег (*prep.* берегу́) shore (*see* ¶ 13-7)

на берегу́ on the shore

о́коло (*with gen.*) near

де́рево tree

под (*with instr.*) under (*location*); (*with acc.*) under (*direction*)

пти́ца bird

о́сень (*f.*) autumn

позади́ behind, over (*for time*)

вре́мя (*n.*) time

как бы́стро идёт вре́мя how quickly time passes

весна́ spring (*season*)

ско́ро soon

*ле́то summer

оте́ц*fl*† (*gen.* отца́) father (*see* ¶ 16-2)

ло́шадь (*f.*) horse (*see* ¶ 16-3)

е́здить на ло́шади ⎫
е́здить верхо́м ⎬ to ride horseback

его́ his (*see* ¶ 16-1)

жаль it is a pity

уме́ть (I); уме́ю, -ешь, -ют to know how (*see* ¶ 16-4)

предпочита́ть (I); предпочита́ю, -ешь, -ют to prefer

*проща́й (*fam.*) ⎫
*проща́йте (*pl., or pol. sing.*) ⎬ good-bye, farewell

Идио́мы

как бы́стро идёт вре́мя! how quickly time passes!

е́здить (е́хать) на ло́шади ⎫
е́здить (е́хать) верхо́м ⎬ to ride on horseback
е́здить (е́хать) верхо́м на ло́шади ⎭

Примеча́ния (*Comments*)

учени́ца pupil (*f.*): *cf.* учени́к pupil (*m.*)

зима́ winter: *cf.* зимо́й in winter

ночь night: *cf.* но́чью at night

Пётр Peter: *cf.* Пе́тя (*dim. of* Пётр) Pete

ма́ленький small, little: *cf.* ма́ло (*adv.*) little, not much; ма́льчик boy

ле́то summer: *cf.* ле́том in summer

проща́й *and* проща́йте *are the* imperative *forms of* проща́ть (I) (to forgive).

The Russian equivalent for "farewell" is "forgive" (i.e., any wrong caused you).

† The abbreviation *fl* after a noun in the vocabulary indicates that the last **e** or **o** of the stem is omitted when the noun is declined.

Грамма́тика

16-1. Possessives for the Third Person

a. The possessive adjective for the *first person* is **мой, моя́, моё** in the singular, and **мои́** in the plural.

b. The possessive adjective for the *second person* is **твой, твоя́, твоё** in the singular, and **твои́** in the plural.

c. There is no possessive adjective for the *third person*. To express such possession, the genitive forms of the corresponding personal pronouns are used.

SINGULAR

m.	(*nom.* он)	**его́**	his	(*lit.*, of him)
f.	(*nom.* она́)	**её**	her	(*lit.*, of her)
n.	(*nom.* оно́)	**его́**	its	(*lit.*, of its)

PLURAL

m. *f.*　}	(*nom.* они́)	**их**	their	(*lit.*, of them)
n.				

Note: When the above forms are used as possessive adjectives (that is, when they are used to answer the question *whose?*), they are *not* declined and they are *never* prefixed by **н-**. (The prefix **н-** thus indicates that **его́, её, его́,** and **их** are personal pronouns, not adjectives.)　Compare:

PRONOUNS	ADJECTIVES
Я иду́ к **нему́**. I am going to *him* (his home).	Я иду́ к **его́** бра́ту. I am going to *his* brother.
Я иду́ к **ней**. I am going to *her* (her home).	Я иду́ к **её** бра́ту. I am going to *her* brother.
Это письмо́ от **него́**. This letter is from *him*.	Это письмо́ от **его́** отца́. This letter is from *his* father.
Мы бы́ли у **них**. We were at *their* house.	Мы бы́ли у **их** сестры́. We were at *their* sister's.

16-2. Fleeting "o" or "e"

Many masculine nouns ending in -ок, -ец, or -ень drop the o or e when declined. For example:

nom.	потоло́к	оте́ц	день
gen.	потолка́	отца́	дня
dat.	потолку́	отцу́	дню
nom. pl.	потолки́	отцы́	дни

16-3. Third Declension of Nouns

a. Soft feminine nouns in -ь belong to the Third Declension.

SINGULAR

nom.	ло́шадь	*acc.*	ло́шадь
gen.	ло́шади	*instr.*	ло́шадью
dat.	ло́шади	*prep.*	о ло́шади

b. Animate and inanimate nouns of this declension are identical in the nominative and accusative singular.

Note: The *genitive, dative,* and *prepositional* are alike.

16-4. Мочь and уме́ть*

Do not confuse **мочь** (*to be able physically, to be in a position to*) with **уме́ть** (*to know how, to have the knowledge*). Compare:

Я не **могу́** чита́ть, потому́ что я ничего́ не ви́жу.	I *cannot* read because I see nothing.
Я не **уме́ю** чита́ть, потому́ что я никогда́ не ходи́л в шко́лу.	I *cannot* (*do not know how to*) read because I never attended school.

Note also the use of **мочь** in the sense of "to be in a position to":

Никто́ не **мо́жет** поня́ть и́ли объясни́ть.	Nobody *is able* (*is in a position*) to understand or explain.

16-5. Nominative Plural of Nouns

a. Hard feminine and masculine nouns of the First and Second Declensions take -ы; after г, к, х and ж, ч, ш, щ, they take -и.

шко́ла	шко́лы	schools
стол	столы́	tables

but:

кни́га	кни́ги	books
уче́бник	уче́бники	textbooks

* See also ¶ 15-3.

b. Soft masculine and feminine nouns of the First, Second, and Third Declensions take **-и**.

словáрь	словарú	dictionaries
трамвáй	трамвáи	streetcars
тётя	тёти	aunts
фамúлия	фамúлии	surnames
лóшадь	лóшади	horses

c. Neuter nouns ending in **-o** take **-a** and frequently shift the stress.

| слóво | словá | words |
| окнó | óкна | windows |

d. Neuter nouns ending in **-e** or **-ие** take **-я** or **-ия**.

| пóле | поля́ | fields |
| упражнéние | упражнéния | exercises |

e. Some masculine nouns take a stressed **-á** or **-я́** instead of the regular ending.

бéрег	берегá	shores
вéчер	вечерá	evenings
гóрод	городá	towns
дом	домá	houses
лес	лесá	forests
профéссор	профессорá	professors
учúтель	учителя́	teachers

Упражнéния

A. Give the nominative plural of the following nouns:

лáмпа	окнó	автомобúль	прáздник
кóмната	бéрег	дом	лóшадь
англичáнка	стол	отéц	квартúра
контóра	гóрод	птúца	у́лица
магазúн	карандáш	день	ученúца
секрéт	роя́ль	тетрáдь	слóво
урóк	дерéвня	фамúлия	подру́га
товáрищ	ночь	вопрóс	словáрь
кнúга	вéчер	упражнéние	мáльчик
шкóла	лес	дáча	дéвушка

B. Put the word in parentheses into the proper case.

1. Стол стоúт óколо (окнó). 2. Мы живём óколо (пóчта). 3. Онú живу́т óколо (теáтр). 4. Он весь день сидéл у (рекá).

5. Я сижу́ у (стол) и чита́ю. 6. Вот письмо́ от (профе́ссор).
7. Я люблю́ гуля́ть пе́ред (обе́д). 8. У (они́) есть автомоби́ль.
9. Я был у (она́) вчера́. 10. От (он) нет письма́. 11. Они́
е́здят верхо́м на (ло́шадь). 12. У нас ма́ленькая да́ча на (бе́рег)
(река́).

Перево́д
A. 1. She has no dictionary. 2. This is his dictionary. 3.
This is not their textbook. 4. They have no textbook. 5. Yesterday we sat near them in class. 6. We wrote a letter to their father.
7. Books, dictionaries, notebooks, and pencils were lying on the
table. 8. We do not use a dictionary, because all the words are in
the textbook. 9. Before the examination we studied all night.
10. I like spring and summer, but I very much dislike autumn
and winter. 11. We worked all winter; now we are going to the
country. 12. In the summer it is pleasant to lie in the garden
under a tree or sit on the shore of the river.

B. Omit the words in parentheses and include the words in
brackets.

1. Examinations are over [позади́] and we are having vacation.
2. Tomorrow we are going to the country. 3. In the country
father has a small summer cottage. 4. The cottage is on the shore
of a river. 5. Near the cottage there are gardens, fields, and
forests. 6. At the cottage we have an excellent horse. 7. It is so
pleasant to ride horseback on the shore of the river or in the forest.
8. My friend and I often ride horseback early in the morning when
the birds are singing. 9. It is a pity that my sister and her (girl)
friend always sleep so late. 10. How quickly time passes in the
country! 11. Soon I again have to go [ходи́ть] to school, study,
and prepare lessons. What a pity! [Как жаль!] 12. Of course, I
prefer to live in the country.

Вопро́сы
1. Как ва́ша сестра́ занима́лась всю зи́му? 2. Она́ хоро́шая
учени́ца? 3. Что вы де́лали пе́ред экза́меном? 4. Куда́ вы
тепе́рь е́дете? 5. А куда́ е́дут А́нна и Пётр? 6. Кака́я у вас
да́ча? 7. Вы лю́бите лежа́ть под де́ревом в саду́? 8. У кого́
есть ло́шадь? 9. Вы лю́бите е́здить на ло́шади отца́? 10. Как
ча́сто вы е́здите верхо́м? 11. Кто ещё [Who else] лю́бит е́здить
верхо́м? 12. Пётр и ва́ша сестра́ уме́ют е́здить верхо́м? 13.
Почему́ же они́ всегда́ хо́дят пешко́м? 14. Что вы ви́дите на
да́че? 15. Что вы обы́чно де́лаете на да́че? 16. Где вы
предпочита́ете жить, в дере́вне и́ли в го́роде? 17. Что вы
де́лаете в го́роде зимо́й?

LESSON 17

СЕМНА́ДЦАТЫЙ УРО́К

МОЯ́ КО́МНАТА

У меня́ до́ма краси́вая и удо́бная ко́мната. В ко́мнате два окна́ — одно́ большо́е и широ́кое, друго́е ма́ленькое и у́зкое. Из большо́го окна́ я люблю́ смотре́ть на ти́хий сад, а из ма́ленького — на шу́мную у́лицу.

В мое́й краси́вой ко́мнате стои́т ра́зная ме́бель: кра́сный дива́н, кни́жная по́лка и широ́кий пи́сьменный стол. На кни́жной по́лке лежа́т все мои́ кни́ги, но ру́сский уче́бник всегда́ лежи́т на пи́сьменном столе́. У меня́ есть о́чень краси́вый стул. Когда́ я рабо́таю у пи́сьменного стола́, я всегда́ предпочита́ю сиде́ть на э́том сту́ле. На пи́сьменном столе́ стои́т ла́мпа с больши́м си́ним абажу́ром. Почти́ вся моя́ ме́бель си́него цве́та, потому́ что я о́чень люблю́ э́тот цвет. Неда́вно я хоте́л купи́ть но́вый си́ний ковёр, но в на́шем магази́не не́ было хоро́шего си́него ковра́, и я купи́л зелёный.

В углу́ стои́т кре́сло. Оно́ то́же си́него цве́та. Все лю́бят сиде́ть в э́том кре́сле, да́же моя́ бе́лая соба́ка. Когда́ меня́ нет до́ма, соба́ка всегда́ сиди́т и́ли лежи́т в моём кре́сле.

У моего́ бра́та есть чёрная ко́шка. Он о́чень лю́бит свою́ ко́шку, но не лю́бит мое́й соба́ки. Я же люблю́ свою́ соба́ку, но не люблю́ его́ ко́шки. Но ко́шка и соба́ка о́чень лю́бят друг дру́га. Ча́сто, когда́ соба́ка спит в си́нем кре́сле, ко́шка спит под кре́слом и́ли под мои́м пи́сьменным столо́м.

Я о́чень люблю́ свою́ ко́мнату, свою́ си́нюю ме́бель и свою́ бе́лую соба́ку. Я люблю́ свой дом.

Словáрь

удóбный, -ая, -ое comfortable, convenient
широ́кий, -ая, -ое wide
*другóй, -áя, -óе other, another
ýзкий, -ая, -ое narrow
*ти́хий, -ая, -ое quiet
шýмный, -ая, -ое noisy
мой, моя́, моё; pl. мои́ (adj. & pron.) my, mine (see ¶ 17-2)
рáзный, -ая, -ое different, various
мéбель (f.) (no pl.) furniture
крáсный, -ая, -ое red
дивáн divan, sofa
*кни́жный, -ая, -ое book (adj.)
пóлка shelf
*пи́сьменный, -ая, -ое writing (adj.)
пи́сьменный стол desk, writing table
э́том (prep. of э́тот) this
си́ний, -яя, -ее blue
абажýр lamp shade
цвет color
си́него цвéта (of) blue (color)
недáвно recently
купи́ть (II) (pf. of покупáть, I) to buy (once)
ковёрfl (gen. коврá) carpet, rug
зелёный, -ая, -ое green
ýголfl (gen. углá) corner
в углý in the corner
крéсло (pl. крéсла) armchair
бéлый, -ая, -ое white
собáка dog
чёрный, -ая, -ое black
кóшка cat
свой, своя́, своё; pl. свои́ one's own (applies to all persons) (see ¶ 17-3)

Примечáния (Comments)

другóй other, another: cf. друг friend; подрýга friend (f.)
ти́хий quiet: cf. ти́хо quiet, quietly
кни́жный book (adj.): cf. кни́га book
пи́сьменный writing (adj.): cf. писáть to write; письмó letter

Грамма́тика

17-1. Full Declension of Adjectives in the Singular*

a. Hard Adjectives:

GROUP I

(-ый, -ая, -ое)

	masculine	feminine	neuter
nom.	но́вый	но́вая	но́вое
gen.	но́вого	но́вой	но́вого
dat.	но́вому	но́вой	но́вому
acc.	но́вый	но́вую	но́вое
	or но́вого		
instr.	но́вым	но́вой (ою)	но́вым
prep.	о но́вом	о но́вой	о но́вом

GROUP II

(-о́й, -а́я, -о́е)

	masculine	feminine	neuter
nom.	молодо́й	молода́я	молодо́е
gen.	молодо́го	молодо́й	молодо́го
dat.	молодо́му	молодо́й	молодо́му
acc.	молодо́й	молоду́ю	молодо́е
	or молодо́го		
instr.	молоды́м	молодо́й (о́ю)	молоды́м
prep.	о молодо́м	о молодо́й	о молодо́м

b. Soft Adjectives:

(-н + -ий, -яя, -ее)

	masculine	feminine	neuter
nom.	си́ний	си́няя	си́нее
gen.	си́него	си́ней	си́него
dat.	си́нему	си́ней	си́нему
acc.	си́ний	си́нюю	си́нее
	or си́него		
instr.	си́ним	си́ней (ею)	си́ним
prep.	о си́нем	о си́ней	о си́нем

* See also ¶ 10-1, 11-4, and 12-1.

c. *Mixed Adjectives:*

GROUP I

(-г, -к, -х + -ий, -ая, -ое)

	masculine	*feminine*	*neuter*
nom.	ру́сский	ру́сская	ру́сское
*gen.	ру́сского	ру́сской	ру́сского
*dat.	ру́сскому	ру́сской	ру́сскому
*acc.	ру́сский	ру́сскую	ру́сское
	or ру́сского		
instr.	ру́сским	ру́сской (ою)	ру́сским
*prep.	о ру́сском	о ру́сской	о ру́сском

GROUP II

(-ж, -ч, -ш, -щ + -ий, -ая, -ее)

	masculine	*feminine*	*neuter*
nom.	хоро́ший	хоро́шая	хоро́шее
gen.	хоро́шего	хоро́шей	хоро́шего
dat.	хоро́шему	хоро́шей	хоро́шему
acc.	хоро́ший	хоро́шую	хоро́шее
	or хоро́шего		
instr.	хоро́шим	хоро́шей (ею)	хоро́шим
prep.	о хоро́шем	о хоро́шей	о хоро́шем

GROUP III

(-г, -к, -х, -ж, -ч, -ш, -щ + -о́й, -а́я, -о́е)

	masculine	*feminine*	*neuter*
nom.	дорого́й	дорога́я	дорого́е
*gen.	дорого́го	дорого́й	дорого́го
*dat.	дорого́му	дорого́й	дорого́му
*acc.	дорого́й	дорогу́ю	дорого́е
	or дорого́го		
instr.	дороги́м	дорого́й (о́ю)	дороги́м
*prep.	о дорого́м	о дорого́й	о дорого́м

* Note that these cases follow the pattern of Group II of hard adjectives.

17-2. Possessive Adjective-Pronouns

a. Use.

The possessives мой, твой, свой, наш, and ваш are used as *adjectives* when they precede the noun they modify, and as *pronouns* when they follow the noun or replace it.   For example:

Э́то **моя́** ко́мната.	This is *my* room.
Э́та ко́мната **моя́**.	This room is *mine*.
Моё перо́ тут. Где **ва́ше**?	*My* pen is here. Where is *yours*?

b. Declension in the Singular.

	masculine	feminine	neuter
nom.	мой	моя́	моё
gen.	моего́	мое́й	моего́
dat.	моему́	мое́й	моему́
acc.	мой	мою́	моё
	or моего́		
instr.	мои́м	мое́й (е́ю)	мои́м
prep.	о моём	о мое́й	о моём

The possessives **твой, твоя́, твоё** and **свой, своя́, своё** are declined like **мой**. Note that, except for the stress, they are declined like **си́ний**.

	masculine	feminine	neuter
nom.	наш	на́ша	на́ше
gen.	на́шего	на́шей	на́шего
dat.	на́шему	на́шей	на́шему
acc.	наш	на́шу	на́ше
	or на́шего		
instr.	на́шим	на́шей (ею)	на́шим
prep.	о на́шем	о на́шей	о на́шем

The possessive **ваш, ва́ша, ва́ше** is declined exactly like **наш**. Note that both are declined like **хоро́ший**.

17-3. The Possessive Adjective-Pronoun: свой, своя, своё

a. **Свой,** literally meaning *one's own,* refers to the subject of the same sentence or clause. For example:

Я люблю **свою** сестру.	I love *my* (*own*) sister.
Они любят **свою** сестру.	They love *their* (*own*) sister.

Note: In both sentences the subject and the possessor are identical.

b. Use of **свой.**

1. The use of **свой** is *optional* for the first and second persons, singular and plural. Other possessives may replace **свой** without changing the meaning of the sentence. For example:

Я люблю **свою** собаку. }
Я люблю **мою** собаку. } I love *my* dog.

Вы любите **свою** собаку. }
Вы любите **вашу** собаку. } You love *your* dog.

2. When the subject-possessor is in the third person, **свой** must be distinguished from **его, её,** or **их.** For example:

Пётр любит **свою** жену.	Peter loves *his* (*own*) wife.
Пётр любит **его** жену.	Peter loves *his* (*someone else's*) wife.

Note: **Свой** can refer only to the subject of its own clause. Compare:

Пётр думает, что **его** жена хорошо поёт.	Peter thinks that *his* (*own*) wife sings well.

Because *Peter* is the subject of a different clause, **его** must be used here.

3. In possessive phrases (**у** + *noun* or *pronoun*) or in constructions with the subject in the dative, **свой** must be used to refer to the possessor (the logical subject). For example:

У них была **своя** да́ча.   They had *their* (*own*) summer
                                  house.

Ему́ ну́жен **свой** автомо-   He needs *his* (*own*) car.
би́ль.

Упражне́ния

In place of the blanks, supply the appropriate case endings.

1. В мо____ краси́в____ ко́мнате удо́б____ дива́н. 2. Соба́ка лежи́т о́коло си́н____ пи́сьменн____ стола́. 3. Тетра́дь лежи́т на кни́жн____ по́лке под ру́сск____ уче́бником. 4. Я люблю́ е́здить верхо́м на хоро́ш____ ло́шади. 5. Он весь день смо́трит из у́зк____ окна́ на шу́мн____ у́лицу. 6. Без хоро́ш____ словаря́ тру́дно занима́ться. 7. Я сего́дня иду́ к мо____ хоро́ш____ дру́гу. 8. Когда́ ваш____ соба́ка в наш____ ко́мнате, ко́шка никогда́ не лежи́т под си́н____ кре́слом. 9. В наш____ тих____ саду́ я люблю́ чита́ть хоро́ш____ кни́гу и́ли говори́ть с мо____ молод____ дру́гом. 10. Я не по́нял после́дн____ сло́ва. 11. Ты всегда́ пи́шешь чёрн____ карандашо́м. Ты не лю́бишь писа́ть ни си́н____ ни кра́сн____. 12. Хорошо́ жить на так____ тих____ у́лице. 13. Прия́тно гуля́ть ве́чером в широ́к____ по́ле. 14. Он всегда́ по́льзуется хоро́ш____ словарём. 15. Он не лю́бит сво____ го́рода, сво__ до́ма, сво____ шко́лы.

Перево́д

A. Omit the words in parentheses and include the words in brackets.

1. I am writing my dear friend a letter in Russian. 2. She received a red rug from her good friend (*f*.). 3. Today I was reading a very interesting Russian book in our little library. 4. They like their black cat very much. 5. She never reads an English newspaper. 6. We prefer to live in your quiet house. 7. You know everything about my school and my new teacher. 8. He likes to ride on your white horse. 9. We never knew such a good and diligent pupil. 10. I do not want to study with such a bad and lazy boy. 11. I never saw your blue desk or your excellent lamp with the green lampshade. 12. He spoke with the young wife of his new teacher. 13. He gave [**дал**] his new pen to his (own) father. 14. I like to sit in our big garden, under the green tree, and read an interesting book. 15. Our cat often lies under the blue divan or the wide bookshelf. 16. Your white dog is always

sleeping under the red armchair.   17. In daytime it is pleasant to read near the big window.   18. My sister's furniture is blue because she likes this color very much.   19. I have neither white, nor blue, nor red, nor green paper.   20. My father's friend likes to walk (for pleasure) with our little sister.

B. Include the words in brackets.

1. My father recently bought a new house with a beautiful garden.
2. We always lived in a big and noisy town.   Now we live in a small and quiet village.   3. Father also bought various furniture, but it is all blue, and I do not like blue [color].

4. In my room all the furniture is green because I like this color very much.   5. Mother says that I do not like our cat because she is not green.   She cannot understand [grasp] why I like our white horse.   6. I almost always stay home because I like to sit in my comfortable armchair and read an interesting book.

7. In my room there are two windows — one wide and the other narrow.   8. In the corner, near the narrow window, lies a little green rug.   9. I often stand on this [э́том] rug when I play the violin.   10. We all love our house and our garden.

Вопро́сы

1. Кака́я у вас ко́мната?   2. Из како́го окна́ вы смо́трите на ти́хий сад?   3. Из како́го окна́ вы смо́трите на шу́мную у́лицу? 4. Кака́я ме́бель стои́т в ва́шей ко́мнате?   5. Где лежа́т ва́ши кни́ги?   6. А где обы́чно лежи́т ваш ру́сский уче́бник?   7. На како́м столе́ стои́т си́няя ла́мпа?   8. Како́й абажу́р на ла́мпе? 9. Почему́ почти́ вся ва́ша ме́бель си́него цве́та?   10. Почему́ ваш но́вый ковёр зелёного   цве́та?   11. Где стои́т ва́ше кре́сло? 12. Оно́ то́же си́него цве́та?   13. Кто лю́бит сиде́ть в э́том кре́сле?   14. Где лежи́т ва́ша бе́лая соба́ка, когда́ вас нет до́ма? 15. Кака́я ко́шка у ва́шего бра́та?   16. Он лю́бит свою́ ко́шку? 17. А вы то́же лю́бите его́ ко́шку?   18. Ваш брат лю́бит ва́шу соба́ку?   19. Где ча́сто спит чёрная ко́шка?   20. Ваш брат лю́бит свой дом?   21. Ва́ша сестра́ то́же лю́бит свой дом? 22. А вы лю́бите свой дом?

18

ВОСЕМНА́ДЦАТЫЙ УРО́К

СОН

Мы с сестро́й уже́ два ме́сяца на да́че. Пого́да была́ всё вре́мя о́чень хоро́шая. Не́бо бы́ло я́сное, и ни ра́зу не шёл дождь. Сего́дня наш после́дний день в дере́вне. За́втра мы все е́дем обра́тно в го́род.

Моя́ сестра́, её подру́га, мой това́рищ и я — мы все лежи́м на траве́. Все молча́т. Не зна́ю, спят ли они́ и́ли чита́ют. Вдруг — мы лети́м на большо́м самолёте! Тут и ру́сские, и америка́нцы, и испа́нцы, и францу́зы. Мы лети́м о́чень высоко́. Под на́ми земля́; под на́ми зелёные леса́ и поля́, больши́е города́ и ма́ленькие дере́вни. Над на́ми си́нее не́бо.

Я ча́сто ви́жу сны — не сон ли э́то?

Мы все понима́ем друг дру́га, хотя́ ру́сские говоря́т по-ру́сски, америка́нцы по-англи́йски, францу́зы по-францу́зски, а испа́нцы по-испа́нски. Мы лети́м высоко́ и поём краси́вые пе́сни: и ру́сские, и америка́нские, и францу́зские, и испа́нские.

Но что э́то? Почему́ тако́й шум? Где стуча́т? Кто стучи́т? Вдруг я слы́шу го́лос сестры́: — Ва́ня, ты спишь? Встава́й! Встава́й! Идёт дождь.

Я бы́стро встаю́. Мне хо́лодно. Я смотрю́ на сестру́ и говорю́:

— Я спал и не знал, что идёт дождь. Я ду́мал, что лечу́ на самолёте и пою́ пе́сни. Э́то был сон. И на́ши кани́кулы — сон. . . .

— Э́то наш после́дний день на да́че — отвеча́ет сестра́.

— Здесь бы́ло так хорошо́. Бы́ли таки́е хоро́шие дни!

— За́втра мы е́дем обра́тно в го́род. Там больши́е дома́, дли́нные у́лицы, автомоби́ли, трамва́и, шум — все спеша́т, все должны́ рабо́тать.

— И мы ско́ро начина́ем рабо́тать. Но у нас бы́ли хоро́шие кани́кулы. Каки́е бы́ли прекра́сные дни!

Словарь

сон^{fl} (*gen.* **сна**) dream; sleep
ме́сяц month
не́бо sky
я́сный, -ая, -ое clear
раз time (*occasion*)
ни ра́зу not once
шёл, шла, шло, шли : *past of* идти́
обра́тно (*adv.*) back
трава́ grass
молча́ть (II) ; **молчу́, -и́шь, -а́т** to be silent
ли (*interr. particle*) whether (*see* ¶ 18-1)
вдруг suddenly
лете́ть (II) *act.*; **лечу́, лети́шь, -я́т** to fly
самолёт airplane
испа́нец^{fl} (*gen.* **испа́нца**) Spaniard (*see* ¶ 18-2)
францу́з Frenchman (*see* ¶ 18-2)
высоко́ (*adv.*) high
на́ми : *instr. of* мы
земля́ earth; land
над (*with instr.*) over, above

ви́деть сон to have a dream
хотя́ although
*****пе́сня** song
францу́зский,-ая,-ое French (*adj.*)
испа́нский, -ая, -ое Spanish (*adj.*)
*****шум** noise
стуча́ть (II) ; **стучу́, -и́шь, -а́т** to knock, to rap
*****слы́шать (II)** ; **слы́шу, -ишь, -ат** to hear
го́лос voice
Ва́ня (*m.*) (*dim. of* **Ива́н**) Johnny, Jack
встава́ть (I) ; **встаю́, -ёшь, -ю́т** to get up, to rise
мне хо́лодно I am cold (*see* ¶ 18-7)
дли́нный, -ая, -ое long
спеши́ть (II) ; **спешу́, -и́шь, -а́т** to hurry
должны́ (*pl. of* **до́лжен**) obliged to, have to
начина́ть (I) ; **начина́ю, -ешь, -ют** to begin

Идио́мы

ни ра́зу not once
мне хо́лодно I am cold
ви́деть сон to have a dream; to dream

Примеча́ния (*Comments*)

пе́сня song: *cf.* **петь** to sing
шум noise: *cf.* **шу́мный** noisy
слы́шать (II) to hear: *do not confuse with* **слу́шать** to listen to

Грамма́тика

18-1. The Interrogative Particle: ли

a. Direct questions can be expressed through a change of intonation (see ¶ 1-A), the use of an interrogative word (**кто, когда́**, etc.), or the particle **ли**.

До́ма **ли** оте́ц?	Is father home?
Рабо́тал **ли** он сего́дня?	Did he work today?

b. **Ли** occurs mainly in indirect questions where its use is essential to convey the meaning of *whether*.

Я не зна́ю, писа́л **ли** он   I do not know *whether* he wrote
бра́ту.   his brother.

c. **Ли** is used to express a negative interrogative.

Не рабо́тал **ли** он сего́дня?   Did he not work today?

d. Note the following carefully:

1. **Ли** cannot be used in a question introduced by an interrogative word.
2. **Ли** cannot stand first in the sentence.
3. **Ли** immediately follows the word about which the question is asked.

Спроси́л ли он бра́та?   Did he *ask* his brother?
Он ли спроси́л бра́та?   *Was it he* who asked his brother?

4. When **ли** follows the verb, the subject is inverted as in the examples above.
5. The tendency today is to express direct questions by means of intonation rather than by the particle **ли**.

18-2. Capitalization of Nouns of Nationality

Nouns of nationality are not capitalized unless they come at the beginning of the sentence. For example:

америка́нец	an American
францу́з	a Frenchman
испа́нец	a Spaniard

18-3. Plural of Adjectives

a. Nominative Plural.

1. Masculine, feminine, and neuter adjectives take **-ые** in the nominative plural.

но́вый, но́вая, но́вое   но́вые

2. If the stem ends in **г, к, х** or **ж, ч, ш, щ**, they take **-ие** in the nominative plural.

ру́сский	ру́сск**ие**
хоро́ший	хоро́ш**ие**

3. Adjectives in **-ний** in the nominative singular likewise take **-ие** in the nominative plural.

после́дний   после́дние

b. Accusative Plural.

The accusative of adjectives modifying inanimate nouns is identical with the nominative.

> но́в**ые** шко́лы
> хоро́ш**ие** уче́бники
> после́дн**ие** часы́

18-4. Adjectives Used as Nouns

Some adjectives are used as nouns but are declined as adjectives. For example:

SINGULAR		PLURAL	
ру́сский, -ая	a Russian	ру́сские	Russians
столо́вая	dining room	столо́вые	dining rooms

18-5. Accusative Plural of Inanimate Nouns

The accusative plural of all inanimate nouns is always the same as the nominative plural for the three genders.

nom.	столы́	уче́бники	шко́лы	кни́ги
acc.	столы́	уче́бники	шко́лы	кни́ги

nom.	словари́	вечера́	дни	слова́	поля́
acc.	словари́	вечера́	дни	слова́	поля́

18-6. Dative of Personal Pronouns*

a. The dative forms of the personal pronouns are as follows:

SINGULAR

nom.	*dat.*	*meaning*
я	мне	to me
ты	тебе́	to you
он	ему́ (нему́)	to him
она́	ей (ней)	to her
оно́	ему́ (нему́)	to it

PLURAL

мы	нам	to us
вы	вам	to you
они́	им (ним)	to them

* *See also* ¶ 16-1 c.

b. **Кому́** is the dative of **кто.**

Кому́ вы даёте перо́?	*To whom* are you giving the pen?
Кому́ вы пи́шете?	*To whom* are you writing?

18-7. Impersonal Expressions in the Present Tense

a. Impersonal expressions like *it is cold*, *it is necessary*, are rendered by one word: **хо́лодно, ну́жно.** The subject *it* and the verb *is* of the English sentence are understood. For example:

хо́лодно	*it is* cold
мо́жно	*it is* possible, one may
ну́жно	*it is* necessary

b. When such impersonal expressions refer to persons, the latter must be in the dative in Russian. For example:

Мне хо́лодно.	I am cold (*lit., to me* it is cold).
Ученику́ мо́жно.	The *pupil* may (*lit., to the pupil* it is possible).
Ему́ ну́жно.	*He* has to (*lit.,* it is necessary *to him*).

Упражне́ния

A. Paraphrase the following questions, using the particle **ли.** The question in each case refers to the word in bold print. For example:

Он **рабо́тал** вчера́? — **Рабо́тал** ли он вчера́?
Он рабо́тал **вчера́**? — **Вчера́** ли он рабо́тал?

1. Вы **встаёте** ра́но? 2. Они́ встаю́т **по́здно**? 3. Вы **слы́шите** мой го́лос? 4. Вам **хо́лодно** сего́дня? 5. Им **ну́жно** е́хать в го́род? 6. Вы **ско́ро** начина́ете рабо́тать? 7. Это **ва́ша** да́ча? 8. Вы **поёте** францу́зские пе́сни? 9. Вы **занима́лись** ве́чером? 10. Вы **лети́те** высоко́?

B. In place of the blanks, supply plural endings for the nouns and adjectives. Indicate the stress.

1. Прилежн____ студент____ всегда́ встаю́т ра́но. 2. Американск____ самолёт____ лете́ли о́чень высоко́. 3. Амери-

канц____, француз____, русск____ и испанц____ пе́ли красив____
песн____. 4. Мы ви́дели зелён____ лес____ и широк____
пол____. 5. В конто́ре стоя́т син____ письменн____ стол____ и
красн____ кресл____. 6. В на́шем го́роде больш____ дом____,
дли́нн____ у́лиц____ и краси́в____ парк____. 7. В углу́ стоя́ли
кни́жн____ по́лк____.

Перево́д

A. Include the words in brackets.

1. Do they not have a car? 2. I do not know whether they have a car. 3. Do you not work at a factory? 4. We do not know whether she is working today. 5. Did you not study today? 6. We do not know whether she is using a dictionary. 7. Do you not think that this is an easy textbook?

8. Yesterday we flew in a plane. 9. We flew very high. 10. The sky was clear and blue. 11. We saw green forests and wide fields. 12. I do not know whether I was asleep [slept] and had [saw] a dream.

13. I am cold at night at our summer cottage, but my brother is never cold. 14. My friends (*f.*) always get up late and have to hurry. 15. Sometimes when my sister begins to play the piano, my little brother begins to rap, and nobody can hear the music.

B. Omit the words in parentheses and include the words in brackets.

What a Long Vacation!

1. We have been living in the country (for) three months. 2. We do not study and do not work. 3. We only ride horseback, bathe in the river, and play tennis or ball.

4. The sky was clear all the time. 5. Not once did it rain. 6. Today after dinner I lay on the grass in the garden and read. 7. Suddenly I heard a voice: "Get up, it is raining." 8. I was asleep [I slept] and did not know that it was [is] raining.

9. "The summer is over" [позади́], says (my) father. "Tomorrow we are going (by vehicle) back to town." 10. I am very glad. I have rested (for) three months. 11. In town we all have to work. I prefer to work. 12. What a long vacation!

Вопросы

1. Где вы жи́ли ле́том? 2. Кака́я там была́ пого́да? 3. Как ча́сто шёл дождь в дере́вне? 4. Когда́ вы е́дете обра́тно в го́род? 5. Почему́ все спеша́т в го́роде? 6. Когда́ вы начина́ете рабо́тать? 7. Како́й вы ви́дели сон? 8. Кто был на самолёте? 9. Что вы все де́лали на самолёте? 10. Каки́е пе́сни вы пе́ли? 11. Что вы ви́дели на земле́, когда́ вы лете́ли на самолёте? 12. Что говори́т сестра́? 13. Почему́ вы не зна́ли, что идёт дождь? 14. У вас бы́ли хоро́шие кани́кулы? ·15. Вы хоти́те е́хать обра́тно в го́род?

LESSON 19

ДЕВЯТНА́ДЦАТЫЙ УРО́К

МОЙ ВЫХОДНО́Й ДЕНЬ

Ка́ждый день я встаю́ в семь часо́в утра́. Я бы́стро умыва́юсь и одева́юсь. Мой друг, кото́рый живёт со мной в ко́мнате, то́же встаёт ра́но. Он не лю́бит спеши́ть, но мы всегда́ за́втракаем вме́сте, и он до́лжен умыва́ться и одева́ться так же бы́стро, как я. Мы еди́м фру́кты, пото́м мы пьём чай и́ли ко́фе с молоко́м и еди́м хлеб с ма́слом. По́сле за́втрака мы вме́сте ухо́дим, я — в магази́н, где рабо́таю, а он — в университе́т.

Шесть раз в неде́лю я до́лжен быть в магази́не в во́семь часо́в утра́. Но за́втра пра́здник. У нас выходно́й день, и я могу́ по́здно спать. Жаль, что тепе́рь зима́, и ну́жно сиде́ть до́ма в выходно́й день. Я бу́ду всё у́тро чита́ть газе́ты. Днём я бу́ду писа́ть пи́сьма, а за́втра ве́чером у нас бу́дут два това́рища, и мы бу́дем игра́ть в ка́рты. Мой друг то́же бу́дет игра́ть с на́ми, хотя́ у него́ ско́ро бу́дут экза́мены. Я не зна́ю в кото́ром часу́ он тогда́ бу́дет встава́ть и ско́лько часо́в в день он до́лжен бу́дет занима́ться, но я зна́ю, что он бу́дет рабо́тать почти́ без о́тдыха.

Ле́том, когда́ бу́дет тепло́, мы не бу́дем сиде́ть до́ма в выходны́е дни, а бу́дем ходи́ть в парк и́ли е́здить за́ город. Наде́юсь, что тогда́ Ле́на то́же бу́дет е́здить с на́ми. Она́ мне о́чень нра́вится, и, ка́жется, я ей то́же нра́влюсь. Я о́чень рад, что че́рез неде́лю она́ то́же бу́дет рабо́тать в на́шем магази́не.

Слова́рь

выходно́й день day off, rest day
семь seven
часы́ (*gen. pl.* **часо́в**) hours
в семь часо́в утра́ at seven o'clock in the morning
умыва́ться (I); умыва́юсь, -ешься, -ются to wash oneself
одева́ться (I); одева́юсь, -ешься, -ются to dress oneself

127

со мной with me (*see* ¶ 19-3)

так же . . . как . . . as . . . as . . .

фру́кты (*pl.*) (*sing.* фрукт; *used mostly in plural*) fruit

хлеб bread

ма́сло butter

уходи́ть (II); ухожу́, ухо́дишь, ухо́дят to go away (*on foot*)

шесть six

шесть раз six times (*see* ¶ 19-1 & 19-2)

во́семь eight

пи́сьма (*pl. of* письмо́) letters

у нас бу́дут два това́рища two friends will come to us (to our house)

ка́рта card

игра́ть в ка́рты to play cards

у него́ ско́ро бу́дут экза́мены he will soon have examinations

в кото́ром часу́ at what time

*тогда́ then

ско́лько how much, how many (*see* ¶ 19-7)

*о́тдых (*noun*) rest

тепло́ (*adv.*) warm

за́ город out of town (*direction*)

надѣяться (I); надѣюсь, -ешься, -ются to hope

Лѣна (*dim. of* Елѣна) Helen

нра́виться (II); нра́влюсь, нра́вишься, нра́вятся to like, to please (*see* ¶ 19-8)

она́ мне нра́вится I like her (*lit.,* she pleases me)

ка́жется it seems

че́рез (*with acc.*) in (*lit.,* after the lapse of)

Идио́мы

игра́ть в ка́рты to play cards

в кото́ром часу́? at what time?

она́ мне нра́вится I like her

Примеча́ния (*Comments*)

Do not confuse тогда́ *with* пото́м : Тогда́ *refers to a specific point in time, past or future, but* not *present. For example:*

Я тогда́ жил в Нью-Йо́рке.	I *then* (*at that time*) lived in New York.

Пото́м *refers to an event or situation in a series of successive events or situations. For example:*

Я два го́да жил в Нью-Йо́рке, пото́м оди́н год в Вашингто́не.	I lived for two years in New York, then (*next*) for a year in Washington.

о́тдых rest: *cf.* отдыха́ть to rest

Грамма́тика

19-1. Genitive Plural of час, мину́та, сло́во, and раз

Note the forms of the following nouns in the genitive plural.

nom.	*gen. pl.*
час	часо́в
мину́та	мину́т
сло́во	слов
раз	раз

19-2. Cardinal Numerals 1 through 10

These numerals govern the case of the nouns they modify: the numeral 1 takes the nominative singular (see ¶ **12-2 b**); the numerals 2, 3, and 4 take the genitive singular (see ¶ **14-5**); and the numerals 5 through 10 take the genitive plural. (For a full discussion of cardinal numerals, see ¶ **26-2** and Lessons 34 and 35.)

Study the following examples carefully.

NUMERAL	EXAMPLES
1. оди́н, одна́, одно́	оди́н час, одна́ мину́та, одно́ сло́во
2. два (*m. & n.*), две (*f.*)	два часа́, две мину́ты, два сло́ва
3. три	три часа́, три мину́ты, три сло́ва
4. четы́ре	четы́ре часа́, четы́ре мину́ты, четы́ре сло́ва
5. пять	пять часо́в, пять мину́т, пять слов
6. шесть	шесть часо́в, шесть мину́т, шесть слов
7. семь	семь часо́в, семь мину́т, семь слов
8. во́семь	во́семь часо́в, во́семь мину́т, во́семь слов
9. де́вять	де́вять часо́в, де́вять мину́т, де́вять слов
10. де́сять	де́сять часо́в, де́сять мину́т, де́сять слов

19-3. The Letter "o" in Certain Prepositions

The letter **o** is added to certain prepositions before some combinations of consonants. For example:

со мно́й	(instead of с мной)	with me
ко мне	(instead of к мне)	to me
подо мно́й	(instead of под мной)	under me
во вто́рник	(instead of в вто́рник)	on Tuesday

19-4. Translation of "per" or "a"

Per or *a* (referring to time) is translated by **в**, which is used with the accusative.

три ра́за **в** день	three times *a* (*per*) day
шесть раз **в** неде́лю	six times *a* (*per*) week

19-5. The Imperfective Future

a. Future Tense of **быть** (*to be*).

я бу́ду	I shall be	мы бу́дем	we shall be
ты бу́дешь	you will be	вы бу́дете	you will be
он бу́дет	he will be	они́ бу́дут	they will be

b. The imperfective future is formed by adding the imperfective infinitive to the future of the auxiliary verb **быть**.

IMPERFECTIVE FUTURE OF **писа́ть**

я бу́ду	писа́ть	I shall write, be writing.
ты бу́дешь	писа́ть	you will write, be writing.
он бу́дет	писа́ть	he will write, be writing.
мы бу́дем	писа́ть	we shall write, be writing.
вы бу́дете	писа́ть	you will write, be writing.
они́ бу́дут	писа́ть	they will write, be writing.

Note: The perfective infinitive can never be used with the auxiliary **быть** to form the future.

c. The imperfective future indicates an incomplete, indefinite, habitual, or frequent action in the future.

Они́ бу́дут говори́ть то́лько по-ру́сски.	They will be talking only Russian.
Ле́том мы бу́дем ходи́ть в парк.	In summer we shall be going to the park.

d. In negations the particle **не** stands before the auxiliary.

Мы **не** бу́дем сиде́ть до́ма.	We shall *not* stay home.

e. Various words may stand between the auxiliary and the infinitive of the main verb.

Я бу́ду **всё у́тро** чита́ть газе́ты.	I shall read the papers all morning.

19-6. The Expressions у меня́ бу́дет, у меня́ бу́дут

I shall have is expressed in Russian by **у меня́ бу́дет** when referring to an object in the singular, and by **у меня́ бу́дут** when the object is plural. The following examples illustrate the use of this construction with all the personal pronouns.

у меня́ бу́дет экза́мен, бу́дут экза́мены	I shall have an examination, examinations.
у тебя́ бу́дет экза́мен, бу́дут экза́мены	you will have an examination, examinations.
у него́ бу́дет экза́мен, бу́дут экза́мены	he will have an examination, examinations.
у неё бу́дет экза́мен, бу́дут экза́мены	she will have an examination, examinations
у нас бу́дет экза́мен, бу́дут экза́мены	we shall have an examination, examinations
у вас бу́дет экза́мен, бу́дут экза́мены	you will have an examination, examinations
у них бу́дет экза́мен, бу́дут экза́мены	they will have an examination, examinations

19-7. Use of Genitive Case with ско́лько

Ско́лько governs the genitive case in the plural:

ско́лько часо́в?	*how many* hours?
ско́лько раз в день?	*how many* times a day?

Note the exception with partitive nouns, where the genitive singular is used.

ско́лько бума́ги?	*how much* paper?

19-8. Infinitive: нра́виться (*to like, to please*)

a. This verb is most frequently used in an impersonal construction with the subject in the dative. Therefore, English sentences such as *I like this room* should first be paraphrased to *This room pleases me* before being rendered into Russian. For example:

Мне **нра́вится** э́та ко́мната.	I *like this* room.
Мне **нра́вятся** э́ти ко́мнаты.	I *like these* rooms.

b. Present Tense.

мне	нра́вится,	нра́вятся
тебе́	нра́вится,	нра́вятся
ему́	нра́вится,	нра́вятся
ей	нра́вится,	нра́вятся
нам	нра́вится,	нра́вятся
вам	нра́вится,	нра́вятся
им	нра́вится,	нра́вятся

c. Note the following differences in meaning between **нра́-виться** and **люби́ть**. The former implies liking resulting from first acquaintance with, or brief and imperfect knowledge of, an object or a person; the latter conveys deeper and more lasting feeling based on intimate knowledge, taste, or habit.

1. Compare:

Э́тот го́род мне **нра́вится**.	I *like* this town (*on seeing it for the first time, or after brief acquaintance*).
Я **люблю́** э́тот го́род.	I *am fond* of this town (*after being accustomed to it, knowing it well*).
Э́та де́вушка ему́ **нра́вится**.	He *likes* this girl.
Он **лю́бит** э́ту де́вушку.	He *loves* (is in love with) this girl.

2. When "liking" refers to a verb, it is rendered by **люби́ть**.

Я **люблю́** е́здить верхо́м.	I *like* to ride horseback.
Он не **лю́бит** занима́ться.	He does not *like* to study.

Упражне́ния

A. Replace the infinitives in parentheses with the proper verb forms, and supply the appropriate case endings for the nouns. (The abbreviation *fut.* means "use the future.")

1. Обы́чно мы с друг____ (встава́ть) в шесть час____ утра́. 2. Мы (за́втракать) в семь час____. 3. Мы (есть) хлеб с масл____ и (пить) ко́фе с молок____. 4. Пото́м мы вме́сте

(уходи́ть) в школ____. 5. Мы (занима́ться) четы́ре час____ в день. 6. Мы (е́здить) в школ____ пять раз____ в неде́л____. 7. За́втра пра́здник, и мы (сиде́ть, *fut*.) до́ма. А ве́чером мы (игра́ть, *fut*.) в карт____. 8. В выходны́е дни мы ма́ло (рабо́тать), хотя́ у нас ско́ро (быть, *fut*.) экза́мены. 9. Мой друг Ива́н мне о́чень (нра́виться), и, ка́жется, я ему́ то́же (нра́виться). 10. Ле́том мы (жить, *fut*.) вме́сте на дач____. 11. Я не (знать) в кото́ром час____ мы (встава́ть, *fut*.) и что мы там (де́лать, *fut*.), но я (знать), что у нас (быть, *fut*.) хоро́ший о́тдых. 12. Ле́том Ле́на и её сестра́ то́же (жить, *fut*.) в деревн____ недалеко́ от на́шей дач____.

B. Supply the opposites of the following seven adverbs; then, write fourteen complete sentences, using each adverb once.

1. по́здно   2. ма́ло   3. хорошо́   4. ме́дленно   5. тепло́
6. ча́сто   7. неда́вно

Перево́д

A. Include the words in brackets. (Master ¶ 19-5 first.)

1. How many times a day do you eat?   2. I usually eat three times a day.   3. At what time [hour] do you usually go to the office?   4. I usually go to the office at nine o'clock in the morning, but today I am going at ten o'clock.   5. How many hours a day do you work?   6. I work ten hours a day.

7. Do you like this furniture?   8. I have always been fond of blue furniture.   9. In a month I shall have a new blue armchair.

10. Lena and her sister will come to our house (*see* Lesson 19, *Vocabulary*) this evening [сего́дня ве́чером], and we shall play cards.   11. Today is their day off.

12. In a week we are going out of town.   13. I hope that the weather will be good.   14. My friend Jack will live with me in the country.   15. I like him very much and, it seems, he likes me too [also].

B. Omit the words in parentheses.

1. When we live in the country in summer, we all get up quite early.   2. Father gets up at six o'clock in the morning, mother at seven, and I get up at eight o'clock.   3. My little brother, who sleeps in my room, also gets up at eight.   4. He washes and dresses almost as quickly as I (do), because he always wants to have breakfast with me.   5. We eat fruit, (and) then we drink tea or milk and eat bread and butter.   6. After breakfast I read or write letters, and (my) brother plays ball with a friend.   7. Soon it will be very

warm here.   8. We shall then be bathing in the river, in the morning and in the afternoon.

9. Soon my sister will have a vacation.   10. She and her friend Lena will live with us at (our) summer home.   11. We shall then ride horseback or walk (for pleasure) together, and in the evening we shall play cards.   12. I hope that Lena will be at (our) summer home all summer.

Вопро́сы

1. В кото́ром часу́ вы встаёте?   2. Вы сейча́с же умыва́етесь и одева́етесь?   3. Кто живёт с ва́ми в ко́мнате?   4. Он умыва́ется и одева́ется так же бы́стро, как вы?   5. Что вы еди́те у́тром и что вы пьёте?   6. Ско́лько раз в неде́лю вы должны́ быть в магази́не?   7. Почему́ вы за́втра мо́жете по́здно спать?   8. Что вы обы́чно де́лаете зимо́й в выходны́е дни?   9. Кто у вас бу́дет за́втра ве́чером, и что вы бу́дете де́лать?   10. Куда́ вы бу́дете е́здить ле́том в выходны́е дни?   11. Кто тогда́ бу́дет е́здить с ва́ми (with you)?   12. Ле́на вам нра́вится?   13. Вы ей то́же нра́витесь?   14. Вы ча́сто ви́дите друг дру́га?   15. Когда́ Ле́на бу́дет рабо́тать в ва́шем магази́не?

REVIEW LESSON 3 [LESSONS 15—19]

Grammar Review

A. Conjugate the following verbs in the present, past, and future tenses. (Review ¶ 15-1, 19-5, and 19-8.)

1. занима́ться
2. умыва́ться
3. одева́ться
4. наде́яться
5. нра́виться

B. Conjugate the following verbs in the present, past, and future tenses. (See Lessons 15-19, *Vocabulary*.)

1. приходи́ть
2. уходи́ть
3. начина́ть
4. слы́шать
5. стуча́ть
6. молча́ть
7. лете́ть
8. встава́ть
9. по́льзоваться
10. уме́ть

C. Conjugate the following verbs in the present tense. (See Lessons 15-19, *Vocabulary*, and see ¶ 16-4.)

1. спать   2. петь   3. мочь

D. Decline the following nouns in the singular and indicate the stress. (Review ¶ 15-2, 16-2, and 16-3. See *Vocabulary* for the *genitive singular*.)

1. уче́бник
2. учени́к
3. това́рищ
4. ме́сяц
5. мяч
6. автомоби́ль
7. слова́рь
8. трамва́й
9. кре́сло
10. письмо́
11. со́лнце
12. тетра́дь
13. оте́ц
14. испа́нец
15. у́гол

135

E. Decline the following adjectives in all three genders in the singular. (Review ¶ **17-1**, **17-2**, and **17-3**.)

1. приле́жный   4. горя́чий
2. после́дний   5. друго́й
3. ти́хий

F. Decline the following adjectives and nouns in the singular.

1. хоро́ший това́рищ   3. широ́кое по́ле
2. си́ний трамва́й   4. тру́дное упражне́ние

Reading and Comprehension Drill

A. Replace the infinitives in parentheses with the proper verb forms, and supply the appropriate case endings for the nouns and adjectives; then read the sentences aloud and translate them.

1. Ва́ня ча́сто не (знать) уро́к____. 2. Он никогда́ не (по́льзоваться) словар____. 3. На сего́дня он опя́ть не (написа́ть, *past tense*) упражнен____. 4. Ча́сто он (приходи́ть) в школ____ без книг____, без словар____ и без тетра́д____. 5. Никто́ не (мочь) поня́ть почему́ Ва́ня никогда́ не (хоте́ть) занима́ться.

6. Я всю зим____ мно́го (рабо́тать). 7. Пе́ред экза́мен____ я (занима́ться) весь день. 8. Че́рез неде́л____ мы с отц____ (е́хать) на да́ч____. 9. Проща́йте дороги́е учител____, тру́дные уро́к____ и дли́нн____ упражне́ния! 10. Как прия́тно жить в дере́вн____ ле́том. 11. Здесь — зелён____ поля́, краси́вые лес____ и широ́к____ ре́ки.

12. У меня́ бо́льш____ и краси́в____ ко́мната. 13. Вся ме́бель в мо____ ко́мнат____ син____ цвет____. 14. На мо____ пи́сьменн____ стол____ стои́т ла́мпа с бо́льш____ син____ абажу́р____. 15. Я о́чень (люби́ть) сво____ ко́мнат____ и сво____ ме́бель.

B. Translate the following sentences into idiomatic English, noting the Russian idioms; then explain the application of the grammatical rules covered in Lessons 15-19.

1. Пётр не лю́бит занима́ться, но он о́чень лю́бит **игра́ть в мяч** и́ли **в те́ннис**. 2. Он **уме́ет игра́ть на скри́пке**, но всегда́ предпочита́ет **игра́ть в ка́рты**.

3. Мы бы́ли **у него́**, а не у **его́** бра́та.   4. Она́ жила́ **у нас,** а не **у них.**   5. Мы идём **к ней,** а не **к нему́.**   6. Мы то́лько что бы́ли у **его́** дя́ди.   7. Мой брат лю́бит **свою́** соба́ку, но не лю́бит мое́й соба́ки.   Я же о́чень люблю́ его́ соба́ку.   8. Моя́ сестра́ о́чень лю́бит **свою́** чёрную ло́шадь.   9. Я то́же люблю́ её ло́шадь.   10. Я ча́сто **е́зжу верхо́м** на её ло́шади.

11. Весь ме́сяц **ни ра́зу** не шёл дождь.   12. Сего́дня о́чень **хо́лодно,** но **мне не хо́лодно.**   13. Вот уже́ зима́.   Как бы́стро **идёт вре́мя!**

14. **Не е́дете ли** вы за́ город сего́дня?   15. Я е́ду за́ город с Михаи́лом, но не зна́ю, **есть ли** у него́ **свой** автомоби́ль. 16. Не **надеётесь ли** вы, что за́втра бу́дет хоро́шая пого́да? 17. Я наде́юсь, что бу́дет **тепло́.**   18. **В кото́ром часу́** вы е́дете?   19. Мы е́дем **в де́вять часо́в утра́.**   20. Проща́йте. Наде́юсь, что **у вас бу́дут** прекра́сные кани́кулы.

Перево́д

Omit the words in parentheses and include the words in brackets.

1. We seldom come to class without our textbook or without a dictionary.   2. We usually use a dictionary when we are preparing (our) lessons.   3. Yesterday I had no dictionary and I could not study.   4. I can work well in class when everybody is quiet [silent]. 5. I cannot work at home in the daytime, because my little brother and his friend always talk or sing.

6. My friend and I have been (for) three weeks at my uncle's summer home.   7. Near the summer home are gardens, fields, and forests.   8. Today is our last day in the country.   9. Tomorrow we are going (by vehicle) back to town.   10. In town there are big houses, long streets, automobiles, and streetcars.   11. Everybody is hurrying, everybody must [**должны́**] work.

12. We live on a noisy street in town. 13. Brother has his own [**своя́**] room, but I have no room and must live with him in his room. 14. In the room there is various furniture. 15. Near the wall stands a blue divan, and near the window a red armchair. 16. In the corner stands a big piano. 17. I never studied music and cannot play the piano, but (my) brother plays the piano very well. 18. In the other corner stands a wide desk. 19. On the desk stands a green lamp with a big white shade. 20. Notebooks, textbooks, magazines, and newspapers are always lying on the desk. 21. (My) brother is very fond of his room and of his furniture, but I do not like his furniture. 22. I do not know whether I shall live with (my) brother in the winter. 23. I hope that I shall then have my own room.

24. How many times have you [already] flown in a plane? 25. Sometimes I fly in a plane three times a week, and sometimes five times. 26. Yesterday I flew (for) ten hours in a big plane. 27. In the plane were Frenchmen, Spaniards, and Russians. 28. I kept quiet all the time because I speak neither French nor Spanish nor Russian.

Вопро́сы

1. В кото́ром часу́ вы обы́чно встаёте? 2. В кото́ром часу́ вы за́втракаете? 3. С кем вы за́втракаете? 4. Что вы еди́те у́тром и что вы пьёте? 5. Ско́лько часо́в в день вы занима́етесь? 6. Когда́ вы обы́чно приготовля́ете уро́ки? 7. Что вы тепе́рь изуча́ете в университе́те? 8. Когда́ у вас бу́дут кани́кулы? 9. Где вы бу́дете отдыха́ть ле́том? 10. Вы уме́ете е́здить верхо́м? 11. У вас есть свой автомоби́ль? 12. Како́го цве́та ваш автомоби́ль? 13. Како́го цве́та автомоби́ль ва́шего отца́? 14. У вас есть своя́ ко́мната? 15. Она́ больша́я и́ли ма́ленькая? 16. Кака́я ме́бель стои́т в ва́шей ко́мнате? 17. Где вы предпочита́ете жить, в го́роде и́ли в дере́вне? 18. Что вы де́лаете в выходны́е дни? 19. Вы ча́сто хо́дите в кино́? в теа́тр? на конце́рты? 20. В каки́е дни вы мо́жете по́здно спать?

LESSON 20

ДВАДЦА́ТЫЙ УРО́К

THE ASPECTS: INTRODUCTION

The main functions of the aspects were described in ¶ 14-7. In Lessons 20–23 the aspects will be treated in detail. The grammar in these lessons should be covered before the reading exercises; it is therefore given first.

Sentences illustrating grammatical principles are given in these lessons instead of the connected text. To further simplify the study of the aspects and to introduce the material gradually, perfective forms of familiar imperfective verbs are mostly used.

Most of the infinitives given in previous lessons have been imperfective infinitives. The perfective infinitive can be derived from the imperfective in one of the following ways:

		IMPERFECTIVE	PERFECTIVE
(a)	by adding a prefix	писа́ть	написа́ть (to finish writing)
(b)	by dropping a syllable or changing the infinitive suffix	⎧встава́ть ⎨ ⎩изуча́ть	встать (to get up once) изучи́ть (to master something)
(c)	irregularly (from different stems)	говори́ть	сказа́ть (to tell, say one thing)

In the following lessons on the aspects, perfective verbs are grouped according to the above pattern of their formation from the imperfective. These groups are further subdivided in the exercises according to their *specific perfective meanings*. The perfective tenses are also treated in separate exercises and, for greater clarity, contrasted with the corresponding imperfective forms. Study the grammatical rules in connection with the respective Russian exercises in which they are illustrated or applied.

Грамма́тика

20-1. Meaning of the Aspects

The *imperfective* and *perfective* aspects designate the same action but describe different types of performance with respect to the *element of time* involved in the action.

a. The *imperfective* describes an action which is in progress and is unfinished. Such an action is either:

1. continuous *or*
2. repeated *or*   } No *result* or *time limit* is indicated.
3. of unknown duration

b. The *perfective* describes an action which is either:

1. completed *or*
2. just begun *or*   } *Completion, start, result* or *time limit* is emphasized.
3. performed only once *or*
4. of limited duration

c. In English, ideas of continuity of an action are conveyed by means of auxiliary verbs or other words, e.g., *was, used to, began to, finished, once, awhile.* In Russian, instead of such additional words, the aspects are generally used to describe *varieties of the same action.* The following table gives concrete examples of the way the aspects function in this respect.

IMPERFECTIVE	PERFECTIVE
де́лать to do, to be doing	сде́лать to have done, to have finished doing (*completion*)
говори́ть to talk, to be talking	заговори́ть to start talking (*start*)
объясня́ть to explain, to be explaining	объясни́ть to explain once (*single occurrence*)
гуля́ть to walk, to be taking a walk	погуля́ть to walk awhile (*limited duration*)

20-2. Functions of the Imperfective and Perfective Tenses

a. The *imperfective past* describes an action as going on in the past without suggesting the length of its duration or the result. For example:

Он писа́л кни́гу.   He was writing a book (*no indi-cation of when or whether the book was finished*).

b. The *perfective past*, on the other hand, describes a single or completed action in the past, with emphasis on the result rather than on the action itself.   For example:

Он написа́л кни́гу.   He has written a book (*the job is done*).

c. The *imperfective future* describes an action as taking place in the future, without suggesting the length of its duration or the result. For example:

Он бу́дет писа́ть кни́гу.   He will be writing a book (*no indication of when or whether he will finish it*).

d. The *perfective future* describes a single, complete, or definite action in the future.   The emphasis is on the result of the future action rather than on the action itself.   For example:

Он напи́шет кни́гу.   He will write a book (*and finish the job*).

1. In form, this tense is identical with the present; however, it always has a future meaning.

2. The forms **я бу́ду, ты бу́дешь**, etc., can never be used with the perfective infinitive to form the perfective future.

20-3. Formation of the Perfective Forms

a. Present Tense—none.

The perfective aspect has no present tense, since a completed action cannot be going on in the present.   *Always* use the imperfective aspect to render the present tense.

b. Perfective Past Tense.

The perfective past tense is formed from the perfective infinitive in the same way as the imperfective past is formed from its infinitive, and has the same endings.   For example:

IMPERFECTIVE		PERFECTIVE	
Infinitive	*Past*	*Infinitive*	*Past*
де́лать	де́лал	сде́лать	сде́лал
говори́ть	говори́ла	заговори́ть	заговори́ла
объясня́ть	объясня́ло	объясни́ть	объясни́ло
гуля́ть	гуля́ли	погуля́ть	погуля́ли

c. Perfective Future Tense.

When the perfective is formed from the imperfective by adding a prefix, the *perfective future* is obtained by merely adding the prefix to the present tense. For example:

PRESENT TENSE		PERFECTIVE FUTURE	
я пишу́		я **на**пишу́	I shall write (and finish)
ты пи́шешь		ты **на**пи́шешь	you will write (and finish)
etc.		*etc.*	
я мо́ю		я **по**мо́ю	I shall wash (and finish)
ты мо́ешь		ты **по**мо́ешь	you will wash (and finish)
etc.		*etc.*	

d. Perfective Imperative.

The perfective imperative is formed from the *perfective future* in accordance with the same rules which apply to the formation of the imperfective imperative from the *present tense* (*see* ¶ 5-3). For example:

PERFECTIVE FUTURE	PERFECTIVE IMPERATIVE	
ты напи́ш**ешь**	напиш**и́**! напиш**и́те**!	write (and finish)
ты помо́**ешь**	помо́**й**! помо́**йте**!	wash (and finish)

20-4. Days of the Week

a. Names of the days are not capitalized as in English.

b. Monday is considered the first day. Compare **вто́рник** with **второ́й** *second*; **четве́рг** with **четвёртый** *fourth*; **пя́тница** with **пя́тый** *fifth*; **суббо́та** with *Sabbath*.

c. **В** + the name of day in the accusative means *on:*

понедельник	**в** понедельник	*on* Monday
вторник	**во*** вторник	*on* Tuesday
среда	**в** среду	*on* Wednesday
четверг	**в** четверг	*on* Thursday
пятница	**в** пятницу	*on* Friday
суббота	**в** субботу	*on* Saturday
воскресенье	**в** воскресенье	*on* Sunday

20-5. Group I-A: Perfectives Formed by Adding a Prefix

The perfective meaning of the verbs in this group is *to have done something* (completed action).

Примеры (*Examples*)

The perfective verbs in these exercises are all formed from the imperfective by adding one of the following prefixes:

на-, про-, по-, or **с-.**

Most sentences are given in pairs: the first one contains the *imperfective* and the second, the corresponding *perfective* form.   Translate the following sentences.

Perfective Past: 1. Когда мы жили в городе, мы завтракали в восемь часов и обедали в час дня.   2. В воскресенье мы позавтракали в десять часов, потом все читали газеты.   3. Мы прочитали газеты, пообедали, и потом долго говорили о политике.   4. Что вы делали в понедельник вечером?   Я писал два часа и написал только три письма.   5. А я делала уроки, но сделала только половину в понедельник.   Во вторник я сделала другую половину.   6. Я очень хочу есть.   Я весь день ничего не ела.   7. А я уже поел.   В среду мы едим рано.   8. Когда мать была на даче, а мы были в городе, я всегда мыла посуду. Но сегодня у меня было много работы, и брат помыл посуду. 9. Обыкновенно мы ужинаем дома в четверг, но сегодня мы поужинали в ресторане.

Perfective Future: 1. В пятницу мы завтракаем в девять часов, делаем уроки, читаем газеты и обедаем в час.   2. В субботу мы позавтракаем в десять часов, сделаем уроки, прочитаем газеты и

* *See* ¶ **19-3.**

пообедаем в два часа. 3. После обеда мы помоем посуду.
4. Вечером мы обыкновенно ужинаем в хорошем ресторане.
5. Завтра вечером мы поужинаем в нашем любимом ресторане с
нашим старым другом, а потом будем играть в карты. 6. Моя
подруга часто пишет мне длинные письма. 7. Завтра я ей
тоже напишу длинное письмо.

Perfective Imperative: 1. Читайте, пожалуйста, громко.
2. Прочитайте, пожалуйста, это письмо. 3. Пишите мне каждую неделю. 4. Напишите упражнение на завтра. 5. Делайте
уроки каждый день. 6. Сделай это для меня. 7. Всегда
мойте руки перед обедом. 8. Помойте лицо и руки и идите
обедать. 9. Завтракайте в восемь часов утра, обедайте в час
дня и ужинайте в шесть часов вечера. 10. Позавтракайте у
меня, а потом будем вместе заниматься. 11. Пообедайте со мной
в ресторане, если вы будете в городе. Я не люблю обедать
один. 12. Ужинайте когда хотите, но завтра поужинайте перед
концертом.

Словарь

Verbs are here given first.

Prefix	+ Imperfective	= Perfective	(To have done something)
по-	+ завтракать	= позавтракать	to have had breakfast
про-	+ читать	= прочитать	to have read
по-	+ обедать	= пообедать	to have dined
на-	+ писать	= написать	to have written
с-	+ делать	= сделать	to have done
по-	+ есть	= поесть	to have eaten
по-	+ мыть	= помыть	to have washed
по-	+ ужинать	= поужинать	to have had supper

в воскресенье on Sunday
долго (*adv.*) for a long time
политика politics
в понедельник вечером on Monday evening
во вторник on Tuesday (*see* ¶ 19-3)
половина half
в среду on Wednesday
у меня было много работы I had much work
*работа (*noun*) work
обыкновенно usually
в четверг on Thursday
в пятницу on Friday
в час (дня) at 1:00 p.m.
в субботу on Saturday
сегодня вечером tonight
старый, -ая, -ое old
завтра вечером tomorrow evening
*любимый, -ая, -ое favorite
громко loudly
на завтра for tomorrow

для (*with gen.*) for (for someone's sake)
мой, мо́йте (*imper. of* мыть) wash!
рука́ (*acc.* ру́ку; *pl.* ру́ки) hand
лицо́ (*pl.* ли́ца) face
е́сли if (*never means* whether)
оди́н, одна́, одно́; *pl.* одни́ *here:* alone

Идио́мы

сего́дня ве́чером tonight

Примеча́ния

рабо́та work: *cf.* рабо́тать to work
люби́мый favorite: *cf.* люби́ть to love

Перево́д

Omit the words in parentheses and include the words in brackets.

1. When Lena was home, we always had breakfast, dinner, and supper very late. 2. On Monday morning when Ivan came [пришёл], we had already had breakfast, and he had breakfast alone. 3. On Tuesday after work, we had dinner and then were home all evening. 4. In the winter I am usually home in the evening, and I read and write a lot. 5. On Wednesday I read (through) an interesting book and wrote three letters. 6. On Thursday evening I shall again be writing letters, and I shall write (and finish) a letter to my old friend. 7. I am very glad (*f.*) that my two (girl) friends will be at my house on Saturday. 8. We shall have supper together, wash the dishes, and then do (and finish) the lesson for Wednesday [на сре́ду]. 9. I have to stay home tonight because I have not yet washed the dishes and have not yet done (my) lesson. 10. On Friday I had too much work, and I did only half of the lesson. 11. But tomorrow evening I shall do the other half of the lesson. 12. I have already eaten because on Sunday we eat very early. 13. Please write this exercise for Friday. 14. Why did you write such a long letter? 15. Wash your face and hands, have breakfast, and go [иди́те] to school. 16. Wash the dishes (once), Vera. Please do it for me. 17. Have dinner at our house today if you are [will be] in town. 18. We had supper and then talked about politics all evening.

LESSON 21

THE ASPECTS: CONTINUED

Граммáтика

21-1. The Relative Pronoun: котóрый

a. The relative pronoun **котóрый** introduces a subordinate clause. For example:

Я знáю студéнтку, **котóрая** пúшет кнúгу.   I know a student *who* is writing a book.

b. **Котóрый** agrees in *number* and *gender* with the noun in the main clause to which it refers. The *case* of **котóрый**, however, is determined by its own function in the relative clause. For example:

Мы живём на **дáче** (*sing., fem., prep.*), **котóрая** (*sing., fem., nom.*) нам óчень нрáвится.

Note: In both examples above, **котóрая** is the *subject* of the subordinate clause and is therefore in the *nominative* case, although **студéнтку** is in the *accusative* in the first example, and **дáче** is in the *prepositional* in the second.

21-2. Group I-B: Perfectives Formed by Adding a Prefix

The perfective meaning of the verbs in this group is *short duration*.

a. The commonest way of turning an imperfective into a perfective is by using a preposition as a prefix. For this purpose, the preposition **по** is used more frequently than any other.

b. The same prefix does not always carry with it the same perfective meaning. For example:

Я **погуля́л** в саду́.   I walked a while in the garden.

but

Я **полюбúл** э́ту дéвушку.   I fell in love with this girl.

(*Here* **по-** *does not convey short duration.*)

Care should therefore be taken to ascertain the exact meaning of each perfective verb.

c. Words like **немно́го, не́сколько мину́т**, etc., may be used with perfectives of Group I-B to emphasize the idea of *short duration.* For example:

я погуля́л **немно́го.**   I walked for a *little* while.

Приме́ры (*Examples*)

Note that in the following sentences all perfectives with **по-** indicate *short duration.*

Perfective Past: 1. В суббо́ту она́ мно́го рабо́тала, хорошо́ спала́ и в воскресе́нье лежа́ла всё у́тро в посте́ли. 2. Во вто́рник она́ погуля́ла де́сять мину́т, порабо́тала немно́го, полежа́ла и поспала́ по́сле обе́да. 3. Я стоя́л и смотре́л о́чень до́лго на пара́д. 4. Мой това́рищ, кото́рого вы то́лько что ви́дели, постоя́л, посмотре́л на пара́д, поговори́л с дру́гом и ушёл. 5. Стари́к сиде́л в кре́сле и спал. 6. Он пообе́дал у нас, пото́м посиде́л ещё немно́го в кре́сле и прочита́л письмо́ от сестры́. 7. Молодо́й солда́т всегда́ держа́л флаг высоко́. 8. Де́вушка подержа́ла перо́ в руке́, поду́мала немно́го и бы́стро написа́ла не́сколько слов. 9. Когда́ я говори́л по-ру́сски в шко́ле, я всегда́ ду́мал о грамма́тике. 10. Вопро́с был о́чень тру́дный, но учени́к немно́го поду́мал и написа́л пра́вильный отве́т. 11. Мы сиде́ли в лесу́ и слу́шали, как пою́т пти́цы. 12. Мы послу́шали му́зыку в па́рке и ушли́. 13. Э́та учени́ца о́чень хорошо́ игра́ла на скри́пке. 14. Ма́льчики поигра́ли немно́го в те́ннис и ушли́.

Perfective Future: 1. Я мно́го рабо́таю, до́лго гуля́ю и хорошо́ сплю но́чью. В воскресе́нье я обыкнове́нно лежу́ всё у́тро в посте́ли. 2. За́втра я немно́го порабо́таю, пото́м погуля́ю и по́сле обе́да полежу́, почита́ю и посплю́. 3. Я стою́ и смотрю́ на пара́д. Мне о́чень нра́вится молодо́й солда́т, кото́рый так хорошо́ е́здит на бе́лой ло́шади. 4. Я ещё постою́ немно́го и посмотрю́ на пара́д. Я хочу́ ещё раз посмотре́ть на молодо́го солда́та на бе́лой ло́шади. 5. Он тепе́рь бо́лен и весь день сиди́т в кре́сле и спит. 6. Е́сли ты посиди́шь на траве́ под де́ревом, почита́ешь немно́го и пото́м поспи́шь, то я то́же бу́ду отдыха́ть. 7. Что вы де́ржите в руке́? 8. Мы постои́м здесь на у́лице, и я подержу́ ва́шу скри́пку, но пожа́луйста не говори́те сли́шком до́лго с учи́телем. 9. Большо́е спаси́бо. Я поговорю́ с учи́телем то́лько не́сколько мину́т. 10. Мы сиди́м в саду́ и слу́шаем, как пою́т пти́цы. 11. Мы послу́шаем ле́кцию и пото́м бу́дем рабо́тать. 12. Э́та де́вочка уже́ хорошо́ игра́ет на роя́ле. 13. Де́вочки поигра́ют немно́го и пото́м бу́дут рабо́тать.

14. Они́ всегда́ ду́мают о свое́й рабо́те.   15. Я немно́го по-
ду́маю и пото́м напишу́ отве́т.

Perfective Imperative: 1. Ду́май, когда́ говори́шь.   2. Поду́май
и пото́м напиши́.   3. Слу́шайте, когда́ говори́т учи́тель.   4. По-
слу́шайте, пожа́луйста, наш ду́эт, а пото́м чита́йте ва́шу кни́гу.
5. Игра́йте с ва́шим ма́леньким бра́том, и он вас бу́дет люби́ть.
6. Ва́ня, поигра́й со мной в ка́рты.   7. Гуля́й ка́ждый день два
часа́.   8. Погуля́йте с Ва́ней.   Он не хо́чет гуля́ть оди́н.   9.
Держи́те го́лову высоко́.   10. Подержи́те мой слова́рь.   11.
Лежи́те споко́йно, е́сли вам ну́жен о́тдых.   12. Полежи́те ещё
немно́го на дива́не.   13. Сиди́те в кла́ссе споко́йно и слу́шайте,
что говори́т учи́тель.   14. Посиди́те ещё немно́го, я вас так
давно́ не ви́дел.   15. Рабо́тайте ка́ждый день.   16. Порабо́тайте
немно́го сего́дня ве́чером.   17. Сто́йте споко́йно и слу́шайте.
18. Посто́йте немно́го о́коло автомоби́ля.   Я бу́ду в магази́не
то́лько не́сколько мину́т.   19. До свида́ния — спи́те споко́йно.
20. Поспи́те час и́ли два, пото́м занима́йтесь.

Слова́рь

Verbs are here given first.

Prefix	+ Imperfective	= Perfective	(To do something for a short time)
по-	+ гуля́ть	= погуля́ть	to walk awhile
по-	+ рабо́тать	= порабо́тать	to work awhile
по-	+ лежа́ть	= полежа́ть	to lie awhile
по-	+ спать	= поспа́ть	to sleep a little, to take a nap
по-	+ стоя́ть	= постоя́ть	to stand awhile
по-	+ смотре́ть	= посмотре́ть	to have a look, to take a look
по-	+ говори́ть	= поговори́ть	to have a little talk
по-	+ сиде́ть	= посиде́ть	to sit awhile
по-	+ держа́ть	= подержа́ть	to hold awhile, to keep awhile
по-	+ ду́мать	= поду́мать	to think awhile
по-	+ слу́шать	= послу́шать	to listen awhile
по-	+ игра́ть	= поигра́ть	to play awhile
по-	+ чита́ть	= почита́ть	to read awhile

посте́ль (*f.*) bed, bedding
лежа́ть в посте́ли to stay in bed
мину́та (*gen. pl.* **мину́т**) minute
пара́д parade
кото́рый, -ая, -ое (*rel. & interr. pron.*) which, who (*see* ¶ **21-1**)
ушёл, ушли́ he, they, went away
*****стари́к** old man
солда́т soldier
держа́ть (**II**); **держу́, де́ржишь, -ат** to hold, to keep
флаг *f*lag

*несколько (*adv. with gen. pl.*) several, a few
несколько слов several words
правильный, -ая, -ое correct, right
болен (*adj., m.*) sick
то (*conj.*) then, in that case
лекция lecture
*девочка little girl
дуэт duet
голова (*acc.* голову) head
спокойно (*adv.*) calmly, quietly

Примечания

старик old man: *cf.* старый old
несколько several: *cf.* сколько how much, how many
девочка little girl: *cf.* девушка girl

21-3. Group I-C: Perfectives Formed by Adding a Prefix

The perfective meaning of verbs in this group is *to begin doing something.*

Примеры (*Examples*)

The following exercise includes drill on the various perfective forms. Note that in this exercise all perfectives with the prefix **за-** indicate *the beginning of an action.*

1. Гражданин Петров долго говорил о Кавказе. Вдруг он заговорил о Ленинграде. 2. Вера прочитала письмо от подруги и засмеялась, а мы думали, что она наверно заплачет, когда прочитает это письмо. 3. Девочка долго стояла у доски, но ничего не написала. Вдруг она закричала и заплакала, а ученики и ученицы засмеялись. 4. Студенты долго пели английские, французские, и испанские песни. Вдруг они запели русскую песню. 5. Мы всегда слушаем и молчим, когда профессор читает лекцию. 6. Профессор начинает лекцию. Пожалуйста, господа, замолчите.

Словарь

Verbs are here given first.

Prefix	+ Imperfective	= Perfective	(To begin doing something)
за-	+ говорить	= заговорить	to begin talking
за-	+ смеяться	= засмеяться	to burst into laughter
за-	+ плакать	= заплакать	to begin weeping
за-	+ кричать	= закричать	to begin shouting
за-	+ петь	= запеть	to begin singing
за-	+ молчать	= замолчать	to become silent

смея́ться (I); смею́сь, смеёшься, -ю́тся to laugh
крича́ть (II); кричу́, -и́шь, -а́т to shout, to scream
пла́кать (I); пла́чу, пла́чешь, пла́чут to weep, to cry
господа́ (*pl.*) gentlemen; ladies and gentlemen

Перево́д

Omit the words in parentheses and include the words in brackets.

1. I sat awhile in the garden, then walked a little, and at two o'clock I was home.   2. Sit here awhile or take a little walk; he will soon be home.   3. I sat all the time and want to stand awhile. 4. You may go if you wish.   I shall stand (awhile) here and hold your books awhile.   5. Please hold my magazine awhile.   6. I want to sit (awhile) and think for a little while.   7. Think a little and then write the exercise.   8. Why are you standing on [на] the street when it is raining?   Come here [Иди́те сюда́] and stand awhile under the tree.   9. Work a bit; then go for a little walk. 10. Lie (down) (awhile) and sleep awhile.   You worked a lot today.   11. I lay (awhile) on the grass and slept awhile; now I can work a little.   You sit (awhile) and read awhile.   12. Don't think that she is a poor [bad] pupil; she is a diligent little girl.   13. The lesson isn't difficult.   Think a little and then write.   14. Sit awhile in the armchair, listen to the music (awhile), and at six o'clock we shall have dinner.   15. Why do you stay in your room all the time?   Play ball awhile with your friend.   16. But do not play long—we shall soon have [be having] supper.   17. Play tennis awhile with Lena.   She is alone all the time.   18. Stay in bed awhile, read a little while, and then do (and finish) the lessons. 19. The old man whom you saw yesterday at the parade is now very sick.   20. Ivan looked at the map (for) a long time.   21. Vera took a look at the map and left [went away].   22. We do not know the young soldier who held our flag (awhile) at the parade.   23. Always hold (your) head high.   24. We listened to the lecture for a long time.   Now we shall walk for a bit in the park and listen awhile to the music.   25. The pupil wrote only several words, but he wrote the correct answer.   26. If Vasya studies poorly in school, [then] have a little talk with his father.   You are his teacher and (you) must do it (once).   27. I do not know whether you remember the girl who often played a duet with my friend.   28. She burst into tears when she had read the letter.   29. The little girl will begin to cry, but the boy will burst into laughter.   30. He talked (for) a long time about Zhenya, but suddenly he began talking about Lena.

LESSON 22

THE ASPECTS: CONTINUED
Грамма́тика

22-1. The Imperative in -ь and -ьте

The imperative endings are **-ь** and **-ьте** instead of **-и** and **-ите** when (1) the first person singular in the present or in the perfective future is stressed on the stem *and* (2) when such stem ends in a consonant. For example:

IMPERFECTIVE

Infinitive	Present	Imperative
пла́кать (to weep)	я пла́чу ты пла́ч -ешь	плачь пла́чьте

PERFECTIVE

Infinitive	Future	Imperative
встать (to get up)	я вста́ну ты вста́н -ешь	встань вста́ньте

Note: The imperative of **идти́** is **иди́, иди́те** and the imperative of **люби́ть** is **люби́, люби́те** because they do not meet both requirements of the above rule. Their present stems end in a consonant, but the first person present is stressed on the ending and not on the stem.

151

22-2. Negative Commands

a. The imperfective imperative is commonly used to express prohibitions or negative commands. For example:

Прочита́йте э́ту кни́гу.	*Read* this book through.
Скажи́те (*pf. of* говори́ть) ей, что он бо́лен.	*Tell* her that he is sick.

But compare:

Не чита́йте э́той кни́ги.	*Do not read* this book.
Не говори́те ей, что он бо́лен.	*Do not tell* her that he is sick.

b. To express *warning* in the form of negative commands, the perfective imperative is used instead of the imperfective. For example:

Не **забу́дьте**, что у вас за́втра бу́дет экза́мен.	*Do not forget* that you will have an examination tomorrow.

22-3. Group II: Perfectives Formed by Dropping a Syllable or by Changing the Infinitive Suffix

The perfective meaning of the verbs in the following sentences is *to do something once.*

Приме́ры

Perfective Past: 1. Ле́том мы всегда́ встава́ли ра́но, но оди́н раз мы вста́ли по́здно, потому́ что бы́ло о́чень хо́лодно. 2. Мой брат всегда́ дава́л мне то́лько ста́рые кни́ги, но вчера́ он дал мне в пода́рок но́вую кни́гу. 3. Зимо́й мы закрыва́ли все о́кна, а ле́том открыва́ли их. 4. Она́ закры́ла дверь и откры́ла окно́. 5. Он начина́л чита́ть э́тот дли́нный рома́н ка́ждое ле́то. В э́то ле́то он опя́ть на́чал чита́ть его́. 6. Когда́ профе́ссор говори́л ме́дленно и я́сно, я всё понима́ла. Но сего́дня он говори́л так бы́стро, что я ничего́ не поняла́. А ты всё по́нял? 7. О́сенью я получа́л пи́сьма от Ва́ни, но не отвеча́л ему́. 8. Вчера́ я получи́л от него́ ещё одно́ письмо́ и опя́ть на него́ не отве́тил.

9. Наш учи́тель всегда́ хорошо́ объясня́л грамма́тику. Сего́дня
он о́чень хорошо́ объясни́л но́вое пра́вило. 10. Де́вочка
обыкнове́нно приготовля́ла уро́ки ве́чером; сего́дня же она́ их
приготóвила днём. 11. Когда́ я учи́л ру́сские слова́ без те́кста
я всегда́ их забыва́л. 12. Сего́дня я то́же занима́лся без те́кста
и уже́ забы́л все слова́.

Perfective Future: 1. Когда́ мы хо́дим в шко́лу, мы встаём
ра́но, но за́втра воскресе́нье, и мы вста́нем по́здно. 2. Зимо́й
мы всегда́ бу́дем встава́ть ра́но. 3. Обыкнове́нно я даю́ моему́
бра́ту то́лько ста́рые кни́ги, но в сре́ду я ему́ дам в пода́рок
но́вую кни́гу. 4. Ле́том мы открыва́ем библиоте́ку по́здно и
закрыва́ем её ра́но. Сего́дня мы откро́ем её ра́но, но закро́ем
по́здно. 5. Обы́чно они́ начина́ют рабо́ту в во́семь часо́в утра́, но
за́втра они́ начну́т в де́вять. 6. Они́ понима́ют по-францу́зски,
и я наде́юсь, что они́ меня́ пойму́т, хотя́ у меня́ плохо́е произ-
ноше́ние. 7. Когда́ вы бу́дете в СССР, вам бу́дут писа́ть
пи́сьма по-англи́йски, но ваш учи́тель наде́ется, что вы всегда́
бу́дете отвеча́ть по-ру́сски. 8. Е́сли он полу́чит письмо́ из
конто́ры, то он сейча́с же на него́ отве́тит. 9. Учи́тельница
всегда́ объясня́ет ка́ждое пра́вило ме́дленно и я́сно. За́втра она́
объясни́т нам о́чень тру́дное пра́вило. 10. Ива́н обыкнове́нно
приготовля́ет уро́ки у́тром. Сего́дня же он приготóвит их
ве́чером по́сле у́жина. 11. Ты всегда́ забыва́ешь что тебе́
говоря́т. Наде́юсь, что ты не забу́дешь но́вого пра́вила.
12. Откро́йте, пожа́луйста, кни́ги и мы начнём уро́к.

Perfective Imperative: 1. Встава́йте ра́но — у́тром так хорошо́.
2. Вста́ньте, пожа́луйста! Нам ну́жен э́тот стул. 3. Дава́йте
ей уро́к ка́ждый день. 4. Дай мне кни́гу, пожа́луйста. Не
дава́й её мое́й ма́ленькой сестре́. 5. Закрыва́йте две́ри, когда́
хо́лодно и открыва́йте их когда́ тепло́. 6. Закро́йте дверь, я
вам хочу́ прочита́ть о́чень ва́жное письмо́. Но откро́йте, пожа́-
луйста, окно́, здесь ма́ло во́здуха. 7. Пожа́луйста, не начина́йте
рабо́тать так по́здно. 8. Начни́те ещё раз снача́ла. 9. Вы
никогда́ не прихо́дите во́-время. Пожа́луйста, пойми́те, что
э́то не хорошо́ ни для вас ни для кла́сса. 10. Вот по́чта —
получа́йте ва́ши пи́сьма, господа́. 11. Вот ва́ше письмо́, гос-
поди́н Петро́в, пожа́луйста, получи́те его́. 12. Всегда́ отвеча́йте
я́сно и пра́вильно. 13. Отве́тьте мне то́лько на оди́н вопро́с,
пожа́луйста. 14. Объясня́йте всё ученику́ ме́дленно и я́сно.
15. Объясни́ мне, пожа́луйста, э́то но́вое пра́вило. 16. Приго-
товля́йте уро́ки ка́ждый день и хорошо́ пригото́вьте э́то
упражне́ние на за́втра. 17. Почему́ вы сиди́те на полу́ и
пла́чете? Вста́ньте, пожа́луйста, и не пла́чьте.

Словарь

Verbs in Group II are here given at the beginning: first, the *Imperfective*; then, the *Perfective* with associated forms.

вставать (I); *pf.* **встать** (I); *fut.* **встану, -ешь, -ут**; *imper.* **встань, встаньте** to get up, (to) rise

давать (I); *pf.* **дать** (*irr.*); *fut.* **дам, дашь, даст, дадим, дадите, дадут**; *past* **дал, -а, -о, -и**; *imper.* **дай, дайте** to give

закрывать (I); **закрываю, -ешь, -ют**; *pf.* **закрыть** (I); *fut.* **закрою, -ешь, -ют** to close, to shut

открывать (I); **открываю, -ешь, -ют**; *pf.* **открыть** (I); *fut.* **открою, -ешь, -ют** to open

начинать (I); *pf.* **начать** (I); *fut.* **начну, -ёшь, -ут**; *past* **начал, -а, -о, -и** to begin

понимать (I); **понимаю, -ешь, -ют**; *pf.* **понять** (I); *fut.* **пойму, -ёшь, -ут**; *past* **понял, -а, -о, -и** to understand, to grasp

получать (I); **получаю, -ешь, -ют**; *pf.* **получить** (II); *fut.* **получу, получишь, получат** to receive, to get

отвечать (I); *pf.* **ответить** (II); *fut.* **отвечу, -тишь, -тят**; *imper.* **ответь, ответьте** (*imp. & pf.* take dative or **на** plus the accusative) to answer

объяснять (I); *pf.* **объяснить** (II); *fut.* **объясню, -ишь, -ят** to explain

приготовлять (I); *pf.* **приготовить** (II); *fut.* **приготовлю, -вишь, -вят**; *imper.* **приготовь, приготовьте** to prepare

забывать (I); **забываю, -ешь, -ют**; *pf.* **забыть** (I); *fut.* **забуду, -ешь, -ут**; *imper.* **забудь, забуьте** to forget

старый, -ая, -ое old

подарок *ⁿ* (*gen.* **подарка**) gift

в подарок as a gift

дверь (*f.*) door

их (*acc. of* **они**) them

роман novel

ясно clearly, distinctly

осенью (*adv.*) in autumn

правило rule

учить (II); **учу, учишь, -ат** to study, to learn

текст text

ходить в школу to attend school

важный, -ая, -ое important

воздух air

сначала (*adv.*) from the beginning, over again

почта *here:* mail

правильно (*adv.*) correctly

во-время on time

Упражнения

A. Replace the imperfective infinitives in parentheses with the proper forms of the perfective in both the past and future tenses.

1. Я (вставать) рано.　2. Они (вставать) поздно.　3. Она (давать) мне книгу в подарок.　4. Вы (давать) нам много работы.

5. Учи́тель (закрыва́ть) дверь и (открыва́ть) окно́.   6. Ученики́ (открыва́ть) тетра́ди и (закрыва́ть) кни́ги.   7. Стари́к (начина́ть) разгово́р с де́вочкой.   8. Солда́ты (начина́ть) петь ру́сские пе́сни.   9. Ты не (понима́ть) но́вого пра́вила.   10. Они́ ничего́ не (понима́ть).   11. Я (получа́ть) письмо́ в суббо́ту.   12. Они́ (получа́ть) по́чту по́сле обе́да.   13. Она́ не (отвеча́ть), потому́ что она́ не (понима́ть) вопро́са.   14. Они́ вам (отвеча́ть) на все пи́сьма.   15. Вы (получа́ть) дли́нное письмо́ от отца́.   16. Я (получа́ть) ру́сскую газе́ту.   17. Учи́тельница ещё раз (объясня́ть) тру́дное пра́вило.   18. Мать (приготовля́ть) для нас прекра́сный обе́д.   19. Мы снача́ла (приготовля́ть) уро́к, а пото́м (писа́ть) упражне́ние.   20. Я зна́ю, что вы (забыва́ть) мой а́дрес.

B. Replace each infinitive in parentheses with the corresponding imperfective or perfective imperative in both the singular and the plural, wherever possible.

1. Пожа́луйста, Ива́н, (встать) и (дать) мне стака́н молока́.   2. Пожа́луйста, всегда́ (закрыва́ть) э́то окно́, когда́ идёт дождь.   3. (Закры́ть), пожа́луйста, дверь.   4. (Откры́ть) уче́бник и (прочита́ть) нам но́вое пра́вило.   5. Не (открыва́ть) уче́бника, когда́ вы пи́шете упражне́ние.   6. Снача́ла (учи́ть) но́вые слова́, а пото́м (чита́ть) текст.   7. (Ходи́ть) в шко́лу ка́ждый день.   8. Не (забы́ть), что за́втра пра́здник.   9. За́втра меня́ не бу́дет до́ма — не (приготовля́ть) обе́да.   10. Пожа́луйста, (пригото́вить) э́тот уро́к на за́втра.   11. Не (отвеча́ть) на все его́ вопро́сы, но, пожа́луйста, (отве́тить) на его́ после́дний вопро́с.   12. (Получи́ть) журна́л и (нача́ть) чита́ть.   13. (Поня́ть), пожа́луйста, что все уже́ спят.   14. (Приходи́ть), пожа́луйста, во́время на уро́к.   15. (Забы́ть), что вы э́то слы́шали.

Перево́д

Omit the words in parentheses and include the words in brackets.

1. Usually the little girl gets up early, but today she got up late. 2. Give him your pencil; he forgot his.   3. I cannot give you my pencil; I have only one.   4. When I go to school, I dress very quickly.   5. I always open the window at night.   6. Tomorrow she will get up early and will read all day.   7. The students prepare the lesson every day.   8. Our mother prepared an excellent dinner today.   9. Explain (to) me the lesson for tomorrow, please. 10. I began to read a new book and understood nothing.   11. Close the window; I am very cold.   12. I'll give you the book; read it awhile.   13. I'll write a letter to Vanya. He will receive it

tomorrow.   14. I cannot understand why he has not been writing me for so long.   15. Tomorrow the teacher will explain to us everything [that] we do not understand.   16. I cannot understand [grasp] why he knows so little.   17. Tomorrow Ivan has to get up early and prepare breakfast.   18. The teacher wrote on the board: "Open your books." We did. [We opened.] He wrote: "Close the books." We did. "Get up." We did.   19. I prepared a very good breakfast this morning.   Please have your breakfast because we have to begin the lesson.   20. Do not forget that the concert will be at eight o'clock in the evening.   This is a very important concert.

23

THE ASPECTS: CONTINUED
Грамма́тика

23-1. Imperative in the First and Third Persons

a. Let us (a command in the first person plural in which the speaker includes himself) may be rendered as follows:

1. By the first person of the perfective future. For example:

fam.	(я + ты):	Помо́ем посу́ду⎫	Let us wash (and
pl.	(я + вы):	Помо́ем посу́ду⎭	finish) the dishes.

2. By the imperative **дава́й, дава́йте** and the first person plural of the perfective future. For example:

fam.	(я + ты):	Дава́й помо́ем посу́ду.⎫	Let us wash (and
pl.	(я + вы):	Дава́йте помо́ем по-⎬	finish) the dishes.
		су́ду. ⎭	

3. The corresponding imperfective imperative is formed by adding the imperfective infinitive to **дава́й** or **дава́йте**. For example:

fam.	(я + ты):	Дава́й мыть посу́ду⎫	Let us wash the
		ка́ждое у́тро. ⎬	dishes (regularly)
pl.	(я + вы):	Дава́йте мыть посу́ду⎬	every morning.
		ка́ждое у́тро. ⎭	

b. The imperative in the third person, singular or plural, is formed by **пусть** (*let*) and the corresponding third person of the present or perfective future. The pronoun is often omitted.

imp.	⎧Пусть (он) пи́шет.	Let him write.
	⎩Пусть (они́) пи́шут.	Let them write.

pf.	Пусть (он) напи́шет письмо́.	Let him write (and finish) the letter.
	Пусть (они́) напи́шут упражне́ния.	Let them write (and finish) the exercises.

c. Table of the Imperative.

PERSON	NUMBER	IMPERFECTIVE ASPECT	PERFECTIVE ASPECT
1st	*sing.*	дава́й чита́ть	прочита́ем дава́й прочита́ем
	pl.	дава́йте чита́ть	прочита́ем дава́йте прочита́ем
2d	*sing.*	чита́й	прочита́й
	pl.	чита́йте	прочита́йте
3d	*sing.*	пусть (он) чита́ет	пусть (он) прочита́ет
	pl.	пусть (они́) чита́ют	пусть (они́) прочита́ют

23-2. Use of the Imperfective in Negative Sentences

In negative sentences, the *nonperformance of an action* is often treated *not* as a single act but as a continuous state of refraining from doing something; hence, the use of the imperfective where one would normally expect the perfective. For example:

Я её спрошу́, но ду́маю, что не ну́жно спра́шивать.	I shall ask her, but I think it is not necessary to ask (*once* or *ever*).

23-3. Group III: Perfectives Formed Irregularly (from Different Stems)

The perfective meaning of the verbs in the following text is *to do something once.*

Пикни́к

Бори́с : — Я вчера́ купи́л но́вое перо́. Оно́ лежа́ло у меня́ на столе́, а тепе́рь его́ нет. Кто взял моё перо́?
Алекса́ндр : — Я взял его́. Извини́те, что не сказа́л вам. Оно́ тепе́рь у меня́ в конто́ре. Возьми́те, пожа́луйста, мое.
Б. : — Я возьму́ ва́ше, но, пожа́луйста, никогда́ не бери́те моего́ пера́.
А. : — Я никогда́ ничего́ у вас не брал. То́лько сего́дня в пе́рвый раз взял, потому́ что не нашёл своего́ пера́.
Б. : — Я не зна́ю кто так ча́сто берёт мои ве́щи.
А. : — Наве́рно Ивано́в. Он никогда́ ничего́ не покупа́ет и всегда́ всё берёт у вас, а вы ему́ всегда́ всё даёте.
Б. : — Он говори́т, что ничего́ не мо́жет покупа́ть, потому́ что давно́ не рабо́тает.
А. : — Он мне сказа́л, что в воскресе́нье возьмёт ваш автомоби́ль. Не дава́йте ему́ автомоби́ля.
Б. : — Пусть берёт — он хорошо́ пра́вит автомоби́лем. Не говори́те ему́ ничего́.
А. : — Но я ду́мал, что в воскресе́нье мы е́дем за́ город в ва́шем автомоби́ле. Вы мне вчера́ сказа́ли, что мы возьмём са́ндвичи, и что у нас бу́дет пикни́к. Но е́сли вы ему́ дади́те ваш автомоби́ль, то пикника́ не бу́дет.
Б. : — Ах да! Коне́чно! — я забы́л. Я скажу́ ему́, что не могу́ дать автомоби́ля, и в воскресе́нье у нас бу́дет пикни́к.
А. : — А кто ку́пит проду́кты, вы и́ли я?
Б. : — Купи́те вы. И пожа́луйста купи́те молоко́, а та́кже возьми́те буты́лку холо́дной воды́. Когда́ жа́рко, то вода́ и молоко́ — прекра́сные напи́тки. Дава́йте пить бо́льше молока́.
А. : — Хорошо́, я всё куплю́. А вы спроси́те у Ивано́ва, где он был в про́шлое воскресе́нье, и как туда́ е́хать. Я пло́хо зна́ю доро́гу.
Б. : — Е́сли хоти́те, я спрошу́ — но ду́маю, что не ну́жно спра́шивать, потому́ что моя́ жена́ зна́ет куда́ е́хать.
А. : — Тогда́ не спра́шивайте, но возьми́те ка́рту.
Б. : — Хорошо́, возьму́, е́сли не забу́ду. Я всегда́ всё забыва́ю. Кста́ти, давно́ хоте́л вас спроси́ть: где вы покупа́ете шокола́д? Моя́ жена́ о́чень лю́бит тако́й шокола́д.
А. : — Я спрошу́ жену́ и скажу́ вам. Я никогда́ не покупа́ю шокола́да — я покупа́ю то́лько вино́ и́ли пи́во.

Слова́рь
Verbs in Group III are given here at the beginning.

покупа́ть (I); *pf.* купи́ть (II); *fut.* куплю́, ку́пишь, -ят to buy
брать (I) беру́, -ёшь, -у́т; *past* брал, -а́, -о, -и; *imper.* бери́, -и́те; *pf.*
взять (I); *fut.* возьму́, -ёшь, -у́т; *past* взял, -а́, -о, -и; *imper.*
возьми́, -и́те to take
говори́ть (II) to speak, to talk, to say; *pf.* сказа́ть (I); *fut.* скажу́,
ска́жешь, -ут; *imper.* скажи́, -и́те to say, to tell
спра́шивать (I) to ask (questions); *pf.* спроси́ть (II); *fut.* спрошу́, спро́-
сишь, -ят to ask (a question), to inquire (*once*)
пикни́к (*gen.* пикника́) picnic
Бори́с Boris
Алекса́ндр Alexander
извини́, извини́те (*imper. of* извини́ть, II, *pf.*) forgive, pardon
пе́рвый, -ая, -ое first
в пе́рвый раз for the first time
найти́ (I) *pf.*; *past* нашёл, нашла́, -о́, -и́; *fut.* найду́, найдёшь, -у́т to
find (*once*)
вещь (*f.*) thing
пусть let (him, her, them) (*see* ¶ 23-1)
*пра́вить (II) (*with instr.*); пра́влю, -вишь, -вят; *imper.* правь, пра́вьте
to drive (to steer)
са́ндвич sandwich
ax! ah! oh!
проду́кты (*pl.*) foodstuffs, provisions
буты́лка bottle
вода́ (*acc.* во́ду) water
жа́рко (*adv.*) hot (*used especially of weather*) (*cf.* горя́чий, Lesson 12)
*напи́ток*ᶠ (*gen.* напи́тка) drink, beverage
дава́й, дава́йте let us (*see* ¶ 23-1)
бо́льше (*comp. adv.*) more
спроси́те у Ивано́ва ask (of) Ivanov
про́шлый, -ая, -ое past, last, gone by
в про́шлое воскресе́нье (on) last Sunday
туда́ (*adv.*) there, thither
как туда́ е́хать how is one to go there
доро́га road, way
кста́ти (*adv.*) by the way
шокола́д (*no pl.*) chocolate (*noun*)
вино́ wine
пи́во beer

Примеча́ния
пра́вить (II) to drive: *cf.* пра́вильный correct, right; пра́вило rule
напи́ток beverage: *cf.* пить to drink; пи́во beer

Упражне́ния
A. In the following sentences, change the infinitive to the present,
the past, and the future, wherever possible.

1. Мы (говори́ть) о поли́тике. 2. Он (сказа́ть) мне секре́т.

3. Она́ всегда́ (спра́шивать) о Ле́не. 4. Ты (спроси́ть), где
живёт господи́н Жу́ков. 5. Он (брать) мою́ тетра́дь. 6. Вы
(взять) перо́ Бори́са. 7. Она́ (купи́ть) проду́кты и напи́тки.
8. Я вам (сказа́ть), как туда́ е́хать. 9. Почему́ вы мне вчера́ не
(сказа́ть), что мой брат бо́лен? 10. Мы ча́сто (спра́шивать) о
Михаи́ле. 11. Я его́ (спроси́ть), но он мне не (отве́тить). 12.
Они́ за́втра вас (спроси́ть), и вы им (сказа́ть). 13. Ты за́втра
(купи́ть) буты́лку пи́ва. 14. Она́ ка́ждый день (покупа́ть)
прекра́сные напи́тки в э́том магази́не. 15. Где вы (купи́ть)
тако́й хлеб?

B. Supply the imperative of the verbs in parentheses, using the
required aspect.

1. Не (покупа́ть, купи́ть) в э́том магази́не. 2. (Спра́шивать,
спроси́ть) его́ как туда́ е́хать. 3. Не (говори́ть, сказа́ть) с Ве́рой
о поли́тике. 4. (Говори́ть, сказа́ть) мне, пожа́луйста, когда́ у
нас бу́дет пикни́к. 5. (Брать, взять) мой автомоби́ль в поне-
де́льник.

У́стные упражне́ния (*Oral Practice*)
Translate the following sentences at sight. (Exercise based on
¶ 23-1 and ¶ 23-2.)

1. Дава́йте за́втракать ра́но. 2. Поза́втракаем за́втра в шесть
часо́в утра́. 3. Пусть Бори́с за́втракает в шесть.

4. Пусть учи́тель объясни́т вам э́тот тру́дный уро́к. 5. Пусть
учени́цы пи́шут упражне́ния на за́втра. 6. Пусть Алекса́ндр
напи́шет вам письмо́.

7. Помо́ем ру́ки пе́ред обе́дом. 8. Дава́йте помо́ем посу́ду, а
пото́м бу́дем игра́ть в ка́рты. 9. Дава́й поу́жинаем в рестора́не.

10. Не забу́дьте, пожа́луйста, купи́ть проду́кты на за́втра. 11.
Не спра́шивайте Бори́са где он был в про́шлое воскресе́нье.
12. Алекса́ндр о́чень пло́хо пра́вит автомоби́лем. Не дава́йте
ему́ автомоби́ля.

13. Я предпочита́ю не говори́ть об Алекса́ндре. 14. Я всё
понима́ю. Мне ничего́ не ну́жно объясня́ть. 15. Скажи́ мне,
пожа́луйста, что ты де́лал вчера́? — Не скажу́: не хочу́ отвеча́ть.

Перево́д
Omit the words in parentheses and include the words in brackets.

1. Tell me, please, where do you buy Russian newspapers?
2. I always buy them in town. Today I bought two papers. 3. I
did not know that one could [мо́жно] buy Russian papers in such a
small town. I shall also buy a paper today.

4. Everybody is talking about the new Russian picture. Have you seen it [eë]? 5. No, I haven't, but my wife did [saw], and she told me that the picture (is) very good. 6. I also asked my friend how he liked [likes] the Russian picture, and he answered: "Do not ask me. I forgot Russian and understood nothing."
7. On Wednesday we shall have a picnic in the country for the first time. 8. Alexander will drive the new car which he bought on Tuesday. 9. Buy sandwiches, a bottle of wine, a bottle of beer, and two bottles of milk. 10. Let us drink more milk because milk is an excellent beverage. 11. By the way, drink water [вóду] or milk when it is hot, but do not drink (any) wine and do not eat (any) chocolate.
12. Boris, where is my letter? Who is always taking my letters? 13. Here is your letter, Alexander. 14. I found it [егó] on the floor in the library. 15. You always forget everything, and then scream that one is taking [берýт] your things. 16. I am glad that you found my letter. Please forgive (me).

Вопрóсы

1. Что Борис купил вчерá? 2. Кто взял егó перó? 3. Почемý Алексáндр взял перó Борúса? 4. А где онó теперь? 5. Кто чáсто берёт вéщи Борúса? 6. Почемý Ивáнов никогдá ничегó не покупáет? 7. Что Ивáнов хóчет взять у Борúса в воскресéнье? 8. Как Ивáнов прáвит автомобúлем, хорошó úли плóхо? 9. Почемý Борúс не даст автомобúль Ивáнову? 10. Кудá Борúс и Алексáндр хотя́т éхать в воскресéнье? 11. Что онú возьмýт на пикнúк? 12. Что кýпит Алексáндр? 13. Кто хорошó знáет дорóгу? 14. Кто лю́бит шоколáд? 15. О чём (about what) Алексáндр дóлжен спросúть свою́ женý? 16. Почемý Алексáндр не знáет, где покупáют шоколáд? 17. Что всегдá покупáет Алексáндр? 18. Что вы обы́кновенно пьёте на пикникé?

LESSON 24

ДВА́ДЦАТЬ ЧЕТВЁРТЫЙ УРО́К

PREFIXED VERBS OF MOTION

The verbs **ходи́ть — идти́** and **е́здить — е́хать** deserve special attention, as they are used very frequently and form many important compounds. For this lesson it is important that the grammar be mastered before reading the text; hence, it is given first.

Грамма́тика

24-1. Prefixed Forms of ходи́ть—идти́ and е́здить—е́хать

a. **Ходи́ть — идти́** and **е́здить — е́хать** are the basic verbs of motion and are used to form other verbs of motion (*see* ¶ **11-3**).

1. This is accomplished by adding prefixes to the basic forms. For example:

ходи́ть to go, walk	**при**ходи́ть	to come, to arrive (*on foot*)
	уходи́ть	to go away, to leave (*on foot*)

2. These prefixes indicate the *direction of the motion* and thus determine the meanings of the derived verbs. It is important, therefore, to learn the common meanings of such prefixes.

b. Common Meanings of Some Important Prefixes.

Knowing the meanings of important prefixes will reduce the need for a dictionary and save time. However, great caution must be exercised by the beginner in inferring the meaning of a prefixed verb from its prefix.

For clarity, the common meanings of the important prefixes are given separately, but they are best learned in conjunction with verbs. Therefore, master the prefixed meanings of **ходи́ть** in the following list.

Prefixes of Direction		**ходи́ть**	to go, to come (*frequently*)
в- (во-)	entering (*motion into*)	**в**ходи́ть	to go in, to enter
вы-	leaving (*motion from inside*)	**вы**ходи́ть	to go out, to leave
до-	reaching (*a certain point*)	**до**ходи́ть	to reach, to get as far as
от-	departing (*motion away from*)	**от**ходи́ть	to go away from; to leave (*said of a train*)
при-	arriving (*motion toward*)	**при**ходи́ть	to come, to arrive
у-	departing (*motion away from*)	**у**ходи́ть	to go away, to depart
на-	coming upon	**на**ходи́ть	to find, to come upon
за-	turning in (*when on the way*)	**за**ходи́ть	to stop by, to drop in
про-	passing by (*motion past an object*)	**про**ходи́ть	to pass, to go by

c. Effects of the Prefix on Basic Verbs of Motion.*

1. Both the *habitual* and *actual* verb forms are imperfective. For example:

Он **ходи́л** в го́род.	He *used to go* to town.
Он **шёл** в го́род	He *was walking* (was on his way) to town.

Note: Both sentences convey the idea of duration.

2. The prefix does away with the distinction between *habitual* and *actual* motion. For example, **ухожу́** can mean "I leave (*regularly*)" or "I am leaving (*now*)," depending upon the context.

3. When a prefix is added to a *habitual* verb, the verb remains imperfective because the idea of *duration* or *repetition* is retained. For example:

Он **при**ходи́л домо́й в пять.	He used to come home at five.

4. When a prefix is added to an *actual* verb, the verb becomes perfective because the idea of *completion* is thereby introduced. For example:

Сего́дня он **при**шёл домо́й в семь.	Today he came home at seven (*single* and *completed* performance).

* See *Table of Some Prefixed Verbs of Motion* on pages 168–169.

5. The prefixed forms of **éздить** are derived by adding the prefix to a parallel form of **езжáть**, otherwise obsolete. For example:

приезжáть	to arrive, to come (*by conveyance*)
уезжáть	to leave, to go away (*by conveyance*)
проезжáть	to pass (*in a conveyance*)

6. The prefixed forms of **éхать** have no imperative. The corresponding imperative of the prefixed forms with **-езжáть** is therefore used for both aspects. For example:

	INFINITIVE	IMPERATIVE
pf.	**при**éхать	
imp.	**при**езжáть}	**при**езжáй, -йте
pf.	**у**éхать	
imp.	**у**езжáть}	**у**езжáй, -йте
pf.	**про**éхать	
imp.	**про**езжáть}	**про**езжáй, -йте

7. The infinitive **идти́** is contracted to **-йти́** in prefixed forms except for **придти́**. For example:

INFINITIVE	PAST	FUTURE	IMPERATIVE
уйти́	ушёл, ушлá, -ó, -й	уйду́, -ёшь, -у́т	уйди́, -и́те
пройти́	прошёл, прошлá, -ó, -й	пройду́, -ёшь, -у́т	пройди́, -и́те

Exception:

придти́	пришёл, пришлá, -ó, -й	приду́, -ёшь, -у́т	приди́, -и́те

d. Changes in the Prefix.

1. The prefixes **в-** and **от-** change to **во-** and **ото-** when they occur in the prefixed forms of **идти́**. For example:

Бори́с **во**шёл в кóмнату.	Boris *came into* the room.
Отойди́те, пожáлуйста, от окнá.	Please *go away* from the window.

2. The same prefixes **в-** and **от-** are followed by **ъ** when they are joined with any form of **éхать** or **езжáть**. For example:

Автомоби́ль **въ**éхал в парк.	The car *drove into* the park.
Автомоби́ли **отъ**езжáли от бéрега.	The cars *were driving away* from the shore.

3. **Вы-** is always stressed when it occurs in *prefixed perfective* forms. For example:

Учени́к вы́шел из кла́сса.   The pupil *went out* of the class.
Ученики́ вы́ехали из па́рка.   The pupils *drove out* of the park.

Муж и жена́

1. **Ж.:** — Сего́дня мне не хо́чется сиде́ть до́ма.

2. **М.:** — Дава́й пое́дем в дере́вню к Ма́ше.

3. **Ж.:** — Дава́й, но уже́ три часа́. Е́сли мы вы́едем из го́рода в четы́ре, то прие́дем туда́ в семь часо́в ве́чера.

4. **М.:** — Ну, так что же? Мы прие́дем сего́дня ве́чером и проведём там за́втра весь день.

5. **Ж.:** — Я по́мню, как в про́шлом году́ мы ходи́ли там по гора́м. Оди́н раз я шла два часа́ и не дошла́ до верши́ны.

6. **М.:** — Мы вы́едем ра́но у́тром в воскресе́нье и на э́тот раз дойдём до верши́ны.

7. **Ж.:** — Я наде́юсь, что Ма́ша то́же пойдёт с на́ми.

8. **М.:** — Мы мо́жем прое́хать пе́рвую полови́ну доро́ги верхо́м, а пото́м пойдём пешко́м.

9. **Ж.:** — Я не люблю́ е́здить на ло́шади; предпочита́ю ходи́ть.

10. **М.:** — Я э́то зна́ю. Кста́ти, вчера́ я ви́дел тебя́, когда́ ты шла в магази́н. Кто э́то шёл с тобо́й?

11. **Ж.:** — Со мной? Никто́. Я всегда́ хожу́ в магази́н одна́.

12. **М.:** — Ну, мо́жет быть ты всегда́ хо́дишь одна́, но вчера́ ты шла с молоды́м челове́ком. Ты вошла́ в магази́н, но он не ушёл, а ждал тебя́ на у́лице, пока́ ты не вы́шла, и пото́м вы вме́сте дошли́ до угла́ и уе́хали на такси́.

13. **Ж.:** — Ах, да: э́то был Михаи́л, друг Ма́ши. Он прие́хал вчера́ на не́сколько часо́в и зашёл ко мне в конто́ру. Я уговори́ла его́ пойти́ со мной в магази́н, а пото́м я пое́хала с ним на вокза́л. Он сейча́с же уе́хал.

14. **М.:** — Как жаль, что он не зашёл к нам!

15. **Ж.:** — Я проси́ла его́ зайти́, но его́ сын бо́лен, и он до́лжен был пойти́ с ним к до́ктору.

Слова́рь

Study the *Table of Some Prefixed Verbs of Motion* on pages 168–169.

Verbs starred in the Table occur in this lesson and are also given in the following vocabulary.

хоте́ться (I) (*impersonal*); хо́чется, хоте́лось to feel like, to want
мне не хо́чется I do not feel like
пое́хать (I) (*pf. of* е́хать, I); *fut.* пое́ду, -ешь, -ут; *past* пое́хал, -а, -о, -и; *imper.* поезжа́й, -йте to go, to set out (*by conveyance*)
Ма́ша (*dim. of* Мари́я) Masha

вы́ехать (I) (*pf. of* выезжа́ть, I); *fut.* вы́еду, -ешь, -ут; *past* вы́ехал, -а, -о, -и; *imper.* выезжа́й, -йте to drive out, to leave (*once*)
из (*with gen.*) out of, from
прие́хать (I) (*pf. of* приезжа́ть, I); *fut.* прие́ду, -ешь, -ут; *past* прие́хал, -а, -о, -и; *imper.* приезжа́й, -йте to arrive, to come (*by conveyance, once*)
ну well! (*exclamation*)
ну, так что же? well, what of it?
провести́ (I) (*pf. of* проводи́ть, II); *fut.* проведу́, -ёшь, -у́т; *past* провёл, провела́, -о́, -и́; to spend (*time*)
в про́шлом году́ last year
гора́ (*acc.* го́ру; *pl.* го́ры; *dat.* гора́м; *instr.* гора́ми; *prep.* о гора́х) mountain
ходи́ть по гора́м to climb mountains
оди́н раз once
дойти́ (I) (*pf. of* доходи́ть, II); *fut.* дойду́, -ёшь, -у́т; *past* дошёл, дошла́, -о́, -и́; *imper.* дойди́, -йте to reach, to get as far as (*see* ¶ 24-1 c-7)
до (*with gen.*) as far as, up to
верши́на top, summit
на э́тот раз this time
пойти́ (I) (*pf. of* идти́, I); *fut.* пойду́, -ёшь, -у́т; *past* пошёл, пошла́, -о́, -и́; *imper.* пойди́, -йте to go, to set out (*on foot, once*) (*see* ¶ 24-1 c-7)
прое́хать (I) (*pf. of* проезжа́ть, I); *fut.* прое́ду, -ешь, -ут; *past* прое́хал, -а, -о, -и; *imper.* проезжа́й, -йте to pass by; to cover (a distance, once)
кто э́то шёл с тобо́й? who was (it) walking with you?
челове́к man, person
войти́ (I) (*pf. of* входи́ть, II); *fut.* войду́, -ёшь, -у́т; *past* вошёл, вошла́, -о́, -и́; *imper.* войди́, -йте to go into, to enter (*once*) (*see* ¶ 24-1 c-7)
уйти́ (I) (*pf. of* уходи́ть, II); *fut.* уйду́, -ёшь, -у́т; *past* ушёл, ушла́, -о́, -и́; *imper.* уйди́, -йте to leave, to go away (*on foot, once*) (*see* ¶ 24-1 c-7)
ждать (I); жду, ждёшь, ждут; *past* ждал, -а́, -о, -и to wait
    ждать (+ *gen. of a thing;* + *acc. of a person,* when definite) to wait for
    Он ждёт письма́. He is waiting for a letter.
    Он ждёт сестру́. He is waiting for (his) sister.
пока́ while
пока́ . . . не until
вы́йти (I) (*pf. of* выходи́ть, II); *fut.* вы́йду, вы́йдешь, -ут; *past* вы́шел, вы́шла, -о, -и; *imper.* вы́йди, -ите to go out, to leave (*on foot*) (*see* ¶ 24-1 d-3)
уе́хать (I) (*pf. of* уезжа́ть, I); *fut.* уе́ду, -ешь, -ут; *past* уе́хал, -а, -о, -и; *imper.* уезжа́й, -йте to leave, to go away (*by conveyance, once*)
такси́ (*n., not decl.*) taxi
на такси́ in a taxi
зайти́ (I) (*pf. of* заходи́ть, II); *fut.* зайду́, -ёшь, -у́т; *past* зашёл, зашла́, -о́, -и́; *imper.* зайди́, -йте to stop by, to drop in (*in passing, on foot, once*) (*see* ¶ 24-1 c-7)
уговори́ть (II) *pf*; *fut.* уговорю́, -и́шь, -я́т; *past* уговори́л, -а, -о, -и; *imper.* уговори́, йте to manage to persuade
с ним with him
как жаль! what a pity!
проси́ть (II); прошу́, про́сишь, -ят to request, to ask
сын son
до́лжен был had to
до́ктор doctor

TABLE OF SOME PREFIXED VERBS OF MOTION

Imperfective — to go, come (on foot, frequently)	*Imperfective* — to be going, coming	*Imperfective* — to go, come (not on foot, frequently)	*Imperfective* — to be going, coming (not on foot)	*Some Common Prepositions and Cases*
ходить (II)	**идти**	**†ездить**	**éхать**	
Imperfective	*Perfective*	*Imperfective*	*Perfective*	
входить (II) to go in, enter вхожу́, вхо́дишь, -ят входи́л, -а, -о, -и входи́, -йте	***войти́ (I)** to go in, enter (once) войду́, -ёшь, -у́т вошёл, вошла́, -о, -и войди́, -йте	**въезжа́ть (I)** to ride in, drive in въезжа́ю, -ешь, -ют въезжа́л, -а, -о, -и въезжа́й, -йте	**въéхать (I)** to ride in, drive in (once) въéду, -ешь, -ут въéхал, -а, -о, -и въезжа́й, -йте (*irr.*)	**в** + acc.
выходить (II) to go out, leave	***выйти (I)** вы́йду, -ешь, -ут вы́шел, вы́шла, -о, -и вы́йди, вы́йдите	**выезжа́ть (I)** to leave, depart выезжа́ю, -ешь, -ют выезжа́л, -а, -о, -и выезжа́й, -йте	***вы́ехать (I)** вы́еду, -ешь, -ут вы́ехал, -а, -о, -и выезжа́й, -йте (*irr.*)	**из** + gen.
доходи́ть (II) to reach, get as far as	***дойти́ (I)** (like войти́)	**доезжа́ть (I)** to reach, get as far as доезжа́ю, -ешь, -ют доезжа́л, -а, -о, -и доезжа́й, -йте	**доéхать (I)** to arrive at доéду, -ешь, -ут доéхал, -а, -о, -и доезжа́й, -йте (*irr.*)	**до** + gen.
заходи́ть (II) to call on, drop in; to set (said of the sun)	***зайти́ (I)** (like войти́)	**засзжа́ть (I)** (like до- езжа́ть)	**заéхать (I)** (like доé- хать)	**к** + dat. **в** + acc.
находи́ть (II) to find, come upon	**найти́ (I)** (like войти́)			

168

Imperfective — ходить (II) to go, come (on foot, frequently)	Imperfective — идти (I) to be going, coming	Imperfective — †éздить (II) to go, come (not on foot, frequently)	Imperfective — éхать (I) to be going, coming (not on foot)	Some Common Prepositions and Cases
Imperfective	*Perfective*	*Imperfective*	*Perfective*	
отходить (II) to go away from, move away; leave (of a train)	отойти (I) отойду, -ёшь, -ут отошёл, отошла, -о, -и отойди, -йте	отъезжать (I) to drive away from (like доезжать)	*отъехать (I) (like доéхать)	от + gen. = *from*
	*пойти (I) to go, set out, start (like войти)		*поéхать (I) (like доéхать)	в + acc.
приходить (II) to come, arrive	прийти (I) (or придти) приду, -ёшь, -ут пришёл, пришла, -о, -й прийди, -йте	приезжать (I) (like доезжать)	*приéхать (I) (like доéхать)	в + acc. = *at*; к + dat.; из + gen.
проходить (II) to pass, go by; cover (a distance)	пройти (I) (like войти)	проезжать (I) (like доезжать)	*проéхать (I) (like доéхать)	мимо + gen. = *by*; чéрез + acc. = *through*
уходить (II) to go away, go off	*уйти (I) уйду, -ёшь, -ут ушёл, ушла, -о, -й уйди, -йте	уезжать (I) to leave, depart (like доезжáть)	*уéхать (I) (like доéхать)	из + gen. = *from*

* These starred verbs occur in the text of the lesson.
† Note that compounds of **éздить** are formed by adding the prefix to a parallel form **езжáть**, otherwise obsolete.

169

Идиómы

Ну, так что же? Well, what of it?
в прóшлом годý last year
ходи́ть по горáм to climb mountains

Ýстные упражнéния (*Oral Practice*)

Translate the following sentences at sight. (When in doubt, refer to the *Table of Prefixed Verbs* on pages 168–169.)

1. Я идý к дóктору. 2. Ты идёшь в кинó. 3. Они́ идýт на концéрт. 4. Он пошёл обéдать. 5. Они́ пошли́ домóй. 6. Почемý ты тóже не пошёл домóй? 7. Я ушёл рáно. 8. Ты пришёл пóздно. 9. Они́ вошли́ в магази́н. 10. Он вы́шел из контóры в пять часóв, а онá вы́шла в шесть. 11. Уйди́те, я дóлжен рабóтать. 12. Приди́те сейчáс же. 13. Войди́те в кóмнату сестры́. 14. Дойди́те до пáрка и там жди́те меня́. 15. Зайди́те к нам зáвтра вéчером. 16. Я хочý поéхать в СССР. 17. Я не знал, что онá уéхала в СССР. 18. Он был óчень рад, когдá приéхал егó брат. 19. Мы въéхали в краси́вый сад. 20. Мы давнó вы́ехали из Москвы́. 21. Они́ доéхали до углá. 22. Он заéхал к нам, и мы поéхали вмéсте в теáтр. 23. Я люблю́ мнóго ходи́ть. 24. Он всегдá ухóдит без меня́. 25. Почемý вы прихóди́те так рéдко? 26. Онá всегдá вхóдит бы́стро и начинáет говори́ть. 27. Наш сын никогдá не выхóдит без своéй собáки. 28. Я никогдá не дохожý до углá. 29. Дóктор чáсто захóдит к нам. 30. Он мнóго éздил в прóшлом годý. 31. Когдá вы уезжáете? 32. Приезжáйте к нам в дерéвню. 33. Скажи́те мне когдá вы вы́едете. 34. Доезжáйте до большóго дóма. 35. Они́ чáсто заезжáли к нам зимóй. 36. Не входи́те в егó кóмнату. 37. Не выходи́те из дóма сегóдня. 38. Не уходи́те; я хочý с вáми поговори́ть.

Перевóд

A. Omit the words in parentheses and include the words in brackets.

1. Tomorrow when I go (by vehicle) home, he will go with me. 2. We left (drove out of) town at nine o'clock in the morning and arrived in the country at ten. 3. Tomorrow we shall go (by vehicle) to Mary's. 4. We shall leave in the morning and arrive in the evening. 5. Come in, please. It is raining. 6. He dropped in on us in the evening and we played cards. 7. We asked him to have

dinner with us [с нáми]. 8. We waited until she came out of the store. 9. The man went (on foot) as far as the corner and then went away in [на] a taxi. 10. Let us go (by vehicle) to the theater. No, let's walk.

B. Omit the words in parentheses and include the words in brackets.

1. Where are you going? 2. I am going home. 3. Do you always go on foot? 4. No, I often go by car. 5. Where were you? 6. I went (on foot) to my son's. I felt like seeing him. 7. I spent several hours at his house and left (went away on foot) at ten o'clock in the evening. 8. Stop by my house [ко мне], please. 9. It is too late [already], and my friend is waiting for me. 10. Well, what of it? Let him wait.

C. Omit the words in parentheses and include the words in brackets.

1. The husband and wife wanted to go (by vehicle) to the country and to spend the whole day there. 2. They like to climb mountains. 3. One time last year they walked (for) two hours and did not reach the summit, but this time they will reach it [до неё]. 4. He likes to ride horseback and wants to cover the first half of the road on horseback, but she prefers to walk. 5. Of course, if everyone will go (on foot), he will, too. 6. When she said that she likes to walk, her husband answered that he knew [knows] that [это]. 7. He said he saw her yesterday when she was going to the store, and asked who was walking with her. 8. The wife answered that nobody was walking with her—that she always goes to the store alone. 9. But he saw that she was not alone. 10. He saw her going [how she went] into the store and that a young man waited for her until she came out. 11. Then he saw that they walked up to the corner and drove away in a taxi. 12. She said that it was Michael, Masha's friend, who came for a few hours, and that she persuaded him to go with her to the store. 13. Then she went with him to the station, and he left at once. 14. The husband said that he was very sorry [емý óчень жаль] that Michael did not drop in on them [к ним]. 15. But Michael could not drop in on them because his son was sick, and he had to go with him to the doctor.

Вопрóсы

1. Комý не хóчется сидéть дóма? 2. Кудá муж хóчет поéхать? 3. Кто живёт в дерéвне? 4. Когдá они вы́едут из гóрода? 5. Когдá они приéдут в дерéвню? 6. Где они зáвтра проведýт весь день? 7. Что они там дéлали в прóшлом годý? 8. Они

дошли́ до верши́ны? 9. Что они́ хотя́т де́лать на э́тот раз?
10. Вы ду́маете, что Ма́ша то́же пое́дет с ни́ми? 11. Жена́
предпочита́ет ходи́ть и́ли е́здить на ло́шади? 12. Кто с ней
шёл вчера́ в магази́н? 13. Куда́ она́ пое́хала с ним, когда́ она́
вы́шла из магази́на? 14. Проси́ла она́ Михаи́ла зайти́ к ним
и́ли нет? 15. Почему́ же он не зашёл к ним?

25

ДВА́ДЦАТЬ ПЯ́ТЫЙ УРО́К

РОДНО́Й ГО́РОД

Вчера́ я прие́хал в свой родно́й го́род. Меня́ не́ было до́ма во́семь лет. Шёл дождь, но я вы́шел на у́лицу и на́чал ходи́ть по го́роду. Мне каза́лось, что я никогда́ не уезжа́л отсю́да.

Вот идёт мой ста́рый това́рищ. Он смо́трит на меня́, но не узнаёт. Мы с ним вме́сте ходи́ли в шко́лу. Он уе́хал отсю́да, когда́ ко́нчил шко́лу, и я его́ не ви́дел почти́ де́вять лет. Мы друг дру́гу давно́ не писа́ли. Оди́н раз я написа́л его́ сестре́ и спроси́л о нём, но она́ мне почему́-то не отве́тила. И вот я ви́жу его́! Я позва́л его́ — ''Ва́ня!'' Он останови́лся и, коне́чно, узна́л меня́.

Мы на́чали вспомина́ть на́ши шко́льные го́ды — уро́ки, экза́мены, те́ннис и футбо́л. Ва́ня был прекра́сным футболи́стом, и о нём ча́сто писа́ли в на́шей шко́льной газе́те. Я тогда́ то́же был футболи́стом и ча́сто игра́л с Ва́ней, но обо мне́ никогда́ не писа́ли в газе́те, и в шко́ле то́лько мой учителя́ и това́рищи зна́ли, что меня́ зову́т Са́шей.

Шёл дождь, но мы стоя́ли на у́лице и разгова́ривали. У Ва́ни уже́ есть жена́. Они́ живу́т тепе́рь в ма́ленькой кварти́ре, но ско́ро переезжа́ют в свой но́вый дом. Я обеща́л придти́ к ним за́втра. Прия́тно бу́дет посиде́ть у них и поговори́ть с ни́ми. Я знал его́ жену́, когда́ ей бы́ло то́лько де́сять лет. О ней уже́ тогда́ говори́ли, что она́ о́чень краси́вая. Как бы́стро идёт вре́мя!

Когда́ я пришёл домо́й, все уже́ спа́ли, но мне каза́лось, что ещё ра́но. Я не хоте́л спать и опя́ть вы́шел на у́лицу и на́чал ходи́ть по го́роду. Вот парк, где мы ча́сто игра́ли в те́ннис. Вот у́лица, где мы жи́ли, когда́ я был ещё ма́льчиком. Вот дом мое́й люби́мой учи́тельницы. Не зна́ю, кто тепе́рь в нём живёт. Вот но́вое кино́. Како́е оно́ большо́е! И каки́е больши́е но́вые магази́ны!

Так я ходи́л почти́ всю ночь.

Словáрь

роднóй, -áя, -óе native, own
вóсемь лет eight years (*see* ¶ 25-1)
по (*with dat.*) about, along, down
по гóроду about the town
казáться (I) (*intrans., used mostly in the 3d person*) *pres.* кáжется; *past*
   казáлось; *fut.* бýдет казáться to seem
мне казáлось it seemed to me
отсю́да from here, hence
узнавáть (I); узнаю́, -ёшь, -ю́т to recognize
кóнчить (II) *pf.*; *fut.* кóнчу, -ишь, -ат to finish
дéвять nine
друг дрýгу to each other
о нём about him (*see* ¶ 25-3 b)
почемý-то for some reason or other
позвáть (I) *pf.*; *fut.* позовý, позовёшь, -ýт; *past* позвáл, -á, -о, -и;
   imper. позови́, -и́те to call, to hail
остановúться (II) *pf.*; *fut.* остановлю́сь, останóвишься, -ятся (*intrans.*)
   to stop, to halt (*once*)
*узнáть (I) (*pf. of* узнавáть, I); *fut.* узнáю, -ешь, -ют to recognize (*once*)
*вспоминáть (I); вспоминáю, -ешь, -ют to recollect, to recall
*шкóльный, -ая, -ое school (*adj.*)
футбóл football
футболúст football player
Вáня был прекрáсным футболúстом Vanya was an excellent football
   player (*see* ¶ 25-2)
звать (I) зовý, зовёшь, -ýт; *past* звал, -á, -о, -и to call; to call by name
меня́ зовýт my name is
Сáша (*dim. of* Алексáндр) Sasha
*разговáривать (I); разговáриваю, -ешь, -ют to converse
переезжáть (I); переезжáю, -ешь, -ют to move, to change one's residence
обещáть (I) (*imp. & pf.*); обещáю, -ешь, -ют to promise
придтú (I) (*pf. of* приходúть, II); *fut.* придý, придёшь, -ýт; *past* пришёл, пришлá, -ó, -и́; *imper.* придú, -и́те to arrive, to come (*on foot*)
дéсять ten
о ней about her

Идиóмы

Мне казáлось.   It seemed to me.
Емý дéсять лет.   He is ten (years old).
Ей бы́ло дéсять лет.   She was ten (years old).
Меня́ зовýт Сáшей.   My name is Sasha.

Примечáния

узнáть (I) to recognize: *cf.* знать to know
вспоминáть (I) to recollect, to recall: *cf.* пóмнить (II) to remember
шкóльный school (*adj.*); *cf.* шкóла school
разговáривать (I) to converse: *cf.* разговóр conversation

Грамма́тика

25-1. Expressions of Age

a. The subject of the English sentence must be expressed in the *dative*. For example:

Ему́ оди́н год.	*He* is one year old.
Ему́ три го́да.	*He* is three years old.
Ей четы́ре го́да.	*She* is four years old.

b. Year is translated as **го́да** (*gen.* of **год**) with **два, три,** and **четы́ре,** and as **лет** (*gen. pl.* of **ле́то**) with numbers and words of quantity requiring the genitive plural. For example:

Ему́ пять **лет**.	He is five *years* old.
Мне де́сять **лет**.	I am ten.
Ско́лько вам **лет**?	How old are you?
Не́сколько **лет**.	Several *years*.
Мно́го **лет**.	Many *years*.

c. The past and future tenses are expressed respectively by **бы́ло** and **бу́дет**. For example:

Ему́ **бы́ло** три го́да.	He *was* three years old.
Ей **бу́дет** де́сять лет.	She *will be* ten.

25-2. Predicative Instrumental

a. The instrumental, instead of the nominative, is usually used in the predicate with forms of **быть** (*infinitive, past, future,* and *imperative*) to indicate a temporary state or change. For example:

Ва́ня хо́чет **быть** футбо-ли́стом.	Vanya wants *to be* a football player.
Господи́н Петро́в **был** до́ктором, пото́м профе́ссором.	Mr. Petrov *was* a doctor, then a professor.
Ве́ра **бу́дет** хоро́шей учи́тельницей.	Vera *will be* a good teacher.
Будь мои́м дру́гом.	*Be* my friend.

b. When no change or temporary state is implied, the nominative is used. The instrumental, however, is also permissible today and is, in fact, tending to replace the nominative.

Мой оте́ц всю жизнь **был** **учи́тель**.	My father was a teacher all his life (i.e., he never changed his profession).

but

Мой оте́ц всю жизнь **был учи́телем** is used to convey the same idea.

c. After verbs of *becoming, calling, seeming,* and the like, except for **звать**, the instrumental is always used. For example:

Сде́латься *to become*	Он сде́лался футболи́стом.
	He *became* a football player.
Звать *to call (by name)*	Его́ зову́т Ва́ней.
	They *call* him Vanya *or* his name is Vanya. (*The nominative is also used.*)
Каза́ться *to seem, to appear*	Учи́тель каза́лся ста́рым.
	The teacher *seemed* old.

25-3. Declension of Pronouns

a. Relative and Interrogative.

	кто			**что**	
nom.	кто	who	что	what
gen.	кого́	of whom	чего́	of what
dat.	кому́	to whom	чему́	to what
acc.	кого́	whom	что	what
instr.	кем	by *or* with whom	чем	with what
prep.	о ком	about whom	о чём	about what

The interrogative forms are the same as the relative, but they are always accompanied by a question mark [?].

b. Personal.

	SINGULAR	
	First Person (*m., f., & n.*)	Second Person (*m., f., & n.*)
nom.	я	ты
gen.	меня́	тебя́
dat.	мне	тебе́
acc.	меня́	тебя́
instr.	мной (мно́ю)	тобо́й (тобо́ю)
prep.	обо мне́	о тебе́

	Third Person (*m. & n.*)		Third Person (*f.*)	
		With governing prepositions		With governing prepositions
nom.	он оно́		она́	
gen.	его́	у него́	её	у неё
dat.	ему́	к нему́	ей	к ней
acc.	его́	на него́	её	на неё
instr.	им	с ним	ей, е́ю	с ней, с не́ю
prep.	о нём	о нём	о ней	о ней

Note: Pronouns of the third person take the prefix **н-** when they are governed by a preposition.

| | | PLURAL: ALL GENDERS* | |
	First Person	Second Person	Third Person	With governing prepositions
nom.	мы	вы	они́	
gen.	нас	вас	их	у них
dat.	нам	вам	им	к ним
acc.	нас	вас	их	на них
instr.	на́ми	ва́ми	и́ми	с ни́ми
prep.	о нас	о вас	о них	о них

* See *Note* at the bottom of page 176.

У́стные упражне́ния

A. Translate the following sentences at sight. (Exercise based on ¶ **25-3**.)

1. Кого́ сего́дня нет в кла́ссе? 2. У кого́ моё перо́? 3. Кому́ вы пи́шете письмо́? 4. Чем вы пи́шете, перо́м и́ли карандашо́м? 5. С кем вы вчера́ разгова́ривали на у́лице? 6. О ком и́ли о чём вы с ни́ми говори́ли? 7. Я с ни́ми говори́л о вас. 8. Вы говори́ли то́лько обо мне́? 9. Да — то́лько о вас. 10. О ком вы тепе́рь ду́маете, о нём и́ли о ней? 11. Она́, ка́жется, была́ с ва́ми в теа́тре. 12. Я хочу́ пойти́ с тобо́й в го́род. Не уходи́ без меня́. 13. Вы игра́ли с ни́ми в те́ннис. Не хоти́те ли тепе́рь игра́ть с на́ми? 14. Вот мои́ кни́ги. Пожа́луйста, по́льзуйтесь и́ми. 15. Я им скажу́, что вы их ждёте. 16. Мы вчера́ зашли́ к вам, но вас не́ было до́ма. 17. Мой друг бо́лен, и я вчера́ пошёл к нему́. 18. Я неда́вно ви́дел ва́шего дру́га, но не узна́л его́.

B. Work on this dialogue with a classmate until you both can repeat it by heart. Trade parts so that you know both the questions and the answers. (Exercise based on ¶ **25-1** and ¶ **25-2**.)

1. — Здра́вствуй,† ма́льчик. Как тебя́ зову́т?
2. — Меня́ зову́т Ва́ней.
3. — А как зову́т твою́ сестру́?
4. — Её зову́т Ве́рой.
5. — Ско́лько тебе́ лет?
6. — Мне уже́ де́сять лет.
7. — Вот как! А ско́лько лет твое́й сестре́?

† *fam. form of* здра́вствуйте.

8. — Ей то́лько четы́ре го́да.

9. — На како́й у́лице вы живёте?

10. — Мы живём на Пу́шкинской у́лице.

11. — Вы там уже́ давно́ живёте?

12. — Мы там живём уже́ не́сколько лет.

13. — Кем ты хо́чешь быть, когда́ ты́ ко́нчишь шко́лу?

14. — Я хочу́ два и́ли три го́да быть футболи́стом, а пото́м до́ктором.

15. — А кем хо́чет быть твоя́ сестра́?

16. — Мне ка́жется, что она́ хо́чет быть жено́й моего́ дру́га, Са́ши, кото́рого она́ о́чень лю́бит.

Перево́д

Omit the words in parentheses and include the words in brackets.

1. Sasha had not been home for eight years. 2. Yesterday he arrived in his native town. 3. He walked about the town for a long time, and it seemed to him that he (had) never left [уезжа́л]. 4. Here is the park where he played ball when he was a little boy; here is the house of his favorite teacher (*m.*); and there is the movie.

5. Sasha dropped in on his friend Vanya, whom he had not seen [ви́дел] (for) nine years. 6. Vanya was very glad to see his old friend. 7. They began to recall (to recollect) their school years. 8. They played football together when they attended school. 9. Vanya was an excellent football player, and they often wrote about him in the school paper. 10. Vanya has a wife and a little son. 11. The boy is now three years old and his name is [he is called] Petya. 12. Sasha knew Vanya's wife when she was only ten years old. 13. He remembered that she always seemed to him very beautiful.

14. It was very pleasant to sit awhile in their little apartment and to have a talk with them. 15. They are soon moving into their new house. 16. Sasha promised to drop in on them when they are [will be] living in their new house.

17. When Sasha came home at ten o'clock in the evening, he found a letter [which was] lying on the table. 18. He read it (through) quickly. 19. The letter was from [от] (his) uncle, who bought a big store in another town. 20. In his letter (his) uncle asked [was asking] Sasha to live at his house and to work in the store. 21. Will Sasha again leave [depart from] his native town?

Вопро́сы

1. Куда́ Са́ша прие́хал? 2. Ско́лько лет его́ не́ было до́ма?
3. Почему́ он сейча́с же вы́шел на у́лицу? 4. Что ему́ каза́лось,
когда́ он ходи́л по го́роду? 5. Кто не узна́л его́? 6. Ско́лько
лет Са́ша и Ва́ня не ви́дели друг дру́га? 7. Почему́ Ва́ня вдруг
останови́лся? 8. Что они́ на́чали вспомина́ть? 9. Кем был
Ва́ня, когда́ он ещё ходи́л в шко́лу? 10. Почему́ о нём ча́сто
писа́ли в шко́льной газе́те? 11. У Ва́ни уже́ есть жена́? 12.
Где они́ тепе́рь живу́т? 13. Куда́ они́ ско́ро переезжа́ют?
14. Ско́лько лет бы́ло жене́ Ва́ни, когда́ Са́ша её знал? 15.
Когда́ Са́ша обеща́л придти́ к ним? 16. Когда́ он пришёл
домо́й? 17. Почему́ он опя́ть вы́шел на у́лицу? 18. Куда́ он
пошёл?

ДВА́ДЦАТЬ ШЕСТО́Й УРО́К

ЛЮБОПЫ́ТНЫЙ СОСЕ́Д

1. — Скажи́те, пожа́луйста, ско́лько лет А́нне, ва́шей мла́д-
шей до́чери?

2. — Ей тепе́рь девятна́дцать лет, но че́рез три неде́ли ей бу́дет
два́дцать.

3. — Она́ ещё у́чится?

4. — Коне́чно. Она́ у́чится в университе́те.

5. — Чему́ она́ там у́чится?

6. — Она́ у́чится ру́сскому языку́, матема́тике, хи́мии и
исто́рии.

7. — А му́зыке она́ не у́чится?

8. — Му́зыке она́ у́чится до́ма.

9. — Она́ приле́жная студе́нтка?

10. — Да. Она́ всё вре́мя сиди́т в свое́й ко́мнате и у́чит
уро́ки.

11. — А кто её у́чит му́зыке?

12. — Господи́н Ивано́в её у́чит игра́ть на роя́ле и петь. Все
говоря́т, что он замеча́тельный учи́тель му́зыки.

13. — А как пожива́ет Ле́на, ва́ша ста́ршая дочь?

14. — Спаси́бо, о́чень хорошо́. Сего́дня ве́чером она́ прие́дет
к нам обе́дать и пото́м пойдёт со мной и с ма́терью в теа́тр.

15. — Муж Ле́ны то́же пойдёт с ва́ми в теа́тр?

16. — Нет, его́ с на́ми не бу́дет. Он уе́хал на всю неде́лю.

17. — Куда́ он так ча́сто е́здит и заче́м?

18. — Не зна́ю. Он никогда́ не говори́т о свое́й рабо́те.

19. — Я зна́ю, что он инжене́р. А как его́ и́мя?

20. — Его́ и́мя Пётр, но мы зовём его́ Пе́тей.

21. — Вчера́ ве́чером вы сиде́ли в саду́ и до́лго разгова́ривали
с ва́шей мла́дшей до́черью. О ком вы с ней так до́лго говори́ли?

22. — Мы с ней говори́ли о му́же Ле́ны и о его́ ма́тери.

23. — А обо мне́ вы не говори́ли? Я зна́ю, что вы всегда́ со

всéми говорúте обо мнé и всем расскáзываете всё, что вы обо мнé знáете.

24. — Мы с Áнной говорúли обо всём и обо всéх, но тóлько не о вас.

25. — А о чём вы сегóдня ýтром говорúли со своéй женóй? Вы так тúхо разговáривали, что я ничегó не мог слýшать.

26. — Какóй любопы́тный человéк! Он всегдá дóлжен знать о чём говоря́т егó сосéди.

27. — Да, я óчень любопы́тный. О чём же вы говорúли?

28. — Мы с женóй говорúли о её роднóм гóроде. Онá там хóчет провестú две úли три недéли.

29. — Ну, до свидáния. Моя́ женá меня́ ждёт.

30. — До свидáния. Тепéрь вы ужé знáете всё обо всéх. Заходúте ко мне, когдá у вас бýдет немнóго свобóдного врéмени. Бýду рад вас вúдеть, дáже éсли вы опя́ть начнёте меня́ спрáшивать обо всéх и обо всём.

Словáрь

любопы́тный, -ая, -ое curious
сосéд (*pl.* сосéди) neighbor
млáдший, -ая, -ее younger, junior
дочь (*f.*) (*gen.* дóчери, *pl.* дóчери) daughter (*see* ¶ 26-1)
девятнáдцать nineteen
двáдцать twenty
учúться (II) *intrans.*; учýсь, ýчишься, -атся to study, to attend school (*see* ¶ 26-3 b)
учúться (II) (*with dat.*) to study (*something*) (*see* ¶ 26-3 b)
хúмия chemistry
истóрия history
всё врéмя all the time, continually
*учúть (II); учý, ýчишь, -ат to learn, to study; to teach (*see* ¶ 26-3 a)
Ивáнов Ivanov
стáрший, -ая, -ее older, senior
мать (*f.*) (*gen.* мáтери, *pl.* мáтери) mother (*see* ¶ 26-1)
зачéм what for, why
инженéр engineer
úмя (*gen.* úмени, *pl.* именá) given name (*see* ¶ 26-5)
*расскáзывать (I); расскáзываю, -ешь, -ют to relate, to tell
*свобóдный, -ая, -ое free
врéмя (*n.*) (*gen.* врéмени, *pl.* временá) time (*see* ¶ 26-5)

Идиóмы

Как вáше úмя? What is your (given) name?
Как вас зовýт? What is your name? (applies to given name, last name, or both)

Примечáния

учúть to study, to teach: *cf.* учúтель (*m.*), учúтельница (*f.*) teacher; ученúк (*m.*), ученúца (*f.*) pupil; учéбник textbook; изучáть to study, to concentrate on a subject

сво**бо́дный** free: *cf.* сво**бо́дно** freely, fluently

расс**ка́зывать** to relate, to tell: *cf.* ска**за́ть** to say, to tell

Грамма́тика

26-1. Declension of мать and дочь in the Singular

Мать and дочь are declined irregularly in the singular as follows.

nom.	мать	дочь
gen.	ма́тери	до́чери
dat.	ма́тери	до́чери
acc.	мать	дочь
instr.	ма́терью	до́черью
prep.	о ма́тери	о до́чери

26-2. Cardinal Numerals 11 through 20*

a. Formation.

The numerals eleven through nineteen are formed by adding to the numerals **оди́н** through **де́вять** the two suffixes **-на-** (meaning *plus*) and **-дцать** (a contraction of **де́сять**). Thus, **оди́ннадцать** (**оди́н** + **на** + **дцать**) means *one* plus *ten*.

1. оди́н (*m.*)	+ на + дцать =	оди́ннадцать	= 11
2. две (*f.*)	+ на́ + дцать =	двена́дцать	= 12
3. три	+ на́ + дцать =	трина́дцать	= 13
4. четы́р (е)	+ на + дцать =	четы́рнадцать	= 14
5. пят (ь)	+ на́ + дцать =	пятна́дцать	= 15
6. шест (ь)	+ на́ + дцать =	шестна́дцать	= 16
7. сем (ь)	+ на́ + дцать =	семна́дцать	= 17
8. во́сем (ь)	+ на́ + дцать =	восемна́дцать	= 18
9. де́вят (ь)	+ на́ + дцать =	девятна́дцать	= 19
два	+ дцать =	два́дцать	= 20

b. Note the following:

1. All numbers from 5 to 20 inclusive end in **-ь**.

2. Except for **оди́ннадцать** and **четы́рнадцать**, the stress is on **-на-**.

3. The **е** of **четы́ре** is dropped in **четы́рнадцать**.

4. The **-ь** of **пять** through **де́вять** is dropped in **пятна́дцать** through **девятна́дцать**.

c. All numerals from five upward govern the genitive plural, except for those compounded with **оди́н**, **два**, **три**, and **четы́ре**, as, for example, **два́дцать оди́н час** (21), **два́дцать два часа́** (22), **два́дцать три часа́** (23), and **два́дцать четы́ре часа́** (24).

* For numerals 1-10, *see* ¶ 19-2.

26-3. Verbs of Studying and Teaching: Meaning and Use*

a. Constructions with **учи́ть**, *to teach or to learn.*

1. **Учи́ть** used with the accusative of a person means *to teach somebody*:

Учи́тельница у́чит учени́цу.   The teacher *teaches* the pupil.

2. **Учи́ть** used with the accusative of a thing means *to learn something*:

Учени́ца у́чит грамма́тику.   The pupil *learns* the grammar.

3. When the person taught as well as the thing taught is indicated, the former must be in the accusative and the latter in the dative:

Кого́ и чему́ учи́тельница у́чит?	Whom and what does the teacher teach?
Учи́тельница у́чит учени́цу грамма́тике.	The teacher teaches the pupil grammar. (The teacher is accustoming *the pupil to* grammar.)

b. Constructions with **учи́ться** *to study (in general); to teach oneself something; to accustom oneself to something.*

Учи́ться must be used with the dative of the thing studied.

Чему́ вы у́читесь?	What are you studying?
Мы у́чимся ру́сскому языку́.	We are studying Russian.
У кого́ вы у́читесь? — У хоро́шего учи́теля.	With whom do you study? — With a good teacher.
Где вы у́читесь? — В шко́ле.	Where do you study? — At school.
Она́ ещё у́чится.	She still goes to school.

26-4. The Adjective-Pronoun: весь, вся, всё, все

a. Declension.

Case	Singular			Plural for All Genders
	m.	*f.*	*n.*	
nom.	весь	вся	всё	все
gen.	всего́	всей	всего́	всех
dat.	всему́	всей	всему́	всем
acc.	весь *or* всего́	всю	всё	все *or* всех
instr.	всем	всей (-е́ю)	всем	все́ми
prep.	обо всём	обо всей	обо всём	обо всех

* *See also* ¶ **9-2.**

b. Use.

1. As an adjective, **весь** is used in all genders and numbers. In the singular, it means *whole*; in the plural, *all*. For example:

весь го́род	the *whole* town
вся шко́ла	the *whole* school
всё упражне́ние	the *whole* exercise
все города́	*all* the towns

2. As a pronoun, **весь** is used only in the neuter singular (**всё**) and in the plural. **Всё** means *everything*, and **все** means *everybody* (*all*). For example:

Он **всё** зна́ет.	He knows *everything*.
Все пришли́ на конце́рт.	*Everybody* (*all*) came to the concert.
А́нна разгова́ривала **со все́ми**.	Anne conversed with *everybody* (*all*).

26-5. Neuter Nouns in -мя

Several nouns in **-мя** are of neuter gender. Of these, **и́мя** (*given name*) and **вре́мя** (*time*) are most important for everyday use. They are declined in the singular as follows:

nom.	вре́мя	и́мя
gen.	вре́мени	и́мени
dat.	вре́мени	и́мени
acc.	вре́мя	и́мя
instr.	вре́менем	и́менем
prep.	о вре́мени	об и́мени

Перево́д

A. Omit the words in parentheses and include the words in brackets. (Exercise based on ¶ **26-4**.)

1. We conversed all evening and all night. 2. We talked about everything and everybody. 3. We like to converse with everybody. 4. You always talk with everybody about everything. 5. And you always tell everybody everything [that] you know. 6. I do not, of course, know everything. But you immediately tell [relate to] the whole town everything [that] you hear. 7. And you were recently telling [relating to] the whole school that I am a very curious person, but a very lazy student. 8. Yesterday you did not know the whole

lesson. 9. The teacher read (through) the lesson to the whole class, but I did not understand everything. 10. You did not understand because you did not hear the whole lecture.

B. Omit the words in parentheses and include the words in brackets. (Exercise based on ¶ 26-5.)

1. What is your (given) name? 2. My (given) name is Peter, but everybody calls me Petya. 3. And what is your last name? 4. My last name is Ivanov. 5. Do you know your neighbor's (given) name? 6. No, I do not remember his name. 7. How do you use your free time? 8. I have almost no free time. 9. I usually stay home all the time and study (my) lessons. 10. Let us not talk [не бу́дем говори́ть] about free time.

C. Omit the words in parentheses and include the words in brackets. (Exercise based on ¶ 26-2 and ¶ 26-3.)

1. My son is fifteen years old, my younger daughter is twelve, and my elder daughter is eighteen. 2. How long have you been living in the country? 3. I have been living in the country for nineteen or twenty years. 4. How long has your neighbor been living near you? 5. He has been living near us for fourteen years. 6. How old is your elder brother? 7. My elder brother is seventeen and I am thirteen. 8. And how old is your younger brother? 9. He is eleven, and my elder sister is sixteen. 10. Do you have a lot of free time in the evening? 11. I have no free time in the evening because I must study my lessons. 12. What do you study at school? 13. I study Russian, French, physics, chemistry, and history. 14. How many years have you been studying [concentrating on] Russian? 15. I have been studying Russian for three years. 16. Who is teaching you chemistry? 17. Mr. Ivanov is teaching us chemistry, physics, and mathematics. 18. He was an engineer when he lived in the U.S.S.R. 19. Why [what for] are you studying physics and mathematics? 20. I also want to be an engineer and a teacher like [как] Ivanov.

Вопро́сы

1. Как ва́ше и́мя? 2. А как ва́ша фами́лия? 3. Ско́лько вам лет? 4. Ско́лько лет ва́шему ста́ршему бра́ту? 5. А ско́лько лет ва́шей мла́дшей сестре́? 6. Ско́лько лет вы учи́лись в шко́ле? 7. А ско́лько лет вы уже́ у́читесь в университе́те? 8. Чему́ вы там у́читесь? 9. Кто вас у́чит ру́сскому языку́? 10. Вы та́кже изуча́ете францу́зский язы́к? 11. А кто вас у́чит му́зыке? 12. Ско́лько часо́в в день вы у́чите уро́ки?

13. У вас мно́го свобо́дного вре́мени? 14. С кем вы вчера́ так до́лго разгова́ривали на у́лице? 15. О ком и о чём вы говори́ли? 16. Вы лю́бите разгова́ривать со все́ми? 17. Кто из вас всем всё расска́зывает? 18. Вы ча́сто пи́шете свое́й ма́тери? 19. Вы иногда́ хо́дите с ма́терью в кино́? 20. У вас есть любопы́тные сосе́ди? 21. Они́ вас ча́сто спра́шивают обо всём и́ли обо всех? 22. Вы им отвеча́ете на их вопро́сы?

REVIEW LESSON 4

[LESSONS 20—26]

Grammar Review

A. Change the *perfective past* to the *perfective future*.

1. Мы встáли в вóсемь часóв утрá, позáвтракали и пошлú в
гóрод. 2. Я сегóдня написáл три письмá. 3. Онá помы́ла
посýду пóсле ýжина. 4. Мáша погуля́ла нéсколько минýт пóсле
обéда, потóм онá немнóго полежáла на дивáне. 5. Студéнтка
немнóго подýмала и потóм написáла прáвильный отвéт. 6.
Дéвушка посмотрéла на парáд и ушлá. 7. Лéна заплáкала,
когдá прочитáла письмó от мáтери. 8. Наш сосéд дал мне в
подáрок интерéсный ромáн. 9. Ты получúл письмó от Вáси и
сейчáс же отвéтил. 10. Учúтель ещё раз объяснúл нам нóвое
прáвило. 11. Дéвочка хорошó приготóвила урóк. 12. Мы
пóняли всё, что он сказáл.

B. Replace the *imperfective infinitive* in parentheses with the
proper forms of the *perfective* in the *past* and *future* tenses.

1. Я (читáть) журнáл брáта. 2. Мы (покупáть) нóвую лáмпу,
стол и два крéсла. 3. Он (писáть) письмó отцý. 4. Ты (мыть)
стакáны пóсле зáвтрака. 5. Онá (обéдать) в час дня и (спать)
немнóго. 6. Ты (вставáть) в семь часóв утрá. 7. В пя́тницу
вы (дéлать) урóки и рáно (ýжинать). 8. Онú (давáть) емý
нóвые газéты. 9. Ты (держáть) немнóго мяч, а потóм (давáть)
егó мне. 10. Я (игрáть) в тéннис с Вáсей. 11. Он (лежáть)
дéсять минýт и (вставáть). 12. Мы (сидéть) немнóго в садý и
(слýшать) мýзыку. 13. Онá (спрáшивать), где · он живёт.
14. Вы ей (говорúть), где мы бýдем. 15. Нóчью мы (открывáть) óкна и (закрывáть) двéри. 16. Кто (брать) мои вéщи?
17. Когдá я (понимáть) нóвое прáвило, я (объясня́ть) егó
товáрищу. 18. Учителя́ (давáть) нам мнóго рабóты.

C. Replace the *imperfective infinitive* in parentheses with the *perfective imperative*.

1. (Читáть), пожáлуйста, э́ту кни́гу. 2. (Зáвтракать) пéред экзáменом. 3. (Дýмать) и потóм (писáть) отвéт. 4. (Держáть), пожáлуйста, мой словáрь. 5. Зáвтра (вставáть), пожáлуйста, в шесть часóв утрá. 6. (Покупáть) бутьíлку молокá и (брать) сáндвичи на пикни́к. 7. (Закрывáть), пожáлуйста, дверь и (открывáть) окнó. 8. (Начинáть) ещё раз снача́ла. 9. (Отвечáть) мне, пожáлуйста, на мой вопрóс. 10. Не (забывáть), что мы зáвтра éдем в гóрод.

Reading and Comprehension Drill

Translate the following dialogue at sight.

1. — Не уходи́те, пожáлуйста, Ивáн Андрéевич. Господи́н Ивáнов сейчáс придёт.

2. — Я ужé жду егó два часá, и кáждые пять минýт вы мне говори́те, что он сейчáс придёт.

3. — Он поéхал в гóрод тóлько на нéсколько минýт. Не понимáю почемý егó ещё нет.

4. — Я вы́йду на ýлицу, дойдý до углá и бýду ждать егó там.

5. — Мóжет быть, он зашёл к своемý дрýгу, господи́ну Жýкову, котóрый зáвтра уезжáет в Еврóпу. Они́ всегдá дóлго разговáривают друг с дрýгом (with each other). Зайди́те к нам, пожáлуйста, в два часá дня. Господи́н Ивáнов всегдá в контóре в два часá.

6. — Сегóдня днём мы переезжáем в наш нóвый дом. Я зайдý к вам зáвтра ýтром.

7. — Зáвтра ýтром господи́н Ивáнов дóлжен поéхать с женóй в дерéвню.

8. — Хорошó. Тогдá я приéду зáвтра в два часá.

9. — Óчень жаль, но зáвтра днём приезжáет стáршая дочь господи́на Ивáнова. Онá ýчится в другóм гóроде и её дóлго нé было дóма.

10. — Я ви́жу, что господи́на Ивáнова почти́ никогдá нет в контóре. Я пойдý к немý домóй.

11. — Но егó дóма тóже не бýдет, потомý что с [from] вокзáла он поéдет с дóчерью на дáчу.

12. — А скóлько врéмени господи́н Ивáнов проведёт на дáче?

13. — Тóлько оди́н мéсяц.

14. — Тóлько оди́н мéсяц! Как я рад, что не оди́н год!

Перево́д

Omit the words in parentheses and include the words in brackets.

1. Boris and Alexander live together. 2. They have an excellent room which they like very much. 3. Boris never remembers anything, and one can often hear such a conversation:

4. *B.:* — Where is my dictionary? Who took it? Who takes all my things?

5. *A.:* — Do not ask me! I did not take it. I have [есть] my own. Here is yours on the divan.

6. *B.:* — Oh, I remember now. I saw it there last night.

7. *A.:* — Where are you going?

8. *B.:* — I must go to the store. I have to buy provisions for the picnic this evening.

9. *A.:* — Boris, I told you this morning that I was at the store and bought everything that we need. I bought bread, butter, meat, beer, and other provisions.

10. *B.:* — Then [так] why don't we go?

11. *A.:* — Where is the car? We have to go by car.

12. *B.:* — Oh, I forgot! I have no car.

13. *A.:* — You have no car! Where is it?

14. *B.:* — I gave my car to Ivanov and I do not know his address.

15. *A.:* — Boris, have you forgotten that you have his address in (your) notebook?

16. *B.:* — Yes, I know. But where is my notebook? Who took it?

17. *A.:* — It is [lying] on the bookshelf in the corner. Please take a look.

18. *B.:* — We cannot go now. I told Ivanov he could [can] take the car this evening. He wants to go [пое́хать] out of town with Masha.

19. *A.:* — Then there will be no picnic! We will sit here and eat bread and meat and drink beer.

20. *B.:* — Oh no, Alexander, we cannot stay home tonight. I forgot! Lena is preparing an excellent dinner for us at six o'clock. It is already late and we must go on foot. I want to wash (my) hands. Where is the soap [мы́ло]? Who took it?

Вопро́сы

1. Скажи́те, пожа́луйста, как вас зову́т? 2. А ско́лько вам лет? 3. Кем вы хоти́те быть, когда́ вы ко́нчите университе́т? 4. В како́м го́роде вы у́читесь? 5. Э́то ваш родно́й го́род?

6. Как он вам нра́вится и почему́?   7. Когда́ вы обыкнове́нно
у́чите уро́ки?   8. Вы уже́ пригото́вили уро́ки на за́втра?   9. У
вас мно́го свобо́дного вре́мени?   10. Когда́ вы вста́ли сего́дня
у́тром?   11. Вы уже́ поза́втракали?   12. Вы по́мните уро́к
“Муж и жена́”?   13. Заче́м они́ хотя́т пое́хать в дере́вню?
14. Е́сли они́ вы́едут в три часа́, то когда́ они́ туда́ прие́дут?
15. Ско́лько вре́мени Ива́н Андре́евич уже́ ждёт господи́на
Ивано́ва?   16. Куда́ пое́хал господи́н Ивано́в?   17. К кому́ он
наве́рно зашёл?   18. Куда́ друг Ивано́ва уезжа́ет?   19. Почему́
Ива́н Андре́евич не мо́жет зайти́ в конто́ру в два часа́?   20. Кто
за́втра приезжа́ет к господи́ну Ивано́ву?   21. Где у́чится
ста́ршая дочь Ивано́ва?   22. Почему́ за́втра днём господи́на
Ивано́ва не бу́дет ни до́ма, ни в конто́ре?

ДВА́ДЦАТЬ СЕДЬМО́Й УРО́К

В ЛЕ́ТНЕМ ЛА́ГЕРЕ

Ка́ждое ле́то гру́ппа студе́нтов на́шего университе́та прово́дит не́сколько неде́ль в ле́тнем ла́гере. Сюда́ приезжа́ют с на́ми и не́которые из профессоро́в.

Наш ла́герь нахо́дится на берегу́ большо́го о́зера, далеко́ от го́рода. В го́роде шум авто́бусов, трамва́ев, поездо́в и автомоби́лей меша́ет нам спать и́ли занима́ться. Здесь же всегда́ ти́хо и споко́йно. Никто́ никуда́ не спеши́т. Все хорошо́ отдыха́ют, прекра́сно спят но́чью, а днём купа́ются в о́зере, хо́дят по гора́м и́ли е́здят верхо́м.

Вокру́г о́зера — не́сколько дереве́нь и мно́го лагере́й, дач и ферм. Не́которые из нас не́сколько часо́в в день рабо́тают на фе́рмах. Фе́рмеры у́чат нас по́льзоваться тра́кторами и комба́йнами и́ли ходи́ть за коро́вами, за лошадьми́ и за пти́цей.

Среди́ поле́й и лесо́в, недалеко́ от на́шего ла́геря, нахо́дится са́мая больша́я дере́вня. В ней есть по́чта, библиоте́ка, кино́ и ле́тний теа́тр. Мы ка́ждый день е́здим в дере́вню за пи́сьмами, газе́тами, журна́лами и кни́гами. Ве́чером мы ча́сто хо́дим в кино́ и́ли в теа́тр. В зда́нии библиоте́ки есть большо́й зал. Днём в э́том за́ле ма́льчики и де́вушки игра́ют в волейбо́л и́ли в баскетбо́л. А ве́чером фе́рмеры здесь игра́ют в ка́рты, слу́шают конце́рты и́ли ле́кции, пою́т пе́сни и́ли танцу́ют. Мне ка́жется, что америка́нскому фе́рмеру никогда́ не ску́чно, да́же зимо́й.

Как хорошо́ жить на фе́рме! Когда́ ко́нчу университе́т, перее́ду из го́рода на фе́рму.

Слова́рь

*ле́тний, -яя, -ее summer (*adj.*)
ла́герь (*m.*) (*pl.* ла́гери; *gen. pl.* лагере́й) camp
гру́ппа group

проводи́ть (II) (*pf.* провести́, I); провожу́, прово́дишь, -ят to spend (*time*)
*сюда́ here, hither (*see* ¶ 13-3 b)
*не́который, -ая, -ое some, certain
не́которые (*pl.*) some, a few
находи́ться (II); нахожу́сь, нахо́дишься, -ятся to be located, to be situated
о́зеро (*pl.* озёра) lake
далеко́ (*adv.*) far
авто́бус bus
*по́езд (*pl.* поезда́) train
меша́ть (I); меша́ю, -ешь, -ют to hinder, to keep from (*object in the dative*)
споко́йно *here:* (it is) calm
*никуда́ nowhere (*direction*) (*see* ¶ 13-3 b)
вокру́г (*with gen.*) around
фе́рма farm
фе́рмер farmer
тра́ктор tractor
комба́йн combine (*noun*)
ходи́ть за (*with instr.*) to look after
коро́ва cow
пти́ца (*here collective*) poultry
среди́ (*with gen.*) amidst, among
са́мый, -ая, -ое (*used with adj. to form compound superlative*) the most
за (*with instr.*) for (to fetch)
зда́ние building
зал hall
волейбо́л volleyball
баскетбо́л basketball
танцова́ть (I); танцу́ю, -ешь, -ют to dance
ску́чно (*pr.* ску́шно) it is boring (*see* ¶ 18-7)

Идио́мы

ходи́ть за коро́вами to look after the cows

Примеча́ния

ле́тний summer (*adj.*): *cf.* ле́то summer; ле́том in summer
сюда́ hither: *cf.* отсю́да hence
не́который some, certain: *cf.* кото́рый which, who
по́езд train: *cf.* е́здить to go (*by vehicle*), to ride
никуда́ nowhere: *cf.* куда́ where to, whither

Грамма́тика
27-1. First Declension of Nouns in the Plural

For the *singular*, see ¶ 13-5 c; for the formation of the *nominative plural*, see ¶ 16-5; for the *accusative plural* of inanimate nouns, see ¶ 18-5.

Case	Hard	Soft		
	-a *(nom. sing.)*	**-я** *(nom. sing.)*		**-ия** *(nom. sing.)*
nom.	шко́лы	неде́ли	дя́ди	фами́лии
gen.	школ	неде́ль	дя́дей	фами́лий
dat.	шко́лам	неде́лям	дя́дям	фами́лиям
acc.	шко́лы	неде́ли	дя́дей	фами́лии
instr.	шко́лами	неде́лями	дя́дями	фами́лиями
prep.	о шко́лах	о неде́лях	о дя́дях	о фами́лиях

a. The *accusative* of *inanimate* nouns is the same as the nominative; the *accusative* of *animate* nouns is the same as the genitive. For example:

nom. & acc. ⎰шко́лы
⎱фами́лии

gen. & acc. ⎰дя́дей
⎱коро́в

b. The Genitive Plural.

1. The genitive of nouns in **-a** is their stem; i.e., they lose the ending of the nominative singular. For example: **шко́ла — школ**.

2. The genitive of nouns in **-я** is their stem, but **-ь** is added to retain the softness of the preceding consonant. For example: **неде́ля — неде́ль**.

3. Nouns in **-ия** take **-ий**. For example: фами́лия — фами́лий.

4. *Exceptions:* The following nouns thus far studied take **-ей**:

nom. sing.	*gen. pl.*
дя́дя	дя́дей
тётя	тётей

c. The Genitive Plural with Fleeting -o or -e.

A number of nouns with stems ending in two consonants insert the letter **o** or **e** before the last consonant to make pronunciation easier.

1. *Hard* nouns usually insert **o**:

nom. sing.	*gen. pl.*
студе́нтка	студе́нток
доска́	досо́к

2. *Soft* nouns usually insert **e**:

nom. sing.	gen. pl.
пéсн**я**	пéсен
дерéвн**я**	дерéв**е**нь

3. The **e** is also inserted when the consonant next to the last in the stem ending is a sibilant:

nom. sing.	gen. pl.
дéву**шк**а	дéвуш**е**к
дéво**чк**а	дéвоч**е**к

27-2. Second Declension: Masculine Nouns in the Plural

For the *singular*, see ¶ **15-2 c**; for the formation of the *nominative plural*, see ¶ **16-5**; and for plurals ending in -**á** or -**я́**, see ¶ **16-5 d**.

Case	Hard	Soft		
	Consonant (*nom. sing.*)	-**ь** (*nom. sing.*)		-**й** (*nom. sing.*)
		Stress on stem	Stress on ending	
nom.	столы́	автомоби́ли	словари́	трамва́и
gen.	столо́в	автомоби́лей	словаре́й	трамва́ев
dat.	стола́м	автомоби́лям	словаря́м	трамва́ям
acc.	столы́	автомоби́ли	словари́	трамва́и
instr.	стола́ми	автомоби́лями	словаря́ми	трамва́ями
prep.	о стола́х	об автомоби́лях	о словаря́х	о трамва́ях

a. The Genitive Plural.

1. Nouns in a consonant take -**ов**. For example: стол — столо́в.

2. Nouns in -**ь** take -**ей**. For example: автомоби́ль — автомоби́лей.

3. Nouns in -**й** take -**ев**. For example: трамва́й — трамва́ев. When the ending is stressed, they take -**ёв**: чай — чаёв.

4. Nouns in -**ц** take -**ов** when the ending is stressed: отéц — отцо́в. When the stem is stressed, they take -**ев**: мéсяц (*month*) — мéсяцев.

5. *Exceptions.*

(a) Nouns in **ж, ч, ш,** or **щ** take **-ей** instead of **-ов**:

мяч	мяч**ей**
каранда́ш	карандаш**е́й**
това́рищ	това́рищ**ей**

(b) The following nouns are identical in the nominative singular and the genitive plural:

nom. sing.	*gen. pl.*	
глаз	глаз	eye
раз	раз	time (occasion)
солда́т	солда́т	soldier
челове́к	челове́к*	man, person

b. The *accusative* of *inanimate* nouns is the same as the nominative; the *accusative* of *animate* nouns is the same as the genitive. For example:

nom. & acc. { столы́
              { автомоби́ли

gen. & acc. { студе́нт**ов**
              { учител**е́й**

c. To retain the soft **л** when the fleeting **е** is dropped in declension, the **ь** is usually inserted instead; for example:

nom. sing.	*gen. sing.*	*nom. pl.*	*gen. pl.*	*instr. pl.*
лев, lion	льва	львы	львов	льва́ми
лёд, ice	льда	льды	льдов	льда́ми
па́лец, finger	па́льца	па́льцы	па́льцев	па́льцами

d. Note the declension of **день**:

nom. sing.	*gen. sing.*	*nom. pl.*	*gen. pl.*	*instr. pl.*
день	дня	дни	дней	дня́ми

27-3. Second Declension: Neuter Nouns in the Plural

For the *singular*, see ¶ **15-2**; for the formation of the *nominative plural*, see ¶ **16-5 c.**

---

* This form is used after definite and some indefinite numbers.

Case	Hard	Soft	
	-о (*nom. sing.*)	-е (*nom. sing.*)	-ие (*nom. sing.*)
nom.	слова́	поля́	упражне́ния
gen.	слов	поле́й	упражне́ний
dat.	слова́м	поля́м	упражне́ниям
acc.	слова́	поля́	упражне́ния
instr.	слова́ми	поля́ми	упражне́ниями
prep.	о слова́х	о поля́х	об упражне́ниях

a. The Genitive Plural (note resemblances to First Declension).

1. The genitive of nouns in -о is their stem; e.g., сло́во — слов.

2. Nouns in -е take -ей; e.g., по́ле — поле́й.

3. Nouns in -ие take -ий; e.g., упражне́ние — упражне́ний.

b. The Genitive with Fleeting -о *or* -е.

A number of neuter nouns with stems ending in two consonants insert an о or е before the last consonant.

nom. sing.	*gen. pl.*
окно́	о́кон
кре́сло	кре́сел
письмо́	пи́сем (е replaces ь)

27-4. Third Declension of Nouns in the Plural

For the *singular*, see ¶ 16-3; for the formation of the *nominative plural*, see ¶ 16-5 b.

Case	Stress on Oblique Case Endings		Stress on Stem
	-ь (*nom. sing.*)	Sibilant (ж, ч, ш, щ)+-ь (*nom. sing.*)	-ь (*nom. sing.*)
nom.	ло́шади	но́чи	тетра́ди
gen.	лошаде́й	ноче́й	тетра́дей
dat.	лошадя́м	ноча́м	тетра́дям
acc.	лошаде́й	но́чи	тетра́ди
instr.	лошадя́ми *or* лошадьми́	ноча́ми	тетра́дями
prep.	о лошадя́х	о ноча́х	о тетра́дях

a. The *accusative* of *inanimate* nouns is the same as the nominative; the *accusative* of *animate* nouns is the same as the genitive. For example: *gen*. and *acc*. **лошадей.**

b. Nouns with stems in **ж, ч, ш,** or **щ** have hard endings in the *dative*, *instrumental*, and *prepositional*, as in **ночь.**

Упражнения

A. Decline the following nouns in the singular and plural. (Refer to the *Russian–English Vocabulary* in the *Appendix* for irregularities in stress and in case endings.)

1. газе́та   2. буты́лка   3. де́вочка   4. дере́вня   5. пе́сня
6. ле́кция   7. уро́к   8. мяч   9. оте́ц   10. ме́сяц   11. солда́т
12. роя́ль   13. учи́тель   14. чай (*pl.* чаи́)   15. день   16. кре́сло
17. по́ле   18. зда́ние   19. посте́ль   20. вещь

B. Replace the nouns in parentheses with plurals in the required cases.

1. (Кни́га) (студе́нтка) лежа́ли на (по́лка). 2. (Де́вушка) уже́ пять (день) рабо́тают на (фе́рма). 3. (Учи́тель) нам ча́сто расска́зывали о (го́род), (теа́тр), (библиоте́ка) и (шко́ла) в США. 4. У (ма́льчик) нет ни (дя́дя) ни (тётя). 5. В теа́тре бы́ло два́дцать (челове́к): шесть (де́вушка), пять (де́вочка) и де́вять (солда́т). 6. Ма́ша не слу́шала (ле́кция), не писа́ла (упражне́ние) и никогда́ не зна́ла (уро́к). 7. Во всех (ко́мната) (вещь) лежа́ли на (кре́сло), (дива́н), (стол) и да́же на (ковёр). 8. У (учени́ца) не́ было ни (тетра́дь), ни (кни́га), ни (слова́рь), ни (уче́бник) и ни (каранда́ш). 9. (Учи́тельница) пое́хали за (тетра́дь), (кни́га), (слова́рь), (уче́бник) и (каранда́ш). 10. На (бе́рег) о́зера есть мно́го (дере́вня), (да́ча), (фе́рма) и (ла́герь). 11. (Фе́рмер) у́чат (студе́нт) и (студе́нтка) по́льзоваться (тра́ктор) и (комба́йн). 12. (Ма́льчик) и (де́вочка) у́чатся ходи́ть за (коро́ва) и (ло́шадь). 13. Брат и сестра́ хотя́т пое́хать к (това́рищ) и (подру́га) и провести́ с ни́ми не́сколько (день). 14. (Профе́ссор) до́лго разгова́ривали с (америка́нка), (англича́нка), (америка́нец) и (испа́нец). 15. Во всех (зда́ние) университе́та всегда́ рабо́тало мно́го (профе́ссор) и (студе́нт).

У́стные упражне́ния

Read aloud the following series of numerals—**оди́н, одна́, одно́ . . . два, две . . . четы́ре . . . шесть . . . оди́ннадцать . . . два́дцать**—with each of the following nouns, using in each instance the numeral in the proper gender and the noun in the required case and number.

1. ла́мпа   2. скри́пка   3. подру́га   4. река́   5. фами́лия
6. дверь   7. вещь   8. вопро́с   9. язы́к   10. ме́сяц   11. америка́нец   12. оте́ц   13. са́ндвич   14. роя́ль   15. сосе́д   16. день
17. окно́   18. письмо́   19. лицо́   20. зда́ние

Перево́д

Omit the words in parentheses and include the words in brackets.

1. A group of students from [of] our university went (by vehicle) for several weeks to a summer camp.   2. Some of their teachers went (by vehicle) with them.   3. The students attend the university (for) nine months and spend three months in a summer camp.
4. In town, the noise of trains, streetcars, buses, and cars keeps them from sleeping [to sleep].   5. Here, however, they can sleep well at night and they are never bored in the daytime.

6. Almost all the students work on farms which are situated on the shores of the big lake.   7. They work in the gardens, in [на] the fields, and in the forests of the farmers.   8. They always sing many songs when they are working.   9. On rest days [В выходны́е дни] they climb mountains, ride horseback, and write many letters.
10. Often they play volleyball or basketball with the boys and girls who live near their camp.

11. The farmers teach the students (how) to use tractors and combines.   12. They also teach them to look after the horses, the cows, and the poultry.

13. Amidst the fields and forest there is [is situated] a big village.
14. In the village there are several buildings.   15. All the buildings are big and beautiful.   16. In one of the buildings is [situated] the library; in another is the post office.   17. Students and teachers go (by vehicle) every day to the village for [за] letters, books, and magazines.   18. In the library building [building of the library] there is a big hall.   19. The farmers come (by vehicle) here to [что́бы] listen to lectures or concerts, to [что́бы] sing songs, or to dance.   20. The students like the life of the farmers very much.

Вопро́сы

1. Где гру́ппа студе́нтов прово́дит ка́ждое ле́то?   2. Кто приезжа́ет со студе́нтами в ле́тний ла́герь?   3. Ско́лько неде́ль они́ обыкнове́нно прово́дят в ле́тнем ла́гере?   4. Где нахо́дится их ла́герь?   5. Что в го́роде меша́ет студе́нтам спать и́ли занима́ться?   6. Шум трамва́ев и автомоби́лей вам то́же меша́ет

спать ночью? 7. Где всегда спокойно, и никто никуда не спешит? 8. Как студенты проводят время в лагере? 9. Что они там делают? 10. Что находится вокруг озера? 11. Сколько часов в день некоторые студенты работают на фермах? 12. Чему учат их фермеры? 13. Вы умеете пользоваться трактором или комбайном? 14. Вы умеете ходить за коровами или за лошадьми? 15. Это лёгкая или трудная работа? 16. Зачем студенты и профессора каждый день ездят в большую деревню? 17. Куда они часто ходят вечером? 18. В каком здании находится большой зал? 19. Что мальчики и девушки делают в этом зале днём? 20. Что фермеры делают в этом зале вечером? 21. Вам тоже нравится жизнь американского фермера? Почему? 22. Когда вы кончите университет, вы тоже переедете из города на ферму?

LESSON

28

ДВА́ДЦАТЬ ВОСЬМО́Й УРО́К

АМЕРИКА́НСКИЕ ТУРИ́СТЫ В МОСКВЕ́

Вот мы в Москве́ — столи́це СССР. Мы уже́ посети́ли ра́зные города́ и столи́цы други́х европе́йских стран. Тепе́рь пе́ред на́ми Москва́.

Мы прие́хали на вокза́л в двена́дцать часо́в дня. Нас сейча́с же встре́тили ги́ды Интури́ста, кото́рые дово́льно свобо́дно говори́ли по-англи́йски. Мы пое́хали с ни́ми в гости́ницу ''Москва́,'' кото́рая нахо́дится на Кра́сной пло́щади. Нам там да́ли больши́е и хоро́шие номера́.

Мы бы́стро умы́лись и пошли́ в рестора́н гости́ницы. Мы хоте́ли пое́сть и сейча́с же осмотре́ть го́род. К сожале́нию, нам подава́ли о́чень ме́дленно. Наконе́ц, мы вы́шли на Кра́сную пло́щадь и на́чали ходи́ть по го́роду. По широ́ким у́лицам е́хали автомоби́ли, трамва́и и авто́бусы. По дли́нным тротуа́рам ходи́ли сове́тские гра́ждане. Они́ нам каза́лись пло́хо оде́тыми, бле́дными и печа́льными. Сове́тский граждани́н рабо́тает мно́го часо́в в неде́лю, но ма́ло зараба́тывает. Кварти́р в СССР о́чень ма́ло, и ча́сто не́сколько челове́к живёт в одно́й ко́мнате.

Мы верну́лись на Кра́сную пло́щадь и посети́ли Мавзоле́й Ле́нина. С Кра́сной пло́щади мы могли́ ви́деть ра́зные зда́ния Кремля́.

Мы хоте́ли купи́ть зи́мние костю́мы и пальто́ и пошли́ в ГУМ — са́мый большо́й универма́г в СССР. Но все костю́мы и пальто́ бы́ли о́чень плохи́е, некраси́вые и дороги́е, и мы ничего́ не купи́ли.

Сего́дня ве́чером мы идём в Большо́й теа́тр смотре́ть бале́т ''Лебеди́ное о́зеро,'' а за́втра ве́чером бу́дем смотре́ть пье́су Че́хова, ''Три сестры́.''

200

Слова́рь

тури́ст tourist
посети́ть (II) (*pf.*); *fut.* **посещу́, посети́шь, -я́т** to visit
*__европе́йский, -ая, -ое__ European
страна́ (*pl.* **стра́ны**) country (land)
встре́тить (II) (*pf.*); *fut.* **встре́чу, встре́тишь, -ят** to meet (*once*)
гид guide
Интури́ст Intourist (official Soviet travel agency)
гости́ница hotel
пло́щадь (*pl.* **пло́щади**, *gen. pl.* **площаде́й**) (*public*) square
*__Кра́сная пло́щадь__ Red Square
*__но́мер__ (*pl.* **номера́**) *here* hotel room
*__умы́ться__ (I) (*pf.*); *fut.* **умо́юсь, -ешься, -ются** to wash oneself (*once*)
   (*see* **Примеча́ния**)
*__осмотре́ть__ (II) (*pf.*); *fut.* **осмотрю́, осмо́тришь, -ят** to look over, to inspect
*__сожале́ние__ regret
   к сожале́нию unfortunately
*__подава́ть__ (I); **подаю́, -ёшь, -ю́т** *here* to serve (*at table*)
наконе́ц at last
тротуа́р sidewalk
сове́тский, -ая, -ое Soviet (*adj.*)
граждани́н (*pl.* **гра́ждане**, *gen. pl.* **гра́ждан**) citizen
оде́тый, -ая, -ое dressed
бле́дный, -ая, -ое pale
печа́льный, -ая, -ое sad
зараба́тывать (I); **зараба́тываю, -ешь, -ют** to earn
одно́й (*prep. of* **одна́**)
верну́ться (I) (*pf.*); *fut.* **верну́сь, -ёшься, -у́тся** to return, to come back
мавзоле́й (*m.*) mausoleum
Мавзоле́й Ле́нина The Lenin Mausoleum
с (*with gen.*) from
Кремль (*m.*) (*gen.* **Кремля́**) Kremlin
*__зи́мний, -яя, -ее__ winter (*adj.*)
костю́м suit
пальто́ (*n., not decl.*) coat, overcoat
ГУМ G.U.M. (Moscow's largest department store)
са́мый, -ая, -ое (*used with adj. to form compound superlative*) the most
универма́г department store
*__некраси́вый, -ая, -ое__ unattractive, ugly
*__дорого́й, -а́я, -о́е__ *here* expensive
Большо́й теа́тр Bolshoi Theater
смотре́ть бале́т, пье́су to see a ballet, a play
бале́т ballet
"Лебеди́ное о́зеро" "Swan Lake"
*__пье́са__ play (*for the stage*)
Че́хов Chekhov

Иди́омы

смотре́ть бале́т, пье́су to see a ballet, a play

Примеча́ния

европе́йский European: *cf.* **Евро́па** Europe
Кра́сная пло́щадь *lit.*, "Beautiful Square," named in the seventeenth century.

Note that *red* and *beauty* were often associated in the Russian mind, as evidenced by the name "Red Square."

нóмер hotel room: *cf.* **нóмер** number

умы́ться to wash one's hands, face, and neck, or any of these parts of the body: *cf.* **мы́ться** to wash oneself

осмотрéть to inspect: *cf.* **смотрéть** to look

сожалéние regret: *cf.* **жаль** it is a pity

подавáть to serve: *cf.* **давáть** to give

зи́мний winter (*adj.*): *cf.* **зимá** winter; **зимóй** in winter

некраси́вый unattractive, ugly: *cf.* **краси́вый** beautiful

дорогóй expensive: *cf.* **дорогóй** dear

пьéса play: *cf.* French *pièce* play; English *piece*

Граммáтика

28-1. Full Declension of Adjectives in the Plural

For the *classification of adjectives*, see ¶ 10-1, ¶ 11-4, and 12-1.

For the *declension of adjectives in the singular*, see ¶ 17-1.

Note: The *accusative* of adjectives modifying *inanimate* nouns is the same as the nominative; that of adjectives modifying *animate* nouns is the same as the genitive.

ALL GENDERS

a. Hard.

	Group I (-ый, -ая, -ое)	Group II (-óй, -áя, -óе)
nom.	нóвые	молоды́е
gen.	нóвых	молоды́х
dat.	нóвым	молоды́м
acc.	нóвые *or*	молоды́е *or*
	нóвых	молоды́х
instr.	нóвыми	молоды́ми
prep.	о нóвых	о молоды́х

b. Soft (-н + -ий, -яя, -ее).

Compare with plural personal pronouns (*see* ¶ 25-3 b).

nom.	си́ние	они́
gen.	си́них	их
dat.	си́ним	им
acc.	си́ние *or* си́них	их
instr.	си́ними	и́ми
prep.	о си́них	их

c. *Mixed*.

	Group I	*Group II*	*Group III*
	(-г, -к, -х + -ий, -ая, -ое)	(-ж, -ч, -ш, -щ + -ий, -ая, -ее)	(-г, -к, -х, -ж, -ч, -ш, -щ + -о́й, -а́я, -о́е)
nom.	ру́сские	хоро́шие	дороги́е
gen.	ру́сских	хоро́ших	дороги́х
dat.	ру́сским	хоро́шим	дороги́м
acc.	ру́сские *or* ру́сских	хоро́шие *or* хоро́ших	дороги́е *or* дороги́х
instr.	ру́сскими	хоро́шими	дороги́ми
prep.	о ру́сских	о хоро́ших	о дороги́х

28-2. Possessive Adjective-Pronouns in the Plural

For the *singular*, see ¶ 17-2 b.

	мой, *m.*; моя́, *f.*; моё, *n.*	наш, *m.*; на́ша, *f.*; на́ше, *n.*
nom.	мои́	на́ши
gen.	мои́х	на́ших
dat.	мои́м	на́шим
acc.	мои́ *or* мои́х	на́ши *or* на́ших
instr.	мои́ми	на́шими
prep.	о мои́х	о на́ших

Note: The possessives **твой, твоя́, твоё** and **свой, своя́, своё** are declined like **мой, моя́, моё** in the plural.

The possessive **ваш, ва́ша, ва́ше** is declined like **наш, на́ша, на́ше** in the plural.

28-3. Agreement of Numbers with Verbs

a. When the subject is a noun preceded by a cardinal numeral or a word expressing quantity (such as **не́сколько, мно́го,** or **ма́ло**), the verb in the present tense may be either in the singular or in the plural.   For example:

Пять студе́нтов **живу́т** (**живёт**) в одно́й ко́мнате.	Five students *live* in one room.
Не́сколько де́вушек **идёт** (**иду́т**) в го́род.	Several girls *are walking* to town.
На столе́ **лежи́т** (**лежа́т**) четы́ре тетра́ди.	Four notebooks *are lying* on the table.

b. In the past tense, if the singular is used, the verb must be in the neuter. For example:

Де́сять де́вушек **шли** в го́род.	Ten girls *were walking* to town.

but

Де́сять де́вушек **шло** в го́род.	Ten girls *were walking* to town.

c. With **мно́го, немно́го, ма́ло,** or **ско́лько,** the verb is usually in the singular. For example:

Мно́го де́вушек **рабо́тает** в конто́ре.	Many girls *work* in the office.
Ско́лько челове́к **рабо́тало** на фа́брике?	How many people *worked* at the factory?

d. **Оди́н** agrees with its noun and verb like an adjective. For example:

Оди́н студе́нт всегда́ **молча́л.**	One student was always silent.
Одна́ студе́нтка всегда́ **молча́ла.**	One student (*f.*) was always silent.
Одно́ письмо́ **лежа́ло** на столе́.	One letter lay on the table.

Упражне́ния

Decline the following in the singular and plural.

1. печа́льная пе́сня   2. молода́я америка́нка   3. си́няя бума́га 4. хоро́шая ло́шадь   5. англи́йский инжене́р   6. широ́кая пло́щадь   7. после́дний трамва́й   8. выходно́й день   9. ма́ленькое по́ле   10. после́днее письмо́   11. большо́е зда́ние   12. тру́дное упражне́ние

У́стные упражне́ния

A. Replace the blanks with the appropriate case endings in the plural.

1. Англи́йск____ тури́сты посети́ли мно́го больш____ европе́йск____ городо́в, но ви́дели ма́ло европе́йск____ дереве́нь. 2. Сове́тск____ ги́ды встре́тили америка́нск____ и испа́нск____ студе́нтов и студе́нток. 3. Они́ та́кже встре́тили большу́ю гру́ппу францу́зск____ тури́стов. 4. Францу́зск____ тури́стам номера́ сове́тск____ гости́ниц каза́лись больш____, но о́чень некраси́в____. 5. Америка́нск____, францу́зск____ и испа́нск____ тури́сты до́лго разгова́ривали с сове́тск____ гра́жданами

о больш___ города́х, краси́в___ зда́ниях и прекра́сн___ универма́гах Евро́пы. 6. Испа́нск___ тури́стам о́чень нра́вился Нью-Йо́рк с его́ широ́к___ площадя́ми, дли́нн___ у́лицами, хоро́ш___ теа́трами и прекра́сн___, но дорог___ гости́ницами. 7. В сове́тск___ универма́гах не́ было ни ле́тн___, ни зи́мн___ костю́мов. 8. По широ́к___ у́лицам Ленингра́да е́хали си́н___ авто́бусы и кра́сн___ трамва́и. 9. Мы встре́тили гру́ппу пло́хо оде́т___ ма́льчиков и де́вочек с печа́льн___ и бле́дн___ ли́цами. 10. Приле́жн___ ученика́м упражне́ния каза́лись интере́сн___ и лёгк___, но лени́в___ они́ каза́лись о́чень тру́дн___. 11. На кни́жн___ по́лках лежа́ло не́сколько си́н___ и зелён___ тетра́дей. 12. Мы расска́зывали наш___ това́рищам о наш___ кани́кулах и выходн___ днях.

B. In place of the infinitive in parentheses, supply the verb in the present and past tenses in the appropriate number. (Exercise based on ¶ 28-3.)

1. Четы́ре тури́ста (жить) в одно́й ко́мнате. 2. Не́сколько де́вушек ка́ждый день (е́здить) в го́род. 3. Ско́лько челове́к (рабо́тать) на фа́брике? 4. Пятна́дцать студе́нток (идти́) в ла́герь. 5. Не́сколько книг (лежа́ть) на по́лках. 6. Мно́го любопы́тных гра́ждан (смотре́ть) на но́вый самолёт. 7. О́чень ма́ло студе́нтов сего́дня (знать) уро́к. 8. То́лько одна́ студе́нтка всегда́ (приготовля́ть) упражне́ния. 9. То́лько одно́ кре́сло (стоя́ть) в за́ле. 10. Пять де́вочек гро́мко (разгова́ривать), но оди́н ма́льчик всё вре́мя (молча́ть).

Перево́д
Omit the words in parentheses and include the words in brackets.

1. A group of American tourists visited several European countries. 2. They also visited several Soviet cities and villages. 3. Soviet guides always waited for them at the (railroad) stations. 4. When they arrived in Moscow, Soviet guides again met them at the station, and went (by vehicle) with them to the Moscow Hotel. 5. The rooms of the hotel seemed to the American tourists too big, but not very good. 6. The tourists wanted to eat and immediately look over Moscow. 7. They wanted to see Red Square, the Lenin Mausoleum, and the Kremlin. 8. They washed quickly and went to the restaurant. 9. Unfortunately, Soviet citizens who were dining in the restaurant began a long conversation with them. 10. They were telling the American tourists about their (own) favorite

squares in Moscow, about the big buildings, wide streets, and beautiful parks. 11. A Soviet professor said [that] they must see the ballet, "Swan Lake," at the Bolshoi Theater, and Chekhov's play, "The Three Sisters." 12. A young Russian girl said that they must see the winter suits and overcoats in the biggest department store in Moscow — G.U.M.

13. The Soviet citizens asked the Americans about American theaters, universities, hotels, restaurants, and libraries. 14. They wanted to know how Americans live, work, rest, and how they spend (their) days off. 15. After two hours the tourists finally went out into the street and began to walk along the sidewalks of the town.

16. The Soviet citizens, whom they saw in the streets, seemed poorly dressed, pale, and sad. 17. But the streets and squares seemed [to them] wide, and the parks and buildings new and beautiful. 18. The American tourists wanted to buy summer suits and coats and went to [пошли́ в] G.U.M. 19. But all the suits and coats were very poor and expensive, and nobody bought anything. 20. Now the tourists understood why the Soviet citizens, whom they saw in the streets, seemed sad.

Вопро́сы

1. Куда́ прие́хали америка́нские тури́сты? 2. Что они́ уже́ посети́ли? 3. Кто встре́тил америка́нских тури́стов на вокза́ле? 4. Как ги́ды Интури́ста говори́ли по-англи́йски? 5. Куда́ тури́сты сейча́с же пое́хали с ги́дами? 6. Где нахо́дится гости́ница "Москва́"? 7. Каки́е номера́ да́ли америка́нским тури́стам в гости́нице "Москва́"? 8. Почему́ тури́сты так спеши́ли? 9. Почему́ они́ не могли́ сейча́с же осмотре́ть го́род? 10. Что они́ ви́дели, когда́ они́ вы́шли из рестора́на на у́лицу? 11. Кто бо́льше зараба́тывает: сове́тские гра́ждане и́ли америка́нцы? 12. Ско́лько челове́к в СССР ча́сто живёт в одно́й ко́мнате? 13. Что тури́сты посети́ли на Кра́сной пло́щади? 14. Что они́ могли́ ви́деть с Кра́сной пло́щади? 15. Заче́м тури́сты пошли́ в ГУМ? 16. Почему́ они́ не купи́ли ни зи́мних костю́мов, ни зи́мних пальто́? 17. Куда́ тури́сты иду́т сего́дня ве́чером? 18. Что они́ бу́дут смотре́ть в Большо́м теа́тре? 19. Что они́ бу́дут смотре́ть за́втра ве́чером? 20. Вы уже́ ви́дели э́ту пье́су Че́хова?

LESSON 29

ДВА́ДЦАТЬ ДЕВЯ́ТЫЙ УРО́К

РАЗБО́РЧИВЫЕ ДЕ́ТИ

Пришла́ о́сень. Мои́ роди́тели, я и моя́ мла́дшая сестра́ верну́лись с да́чи в го́род. В университе́те опя́ть начали́сь заня́тия. В э́том году́ у меня́ мно́го ку́рсов, но они́ все так интере́сны, что рабо́та ка́жется лёгкой. Я о́чень мно́го занима́юсь и наде́юсь, что профессора́ бу́дут мно́ю дово́льны.

Все мои́ бра́тья и сёстры живу́т в го́роде, и я сча́стлива, что я так ча́сто могу́ их ви́деть. Мне осо́бенно прия́тно ви́деть свои́х ма́леньких племя́нников и племя́нниц. Я игра́ю с ни́ми в мяч и́ли расска́зываю им ска́зки, и они́ меня́ за э́то о́чень лю́бят. Они́ всегда́ всем расска́зывают, что тётя А́нна их са́мая люби́мая тётя.

Моя́ ста́ршая сестра́ Ле́на уже́ не́сколько дней нездоро́ва. Я была́ у неё вчера́, и она́ попроси́ла меня́ пойти́ с детьми́ в универма́г и купи́ть им всё, что им ну́жно.

Ве́рочке шесть лет, а Пе́те четы́ре с полови́ной го́да, но они́ уже́ о́чень разбо́рчивы. Племя́ннице нужны́ бы́ли ю́бка, блу́зка, пальто́ и ту́фли. Но ей ничего́ не нра́вилось: одна́ ю́бка была́ сли́шком коротка́, друга́я сли́шком длинна́; одна́ блу́зка мала́, друга́я велика́; одни́ ту́фли широки́, други́е узки́. Племя́ннику нужны́ бы́ли костю́м, сви́тер, руба́шки и носки́. Нам показа́ли краси́вый си́ний костю́м, но он был сли́шком до́рог. Сви́тер был сли́шком мал, а друго́го в универма́ге не́ было. Руба́шки бы́ли сли́шком велики́, а носки́ сли́шком малы́ и некраси́вы. Так мы ничего́ не купи́ли.

Когда́ мы возвраща́лись домо́й, Ве́рочка всё вре́мя молча́ла, а Пе́тя гро́мко пла́кал. Они́ бы́ли о́чень недово́льны свое́й тётей. Никогда́ бо́льше не пойду́ покупа́ть де́тям оде́жду.

Слова́рь

разбо́рчивый, -ая, -ое ; разбо́рчив, -а, -о, -ы fastidious, particular
де́ти (*pl. of* дитя́ *&* ребёнок ; *gen. pl.* дете́й) children (*see* ¶ 29-4 b)

207

роди́тели (*m. pl.*) parents (*father and mother*)
нача́ться (I) (*pf., intrans.*) (*used mostly in the third person*) *fut.* начнётся,
   начну́тся; *past* нача́лся, начала́сь, -о́сь, -и́сь to start, to begin
*заня́тия (*n. pl.*) studies
заня́тия начали́сь studies (*classes*) began
в э́том году́ this year
курс course (*of study*)
интере́сен, интере́сна, -о, -ы interesting (*see* ¶ 29-1 d)
*дово́льный, -ая, -ое; дово́лен, дово́льна, -о, -ы (*with instr.*) satisfied,
   pleased (with) (*see* ¶ 29-1 d)
сестра́ (*pl.* сёстры, *gen. pl.* сестёр, *dat. pl.* сёстрам, etc.) sister
счастли́вый, -ая, -ое (*pr.* щасли́вый); сча́стлив, -а, -о, -ы fortunate
осо́бенно especially
*племя́нник nephew
*племя́нница niece
*ска́зка (*gen. pl.* ска́зок) fairy tale
за (*with acc.*) for (*in return for*)
нездоро́вый, -ая, -ое; нездоро́в, -а, -о, -ы not well, indisposed
попроси́ть (II) (*pf. of* проси́ть, II); *fut.* попрошу́, попро́сишь, -ят to ask,
   to request (*once*)
Ве́рочка (*dim. of* Ве́ра) Verochka
ю́бка (*gen. pl.* ю́бок) skirt
блу́зка (*gen. pl.* блу́зок) blouse
ту́фля (*gen. pl.* ту́фель) low shoe, slipper
коро́ткий, -ая, -ое; ко́роток, коротка́, -о, -и short (*see* ¶ 29-1 d)
дли́нен, длинна́, дли́нно, дли́нны long (*see* ¶ 29-1 d)
ма́лый, -ая, -ое; мал, -а́, -о́, -ы́ small, little (*see* ¶ 29-1 c)
вели́кий, -ая, -ое; вели́к, -а́, -о́, -и́ great, large (*see* ¶ 29-1 c)
одни́ (*pl. of* оди́н) *here* some
широ́к, -а́, -о́, -и́ wide
у́зок, узка́, -о, -и́ narrow, tight (*see* ¶ 29-1 d)
сви́тер sweater
руба́шка (*gen. pl.* руба́шек) shirt
носо́к[fl] (*gen.* носка́) sock
показа́ть (I) (*pf.*); *fut.* покажу́, пока́жешь, -ут; *imper.* покажи́, -и́те
   to show (*once*)
до́рог, -а́, -о, -и expensive; dear
некраси́в, -а, -о, -ы unattractive, ugly
возвраща́ться (I); возвраща́юсь, -ешься, -ются to return, to come back
*недово́льный, -ая, -ое; недово́лен, недово́льна, -о, -ы (*with instr.*)
   dissatisfied, displeased (with) (*see* ¶ 29-1 d)
никогда́ бо́льше never again
*оде́жда clothes

Идио́мы

заня́тия начали́сь school (classes) began
никогда́ бо́льше never again

* From here on, the short adjectival forms will be given along with the
long forms, if both occur in the text.   Only the short forms will be given of
adjectives previously used.

Примечáния

заня́тия studies: *cf.* **занимáться** to study, to busy oneself (with)

довóльный satisfied, pleased with: *cf.* **недовóльный** dissatisfied, displeased with; **довóльно** quite, rather

племя́нник nephew: *cf.* **племя́нница** niece

скáзка fairy tale: *cf.* **сказáть** to say, to tell; **расскáзывать** to relate, to tell

одéжда clothes: *cf.* **одéтый** dressed; **одевáться** to dress oneself

Граммáтика
29-1. Short (Predicative) Forms of Adjectives

a. There are two forms of adjectives in Russian—the *long* and the *short*.

1. The *short* forms are used only as *predicative* adjectives. For example:

LONG (ATTRIBUTIVE)	SHORT (PREDICATIVE)
SINGULAR	
краси́**вый** дом a beautiful house	дом краси́**в** the house is beautiful
краси́**вая** кóмната a beautiful room	кóмната краси́**ва** the room is beautiful
краси́**вое** крéсло a beautiful armchair	крéсло краси́**во** the armchair is beautiful
PLURAL	
краси́**вые** домá beautiful houses	домá краси́**вы** the houses are beautiful
краси́**вые** кóмнаты beautiful rooms	кóмнаты краси́**вы** the rooms are beautiful
краси́**вые** крéсла beautiful armchairs	крéсла краси́**вы** the armchairs are beautiful

2. The short forms are used only in the nominative in modern Russian, except for certain expressions.

3. A few adjectives appear only in the short form and are always used as *predicative* adjectives. For example:

рад, рáда, рáдо, рáды	glad
дóлжен, должнá, должнó, должны́	obliged to

b. The short form is obtained from the stem of the long form as follows:

SINGULAR

Gender	Long Form	Stem	Short Ending	Short Form
m.	краси́вый хоро́ший	красив } хорош }	+ *none* =	{краси́в {хоро́ш
f.	краси́вая хоро́шая	красив } хорош }	+ **-a** =	{краси́ва {хороша́
n.	краси́вое хоро́шее	красив } хорош }	+ **-o** =	{краси́во {хорошо́

PLURAL

m., f., n.	краси́вые	красив	+ **-ы** =	краси́вы
			or	
m., f., n.	хоро́шие	хорош	+ **-и** =	хоро́ши

Note: The short forms are derived mainly from *hard* and *mixed* adjectives, and only rarely from *soft* adjectives.

c. **Большо́й** and **ма́ленький** have no short forms but use instead the short forms of **вели́кий** *big* and **ма́лый** *small*, thus:

long adj.	*m.*	*f.*	*n.*	*plural*
большо́й	вели́к	велика́	велико́	велики́
ма́ленький	мал	мала́	мало́	малы́

d. Fleeting **-e-** *or* **-o-** *in Short Forms.*

Long adjectives whose stems end in two consonants generally insert **-e-** or **-o-** in the masculine when shortened.

1. A **-e-** is inserted if the last consonant of the stem is an **-н**. For example:

Long Form	Short Form			
m.	*m.*	*f.*	*n.*	*pl.*
свобо́дный дово́льный	свобо́ден дово́лен	свобо́дна дово́льна	свобо́дно дово́льно	свобо́дны дово́льны

2. A **-o-** is inserted if the last consonant of the stem is a **-к**. For example:

коро́ткий лёгкий	коро́ток лёгок	коротка́ легка́	коро́тко легко́	коро́тки легки́

Note: There are numerous exceptions to the above rules.

e. Stress in Short Forms.

The masculine and neuter singular and the plural of all three genders frequently retain the stress on the same syllable when shortened, whereas in the feminine singular, the stress shifts to the last syllable. Deviations from the above pattern are so numerous, however, that henceforth all short forms will be treated as new vocabulary and should be memorized.

29-2. Use of Long Forms of Adjectives

a. The long form must be used to qualify a noun. Such *attributive* adjectives precede the noun. For example:

У них **красивая** комната.   They have a *pretty* room.

b. The long form may also be used as a *predicative* adjective. It then follows the noun. For example:

Их комната **красивая**.   Their room is a pretty *one*.
Лето было **приятное**.   The summer was a pleasant *one*.

Note: The predicative use of the long form implies that the pronoun ''one,'' expressed in English, is understood in Russian.

c. The long form, when used as a predicative adjective, generally indicates that the *quality* or *characteristic* attributed to an object is of a permanent nature, whereas the short form indicates that it is of a temporary nature. Compare, for example:

Река **спокойная**. The   Река **спокойна**. The river is
river is a calm *one*.   calm (i.e., it is calm *now*).
Он **больной**. He is a   Он **болен**. He is ill (tem-
sick person.   porarily).

d. A number of adjectives have no short forms. To this group belong the adjectives describing some characteristic which cannot be thought of in terms of varying degrees. For example:

книжная полка   book shelf
школьная газета   school newspaper
зимнее пальто   winter coat
русские туристы   Russian tourists

One can be *more* or *less* interesting, intelligent, or rich, but it is impossible to make such comparisons with regard to adjectives such as ''book,'' ''school,'' ''winter,'' or ''Russian.''

29-3. Adverbial Use of Short Neuter Adjectives

The short neuter forms of many adjectives are also used as adverbs. As such, they modify the verb. For example:

USED AS ADJECTIVES	USED AS ADVERBS
Письмо́ **интере́сно.** The letter is *interesting.*	Он **интере́сно** расска́зывает. He tells (stories) *interestingly.*
Не́бо **я́сно.** The sky is *clear.*	Он **я́сно** отвеча́ет. He answers *clearly.*

29-4. Nouns Irregular in the Plural

a. Hard Nouns with Soft Endings in the Plural—Nominative in **-ья**.

In the following nouns, **-ь-** is inserted in all case endings, except when the ending is **-ей** (i.e., in the *genitive* and *accusative* cases).

1. Nouns with the genitive in **-ей**:

	друг*	**муж**	**сын***
nom.	друзья́	мужья́	сыновья́
gen.	друзе́й	муже́й	сынове́й
dat.	друзья́м	мужья́м	сыновья́м
acc.	друзе́й	муже́й	сынове́й
instr.	друзья́ми	мужья́ми	сыновья́ми
prep.	о друзья́х	о мужья́х	о сыновья́х

2. Nouns with the genitive in **-ев**:†

	брат	**стул**	**перо́**	**де́рево**
nom.	бра́тья	сту́лья	пе́рья	дере́вья
gen.	бра́тьев	сту́льев	пе́рьев	дере́вьев
dat.	бра́тьям	сту́льям	пе́рьям	дере́вьям
acc.	бра́тьев	сту́лья	пе́рья	дере́вья
instr.	бра́тьями	сту́льями	пе́рьями	дере́вьями
prep.	о бра́тьях	о сту́льях	о пе́рьях	о дере́вьях

b. Nouns with Soft Endings in the Plural—Nominative in **-и**.

The following nouns are declined in the plural according to the Third Declension, except for irregularities in stress.

---

* *Note* that the stem changes for **друг** and **сын** and that the stress is on the case endings.

† *Note* that the stress is on the stems.

	сосéд (like тетрáдь)	человéк	дитя́ (n.) or ребёнок (m.)
nom.	сосéди	лю́ди	дéти
gen.	сосéдей	людéй	детéй
dat.	сосéдям	лю́дям	дéтям
acc.	сосéдей	людéй	детéй
instr.	сосéдями	людьми́	детьми́
prep.	о сосéдях	о лю́дях	о дéтях

Упражнéния

A. Rewrite the following phrases, replacing the long forms of the adjectives with the short ones. Indicate the stress for each adjective and change the word order as required. Refer to the *Russian-English Vocabulary* for unfamiliar short forms and for the stress. (Exercise based on ¶ **29-1**.)

1. краси́вый дом   2. краси́вая гости́ница   3. краси́вое здáние
4. краси́вые городá   5. разбóрчивый племя́нник   6. разбóр-
чивая племя́нница   7. разбóрчивые дéти   8. большóй сад
9. большáя дáча   10. больши́е лесá   11. мáленький брат   12.
мáленькая сестрá   13. мáленькие дéвочки   14. хорóший вéчер
15. хорóшая ночь   16. хорóшее ýтро   17. хорóшие дни   18.
печáльный студéнт   19. печáльная студéнтка   20. печáльное
лицó   21. печáльные лю́ди (people)   22. довóльный сын
23. довóльная дочь   24. довóльные роди́тели   25. широ́кий
парк 26. широ́кая плóщадь   27. широ́кое пóле   28. широ́кие
рéки 29. дли́нный разговóр 30. дли́нная лéкция 31. дли́нное
упражнéние   32. дли́нные кани́кулы   33. корóткий носóк
34. корóткая ю́бка   35. корóткое пальтó   36. корóткие рýки
37. ýзкий сви́тер 38. ýзкая блýзка 39. ýзкое окнó 40. ýзкие
тýфли 41. дорогóй костю́м   42. дорогáя одéжда   43. дорогóе
крéсло 44. дороги́е стýлья   45. дороги́е пéрья

B. Decline the following phrases in the plural. (Exercise based on ¶ **29-3**.)

1. молодóй друг   2. счастли́вый муж   3. люби́мый сын
4. млáдший брат   5. дорогóй стул   6. си́нее перó   7. зелёное
дéрево 8. хорóший сосéд 9. вáжный человéк 10. мáленький
ребёнок

Ýстные упражнéния

Replace the English words in italics with the long or the short forms of adjectives, as required by the context, and indicate the stress.

1. Какие *fastidious* дети! Нам кажется, что Вёрочка и Пётя слишком *fastidious*. 2. Лёна очень *satisfied* своей *new* блузкой, но её брат Вася *dissatisfied* своим *new* свитером. 3. Сегодня лёкция была очень *interesting*, но слишком *long*. 4. Недавно наш курс казался мне *interesting* и *easy*. Но теперь я думаю, что он довольно *difficult*. 5. Я *happy* (*f.*), что мои родители мною *pleased with*. 6. Наша учительница сегодня *not well*. 7. Моя *white* рубашка слишком *small* и *unattractive*. 8. Я люблю *long* юбки и пальто, но все мои юбки *short* и пальто тоже *short*. 9. Эти туфли слишком *big* и *expensive*. 10. Улицы нашего города слишком *narrow*, а площади слишком *wide*.

Перевод

A. Omit the words in parentheses and include the words in brackets.

1. My nephew is not well. 2. Our niece was indisposed yesterday. 3. Peter is very happy now. 4. Your parents are happy because you are all diligent.

5. "Verochka, show me your new skirt. Are you pleased with it [ёю]?" 6. "It is very pretty, but unfortunately (it is) too short." 7. "And how do you like the new shoes?" 8. "They are too tight."

9. The blouse was too expensive and we did not buy it. 10. We bought no suits because they were all too big or too small. 11. The shirts in this department store are too long, the coats are too wide, and the socks are too expensive and ugly. 12. I am very dissatisfied with my clothes, but I am satisfied with my new sweater. 13. We are very pleased with our professors and our courses. 14. The husband is very unattractive, but the wife is beautiful. 15. He is so fastidious because he is not well. 16. I shall be free (*f.*) after school [studies] and shall go with the children to the store. 17. We were returning home with your sisters' friends [with friends of your sisters]. 18. The streets are very long and narrow, but the squares are big and wide.

B. Translate this version of the text; then retell it as much as possible in your own words. Omit the words in parentheses and include the words in brackets.

1. When fall came, Anne returned to town with her parents. 2. She is a student and attends the university. 3. This year classes began very early. 4. Anne has many difficult courses, but they are all very interesting. 5. Her professors are very pleased with her because she is diligent and loves her studies.

6. Anne lives with her parents.   7. They have a big apartment in town, but it is too small for [**для**] all her brothers and sisters. 8. Anne is fortunate to have [that she has] her own [**своя**] room. 9. The room is not very big, but nobody can keep her (from) studying [to study].

10. Anne is very fond of her older sister's children, and the children are also very fond of her.   11. But yesterday they were very dissatisfied with their aunt.   12. Anne went with the children to the store.   13. She wanted to buy Verochka a new skirt and Petya new shirts and socks.   14. They showed Verochka a beautiful blue skirt, but it was too short and expensive, and Anne did not buy it.   15. She also bought nothing for Petya because the shirts were too big and the socks too tight.   16. Petya burst into tears and then Verochka also began to cry.   17. Anne now thinks that it is not very easy to be a mother [**ма́терью**].

Вопро́сы

1. Где А́нна провела́ ле́то с роди́телями?   2. Когда́ они́ верну́лись в го́род?   3. Где опя́ть начали́сь заня́тия?   4. Ско́лько ку́рсов у А́нны в э́том году́?   5. Почему́ рабо́та ей ка́жется лёгкой?   6. Почему́ она́ так сча́стлива, что живёт в го́роде? 7. Кого́ ей осо́бенно прия́тно ви́деть?   8. Почему́ де́ти так лю́бят А́нну?   9. Кто уже́ не́сколько дней нездоро́в?   10. Куда́ Ле́на попроси́ла сестру́ пойти́ с детьми́?   11. Ско́лько лет Ве́рочке и ско́лько лет Пе́те?   12. Что ну́жно бы́ло купи́ть для племя́нницы?   13. Что ну́жно бы́ло купи́ть племя́ннику?   14. Како́й костю́м им показа́ли?   15. Почему́ А́нна не купи́ла костю́ма?   16. Почему́ она́ не купи́ла сви́тера?   17. Почему́ ю́бки, блу́зки и ту́фли не нра́вились Ве́рочке?   18. Что де́лала Ве́рочка, когда́ они́ возвраща́лись домо́й?   19. А что де́лал Пе́тя?   20. Почему́ А́нна никогда́ бо́льше не пойдёт покупа́ть де́тям оде́жду?

ТРИДЦА́ТЫЙ УРО́К

ВРЕМЕНА́ ГО́ДА

Наконе́ц прошёл февра́ль ме́сяц с его́ ве́трами, и наступи́л март. Дни ста́ли длинне́е, чем в феврале́. Со́лнце на́чало греть сильне́е, и пого́да ста́ла тепле́е. В конце́ ма́рта на́чал та́ять снег, и пти́цы на́чали возвраща́ться из тёплых стран.

Вот уже́ прошёл апре́ль, и наступи́л ме́сяц май. Дни стано́вятся всё длинне́е и прия́тнее, а но́чи всё коро́че и коро́че. На дере́вьях появля́ются ли́стья. На поля́х и в лесу́ появля́ется пе́рвая зелёная трава́. Сильне́е све́тит со́лнце. Гро́мче и веселе́е пою́т пти́цы.

Весно́й в деревня́х бо́льше рабо́ты, чем зимо́й. Весь день мужчи́ны и же́нщины рабо́тают на поля́х и́ли в сада́х. В э́то вре́мя го́да в города́х та́кже бо́льше рабо́ты у всех. В конце́ апре́ля и в нача́ле ма́я ученики́ и студе́нты гото́вятся к экза́менам, же́нщины чи́стят кварти́ры, а в выходны́е дни мужчи́ны мо́ют свои́ автомоби́ли и́ли рабо́тают в сада́х. Все ра́ды, что зима́ прошла́, и что наконе́ц наступи́ла весна́.

Всегда́ ка́жется, что весна́ прохо́дит быстре́е зимы́ и́ли о́сени. Уже́ в ию́не стано́вится жа́рко и ещё жа́рче в ию́ле и в а́вгусте. Все хотя́т проводи́ть ле́тние ме́сяцы на да́че и́ли в ла́гере.

Наступа́ет сентя́брь. Со́лнце уже́ не гре́ет так си́льно. Ча́сто идёт дождь. В шко́лах начина́ются заня́тия. Лю́ди возвраща́ются в го́род. В конце́ октября́ и в ноябре́ уже́ идёт снег.

Наконе́ц наступа́ет дли́нная зима́. В декабре́, в январе́ и в феврале́ о́чень хо́лодно. Хо́чется сиде́ть до́ма и не выходи́ть на у́лицу, осо́бенно ве́чером. Всегда́ ка́жется, что зима́ прохо́дит ме́дленнее всех други́х времён го́да. Но и зимо́й, в я́сные дни, **прия́тно** гуля́ть и́ли занима́ться зи́мним спо́ртом.

Словарь

The names of the months are given first. *Note* that they are all masculine and belong to the Second Declension; also that they are capitalized in Russian like common nouns, i.e., only when they begin a sentence.

янва́рь (*m.*) (*gen.* января́) January — в январе́ in January
февра́ль (*m.*) (*gen.* февраля́) February — в феврале́ in February
март March — в ма́рте in March
апре́ль (*m.*) April — в апре́ле in April
май May — в ма́е in May
ию́нь (*m.*) June — в ию́не in June
ию́ль (*m.*) July — в ию́ле in July
а́вгуст August — в а́вгусте in August
сентя́брь (*m.*) (*gen.* сентября́) September — в сентябре́ in September
октя́брь (*m.*) (*gen.* октября́) October — в октябре́ in October
ноя́брь (*m.*) (*gen.* ноября́) November — в ноябре́ in November
дека́брь (*m.*) (*gen.* декабря́) December — в декабре́ in December

вре́мя (*gen.* вре́мени, *pl.* времена́, *gen. pl.* времён) time (*see* ¶ 30-4)
вре́мя го́да season
пройти́ (I) (*pf. of* проходи́ть, II); *fut.* пройду́, -ёшь, -у́т; *past* прошёл, прошла́, -о́, -и́; *imper.* пройди́, -и́те to pass, to go by (*once*)
февра́ль ме́сяц the month of February
ве́тер^fl (*gen.* ве́тра) wind
наступа́ть (II) *pf.*; *fut.* наступлю́, наступи́шь, -ят to come (*of time*)
стать (I) *pf.*; *fut.* ста́ну, ста́нешь, -ут; *past* стал, -а, -о, -и; *imper.* стань, ста́ньте to become, to get (*once*)
длинне́е longer (*see* ¶ 30-1 b-1)
чем (*conj.*) than (*see* ¶ 30-3)
греть (I); гре́ю, -ешь, -ют to warm, to heat
си́льный, -ая, -ое; си́лен, сильна́, -о, -ы; сильне́е strong
тёплый, -ая, -ое; тёпел, тепла́, -о, -ы́; тепле́е warm
*конец (*gen.* конца́; *pl.* концы́) end
та́ять (I); та́ю, -ешь, -ют to thaw, to melt
снег (*pl.* снега́, *gen. pl.* снего́в) snow
станови́ться (II) (*pf.* стать, I); становлю́сь, стано́вишься, -ятся to become, to get
всё длинне́е continually longer
прия́тный, -ая, -ое; прия́тен, -а, -о, -ы; прия́тнее pleasant
коро́че shorter (*see* ¶ 30-1 b-3)
появля́ться (I); появля́юсь, -ешься, -ются to appear
лист (*pl.* ли́стья, *decl. like* сту́лья) leaf (*see* ¶ 29-4 a-2)
гро́мче louder (*see* ¶ 30-1 b-2)
весёлый, -ая, -ое; ве́сел, весела́, -о, -ы; веселе́е cheerful, gay
*мужчи́на (*m.*) man
*же́нщина woman
*нача́ло beginning (*noun*)
*гото́виться (II); гото́влюсь, -ишься, -ятся to prepare oneself
гото́виться к экза́мену to prepare for an examination
чи́стить (II); чи́щу, чи́стишь, -ят to clean
проходи́ть (II) (*pf.* пройти́, I); прохожу́, прохо́дишь, -ят to pass, to go by
быстре́е more rapidly

люди (*nom. pl. of* человек) people, men and women (*see* ¶ 29-4 b)
жарче hotter
заниматься (I); (*with instr.*); занимаюсь, -ешься, -ются to go in for
спорт (*no pl.*) sport

Примечания

конец end: *cf.* наконец at last
мужчина man: *cf.* муж husband
женщина woman: *cf.* жена wife
начало beginning: *cf.* начать to begin (*once*)
готовиться to prepare oneself: *cf.* приготовить to prepare (*once*)

Грамматика

30-1. Simple Comparative of Adjectives

a. Degrees of Comparison.

1. There are three degrees of comparison in Russian as in
English: the *positive*, the *comparative*, and the *superlative*.

2. The *comparative* degree of adjectives has two forms: the
simple and the *compound*. (For the compound form, see ¶ 31-1.)

b. Formation.

1. The simple comparative for the three genders, singular and
plural, is formed by adding the suffix **-ee** or **-ей** to the stem of the
long form of the adjective. The former suffix is used more frequently. For example:

POSITIVE		SIMPLE COMPARATIVE	
красивый	handsome	красивее ⎫ красивей ⎭	handsomer
милый	dear, lovely	милее ⎫ милей ⎭	dearer, lovelier

2. If the stem ends in **-г**, **-к**, **-х** or in **-д**, **-т**, **-ст**, the suffix **-е**
is added instead, and the following change of consonants usually
takes place. For example:

POSITIVE	CHANGE	SIMPLE COMPARATIVE	
дорогой	г to ж	дороже	dearer; more expensive
громкий	к to ч	громче	louder
тихий	х to ш	тише	quieter
молодой	д to ж	моложе	younger
богатый	т to ч	богаче	richer
толстый	ст to щ	толще	thicker

3. Some adjectives with stems in **-к** or **-ок** drop these letters in the simple comparative. For example:

POSITIVE	DROP	CHANGE	SIMPLE COMPARATIVE	
коро́ткий	к	т to ч	коро́че	shorter
широ́кий	ок		ши́ре	wider
высо́кий	ок	с to ш	вы́ше	taller, higher

4. A few common adjectives have special forms for the simple comparative. For example:

POSITIVE		SIMPLE COMPARATIVE	
хоро́ший	good	лу́чше	better
плохо́й	bad	ху́же	worse
большо́й	big	бо́льше	bigger
ма́ленький	small	ме́ньше	smaller
ста́рый	old	ста́рше	older (for age or seniority in rank)

c. Stress.

1. The simple comparative in **-ee** is stressed on the same syllable as the short feminine form of the positive. For example:

краси́ва	краси́вее
приле́жна	приле́жнее
интере́сна	интере́снее

2. When the short feminine form of the positive is stressed on the ending, the suffix **-ee** of the simple comparative is also stressed. For example:

ясна́	ясне́е
мила́	миле́е
трудна́	трудне́е

d. Use.

The simple form of the comparative adjective is not declined, and can be used only as a predicate adjective. For example:

Его́ письмо́ **интере́снее.**	His letter is *more interesting.*
Не́бо сего́дня **ясне́е.**	The sky is *clearer* today.

30-2. Simple Comparative of Adverbs*

a. The comparative form of adverbs is identical with the simple comparative of adjectives.

* For the compound form, see ¶ 31-2.

b. As an adverb, the comparative form modifies the verb and answers the question *how?*; as an adjective, it modifies the noun. For example:

COMPARATIVE USED AS ADJECTIVE	COMPARATIVE USED AS ADVERB
Муж **интере́снее** жены́. The husband is *more interesting* than (his) wife.	Муж **интере́снее** расска́зывает, чем жена́. The husband tells (stories) *more interestingly* than (his) wife.
Сестра́ **приле́жнее**, чем брат. The sister is *more diligent* than her brother.	Сестра́ занима́ется **приле́жнее**, чем брат. The sister studies *more diligently* than her brother.

30-3. The Conjunction "than"

a. After simple comparative adjectives, the conjunction *than* may be expressed either by **чем** or by the *genitive*:

1. By **чем** + the *normal case* of the thing compared. For example:

Во́лга ши́ре, **чем** Днепр.	The Volga is wider *than* the Dnieper.
Ле́на ста́рше, **чем А́нна**.	Lena is older *than* Anne.

Note: The conjunction **чем** is always preceded by a comma.

2. By the *genitive* of the thing compared. For example:

Во́лга ши́ре **Днепра́**.	The Volga is wider *than* the Dnieper.
Ле́на ста́рше **А́нны**.	Lena is older *than* Anne.

b. **Чем** must be used in the following cases:

1. To avoid ambiguity, when the simple comparative adjective is followed by **его́** (*his*), **её** (*hers*), or **их** (*theirs*) used without a noun. For example:

Моя́ ко́мната ху́же, **чем** его́.   My room is worse *than* his.
(Without **чем** the sentence would mean: "My room is worse than *he is*.")

Моя́ соба́ка бо́льше, **чем** её.   My dog is bigger *than* hers.
(Without **чем** the sentence would mean: ''My dog is bigger than *she is.*'')

2. When the comparison is between *verbs* or *adverbs*. For example:

Ива́н бо́льше **отдыха́ет**, чем   Ivan *rests* more than he *works.*
   рабо́тает.
Здесь прия́тнее, чем **там**.   It is pleasanter *here* than *there*

30-4. Declension of Neuter Nouns in -мя*

SINGULAR

nom.	и́мя	вре́мя
gen.	и́мени	вре́мени
dat.	и́мени	вре́мени
acc.	и́мя	вре́мя
instr.	и́менем	вре́менем
prep.	об и́мени	о вре́мени

PLURAL

nom.	имена́	времена́
gen.	имён	времён
dat.	имена́м	времена́м
acc.	имена́	времена́
instr.	имена́ми	времена́ми
prep.	об имена́х	о времена́х

Упражне́ния

A. Supply the short masculine and feminine forms and the simple comparative of each of the following adjectives, and indicate the stress. Consult the *Russian-English Vocabulary* for the short and simple comparative forms. (Exercise based on ¶ **30-1**.) For example:

   прия́тный — прия́тен, прия́тна; прия́тнее
   хоро́ший — хоро́ш, хороша́; лу́чше

1. весёлый   2. печа́льный   3. дли́нный   4. коро́ткий
5. краси́вый   6. некраси́вый   7. тёплый   8. холо́дный
9. дово́льный   10. недово́льный   11. молодо́й   12. ста́рый
13. приле́жный   14. лени́вый   15. интере́сный   16. си́льный
17. счастли́вый   18. свобо́дный   19. ва́жный   20. тру́дный

* *See also* ¶ **26-5**.

B. Decline the following in the singular and plural.

1. ру́сское и́мя   2. но́вое вре́мя

У́стные упражне́ния

A. Read the following sentences, omitting **чем** and using instead the *genitive* case of the appropriate words. (Exercise based on ¶ **30-3**.)

1. Март тепле́е, чем февра́ль.   2. Ле́том но́чи коро́че, чем дни.   3. Ива́н сильне́е, чем Ма́ша.   4. Же́нщины любопы́тнее, чем мужчи́ны.   5. Мужчи́ны лени́вее, чем же́нщины.   6. Сёстры приле́жнее, чем бра́тья.   7. Твоё пальто́ ши́ре, чем моё.   8. На́ша у́лица длинне́е, чем ва́ша.   9. Ки́ев ме́ньше, чем Ленингра́д.   10. Нью-Йо́рк бо́льше, чем Москва́.

B. In place of the positive adverb in parentheses, use the comparative (*see* ¶ **30-2**).

1. Ле́том (прия́тно) гуля́ть, чем о́сенью, потому́ что (тепло́). 2. В апре́ле со́лнце гре́ет (си́льно), чем в ма́рте.   3. Вы всегда́ говори́те (ти́хо) меня́.   4. Когда́ мы игра́ем в мяч, Бори́с кричи́т (гро́мко) всех.   5. Ва́ся (мно́го) занима́ется, чем Бори́с, но всегда́ (пло́хо) его́ отвеча́ет в кла́ссе.   6. Сего́дня наш профе́ссор (я́сно) объясни́л уро́к, чем вчера́.   7. Я (бы́стро) чита́ю по-испа́нски, чем по-ру́сски, но говорю́ (ме́дленно). 8. Мы пи́шем по-францу́зски (хорошо́), чем говори́м.   9. Сове́тские гра́ждане (ма́ло) зараба́тывают, чем америка́нцы. 10. В большо́м го́роде мо́жно (ве́село) и (интере́сно) проводи́ть вре́мя, чем в дере́вне.

Перево́д

A. Omit the words in parentheses and include the words in brackets (refer to ¶ **30-3 b** and ¶ **30-4**).

1. My room is wider than his.   2. Your brother is younger than hers, but he is older than she is.   3. Our teacher (*f.*) is more interesting than theirs.   4. Your friends are happier than you are. 5. She speaks faster than (she) reads.   6. It is more difficult to speak French than Spanish because French pronunciation is more difficult than Spanish.   7. I play the piano worse than you do. 8. You remember the names of your neighbors, but you do not remember the names of your friends.   9. How many seasons are there in a year [**в году́**]?   10. There are four seasons in a year.

B. Include words in brackets.

LESSON 30

1. At the end of March it is warmer than in February. 2. At the beginning of April the snow melts faster than in March. 3. In May the weather becomes warmer and pleasanter. 4. The first green grass appears in the fields and in the forests. 5. Leaves again appear on the trees, and the birds return from warm countries. 6. In June and in July it becomes still [ещё] warmer.

7. In the spring there is more work in the villages than in the winter. 8. Men and women work in the fields or in the gardens. 9. In the cities, the women clean the apartments and the students get ready for examinations. 10. Everybody is happy that winter is over [passed] and that spring finally came.

11. I like all the seasons, but I like spring better [more] than summer and fall better than winter. 12. It seems to me that winter passes more slowly than all the other seasons. 13. In January the winds are stronger than in February. 14. November is warmer than December but colder than October. 15. But even in December, January, and February I am not bored, because I go in for winter sports [sport].

Вопро́сы

1. В како́м ме́сяце ве́тры сильне́е, в ма́рте и́ли в апре́ле? 2. Когда́ дни длинне́е, в феврале́ и́ли в ма́рте? 3. Когда́ пого́да теплее́, в апре́ле и́ли в ма́е? 4. Когда́ со́лнце гре́ет сильне́е, в январе́ и́ли в декабре́? 5. Когда́ у нас начина́ет та́ять снег? 6. Когда́ появля́ется пе́рвая трава́ в на́шем го́роде? 7. Когда́ на дере́вьях появля́ются зелёные ли́стья? 8. Когда́ но́чи коро́че, ле́том и́ли зимо́й? 9. Когда́ пти́цы пою́т гро́мче, весно́й и́ли о́сенью? 10. Когда́ у всех бо́льше рабо́ты, весно́й и́ли ле́том? 11. К чему́ ученики́ гото́вятся весно́й? 12. Что де́лают же́нщины весно́й? 13. Что де́лают мужчи́ны? 14. Кто бо́льше рабо́тает, мужчи́ны и́ли же́нщины? 15. Когда́ ча́сто иду́т дожди́? 16. Когда́ холодне́е, в январе́ и́ли в феврале́? 17. Како́е вре́мя го́да вам нра́вится бо́льше други́х? Почему́? 18. Почему́ ка́жется, что зима́ прохо́дит ме́дленнее всех други́х времён го́да?

LESSON 31

ТРИ́ДЦАТЬ ПЕ́РВЫЙ УРО́К

ПОВТОРЕ́НИЕ—МАТЬ УЧЕ́НИЯ

Мы уже́ не́сколько ме́сяцев изуча́ем ру́сский язы́к. Мы чита́ем, пи́шем, перево́дим с англи́йского языка́ на ру́сский и всё бо́льше и бо́льше разгова́риваем по-ру́сски в кла́ссе. Наш профе́ссор, Пётр Ива́нович Каре́нин, обеща́ет, что в конце́ го́да мы бу́дем говори́ть в кла́ссе то́лько по-ру́сски.

За после́дние не́сколько неде́ль мы сде́лали больши́е успе́хи. Ру́сский язы́к тепе́рь нам ка́жется бо́лее интере́сным и лёгким. Да́же на́ши упражне́ния по грамма́тике нам ка́жутся ме́нее дли́нными. Мы де́лаем всё ме́ньше и ме́ньше оши́бок, ча́ще задаём друг дру́гу вопро́сы по-ру́сски, и нам бо́лее ве́село в кла́ссе.

Че́рез не́сколько дней у нас бу́дет экза́мен, и мы тепе́рь повторя́ем всё, что учи́ли в э́том году́. Господи́н Каре́нин всегда́ говори́т: '' 'Повторе́ние — мать уче́ния.' Кто не повторя́ет, тот всё забыва́ет.'' Вот вопро́сы, кото́рые нам сего́дня задава́л Пётр Ива́нович, и отве́ты на́ших студе́нтов:

Пр.: — Бори́с, скажи́те, пожа́луйста, ско́лько дней в неде́ле?

Б.: — В неде́ле семь дней.

Пр.: — Как э́ти дни называ́ются?

Б.: — Они́ называ́ются: понеде́льник, вто́рник, среда́, четве́рг, пя́тница, суббо́та и воскресе́нье.

Пр.: — Како́й пе́рвый день неде́ли и како́й после́дний?

Б.: — Понеде́льник — пе́рвый день неде́ли, а воскресе́нье после́дний.

Пр.: — Ско́лько дней в неде́лю вы хо́дите в университе́т?

Б.: — Мы хо́дим в университе́т шесть дней в неде́лю, а в воскресе́нье мы отдыха́ем.

Пр.: — Ско́лько неде́ль в ме́сяце?

Б.: — В ме́сяце четы́ре неде́ли и два и́ли три дня.

224

Пр. : — Пра́вильно. А ско́лько ме́сяцев в году́?

Б. : — В году́ двена́дцать ме́сяцев : янва́рь, февра́ль, март, апре́ль, май, ию́нь, ию́ль, а́вгуст, сентя́брь, октя́брь, ноя́брь и дека́брь.

Пр. : — О́чень хорошо́.

Б. : — Сего́дня, Пётр Ива́нович, вы задаёте нам о́чень лёгкие вопро́сы. Задава́йте нам, пожа́луйста, вопро́сы потрудне́е.

Пр. : — Я стара́лся задава́ть вопро́сы поле́гче, но е́сли хоти́те, то бу́ду задава́ть бо́лее тру́дные вопро́сы. Скажи́те, пожа́луйста, Ма́ша, в каки́е ме́сяцы приро́да ме́нее краси́ва, чем весно́й?

М. : — В конце́ а́вгуста и в сентябре́ приро́да ме́нее краси́ва, чем весно́й. Ча́сто идёт дождь. Но в октябре́ и в ноябре́, когда́ ли́стья меня́ют свой цвет, приро́да стано́вится бо́лее краси́вой.

Пр. : — Ско́лько у нас времён го́да?

М. : — У нас четы́ре вре́мени го́да : весна́, ле́то, о́сень и зима́.

Пр. : — Каки́е ме́сяцы весе́нние, каки́е ле́тние, каки́е осе́нние, и каки́е зи́мние?

М. : — Э́ти вопро́сы, Пётр Ива́нович, гора́здо трудне́е тех, кото́рые вы задава́ли Бори́су. Задава́йте нам, пожа́луйста, вопро́сы поле́гче.

Пр. : — Бори́с хо́чет вопро́сы потрудне́е, а Ма́ша хо́чет вопро́сы поле́гче. Алекса́ндр хо́чет то́лько переводи́ть, а Ве́ра хо́чет то́лько разгова́ривать. . . . Тру́дно быть профе́ссором!

Слова́рь

*повторе́ние repetition
*уче́ние learning (*noun*)
Повторе́ние — мать уче́ния. Practice makes perfect. (*lit.*, Repetition is the mother of learning.)
переводи́ть (**II**) ; перевожу́, перево́дишь, -ят to translate
успе́х success
де́лать успе́хи to make progress
бо́лее (*adv.*) more (*see* ¶ **31-1**)
по (*with dat.*) *here* in
по грамма́тике in grammar
ме́нее (*adv.*) less (*see* ¶ **31-1**)
ме́ньше (*adv.*) less (*see* ¶ **31-2**)
оши́бка (*gen. pl.* оши́бок) mistake
ча́ще more frequently, oftener
задава́ть (**I**) ; задаю́, -ёшь, -ю́т to give; to assign (*a task*)
задава́ть вопро́сы to ask questions
ве́село it is cheerful, gay
мне ве́село I am having fun, am having a good time
★повторя́ть (**I**) ; повторя́ю, -ешь, -ют to repeat; to review
тот, та, то ; те that (*see* ¶ **31-5**)
э́тот, э́та, э́то ; э́ти this (*see* ¶ **31-5**)

называ́ться (I); называ́юсь, -ешься, -ются to be called, to be named
пра́вильно correct, that is correct
потрудне́е a little more difficult, rather more difficult (*see* ¶ 31-3)
стара́ться (I); стара́юсь, -ешься, -ются to try, to endeavor
поле́гче (*pr.* поле́хче) rather easy
приро́да nature (*physical*)
меня́ть (I); меня́ю, -ешь, -ют to change
★весе́нний, -яя, -ee spring (*adj.*)
★осе́нний, -яя, -ee fall (*adj.*)
гора́здо (*adv.*) much (*with compar.*)

Идио́мы

Повторе́ние — мать уче́ния (*or* повторе́нье — мать уче́нья) Practice
makes perfect
де́лать успе́хи to make progress
задава́ть вопро́сы to ask questions

Примеча́ния

повторе́ние repetition: *cf.* повторя́ть to repeat

уче́ние learning: *cf.* учи́ть to study, to learn

Note that a noun is often derived from the stem of the verb by adding the suffix
-ение; also that the older spellings повторе́нье and уче́нье are still used in
proverbs today.

весе́нний spring (*adj.*): *cf.* весна́ spring (*noun*)

осе́нний fall (*adj.*): *cf.* о́сень fall (*noun*)

Грамма́тика
31-1. Compound Comparative of Adjectives

a. The compound comparative is formed by adding the adverbs
бо́лее (*more*) or ме́нее (*less*) to any of the declensional forms of the
positive. For example:

Э́то бо́лее тру́дный уро́к.	This is a *more difficult* lesson.
Сего́дня я прочита́л бо́лее интере́сную кни́гу.	Today I read a *more interesting* book.
Вам да́ли ме́нее приле́жных студе́нтов, чем мне.	They gave you *less diligent* students than me.

Note: Less must be expressed by the compound form with ме́нее.

b. The compound comparative may also be formed by adding
бо́лее and ме́нее to the short forms of the positive. For example:

Сего́дня уро́к бо́лее тру́ден.	Today the lesson is *more difficult*.
Ва́ши студе́нты ме́нее приле́жны.	Your students are *less diligent*.

The compound comparative with the long forms of the adjectives is usually used attributively; with the short forms, it is usually used as a predicative adjective.

c. The compound comparative with the long form of the adjective must always be used in oblique cases, since neither the simple comparative nor the short adjective is declined. For example:

Я предпочита́ю учи́ть **бо́лее** приле́жных студе́нтов.	I prefer to teach more diligent students.
Мы хоти́м жить в **бо́лее** интере́сном го́роде.	We want to live in a more interesting town.

d. The conjunction *than* must be expressed by **чем** after compound comparative adjectives. For example:

Же́ня бо́лее разбо́рчивая де́вушка, **чем** А́нна.	Zhenya is a more fastidious girl *than* Anne.
А́нна ме́нее разбо́рчива, **чем** Же́ня.	Anne is less fastidious *than* Zhenya.

31-2. Compound Comparative of Adverbs

a. The compound comparative of adverbs is formed by adding **бо́лее** or **ме́нее** to the positive form of the adverb. For example:

Оте́ц говори́т **бо́лее гро́мко,** чем мать.	Father talks *more loudly* than mother.
Зима́ прохо́дит **ме́нее бы́стро**, чем весна́.	Winter passes *less rapidly* than spring.

Note: **Чем** must be used to express the conjunction *than*.

b. The adverbs **бо́льше** (*more*) and **ме́ньше** (*less*) modify verbs and must not be confused with **бо́лее** and **ме́нее**. For example:

Он зна́ет бо́льше меня́.	He knows more than I.

Note: **Бо́льше** and **ме́ньше** are also adjectives and, as such, mean *bigger* and *smaller*.

31-3. Comparative Adjectives and Adverbs with по-

When **по-** is prefixed to the simple comparative of adjectives or adverbs, it adds the meaning of *a little* or *rather*. For example:

Говори́те **по**гро́мче.	Speak *a little* louder.
Задава́йте нам вопро́сы **по**трудне́е.	Ask us *rather more difficult* questions.

31-4. Declension of the Reciprocal Pronoun: друг дру́га

Only the second word is declined and stressed.

	DECLENSION	EXAMPLES
nom.	*none*	
gen.	друг дру́га	Они́ ча́сто обе́дают **друг у дру́га.** They often dine at *each other's* house.
dat.	друг дру́гу	Студе́нты задаю́т **друг дру́гу** вопро́сы. The students ask *each other* questions.
acc.	друг дру́га	Брат и сестра́ лю́бят **друг дру́га.** Brother and sister love *each other*.
instr.	друг с дру́гом	Сосе́ди разгова́ривают **друг с дру́гом.** The neighbors converse with *each other*.
prep.	друг о дру́ге	Они́ забы́ли **друг о дру́ге.** They forgot about *each other*.

31-5. Declension of the Demonstratives э́тот and тот

The demonstrative pronoun э́тот (*this*) refers to an object near the speaker, and тот (*that*) to one farther away from the speaker.

Case	Singular			Plural for All Genders
	m.	*f.*	*n.*	
nom.	э́тот	э́та	э́то	э́ти
gen.	э́того	э́той	э́того	э́тих
dat.	э́тому	э́той	э́тому	э́тим
acc.	э́тот *or* э́того	э́ту	э́то	э́ти *or* э́тих
instr.	э́тим	э́той (-ою)	э́тим	э́тими
prep.	об э́том	об э́той	об э́том	об э́тих
nom.	тот	та	то	те
gen.	того́	той	того́	тех
dat.	тому́	той	тому́	тем
acc.	тот *or* того́	ту	то	те *or* тех
instr.	тем	той (-о́ю)	тем	те́ми
prep.	о том	о той	о том	о тех

Упражнения

A. Change the simple comparative adjectives or adverbs in the following sentences to compound comparatives, using **чем** when required (refer to ¶ **31-1** and ¶ **29-2 c**):

1. Вы говорите быстрее, чем вы читаете. 2. Отвечайте, пожалуйста, яснее и медленнее. 3. Ваш голос приятнее, чем его. 4. Весной природа красивее, чем осенью. 5. Летом приятнее гулять, чем зимой. 6. Вчера было холоднее, чем сегодня. 7. Пётр сильнее Ивана. 8. Михаил сегодня разборчивее Маши. 9. Та улица короче этой. 10. Эта площадь шире той.

B. Supply the Russian equivalents for the English words in italics. (Exercise based on ¶ **31-4**.)

1. Маша и Вера живут в разных городах, но они часто видят *each other*. 2. Иногда они проводят *at each other's house* несколько дней. 3. Они любят гулять *with each other* и рассказывать *each other* свои секреты. 4. Когда они не могут видеть *each other*, они пишут *each other* длинные письма. 5. Дома они всегда говорят *about each other*.

C. Supply the Russian equivalents for the English words in italics (*see* ¶ **31-3**):

1. Пишите нам, пожалуйста, *a little more often*. 2. Отдыхайте *a little less* и работайте *a little more*. 3. Задавайте нам упражнения *a little easier* и *a little shorter*. 4. Здесь очень жарко. Откройте, пожалуйста, дверь *a little more widely*. 5. Все уже спят. Говорите, пожалуйста, *a little more quietly*. 6. Я вас не слышу. Говорите *a little louder*. 7. Купите одежду *rather warmer*. 8. Дайте мне юбку *a little longer* и туфли *a little* [*rather*] *narrower*.

Перевод

A. Omit the words in parentheses and include the words in brackets.

1. This house is beautiful, but that (one) is still [**ещё**] more beautiful. 2. These shoes are tight, but those are still tighter. 3. These socks are longer than those. 4. Why do you ask [**задаёте**] these students easy questions and those only hard (ones)? 5. Why do you play so seldom with those children? 6. We know these women, but we do not know those men. 7. We conversed for a long time with these citizens, but not with those. 8. We never use those blue pencils. 9. We do not like to ride horseback on those horses. 10. There are many camps on that shore, but on this (one) there is only one camp. 11. I often make this mistake. 12. Please

use that pen and not this one.   13. Why do you write this girl friend more often than that (one)?   14. It seems to me that you love this daughter more than that (one).   15. You always buy gifts for this boy, but for that (one) you buy nothing.

B. Omit the words in parentheses and include the words in brackets.

1. We are now studying Russian at the university, and are making great progress.   2. Our professor, Mr. Karenin, assigns us a lot of work.   3. At home we have to study (our) lessons and write long exercises.   4. In class we must answer Mr. Karenin's questions without mistakes in grammar or in pronunciation.   5. We must also translate correctly from English into Russian.   6. We write the translations on the board and also in our notebooks.

7. In class we speak Russian more and more and ask each other questions.   8. Russian seems to us much easier now than in the beginning.   9. The work is more interesting and we are having more fun [нам веселе́е] in class.

10. We frequently review our lessons at home and in class because Mr. Karenin gives us an examination every month.   11. "Rest a little less and work a little more," Mr. Karenin often says, "and review everything rather often, because 'practice makes perfect.'"

12. Mr. Karenin's examinations always seem to us too long and difficult, but we try to answer all his questions.   13. We often ask [request] Mr. Karenin to give us a little shorter and easier examinations, but he always answers that for university students [students of the university] examinations should [must] be difficult.   14. But we all love Mr. Karenin and are pleased with our course.   15. We are fortunate to have [that we have] such an excellent professor.

Вопро́сы

1. С како́го языка́ на како́й студе́нты перево́дят в кла́ссе?
2. Что обеща́ет господи́н Каре́нин?   3. Когда́ студе́нты сде́лали больши́е успе́хи?   4. Почему́ ру́сский язы́к тепе́рь ка́жется студе́нтам ме́нее тру́дным?   5. Почему́ им тепе́рь бо́лее ве́село в кла́ссе?   6. Почему́ студе́нты так ча́сто повторя́ют то, что они́ учи́ли?   7. Как называ́ются дни неде́ли?   8. Как называ́ются ме́сяцы?   9. Как называ́ются времена́ го́да?   10. В каки́е ме́сяцы приро́да ме́нее краси́ва, чем весно́й?   11. Когда́ ли́стья меня́ют свой цвет?   12. Почему́ приро́да стано́вится бо́лее

красивой в октябре или ноябре, чем в сентябре? 13. Какие месяцы весенние? Какие летние? Какие осенние? Какие зимние? 14. Кому господин Каренин задаёт более трудные вопросы: Борису или Маше? 15. Кто хочет вопросы полегче, и кто потруднее? 16. Кто хочет только переводить? 17. А кто хочет только разговаривать? 18. Как вы думаете: трудно быть профессором или нет? Почему?

LESSON 32

ТРИ́ДЦАТЬ ВТОРО́Й УРО́К

ДЕ́ТСТВО ПУ́ШКИНА

Велича́йший ру́сский поэ́т, Алекса́ндр Серге́евич Пу́шкин, до семи́ лет почти́ не уме́л говори́ть по-ру́сски. Его́ роди́тели говори́ли с детьми́ то́лько по-францу́зски. Ру́сскому языку́ ма́льчик учи́лся у ба́бушки и у ня́ни. Они́ бы́ли его́ лу́чшими учителя́ми и са́мыми люби́мыми друзья́ми. Ба́бушка ча́сто расска́зывала ему́ наро́дные ска́зки на прекра́снейшем ру́сском языке́, а ня́ня пе́ла ему́ ру́сские наро́дные пе́сни. У́мный ма́льчик всегда́ слу́шал э́ти ска́зки и пе́сни с велича́йшим удово́льствием.

Прибежи́т иногда́ ма́ленький Пу́шкин к ба́бушке и попро́сит её рассказа́ть ру́сскую ска́зку. А ба́бушка ска́жет: "Ты хо́чешь слу́шать ру́сскую ска́зку, а говори́шь по-францу́зски. Со мной ты до́лжен всегда́ говори́ть то́лько по-ру́сски." И ба́бушка расска́жет вну́ку интере́снейшую ска́зку. Пу́шкин всю жизнь вспомина́л свои́х ба́бушку и ня́ню — са́мых люби́мых друзе́й своего́ де́тства.

Ле́том роди́тели Пу́шкина со всей семьёй переезжа́ли в дере́вню. Там Пу́шкин встреча́лся с дереве́нскими ма́льчиками и де́вушками и ча́сто пел и танцова́л вме́сте с ни́ми. Он о́чень люби́л э́ти наро́дные та́нцы, пе́сни и и́гры, но бо́льше всего́ он люби́л гуля́ть оди́н. Он гуля́л и ду́мал о геро́ях, о кото́рых так ча́сто ему́ расска́зывала ба́бушка.

О́сенью он о́чень неохо́тно возвраща́лся в Москву́. У его́ отца́ была́ больша́я библиоте́ка, и Пу́шкин с де́тства чита́л о́чень мно́го. Не ра́з сиде́л он в э́той библиоте́ке о́чень по́здно и засыпа́л над кни́гой. Там его́ ча́сто находи́ла ня́ня и уноси́ла его́ в посте́ль.

Пу́шкин написа́л мно́го замеча́тельнейших ру́сских ска́зок, кото́рые и тепе́рь явля́ются наилюби́мейшими ска́зками ру́сских дете́й. На э́ти ска́зки мно́гие ру́сские компози́торы написа́ли

232

красивейшие о́перы, как наприме́р: "Русла́н и Людми́ла," "Золото́й петушо́к," "Руса́лка," и мно́го други́х.

Слова́рь

*де́тство childhood
Пу́шкин Pushkin
велича́йший, -ая, -ее greatest (see ¶ 32-1 a-2)
поэ́т poet
Серге́евич Sergeyevich (lit., son of Серге́й, Sergius)
до семи́ лет until the age of seven
ба́бушка grandmother
учи́лся у ба́бушки he studied with his grandmother (see ¶ 26-3 b)
ня́ня nurse, nursemaid
лу́чший, -ая, -ее best (see ¶ 32-3)
наро́дный, -ая, -ое people's, folk (adj.)
прекра́снейший, -ая, -ее most excellent (see ¶ 32-1 a)
на ру́сском языке́ in Russian
у́мный, -ая, -ое; умён, умна́, -о́, -ы́; умне́е smart, intelligent (see
    ¶ 29-1 d)
удово́льствие pleasure
прибежа́ть (II) (pf.); fut. прибегу́, прибежи́шь, прибегу́т; past при-
    бежа́л, -а, -о, -и to run to, to come running
прибежи́т here would come running
внук grandson
*жизнь (f.) life
всю жизнь all his life
семья́ (gen. семьи́, pl. се́мьи) family (see ¶ 32-6)
встреча́ться (I) recip. встреча́юсь, -ешься, -ются to meet, to get together
    (see ¶ 15-1 b)
*дереве́нский, -ая, -ое country (adj.)
*та́нецᵖ (gen. та́нца) dance
*игра́ (pl. и́гры) game
бо́льше всего́ most of all (see ¶ 32-4)
геро́й hero; principal character (in a literary work)
неохо́тно reluctantly
не ра́з more than once, many a time
засыпа́ть (I); засыпа́ю, -ешь, -ют to fall asleep
*находи́ть (II); нахожу́, нахо́дишь, -ят to find
уноси́ть (II); уношу́, уно́сишь, -ят to carry away, to carry off
замеча́тельный, -ая, -ое; замеча́телен, замеча́тельна, -о, -ы; заме-
    ча́тельнее remarkable
явля́ться (I) (with instr.); явля́юсь, -ешься, -ются to be, to appear
наилюби́мейший, -ая, -ее the most beloved (see ¶ 32-3 d)
мно́гие (adj. pl., decl. like ру́сские) many, many a one
компози́тор composer
о́пера opera
наприме́р for instance
как наприме́р as for instance
"Русла́н и Людми́ла" "Ruslan and Ludmilla"
"Золото́й петушо́к" "The Golden Cockerel"
"Руса́лка" "The Mermaid"

Примечáния

дéтство childhood: *cf.* **дéти** children

жизнь life: *cf.* **жить** to live

деревéнский country (*adj*.): *cf.* **дерéвня** village; **дéрево** tree

тáнец dance: *cf.* **танцовáть** to dance

игрá game: *cf.* **игрáть** to play

находить to find (to come upon): *cf.* **ходить** to walk

Граммáтика

32-1. Simple Superlative of Adjectives

The superlative degree of adjectives has two forms: the *simple* and the *compound*. (For the compound form, see ¶ **32-2**.)

a. Formation of the Simple Form.

1. The simple form is obtained by adding the suffix **-ейший, -ейшая, -ейшее** to the stem of the positive. For example:

краси́**вейший** гóрод	a *most beautiful* town
краси́**вейшая** рекá	a *most beautiful* river
краси́**вейшее** óзеро	a *most beautiful* lake

2. Adjectives with stems ending in a guttural (**г, к, х**) or a sibilant (**ж, ч, ш, щ**) add the suffix **-áйший, -áйшая, -áйшее**, and a consonant mutation takes place. For example:

вели́**кий**	велич**áйший**	very great, greatest
высó**кий**	высоч**áйший**	very high, highest
ширó**кий**	широч**áйший**	very wide, widest
ти́**хий**	тиш**áйший**	very quiet, quietest
корóт**кий**	кратч**áйший** (*irr.*)	very short, shortest
дорог**óй**	драж**áйший** (*irr.*)	very dear, dearest

b. Stress.

1. The simple superlative in **-ейший** is stressed on the same syllable as the corresponding simple comparative in **-ee** (*see* ¶ **30-2**). For example:

POSITIVE	SIMPLE COMPARATIVE	SIMPLE SUPERLATIVE
ми́л**ый**	мил**ée**	мил**éйший**
краси́в**ый**	краси́в**ее**	краси́в**ейший**
трýдн**ый**	трудн**ée**	трудн**éйший**

2. If the simple comparative takes the suffix **-e**, the stress in the simple superlative is always on the suffix **-ейший**. For example:

бога́т**ый**	rich	бога́**че**	богат**е́йший**
чи́ст**ый**	clean	чи́**ще**	чист**е́йший**
то́лст**ый**	thick	то́л**ще**	толст**е́йший**

3. The simple superlative in **-айший** is always stressed on the suffix. For example:

широ́к**ий**	широч**а́йший**	widest
коро́тк**ий**	кратч**а́йший** (*irr*.)	shortest

c. Meaning.

1. The simple form of the superlative indicates that the quality attributed to an object is *very high*, but not necessarily *supreme*. For example:

Ле́на приле́жн**ейшая** де́вушка.	Lena is *a most diligent* girl (but not necessarily *the most* diligent).
Во́лга длинн**е́йшая** река́.	The Volga is *a very long river* (but not necessarily *the longest*).

2. The simple form conveys the meaning of an absolute superlative when a comparison is implied. For example:

Ле́на приле́жн**ейшая** де́вушка в шко́ле.	Lena is *the most* diligent girl in school.
Во́лга длинн**е́йшая** река́ в Евро́пе.	The Volga is *the longest* river in Europe.

32-2. Compound Superlative of Adjectives

a. Formation of the Compound Form.

1. The compound superlative is the form most commonly used. It is formed by adding **са́мый** (*the most*) to the positive, both agreeing with the noun in gender, case, and number. For example:

Ми́ша **са́мый приле́жный** учени́к в кла́ссе.	Misha is *the most diligent* pupil in the class.
Ка́тя **са́мая приле́жная** учени́ца в кла́ссе.	Katya is *the most diligent* pupil in the class.
Ми́ша и Ка́тя **са́мые приле́жные** ученики́ в кла́ссе.	Misha and Katya *are* the *most diligent* pupils in the class.
Учи́тель дал **са́мой приле́жной** учени́це в кла́ссе краси́вый пода́рок.	The teacher gave a beautiful present to *the most diligent* pupil in the class.

b. Meaning.

1. The compound superlative indicates that the quality attributed to an object is absolutely *the highest*, as compared with that of other objects. It is always used in an *absolute* sense, whereas the simple superlative is used in a *relative* sense. Compare:

Ива́н **са́мый си́льный** челове́к в ми́ре.	Ivan is *the strongest* man in the world. (*No man is stronger.*)
Ива́н **сильне́йший** челове́к.	Ivan is *a most powerful* man.

(*Ivan here is not being compared with other men. The ending* **-ейший** *merely indicates that his strength is very great.*)

Ива́н **оди́н из сильне́йших** люде́й в ми́ре.	Ivan is *one of the strongest* men in the world.

(*Ivan here is described not as absolutely the strongest, but as one of a number of very strong men.*)

2. Absolute superlative meaning is also conveyed by means of a simple comparative adjective followed by **всех** (*gen. pl.* of **все**). For example:

Он интере́снее **всех.** Он са́мый интере́сный.	He is *the most* interesting.
Она́ моло́же **всех.** Она́ са́мая молода́я.	She is *the youngest.*

32-3. Special Superlative Forms of Adjectives

a. A few adjectives have two simple comparative forms—one *undeclinable* (see ¶ **31-1 b-4**), the other *declinable*. For example:

UNDECLINABLE	DECLINABLE	
лу́чше	лу́чший, -ая, -ее	better
ху́же	ху́дший, -ая, -ее	worse
бо́льше	бо́льший, -ая, -ее	bigger
ме́ньше	ме́ньший, -ая, -ее	smaller

b. The declinable comparative forms are also used as superlatives. Their meaning is determined by the context. For example:

Ива́н **лу́чший** студе́нт, чем Бори́с.(*Comparative*)	Ivan is *a better* student than Boris.
Ива́н **лу́чший** студе́нт в кла́ссе.(*Superlative*)	Ivan is *the best* student in class.

c. The special superlative forms are generally strengthened by the addition of **са́мый**. For example:

лу́чший	better, best	са́мый лу́чший	best
*бо́льший	bigger, biggest	са́мый бо́льший	biggest
ху́дший	worse, worst	са́мый ху́дший	worst
ме́ньший	smaller, smallest	са́мый ме́ньший	smallest

d. An absolute superlative meaning, more emphatic than that of the compound form, is obtained by adding the prefix **наи-** to the simple comparative. This form is seldom used, except in the following:

наибо́льший	the biggest
наиме́ньший	the smallest
наилу́чший	the very best
наиху́дший	the very worst
наилюби́мєйший	the most beloved

32-4. Superlative of Adverbs

The superlative of adverbs is expressed by the simple comparative form followed by **всего́** (*gen. of* **всё**). For example:

Я **ча́ще всего́** чита́ю в биб-лиоте́ке.	I *most frequently* read in the library.
Он **бо́льше всего́** люби́л гуля́ть оди́н.	He liked *most of all* to walk alone.

(Бо́льше всего́ = бо́льше чем всё i.e., *more than anything else.*)

32-5. Use of Perfective Future

The perfective future is often used in Russian in place of the imperfective past to emphasize frequent recurrence of an action. For example:

Прибежи́т иногда́ ма́лень-кий Пу́шкин к ба́бушке и попро́сит рассказа́ть ру́с-скую ска́зку, а ба́бушка ска́жет . . .	Little Pushkin would at times come running to his grand-mother and ask for a Russian story, and his grandmother would say . . .

* Do not confuse **бо́льший, -ая, -ее** (*bigger, biggest*) with **большо́й, -а́я, -о́е** (*big*).

32-6. Declension of Feminine Nouns in -ья

Семья (*family*) and статья (*newspaper article*), two nouns of the
First Declension in -ья stressed on the ending in the singular, are
declined as follows:

	SINGULAR	PLURAL	SINGULAR	PLURAL
nom.	семья	сéмьи	статья	статьи
gen.	семьи	семéй	статьи	статéй
dat.	семьé	сéмьям	статьé	статьям
acc.	семью	сéмьи	статью	статьи
instr.	семьéй (-ёю)	сéмьями	статьéй (-ёю)	статьями
prep.	о семьé	о сéмьях	о статьé	о статьях

Note: In the genitive plural the stress is on the ending and the
ь disappears.

Упражнéния

A. Supply the simple superlative forms of the following adjectives and indicate the stress.   (Refer to ¶ 32-1 a and ¶ 32-1 b.)

1. прекрáсный   2. приятный   3. великий   4. тёплый
5. сильный   6. дорогóй   7. счастливый   8. ширóкий
9. печáльный   10. разбóрчивый   11. тихий   12. замечáтельный
13. длинный   14. вáжный   15. любимый   16. ясный
17. холóдный   18. милый   19. трýдный   20. весёлый

B. Supply the compound superlative forms of the adjectives in
Exercise A. (*See* ¶ 32-2 a.)

C. Decline the following phrases in the singular and in the
plural.

1. величáйший поэт   2. наилýчшая семья   3. хýдшее врéмя

Ýстные упражнéния

A. Replace the English words in italics with the appropriate
superlative forms in the required cases.

1. Родители Пýшкина говорили на *most excellent* францýзском
языкé.   2. Когдá Пýшкину бы́ло тóлько семь лет, он знал
мнóго *most interesting* рýсских скáзок.   3. Егó бáбушка и няня
бы́ли *the best* друзьями егó дéтства.   4. У родителей Пýшкина
былá однá из *the best* библиотéк тогó врéмени, и в ней *the most
beloved* рýсский поэт прочитáл мнóго *most important* книг.   5.
Дáже когдá Пýшкин стал *the most beloved* рýсским поэтом, он с

the greatest удовóльствием слýшал *the longest* и *most beautiful* скáзки своéй стáрой няни.

B. Translate.

1. Пётр умнéе Ивáна.   2. Он умнéйший студéнт.   3. Ивáн дýмает, что Пётр умнéйший и наилýчший студéнт в университéте. 4. Профессорá тóже дýмают, что Пётр сáмый лýчший студéнт в университéте.   5. Но Пётр не дýмает, что он лýчше йли умнéе всех.

6. Вéра красивейшая дéвушка.   7. Онá красивейшая дéвушка в клáссе.   8. Пётр дýмает, что онá сáмая красивая дéвушка в университéте.   9. Вéра тóже дýмает, что онá красивее всех другйх дéвушек в университéте.

10. Мáша хýдшая студéнтка в клáссе.   11. Онá всегдá хýже всех знáет урóк, но онá лýчше всех игрáет в кáрты и быстрéе всех éздит верхóм на лóшади.   12. Онá хýже всегó знáет граммáтику, но онá лýчше всегó игрáет в тéннис.   13. Профессорá Мáши говорят, что онá умнéйшая и красивейшая дéвушка, но наихýдшая студéнтка в университéте.

Перевóд
A. Omit the words in parentheses and include the words in brackets.

1. This is a most interesting lesson.   2. It seems to me that this is one of the most interesting lessons in our textbook.   3. Mr. Petrov is the very best teacher in our school, but you think that he is the worst.   4. Which street is the longest in our town?   5. He lived in the biggest and best house in town, and I in the smallest and worst.   6. Masha is the most intelligent girl in our family and Zhenya is the prettiest.   7. They are the best and most diligent pupils in the school.

8. Grandmother always gives (her) little grandson most excellent gifts, and he takes them with the greatest of pleasure.   9. She buys him the most beautiful and expensive shirts and sweaters.   10. She loves him more than all her grandsons.

11. The composer liked the village best of all, because there he could see the best folk dances and games and hear the gayest songs. 12. The composer played the violin better than anybody [all], but most of all he liked to play the piano.

B. Omit the words in parentheses and include the words in brackets.

1. The greatest and most beloved Russian poet, Alexander Sergeyevich Pushkin, studied Russian with his grandmother and

nurse.   2. Until the age of seven, he spoke only French.   3. His grandmother told him folk tales in most excellent Russian and spoke only Russian with him.   4. The boy listened to these tales with the greatest pleasure.   5. Often, when he walked alone in the forest or in the fields, he thought of the heroes of these tales.

6. Little Pushkin loved the country children and often played, sang, and danced with them.   7. In the fall he very reluctantly returned with his family to Moscow.   8. In the winter he liked most of all to read.   9. His father had a big library, and Pushkin spent in it the happiest hours of his childhood.   10. Often Pushkin stayed [sat] in the library too late and fell asleep over a book.   11. Many a time the nurse found him there and carried him off to his room.   12. All his life Pushkin thought and talked about his grandmother and nurse—the best friends of his childhood.

13. Pushkin is [appears] the father of modern [new] Russian literature.   14. Russians will never forget their greatest poet and will always love him.   15. The remarkable tales which Pushkin wrote will always be the most favorite tales of Russian children.

Вопро́сы

1. На како́м языке́ Пу́шкин говори́л в де́тстве?   2. До како́го го́да он не уме́л говори́ть по-ру́сски?   3. У кого́ ма́ленький Пу́шкин учи́лся ру́сскому языку́?   4. Кто бы́ли его́ са́мыми люби́мыми друзья́ми в де́тстве?   5. Что ему́ ча́сто расска́зывала его́ ба́бушка?   6. Каки́е пе́сни пе́ла ему́ ня́ня?   7. Как ма́льчик слу́шал э́ти ска́зки и пе́сни?   8. Была́ ба́бушка дово́льна свои́м вну́ком, когда́ он говори́л с ней по-францу́зски?   9. Где ма́ленький Пу́шкин обы́чно проводи́л ле́то?   10. С кем он ча́сто встреча́лся в дере́вне?   11. Ему́ бы́ло ску́чно и́ли ве́село с дереве́нскими ма́льчиками и де́вушками?   Почему́?   12. Что он люби́л бо́льше всего́—танцова́ть, петь и́ли гуля́ть оди́н?   13. О ком он ча́сто ду́мал, когда́ он гуля́л оди́н?   14. Что ма́льчик ча́сто де́лал в библиоте́ке отца́?   15. Почему́ он не ра́з засыпа́л над кни́гой?   16. Кто находи́л его́ в библиоте́ке и уноси́л его́ в посте́ль?   17. Каки́е ска́зки Пу́шкина вы зна́ете?   18. Кто бо́льше всех лю́бит э́ти ска́зки?   19. Что ру́сские компози́торы написа́ли на э́ти ска́зки?   20. Каки́х ру́сских поэ́тов и писа́телей кро́ме [besides] Пу́шкина вы зна́ете?

33

ТРИ́ДЦАТЬ ТРЕ́ТИЙ УРО́К

ÉСЛИ БЫ . . .

Инжене́р Ива́н Петро́в зашёл к своему́ дру́гу Ми́ше Ники́тину. Они́ ста́рые друзья́ и о́чень ча́сто встреча́ются. Вот их разгово́р:

Ива́н Петро́в : — Здра́вствуйте, Ми́ша. Как вы пожива́ете, и что у вас но́вого? Я вас вчера́ ждал весь ве́чер. Почему́-то ду́мал, что вы придёте.

Ми́ша Ники́тин: — Вы зна́ете, Ва́ня, у меня́ в э́том году́ о́чень мно́го рабо́ты, вот почему́ я у вас так давно́ не́ был.

И.П.: — Éсли бы вы пришли́ вчера́, я бы дал вам два биле́та на но́вую пье́су, кото́рая идёт тепе́рь в теа́тре.

М.Н.: — Éсли бы я об э́том знал, то непреме́нно пришёл бы. Говоря́т, что уже́ нет биле́тов, а я о́чень хоте́л бы посмотре́ть э́ту пье́су.

И.П.: — Пра́вда, что уже́ нет дешёвых биле́тов, но нам на заво́д присла́ли не́сколько дороги́х. Мы с жено́й получи́ли два биле́та.

М.Н.: — Почему́ же вы не идёте в теа́тр?

И.П.: — Я бы о́чень хоте́л пойти́, но жена́ больна́. У неё жар, и я не хочу́ оставля́ть её одну́.

М.Н.: — Понима́ю. Я то́же не оста́вил бы жену́. А как она́ себя́ чу́вствует тепе́рь?

И.П.: — Спаси́бо, ей сего́дня немно́го лу́чше, но биле́ты мы уже́ о́тдали на́шим друзья́м.

М.Н.: — О́чень жаль. Я с удово́льствием пошёл бы. Вы должны́ бы́ли бы позвони́ть мне по телефо́ну. У нас тепе́рь есть телефо́н.

И.П.: — Éсли бы я знал ваш но́мер, то позвони́л бы. Но к сожале́нию, у меня́ его́ не́ было.

М.Н.: — Ну, ничего́. Переда́йте приве́т жене́. Наде́юсь, что она́ ско́ро бу́дет здоро́ва.

И.П.: — Спаси́бо. Заходи́те сего́дня ве́чером к нам; бу́дем игра́ть в ка́рты.

М.Н.: — Охо́тно пришёл бы, но я до́лжен быть до́ма сего́дня ве́чером. Я не зна́ю, когда́ моя́ жена́ вернётся, сего́дня и́ли за́втра. Но я хочу́ быть до́ма, когда́ она́ прие́дет.

И.П.: — А где ва́ша жена́? Ра́зве у неё тепе́рь отпу́ск?

М.Н.: — Нет, она́ уе́хала на коро́ткое вре́мя. Е́сли она́ вернётся сего́дня, то я бу́ду у вас за́втра в де́вять часо́в. Хорошо́?

И.П.: — Прекра́сно. Наде́юсь, что ва́ша жена́ вернётся сего́дня, и что за́втра моя́ жена́ бу́дет чу́вствовать себя́ лу́чше. До ско́рого свида́ния.

Слова́рь

е́сли бы if (*see* ¶ **33-1 с-4**)
Ми́ша (*m.*) (*dim. of* **Михаи́л**) Misha
Ники́тин Nikitin
что но́вого? what's new?
биле́т ticket
непреме́нно certainly, without fail
смотре́ть (*pf.* **посмотре́ть**) **пье́су** to see a play
*****пра́вда** truth
пра́вда, что . . . it is true that . . .
дешёвый, -ая, -ое; дёшев, дешева́, дёшево, дёшевы; деше́вле cheap, inexpensive
присла́ть (I) *pf.*; *fut.* **пришлю́, -ёшь, -ю́т**; *past* **присла́л, -а, -о, -и**; *imper.* **пришли́, -йте** to send (*once*)
больно́й, -а́я, -о́е; бо́лен, больна́, -о́, -ы́; больне́е sick
*****жар** temperature, fever
у неё жар she has a temperature
оставля́ть (I); **оставля́ю, -ешь, -ют** to leave (*somebody*)
оста́вить (II) (*pf. of* **оставля́ть**, I); *fut.* **оста́влю, оста́вишь, -ят**; *past* **оста́вил, -а, -о, -и**; *imper.* **оста́вь, -вьте** to leave (*somebody, once*)
себя́ (*reflex. pron.*) self, oneself (*see* ¶ **33-4**)
чу́вствовать (I) (*pr.* **чу́вствовать**); **чу́вствую, -ешь, -ют** to feel
как она́ себя́ чу́вствует? how is she feeling?
ей немно́го лу́чше she is a little better
отда́ть (*irr.*) *pf.*; *fut.* **отда́м, отда́шь, отда́ст, отдади́м, отдади́те, отдаду́т**; *past* **о́тдал, -а́, -о, -и**; *imper.* **отда́й, -йте** to give away
вы должны́ бы́ли бы . . . you should have . . . (*see* ¶ **33-5**)
позвони́ть (II) *pf.*; *fut.* **позвоню́, -и́шь, -я́т** to ring (*once*)
телефо́н telephone
позвони́ть по телефо́ну to telephone (*once*)
переда́ть (*irr.*) *pf.*; *fut.* **переда́м, -да́шь, -да́ст, -дади́м, -дади́те, -даду́т**; *past* **переда́л, -а, -о, -и**; *imper.* **переда́й, -йте** to pass, to transmit
приве́т greeting, regards
переда́йте приве́т жене́ give my regards to your wife
здоро́вый, -ая, -ое; здоро́в, -а, -о, -ы healthy, well
*****охо́тно** gladly, willingly
ра́зве really? can it be that . . .? (*used to suggest disbelief or wonder on the part of the speaker*)
о́тпуск leave, vacation
прекра́сно (*adv.*) fine, very well
*****ско́рый, -ая, -ое; скор, -а́, -о, -ы; скоре́е** quick, fast

*свида́ние meeting, appointment
до ско́рого свида́ния I'll see you soon

Идио́мы

Как вы пожива́ете? How are you? How are you getting on?
Что у вас но́вого? What is new with you?
Смотре́ть пье́су To see a play
Как она́ себя́ чу́вствует? How is she feeling?
Ей немно́го лу́чше. She is a little better.
Переда́йте приве́т жене́. Give my regards to your wife.

Примеча́ния

пра́вда truth: cf. пра́вило rule; пра́вильно correct, correctly; пра́вить
to drive, to steer
жар temperature, fever: cf. жа́рко hot
охо́тно gladly, willingly: cf. неохо́тно reluctantly
ско́рый quick, fast: cf. ско́ро soon
свида́ние meeting, appointment: cf. до свида́ния goodbye (until the meeting)

Грамма́тика

33-1. Conditional Sentences

a. Conditional sentences usually consist of two clauses: the
subordinate clause, which states the *condition*, and the main clause,
which states the *result* of the given condition.

1. The condition in Russian is introduced by **е́сли** (*if*), and the
result by **то** (*then*) or **так** (*so*). For example:

Е́сли у неё жар, **то** она́ дол-   *If* she has a fever, (*then*) she
жна́ сиде́ть до́ма.   has to stay home.

2. **То** is omitted if the conditional sentence begins with the
result clause. For example:

Она́ должна́ сиде́ть до́ма,   She has to stay home, *if* she
е́сли у неё жар.   has a fever.

b. Real Conditions.

1. There are two types of conditions: *real* and *unreal*. A *real*
condition states a *fact* which may actually take place in the present,
past, or future. For example:

Е́сли он тепе́рь до́ма, **то** он   *If* he is home now, he is work-
рабо́тает.   ing.
Е́сли он вчера́ был до́ма, **то**   *If* he was home yesterday, he
он рабо́тал.   was working.
Е́сли он за́втра бу́дет до́ма,   *If* he is home tomorrow, he will
то он бу́дет рабо́тать.   be working.

2. In real conditions, regular indicative tenses are used, as in the examples above. *Note* that in such sentences the future tense is used instead of the present with a future meaning.

c. Unreal Conditions.

1. An unreal condition expresses a *supposition* contrary to fact in the present, past, or future.

2. *Supposition* or *uncertainty* is conveyed in Russian by means of the *conditional mood.*

3. The *conditional mood* for the present, past, or future is formed by using the particle **бы** with the *past tense* of the imperfective or perfective verbs, as follows:

THE CONDITIONAL MOOD: PRESENT, PAST, AND FUTURE

SINGULAR

я (ты, он) чита́л **бы**⎫   ⎧I *should* (*would*) read *or*
я (ты, она́) чита́ла **бы**⎬   ⎨ I *should* (*would*) have read
оно́ чита́ло **бы**⎭   ⎩

PLURAL

                    ⎧We *should* (*would*) read *or*
мы (вы, они́) чита́ли **бы** ⎨ We *should* (*would*) have
                    ⎩ read.

The actual tense of the *conditional mood* is indicated by the context, as may be seen in the examples in ¶ **33-1**.

4. To express an unreal condition in any tense, **éсли бы** and the verb in the *past tense* are used in the subordinate clause, and the *conditional mood* in the main clause. For example:

Éсли бы у меня́ **был** авто-   *If I had* a car, I *would* go to
моби́ль, **то** я сего́дня **по-**   town today.
хал бы в го́род.

Éсли бы у меня́ **был** авто-   *If I had had a* car, I *would have*
моби́ль, **то** я вчера́ **пое́хал**   *gone* to town yesterday.
бы в го́род.

Éсли бы у меня́ **был** авто-   *If I should have* a car, I *would*
моби́ль, **то** я за́втра **по-**   go to town tomorrow.
хал бы в го́род.

5. The particle **бы** follows **éсли** in the ''if'' clause, but it

may appear anywhere in the "result" clause except at the beginning
of the clause. For example:

Я сегóдня поéхал **бы** в гóрод.⎫
Я **бы** сегóдня поéхал в гóрод.⎬   I *would* go to town today.
Я сегóдня **бы** поéхал в гóрод.⎭

   d. A result clause is often used alone:

    1. To convey the speaker's desire or eagerness. For example:

Я **пошёл бы** в кинó, но идёт   I *should like to go* to the movies,
дождь.   but it is raining.
Господи́н Ники́тин óчень   Mr. Nikitin *would* very much
  хотéл бы посмотрéть   *like to see* the new play.
нóвую пьéсу.

    2. To express a suggestion or a request in the form of a mild
imperative. For example:

Вы всё ещё занимáетесь?   You are still studying? You
Пошли́ бы немнóго погу-   *ought to go* for a little walk!
ля́ть!

33-2. The Cardinal Numeral оди́н, однá, однó, одни́

   a. **Оди́н** is often used idiomatically to mean *alone, a, some,*
or *a certain.* When so used, it can occur in the plural. For
example:

Мы с брáтом бýдем дóма   Brother and I will be home
одни́.   *alone.*
Оди́н товáрищ сегóдня за-   *A* friend dropped in on me
шёл ко мне.   today.
Одни́ дéвочки плáкали, дру-   *Some* little girls were crying;
ги́е смея́лись.   others were laughing.

   b. **Оди́н** is declined like **э́тот** except that the stress falls on the
case endings. The stem of **оди́н** is **одн-**.

Case	Singular			Plural for All Genders
	m.	*f.*	*n.*	
nom.	оди́н	однá	однó	одни́
gen.	однóго	однóй	однóго	одни́х
dat.	однóму	однóй	однóму	одни́м
acc.	оди́н *or* однóго	однý	однó	одни́ *or* одни́х
instr.	одни́м	однóй	одни́м	одни́ми
prep.	об однóм	об однóй	об однóм	об одни́х

* See ¶ **14-5.**

33-3. Use of the Accusative in Place of the Genitive

The object of a transitive verb in the negative may be used in the *accusative* instead of the *genitive*, especially in colloquial speech. Such use is frequen*t* when the object denotes a *person* or a *concrete thing* (i.e., one existing physically). For example:

Мы не зна́ем **э́ту студе́нтку.**	We do *not* know *this student.*
Он не получи́л **твоё письмо́.**	He did *not* receive *your letter.*
Она́ не даст мне **кни́гу.**	She will *not* give me *the book.*
Я не оста́вил бы **жену́.**	I would *not* leave *my wife.*

but

Он не зна́ет **стра́ха.**	He knows *no fear.*
Они́ не зна́ют **уста́лости.**	They know *no fatigue.*

33-4. The Reflexive Pronoun себя́

a. **Себя́** (*self*) can be used with all genders, persons, and numbers, but must always refer to the subject of the sentence. It has no nominative case and cannot itself be the subject.

b. **Себя́** is declined as follows:

DECLENSION		EXAMPLES
nom.	none	
gen.	себя́	Он у **себя́** в ко́мнате.
		He is in his (own) room.
dat.	себе́	Она́ купи́ла **себе́** пальто́.
		She bought (for) herself a coat.
acc.	себя́	Она́ хорошо́ **себя́** чу́вствует.
		She feels (*lit.,* herself) well.
instr.	собо́й (-о́ю)	Мы взя́ли соба́ку с **собо́й.**
		We took the dog along (*lit.,* with ourselves).
prep.	о себе́	Что они́ пи́шут о **себе́?**
		What are they writing about themselves?

33-5. Expressions with до́лжен

The present, past, future, and conditional of expressions with **до́лжен** are formed as follows:

present	Я до́лжен сказа́ть.	I *have to* tell, I *should* tell.
past	Я до́лжен был сказа́ть.	I *had to* tell.
future	Я до́лжен бу́ду сказа́ть.	I *shall have to* tell.
conditional	Я до́лжен был бы сказа́ть.	I *should have* told.

Упражнения

A. Supply **один** in· the appropriate gender, number, and case (Master ¶ 33-2 first.)

1. У них то́лько *one* сын и *one* дочь. 2. То́лько она́ *alone* уме́ет так петь. 3. Ива́н Петро́в о́тдал биле́ты *to one* из свои́х друзе́й. 4. Семья́ уе́хала. Пётр живёт тепе́рь *alone*. 5. Роди́тели никогда́ не оставля́ли дете́й *alone*. 6. Ива́н Петро́в никогда́ не оставля́л жену́ *alone*. 7. По́мните, Ва́ня, что я даю́ автомоби́ль то́лько вам *alone*. 8. Они́ разгова́ривали с *a certain* же́нщиной. 9. Он ча́сто встреча́лся с *some* ру́сским. 10. Са́ша не сде́лал ни *one* оши́бки на экза́мене. 11. Компози́тор *of a* замеча́тельной о́перы сего́дня приезжа́ет к нам. 12. Он снача́ла поговори́л с *some* това́рищами, пото́м с други́ми. 13. *Some* кни́ги лежа́ли на кни́жных по́лках, други́е — на стола́х. 14. То́лько вы *alone* зна́ете мой секре́т. 15. Профе́ссор до́лго разгова́ривал с *a* студе́нтом.

B. Replace the italicized English words with the required case of **себя**. (Master ¶ 33-4 first.)

1. Ле́на купи́ла (*for*) *herself* дешёвые ту́фли. 2. Она́ всегда́ сиди́т одна́ у *her* (*own*) в ко́мнате. 3. Они́ никогда́ не беру́т ма́ленькую сестру́ *along*. 4. Вы *yourself* не зна́ете. 5. Ва́ша жена́ то́же *herself* не зна́ет. 6. Никто́ *himself* не зна́ет. 7. Михаи́л и Бори́с никогда́ ничего́ не пи́шут *about themselves*. 8. Ве́ра всегда́ всем расска́зывает *about herself*.

У́стные упражне́ния

A. Translate the following sentences at sight; then indicate the type of condition each expresses as well as the tense and the mood in each case. (Master ¶ 33-1 and ¶ 33-5 first.)

1. Е́сли вы уже́ зна́ете уро́к, то вы мо́жете идти́ домо́й. 2. Е́сли бы вы зна́ли уро́к, то вы могли́ бы тепе́рь игра́ть в мяч. 3. Е́сли он вчера́ себя́ пло́хо чу́вствовал, то он не́ был в конто́ре. 4. Е́сли бы он вчера́ чу́вствовал себя́ лу́чше, то он непреме́нно бы пришёл к вам. 5. Е́сли у меня́ ле́том бу́дет о́тпуск, то я пое́ду на Кавка́з. 6. А я всегда́ до́лжен рабо́тать ле́том. Е́сли бы я не до́лжен был рабо́тать, то я с удово́льствием пое́хал бы с ва́ми.

7. Мы охо́тно пойдём в теа́тр, е́сли вы нам ку́пите биле́ты. 8. Сего́дня уже́ нет биле́тов. Е́сли бы я знал, что вы хоти́те посмотре́ть но́вую пье́су, то давно́ купи́л бы биле́ты. 9. Мы за́втра пое́дем за́ город, е́сли бу́дет хоро́шая пого́да. 10. Мы пое́хали бы с ва́ми, е́сли бы мы бы́ли свобо́дны.

B. Translate the following dialogue at sight.

1. — Ва́ша тётя пло́хо себя́ чу́вствует и о́чень хоте́ла бы вас ви́деть.

2. — Я зна́ю.   Ей всегда́ ка́жется, что она́ о́чень больна́.

3. — Но она́ тепе́рь лежи́т в посте́ли.   Е́сли бы она́ не была́ больна́, то не лежа́ла бы в посте́ли.   Зашли́ бы вы к ней сего́дня и́ли за́втра.

4. — Я зашёл бы к ней, но, к сожале́нию, мы сего́дня переезжа́ем в дере́вню.

5. — Так позвони́ли бы вы ей по телефо́ну.

6. — У неё нет телефо́на.

7. — Она́ о́чень хоте́ла бы получи́ть от вас письмо́.   Написа́ли бы вы ей хоть (at least) не́сколько слов.

8. — Как то́лько перее́ду в дере́вню, напишу́ ей письмо́.   А пока́, переда́йте ей, пожа́луйста, приве́т.

Перево́д

A. Omit the words in parentheses and include the words in brackets.

1. If Vera has a temperature tomorrow, she will have to stay in bed.   2. If she is feeling better now, she is surely reading the new play.   3. My nephew is still very sick.   4. If he were feeling better, he would certainly [without fail] go with us to the theater. 5. We shall gladly go to the theater if you will send us a little cheaper tickets.   6. We would gladly have gone to the theater yesterday if you had not given away the tickets.   7. We would not have given away such expensive tickets.   8. Did you [really] not know that we wanted to see the new play?

9. We shall stay home if it rains [will rain] tomorrow.   10. If it were not raining today, we would go out of town.   11. You ought to show her the plant.   She would very much like to see such a plant.

12. If I had had the time, I would gladly have gone with you to the country.   But, unfortunately, I had an appointment.   13. If you studied a little more, you would speak Russian much better. 14. She would gladly play tennis with you if you played a little better.

15. Your aunt would have been very happy if you had telephoned her yesterday.   16. If you telephone her tomorrow, give her (my) regards.   17. You ought to wait five more minutes if you want to see your friends.

18. When my sister talks on the telephone [говори́т по телефо́ну] I almost always hear such a conversation: "Hello!   How

are you? How do you feel today? What is new?'' 19. ''Yesterday I bought myself a beautiful blouse. I shall also buy myself a new skirt.'' 20. She always talks about herself and about her clothes.

B. Omit the words in parentheses and include the words in brackets.

1. I am an engineer and work at a plant. 2. I work all day but I am free in the evening. 3. If we did not live so far from the plant, I would have more free time, but my wife, Masha, prefers to live in a big town. 4. There are several theaters in our town and we can see many new plays. 5. My wife must always see each new play before everybody (else) [páньше всех]. 6. She would be very dissatisfied if one of her friends (*f.*) saw a new play before she (did) [páньше её].

7. Recently Shakespeare's play ''Othello'' was running in one of our theaters, and everybody wanted to see it. 8. We had tickets for [на] Saturday, but on Friday, Masha felt very bad. 9. She had a temperature and stayed in bed all day. 10. I phoned Vera, Masha's friend, and her husband came (by vehicle) immediately and took the tickets with pleasure. 11. On Saturday morning Masha felt much better. 12. When the doctor came at two o'clock in the afternoon, Masha was sitting on the divan and reading a book. 13. As soon as he took a look at her, he said that she (was) well and could [can] even go to the theater if she had [has] a ticket.

14. The doctor just left, but Masha is again in bed. 15. It is true that she has no temperature now, but she is very sick. 16. Again and again I hear these words: ''If I had been well, if I had had no temperature yesterday, if you had not telephoned Vera, if her husband had not come immediately, we would now be seeing 'Othello' ''

Вопрóсы

1. К комý зашёл Ивáн Петрóв? 2. Почемý Мúша Никúтин давнó нé был у Петрóва? 3. Что бы дал Ивáн Петрóв своемý дрýгу, éсли бы он пришёл к немý вчерá вéчером? 4. Какúх билéтов бóльше нет? 5. Кудá прислáли нéсколько дорогúх билéтов? 6. Почемý Ивáн Петрóв не мóжет пойтú в теáтр? 7. Как егó женá чýвствует себя тепéрь? 8. Комý Ивáн óтдал билéты? 9. Есть ли телефóн у Мúши Никúтина? 10. Почемý Ивáн не позвонúл Мúше по телефóну? 11. Как вам нрáвится отвéт Ивáна? 12. Что бы сдéлал Мúша, éсли бы знал, когдá вернётся егó женá? 13. Когдá онá должнá вернýться? 14. Когдá друзья опять встрéтятся? 15. Что муж дóлжен сдéлать с билéтами в теáтр, éсли женá егó больнá?

REVIEW LESSON [LESSONS 27—33]

Grammar Review

A. Decline the following nouns and adjectives in the plural and indicate the stress. (Refer to the *Russian-English Vocabulary* in the *Appendix* for possible irregularities in inflection.)

1. новая опера 2. русская сказка 3. синяя туфля 4. хорошая семья 5. дорогая няня 6. сильный ветер 7. молодой герой 8. летний лагерь 9. выходной день 10. плохое время 11. короткое письмо 12. маленькое здание 13. величайшая площадь 14. советский человек 15. большое дерево

B. For each of the following adjectives supply (1) the short forms, (2) the simple comparative, (3) the compound comparative, (4) the simple superlative, (5) the compound superlative, and indicate the stress. For example:

красивый — *short:* красив, -а, -о, -ы
simple comparative: красивее
compound comparative: { более красивый, -ая, -ое, -ые
более красив, -а, -о, -ы
simple superlative: красивейший, -ая, -ее, -ие
compound superlative: самый красивый, -ая, -ое, -ые

1. ленивый 2. прекрасный 3. печальный 4. длинный 5. короткий 6. тёплый 7. хороший 8. плохой 9. большой 10. приятный 11. широкий 12. свободный 13. трудный 14. ясный 15. важный

Reading and Comprehension Drill

Read the following passages, supplying the Russian equivalents for the italicized English words and the required endings and stress in place of the blanks.　Then retell each passage orally.　Make up your own version, using only the vocabulary and idioms covered thus far.

A.　В ле́тнем ла́гере.

1. *Each* ле́то гру́ппа студент___ наш___ университе́та приезжа́ет из город___ в летн___ ла́герь. 2. Наш ла́герь *is situated* на берег___ мор___, далеко́ от город___. 3. В город___ шум автомобил___, поезд___ и трамва___ *keep us from* спать. 4. Здесь же всегда́ тих___ и спокойн___, а во́здух прекрасн___. 5. В ла́гере мы *feel* гора́здо лу́чше, чем в го́роде, и нам никогда́ не скучн___.

6. У́тром мног___ из нас рабо́тают на ферм___ (*pl.*). 7. Мы у́чимся по́льзоваться трактор___ и комбайн___ и́ли ходи́ть за коров___, за лошад___ и за птиц___. 8. Днём мы *bathe* в мор___, хо́дим по гор___ и́ли игра́ем в те́ннис. 9. А ве́чером мы ча́сто игра́ем в карт___, *see* пье́сы в летн___ теа́тре и́ли *dance* в больш___ за́ле на́шего лагер___.

B.　Америка́нские тури́сты в Москве́

1. Пять американск___ турист___ *arrived* в Москву́ *at the end* сентября́. 2. Они́ уже́ *visited* разн___ города́ и столи́цы друг___ европейск___ стран и о́чень хотя́т ви́деть Москву́. 3. С вокзал___ они́ *went* в гости́ницу "Москва́," котор___ нахо́дится на Красн___ пло́щади. 4. Там им да́ли больш___ и хорош___ номера́.

5. Они́ сейча́с же *washed* и пое́ли, и пото́м *began* ходи́ть по го́роду. 6. По широк___ у́лицам е́хали автомоби́ли, авто- бус___ и трамва___. 7. По длинн___ тротуа́рам ходи́ли советск___ гра́ждане. 8. Американск___ тури́стам они́ *seemed* бледн___ и печальн___. 9. Оди́н из *Americans* сказа́л, что сове́тские *people* таки́е бледн___ и печальн___, потому́ что они́ ма́ло зараба́тывают и пло́хо живу́т. 10. Кварти́р о́чень ма́ло, и ча́сто не́сколько *people live* в одно́й ко́мнате.

Oral Review

A. Translate *Exercise B* of the **Перево́д** in Lesson 29 at sight; then retell this version of the original text, using the short forms of the adjectives from all the lessons in this section.

B. Translate *Exercise B* of the **Перево́д** in Lesson 30 at sight; then retell this version of the original text, using simple comparative forms of the adjectives and adverbs from all the lessons in this section.

Перево́д

Omit the words in parentheses and include the words in brackets.
1. Our professors often told us about European poets and composers. 2. In all the rooms things were lying on chairs, on armchairs, on tables, and even on the rugs. 3. On the shores of our lake there are many farms, summer homes, summer camps, and little villages. 4. Our brothers and sisters want to spend several days with their friends. 5. The exercises seemed quite easy to the diligent students. 6. How many students work at the plant? 7. Last year ten students worked at the plant. This year fifteen students work in it. 8. Lena is very satisfied with her courses and hopes that the professors will be pleased [satisfied] with her 9. Anne bought nothing in the department store, because one skirt was too long and narrow, the other too wide and short; one coat was too expensive, the other (one) too ugly. 10. April is warmer than March. 11. In April the days are becoming longer and the nights shorter. 12. In May the weather becomes still warmer, and it is pleasanter to walk (for pleasure). 13. The birds are singing more loudly and gaily. 14. It always seems that spring passes faster than the other seasons. 15. In October, when the leaves change their color, nature again becomes more beautiful. 16. We see each other so seldom. Please write us a little more often. 17. Work a little less and rest a little more. 18. Please sing a little more quietly. 19. The work now seems to us more interesting and easier than in the beginning. 20. We converse in Russian more and more and are having more fun in class. 21. Tomorrow the teacher will be asking less difficult questions. 22. We shall review our lessons more frequently, because "practice makes perfect." 23. Masha is a most intelligent and beautiful girl. 24. She is the most diligent student (f.) at the university. 25 She always knows (her) lessons better than anybody. 26. Her professors say that she is the very best student at the university. 27. Pushkin, the greatest and most beloved Russian poet, wrote most remarkable tales. 28. These tales are [appear] the most beloved tales of Russian children. 29. But not only children read them with the greatest (of) pleasure. 30. We shall gladly go to the concert if you will buy us cheaper tickets. 31. We would have gone to the concert yesterday if we had had time. 32. Ivan would like to go with us, but his wife is sick. 33. If his wife is [will be] feeling better tomorrow, we shall all go together. 34. If she had not bathed in cold water, she would be well now. 35. I would not bathe in cold water. 36. You should have told her that nobody bathes in the sea now.

Вопро́сы

1. Где вы обыкнове́нно прово́дите ле́то? 2. Как вы там прово́дите вре́мя у́тром, днём и ве́чером? 3. Кто встре́тил америка́нских тури́стов в Москве́? 4. Почему́ тури́сты ничего́ не купи́ли в универма́ге ГУМ? 5. Почему́ А́нна ничего́ не купи́ла для племя́нника и племя́нницы? 6. В како́м ме́сяце дни стано́вятся длинне́е, а но́чи коро́че? 7. Когда́ пти́цы возвраща́ются из тёплых стран? 8. Когда́ ученики́ и студе́нты начина́ют гото́виться к экза́менам? 9. Когда́ вы обы́чно начина́ете гото́виться к экза́менам? 10. Когда́ стано́вится жа́рко? 11. В како́м ме́сяце ли́стья меня́ют свой цвет? 12. Как называ́ются дни неде́ли? 13. Как называ́ются ме́сяцы? 14. Как называ́ются времена́ го́да? 15. Что вы предпочита́ете де́лать в кла́ссе: переводи́ть с англи́йского на ру́сский, разгова́ривать и́ли писа́ть упражне́ния? 16. У кого́ Пу́шкин учи́лся ру́сскому языку́ в своём де́тстве? 17. С кем ма́ленький Пу́шкин ча́сто встреча́лся в дере́вне? 18. Что бы дал Ива́н Петро́в своему́ дру́гу, е́сли бы он пришёл к нему́ вчера́ ве́чером? 19. Кому́ Ива́н Петро́в о́тдал биле́ты и почему́? 20. Почему́ Ми́ша Ники́тин до́лжен быть до́ма сего́дня ве́чером?

LESSON 34*

ТРИ́ДЦАТЬ ЧЕТВЁРТЫЙ УРО́К

МОЙ ЛЮБОПЫ́ТНЫЙ БРАТ

У нас в кварти́ре де́лают ремо́нт, и поэ́тому мы с бра́том переехали на не́сколько неде́ль в гости́ницу. Моему́ бра́ту то́лько пять лет, но он о́чень любопы́тный и ча́сто задаёт тру́дные вопро́сы, как наприме́р: "Что э́то?", "Почему́?", "Заче́м?", "Ско́лько э́то сто́ит?", "Кто э́та да́ма?" Ста́рший брат до́лжен всё знать и всегда́ дава́ть пра́вильные отве́ты.

Как то́лько мы вошли́ в вестибю́ль гости́ницы, мой брат Са́ша на́чал задава́ть мно́го вопро́сов, на кото́рые не легко́ бы́ло отвеча́ть:

— Гри́ша, посмотри́ ско́лько здесь шляп! Чьи все э́ти шля́пы?

— Э́то шля́пы люде́й, кото́рые живу́т в гости́нице.

— А ско́лько мужчи́н и ско́лько же́нщин живёт в гости́нице?

— Не зна́ю, не счита́л.

— А ско́лько здесь шляп, ты зна́ешь?

— Счита́й и бу́дешь знать.

Са́ша начина́ет счита́ть: — одна́ се́рая шля́па, две се́рых шля́пы, три се́рых шля́пы, четы́ре се́рых шля́пы, пять се́рых шляп . . . де́сять се́рых шляп, оди́ннадцать се́рых шляп . . . два́дцать одна́ се́рая шля́па, два́дцать две се́рых шля́пы. . . . Са́ша уже́ уме́ет счита́ть до ста, но, к сча́стью, в вестибю́ле то́лько три́дцать шесть шляп!

Мы сади́мся в удо́бные кре́сла и ждём на́шего отца́ с багажо́м. Краси́вая ме́бель о́чень нра́вится Са́ше, и он опя́ть начина́ет задава́ть свои́ вопро́сы: "Почему́ у нас в гости́ной нет таки́х

---

* The grammar section is divided into two parts. Part I may be studied independently of the reading selection. Part II may next be studied in connection with the text and the vocabulary. Such sequence will simplify the problem of mastering the grammar material, while keeping it together as one Unit.

254

удобных кресел?'', ''Сколько кресел в вестибюле, и сколько каждое из них стоит?''

Я знаю, что если не отвечу на все его вопросы, то он опять начнёт считать, и говорю:

— Здесь тридцать одно кресло и каждое стоит около пятидесяти или шестидесяти долларов.

— Не может быть! — кричит Саша. — Это слишком дёшево. Такое кресло наверно стоит не меньше семидесяти семи или восьмидесяти восьми долларов.

Саша очень любит такие числа и всегда рассказывает о двадцати двух собаках, о тридцати трёх кошках, о сорока четырёх коровах и о пятидесяти пяти лошадях, которых он видел у дедушки в деревне.

— Да, это очень дорогое кресло, говорю я. Оно наверно стоит восемьдесят восемь долларов.

— Восемьдесят восемь долларов слишком дорого. Оно наверно стоит только шестьдесят шесть.

— Ты прав, Саша, больше шестидесяти шести долларов оно наверно не стоит.

— А сколько стульев в той столовой?

— Не знаю. Считай, если хочешь знать.

Саша скоро возвращается с новыми вопросами:

— Почему в гостинице две столовых? Зачем столько стульев в каждой столовой? Почему в меньшей столовой девяносто четыре стула, а в большей только сорок шесть стульев?

— Слушай, Саша, — говорю я наконец — я куплю тебе конфеты, если не будешь задавать больше вопросов. Хорошо?

— Хорошо, а сколько будут стоить конфеты?

Сегодня только первый день, который я провожу с моим маленьким братом. Ремонт кончится через двадцать дней. Ещё двадцать дней с моим любопытным братом! Сколько это будет часов? . . . Сколько минут? . . .

Словарь

See the grammar section for the new numerals used in this lesson.

ремонт remodeling, repairs
поэтому therefore
стоить (II); стою, -ишь, -ят (+ *acc.*); (*no imper., no pf.*) to cost
сколько это стоит? how much does that cost?
дама lady
как только as soon as
вестибюль (*m.*) lobby
легко (*adv.*) (*pr.* лехко) easy
Гриша (*m.*) (*dim. of* **Григорий,** Gregory) Grisha

шля́па hat
чей, чья, чьё, чьи (*adj.-pron.*) whose? (*see* ¶ 34-1)
счита́ть (I); счита́ю, -ешь, -ют to count
се́рый, -ая, -ое gray
сто (*gen.* ста) (one) hundred
*сча́стье (*pr.* ща́стье) luck, happiness
к сча́стью fortunately
сади́ться (II); сажу́сь, сади́шься, -я́тся to sit down, to take a seat
бага́ж (*gen.* багажа́) baggage
гости́ная (*noun.*, *f.*) living room
до́ллар dollar
не мо́жет быть (it is) impossible
крича́ть (II); кричу́, -и́шь, -а́т to shout, to scream
дёшево cheap, inexpensive
число́ (*pl.* чи́сла; *gen. pl.* чи́сел) number
де́душка (*m.*) (*gen. pl.* де́душек) grandfather
*пра́вый, -ая, -ое; прав, -а́, -о, -ы right, correct
*столо́вая (*noun, f.*) dining room
сто́лько so much, so many
ме́ньший, -ая, -ее smaller; smallest (*see* ¶ 32-3)
бо́льший, -ая, -ее bigger; biggest (*see* ¶ 32-3)
конфе́та piece of candy
    конфе́ты (*pl.*) candy
ко́нчиться (II) *pf.*; (*intrans.*, *used mostly in the third person*); *fut.* ко́нчится,
    ко́нчатся; *past* ко́нчился, -ась, -ось, -ись to end, to come to an end
    (*once*)

Идио́мы
к сча́стью fortunately
не мо́жет быть impossible

Примеча́ния
сча́стье luck, happiness: *cf.* счастли́вый happy, fortunate
пра́вый right, correct (*refers to persons*): *cf.* пра́вильный right, correct, regular
    (*refers to things or situations*); пра́вило rule; пра́вильно correctly; пра́вить
    to drive, to steer (*keep the right course*); пра́вда truth
столо́вая dining room *cf.* стол table

Грамма́тика
PART I
34-1. The Adjective-Pronoun чей
a. Use.
Чей is used in interrogative sentences.   For example:

Чей э́то каранда́ш?	*Whose* pencil is this?
Чью кни́гу вы чита́ете?	*Whose* book are you reading?
В чьём до́ме вы живёте?	In *whose* house do you live?
С чьи́ми детьми́ вы гуля́ли?	With *whose* children did you walk?

b. Declension.

	SINGULAR			PLURAL
	m.	*f.*	*n.*	*m., f., n.*
nom.	чей	чья	чьё	чьи
gen.	чьего́	чьей	чьего́	чьих
dat.	чьему́	чьей	чьему́	чьим
acc.	чей *or* чьего́	чью	чьё	чьи *or* чьих
instr.	чьим	чьей (чье́ю)	чьим	чьи́ми
prep.	о чьём	о чьей	о чьём	о чьих

34-2. Formation of Cardinal Numerals 20 through 100

(For numerals 1 through 20, see ¶ 19-2 and ¶ 26-2)

a. Formation of 20, 30 . . . 100.

11 through 19	1 through 10	20, 30 . . . 100
11. оди́ннадцать ←	..........1. оди́н	
	2. (два *m. & n.*) ....→	20. два́дцать
12. двена́дцать ←	.... (две *f.*)	
13. трина́дцать ←	..........3. три ....→	30. три́дцать
14. четы́рнадцать ←	..........4. четы́ре	40. со́рок
15. пятна́дцать ←	..........5. пять ....→	50. пятьдеся́т
16. шестна́дцать ←	..........6. шесть ....→	60. шестьдеся́т
17. семна́дцать ←	..........7. семь ....→	70. се́мьдесят
18. восемна́дцать ←	..........8. во́семь ....→	80. во́семьдесят
19. девятна́дцать ←	..........9. де́вять ....→	90. девяно́сто
	10. де́сять	100. сто

Note the following:

1. The numerals 1 *through* 10 in the center column figure as a component of the numerals in the other two columns, except for **со́рок** and **сто**.

2. **Два́дцать** and **три́дцать** literally mean *two tens* and *three tens*.

3. **Пятьдеся́т, шестьдеся́т, се́мьдесят** and **во́семьдесят** likewise mean *five tens*, *six tens*, etc. The second component,

десят, is an old genitive plural, used in place of дцать after пять, шесть, etc.

4. In numerals up to 40 the ь occurs only at the end of the word; after 40 it occurs only in the middle of the word. Compare, for example:

пять *with* пятьдесят

and семнадцать *with* семьдесят

5. **Пятьдеся́т** and **шестьдеся́т** are stressed on the last syllable, whereas **се́мьдесят** and **во́семьдесят** are stressed on the first.

b. Formation of Compound Cardinals 21 through 99.

Compound cardinals like 21, 22, 33, or 45 are formed in Russian as in English. For example:

два́дцать оди́н	
два́дцать одна́ }	twenty-one
два́дцать одно́	
два́дцать два }	twenty-two
два́дцать две	
три́дцать три	thirty-three
со́рок пять	forty-five

34-3. Declension of Cardinal Numerals 1 through 100

(*For declension of* **оди́н**, *see* ¶ **33-2b**)

a. **Два, три,** *and* **четы́ре**

Case	*m. & n.*	*f.*	*m. f. & n.*	*m. f. & n.*
nom.	два	две	три	четы́ре
gen.	двух	двух	трёх	четырёх
dat.	двум	двум	трём	четырём
acc.	два *or*	две *or*	три *or*	четы́ре *or*
	двух	двух	трёх	четырёх
instr.	двумя́	двумя́	тремя́	четырьмя́
prep.	о двух	о двух	о трёх	о четырёх

b. **Пять** *through* **два́дцать,** *and* **три́дцать**

These numerals in **-ь** are declined like nouns of the Third Declension (*see* ¶ **16-3**).

Case	5, 6, 7, 9, 10; 20 and 30	8	11 through 19
nom.	пять	во́семь	пятна́дцать
gen.	пяти́	восьми́	пятна́дцати
dat.	пяти́	восьми́	пятна́дцати
acc.	пять	во́семь	пятна́дцать
instr.	пятью́	восьмью́	пятна́дцатью
prep.	о пяти́	о восьми́	о пятна́дцати

Note the following:

1. The endings are stressed in the numerals 5 through 10 and 20 and 30, except in the *nominative* and the *accusative*.

2. In **во́семь**, **ь** replaces the **e** in all cases, except the *accusative*.

3. The numerals 11 through 19 in **-надцать** are stressed throughout as in their nominatives.

c. **Пятьдеся́т, шестьдеся́т, се́мьдесят,** *and* **во́семьдесят**

In these numerals, both component parts are declined like nouns of the Third Declension (i.e., both **пять** and **-десят**, etc., are declined like **дверь**). Note that in all cases except the accusative, the stress shifts to the inflectional endings of the first component.

	50, 60, 70, 80
nom.	пятьдеся́т
gen.	пяти́десяти
dat.	пяти́десяти
acc.	пятьдеся́т
instr.	пятью́десятью
prep.	о пяти́десяти

d. **со́рок, девяно́сто,** *and* **сто**

Case	40	90	100
Nom. and *acc.*	со́рок	девяно́сто	сто
All other cases	сорока́	девяно́ста	ста

e. Compound Cardinals 21 *through* 99

In compound cardinal numerals like **два́дцать оди́н** or **пятьдеся́т три**, each element is declined according to its own inflection pattern, thus:

	21	53
nom.	двадцать один	пятьдеся́т три
gen.	двадцати́ одного́	пяти́десяти трёх
dat.	двадцати́ одному́	пяти́десяти трём
acc.	два́дцать оди́н *or*	пятьдеся́т три *or*
	два́дцать одного́	пятьдеся́т трёх
instr.	двадцатью́ одни́м	пятью́десятью тремя́
prep.	о двадцати́ одно́м	о пяти́десяти трёх

PART II

34-4. Agreement of Cardinal Numerals 1 through 100 with Adjectives and Nouns

a. **Оди́н** *and its Compounds.*

Оди́н and any compound in which it is the last digit (21, 31, 41, etc.) require the adjective and the noun in the singular. Such numerals agree with both the adjective and the noun in case and in gender. For example:

Оди́н но́вый стол.	One new table.
Три́дцать одна́ молода́я де́вушка.	Thirty-one young girls.
Я ви́дел со́рок одну́ пти́цу.	I saw forty-one birds.
Он пришёл с двадцатью́ одни́м ма́леньким ма́льчиком.	He came with twenty-one little boys.

b. When the cardinal numeral (except **оди́н** and its compounds) is in an oblique case, it agrees with the noun and adjective in case and number. For example:

Я написа́л пи́сьма **пяти́** хоро́шим друзья́м.	I wrote letters to five good friends.
Тури́сты прие́хали на **трёх** больши́х автомоби́лях.	The tourists arrived in three big cars.

c. When the cardinal numeral is in the *nominative* or in an *accusative identical in form with the nominative*, it governs the noun and the adjective according to the following rules. (For clarity, study the rules in connection with the Table on p. 262.)

1. **два, три, четы́ре**, and any compound in which they are the last digit (22, 33, 54, etc.) require the *adjective* in the *genitive plural** and the *noun* in the *genitive singular*. For example:

* The adjective may also be used in the *nominative plural*, but the *genitive plural* is more usual.

В гости́ной два но́вых дива́на. There are two new divans in the living room.

Два́дцать два ру́сских сту- Twenty-two Russian students
де́нта обе́дали в столо́вой. were having dinner in the dining room.

2. Cardinal numerals from **пять** upward (except compounds with **оди́н**, **два**, **три**, and **четы́ре**) require both the *adjective* and the *noun* in the *genitive plural*. For example:

В гости́ной пять но́вых дива́- There are five new divans in
нов. the living room.

Мы купи́ли оди́ннадцать доро- We bought eleven expensive
ги́х сту́льев. chairs.

d. The accusative of **два**, **три**, **четы́ре**, and their compounds that modify animate objects, namely **двух**, **трёх**, and **четырёх**, not being identical in form with the nominative are treated as oblique cases. They therefore agree with the noun and the adjective in case and number (*see* ¶ **34-4 b**). For example:

Я ви́дел **трёх** ма́льчиков и I saw three boys and twenty-
два́дцать четырёх де́во- four little girls.
чек.

but

Я купи́л **три** стола́ и **два́д-** I bought three tables and
цать четы́ре сту́ла. twenty-four chairs.

Note: Animals pluralized by **два**, **три**, **четы́ре**, and their compounds may be treated as inanimate. For example:

Я ви́дел **со́рок две** коро́вы *is permissible instead of*
Я ви́дел **со́рок двух** коро́в   I saw forty-two cows.

Compare:

	INANIMATE	ANIMATE
nom.	два но́вых дива́на	два но́вых студе́нта
gen.	двух но́вых дива́нов	двух но́вых студе́нтов
dat.	двум но́вым дива́нам	двум но́вым студе́нтам
acc.	два но́вых дива́на	двух но́вых студе́нтов
instr.	двумя́ но́выми дива́нами	двумя́ но́выми студе́нтами
prep.	о двух но́вых дива́нах	о двух но́вых студе́нтах

AGREEMENT OF CARDINAL NUMERALS 21 TO 100
WITH ADJECTIVES AND NOUNS*

Numeral	Agreement with Adjective	Agreement with Noun
21. двáдцать одúн двáдцать однá двáдцать однó	нóвый нóвая } *nom. sing.* нóвое	стол шкóла } *nom. sing.* слóво
22. двáдцать два двáдцать две двáдцать два	нóвых нóвых } *gen. pl.* нóвых	столá шкóлы } *gen. sing.* слóва
23. двáдцать три 24. двáдцать четы́ре	Same as for 22	Same as for 22
25. двáдцать пять	нóвых нóвых } *gen. pl.* нóвых	столóв школ } *gen. pl.* слов
26. двáдцать шесть 27. двáдцать семь 28. двáдцать вóсемь 29. двáдцать дéвять	Same as for 25	Same as for 25
31–39, 41–49, 51–59, 61–69, 71–79, 81–89, 91–99	Same as for 21–29	Same as for 21–29
30. трúдцать 40. сóрок 50. пятьдесят 60. шестьдесят 70. сéмьдесят 80. вóсемьдесят 90. девянóсто 100. сто	Same as for 25	Same as for 25

* This table applies only to numerals in the *nominative* or in an *accusative identical* in form *with the nominative.* (*See* ¶ **34-4 c.**)

Упражне́ния

A. Decline (master ¶ 34-3 first):

1. две шко́лы   2. три ма́льчика   3. четы́ре по́ля   4. семь си́льных лошаде́й   5. четы́рнадцать коро́в   6. со́рок оди́н стол   7. се́мьдесят во́семь дере́вьев   8. сто дете́й

У́стные упражне́ния

B. Read the following figures aloud, repeating the words in parentheses with each. For example: оди́н ми́лый ма́льчик, два ми́лых ма́льчика . . . пять ми́лых ма́льчиков. . . . (Master ¶ 34-4 first.)

1. 1 to 10 (но́вая шля́па)
2. 11 to 20 (бле́дный стари́к)
3. 21 to 30 (у́мная де́вочка)
4. 31 to 40 (приле́жная учени́ца)
5. 41 to 50 (си́льная ло́шадь)
6. 51 to 60 (се́рое зда́ние)
7. 61 to 70 (большо́й ковёр)
8. 71 to 80 (хоро́ший трамва́й)
9. 81 to 90 (тру́дное сло́во)
10. 91 to 100 (широ́кая столо́вая)

Перево́д

A. Translate the following phrases and sentences, using words instead of figures. Omit the words in parentheses and include the words in brackets.

1. 4 big boys and 5 little girls.   2. 1 book and 6 blue notebooks. 3. 17 living rooms and 13 dining rooms.   4. 21 good friends. 5. 95 curious women.   6. 100 new gray hats.   7. Whose are these 7 shirts?   8. In whose gardens will you work (for) 10 weeks? 9. In whose summer cottage do you live?   10. With whose children

did they play in the lobby? 11. He was in 8 countries. 12. She spoke of 4 fastidious ladies. 13. The teacher did not give candy to 51 lazy pupils (*f.*). 14. I have about 78 dollars. 15. Grandfather arrived in town with 89 dollars. 16. The student has about 40 or 41 Russian books. 17. My father is about 74, my mother about 62, and I am 28 years old. 18. Grandmother spoke with 3 old ladies in the hotel. 19. I saw 33 little birds. 20. There are 31 days in January and 28 days in February. 21. I have 15 friends. I always write to 4, but receive answers from only 2. Therefore, I know nothing about the other 13. 22. Count from 16 to [до] 84. 23. Count from 14 to 55, and from 60 to 91. 24. Count from 11 to 21. 25. The hero arrived with 88 soldiers. 43 of them came on horseback, and the others in 11 cars.

B. Retell orally in Russian this version of the reading selection, introducing some variations of your own. Omit the words in parentheses and include the words in brackets.

1. Recently Grisha moved to a hotel with his little brother, because they were making repairs in their apartment. 2. He did this very reluctantly, because Sasha is a very curious boy and often asks very difficult questions, as for instance: "Why is our neighbor's dining room bigger than our living room? How many books are there in the library and how much do they cost? Whose coat is this? Whose car is this and how much does it cost? Why is the bigger car blue and the smaller one gray?" 3. Grisha tries to answer such questions, but Sasha is never satisfied with his answers.
4. At the hotel lived a pretty girl whom Grisha liked very much. 5. Her name was [Её звáли] Zhenya. 6. Once Zhenya came into the dining room when Grisha was having dinner with his little brother. 7. Grisha asked [попросил] Zhenya to have dinner [пообéдать] with them. 8. Sasha looked at Zhenya for a long time, then suddenly began to ask his questions. 9. "Grisha, how old is Zhenya?" 10. "She is twenty years old," answered Grisha. 11. "Impossible," said Sasha. "She is surely about twenty-seven." 12. "You are right, Sasha," answered Zhenya. "I am twenty-seven." 13. "You are smarter than my brother, because you think that I am right. My brother never thinks that I am right. Why do you not live at home? Don't you [Рáзве] love your parents?" 14. "Her parents live out of town, and Zhenya works in town," answered Grisha, very displeased with this question. 15. Sasha was quiet (for) a few minutes, then asked again: "How much will dinner cost? You said that you had [have] only five dollars. Who will pay [бýдет платить], Zhenya or you?"

Вопро́сы

1. Почему́ Гри́ша переéхал с Са́шей в гости́ницу? 2. Ско́лько лет Са́ше? 3. Каки́е вопро́сы он лю́бит задава́ть? 4. На э́ти вопро́сы легко́ и́ли тру́дно отвеча́ть? 5. До како́го числа́ Са́ша уме́ет счита́ть? 6. Ско́лько шляп бы́ло в вестибю́ле гости́ницы? 7. Кого́ бра́тья жда́ли в вестибю́ле? 8. Почему́ ме́бель в гости́нице так нра́вилась Са́ше? 9. Ско́лько кре́сел бы́ло в вестибю́ле? 10. Ско́лько сто́ило ка́ждое? 11. Каки́е чи́сла Са́ша осо́бенно лю́бит? 12. Ско́лько коро́в и лошаде́й Са́ша ви́дел в дере́вне у де́душки? 13. Ско́лько столо́вых в гости́нице? 14. Ско́лько сту́льев в ка́ждой столо́вой? 15. Что Гри́ша обеща́ет купи́ть бра́ту, éсли он бо́льше не бу́дет задава́ть вопро́сов? 16. Когда́ ко́нчится ремо́нт? 17. Ско́лько у вас бра́тьев и сестёр? 18. В чьём до́ме вы живёте? 19. Ско́лько ко́мнат в ва́шем до́ме? 20. Ско́лько кре́сел, дива́нов, и сту́льев у вас в гости́ной?

ТРИ́ДЦАТЬ ПЯ́ТЫЙ УРО́К

РАССКА́З БОРИ́СА О ШЕСТИСТА́Х ДО́ЛЛАРАХ

Мой дя́дя Михаи́л бога́тый челове́к. Он зараба́тывает четы́ре ты́сячи до́лларов в ме́сяц, а иногда́ да́же пять ты́сяч. Обыкнове́нно он зараба́тывает не ме́ньше сорока́ восьми́ ты́сяч в год, а в про́шлом году́ он зарабо́тал о́коло пятидесяти шести́ ты́сяч до́лларов.

Дя́де Михаи́лу ка́жется, что мы о́чень бе́дные, хотя́ мы все рабо́таем и хорошо́ зараба́тываем. Мой оте́ц зараба́тывает три́ста пятьдеся́т до́лларов в ме́сяц; мать — две́сти се́мьдесят пять, а я зараба́тываю сто шестьдеся́т до́лларов в ме́сяц. Я ещё учу́сь в университе́те и могу́ рабо́тать то́лько по вечера́м. Но я сча́стлив, что мне не ну́жно брать де́нег у мои́х роди́телей. Мы все дово́льны, и нам бо́льше ничего́ не ну́жно. Но дя́дя Михаи́л ду́мает, что на семьсо́т во́семьдесят пять до́лларов в ме́сяц нельзя́ жить, и он ча́сто де́лает нам пода́рки, осо́бенно мне.

Сего́дня у́тром я получи́л по по́чте шестьсо́т до́лларов от дя́ди Михаи́ла. Сто́лько де́нег у меня́ никогда́ ещё не́ было, и я был о́чень сча́стлив. Я вы́шел из до́ма со свои́ми шестьюста́ми до́лларами в карма́не и пошёл гуля́ть по го́роду. Всё каза́лось мне прекра́сным — го́род, лю́ди и весь мир. Прия́тно бы́ло остана́вливаться пе́ред магази́нами, смотре́ть на краси́вые и дороги́е ве́щи в витри́нах и ду́мать: ''Де́ньги есть, е́сли захочу́, куплю́!''

Вот в одно́й витри́не стоя́т прекра́сные са́ни, кото́рые стоя́т четы́реста до́лларов. Но са́ни меня́ не интересу́ют. У нас в сара́е стоя́т дво́е хоро́ших сане́й, но никто́ никогда́ и́ми не по́льзуется. В друго́й витри́не ви́жу краси́вейшие часы́, кото́рые стоя́т пятьсо́т до́лларов. Таки́х краси́вых часо́в я ещё никогда́ не ви́дел, но у нас в до́ме уже́ есть че́тверо часо́в.

Иду́ да́льше ми́мо витри́н магази́нов. Вдруг начина́ет дуть
си́льный ве́тер, и стано́вится о́чень хо́лодно. Тепе́рь я зна́ю,
что мне ну́жно бо́льше всего́: мне нужна́ хоро́шая, тёплая шу́ба.
Вот в одно́й витри́не две прекра́сных шу́бы. Одна́ из них сто́ит
три́ста пятьдеся́т до́лларов, т.е., бо́льше полови́ны всех мои́х
де́нег. Друга́я шу́ба ещё доро́же пе́рвой и сто́ит пятьсо́т
два́дцать два до́ллара, т.е., бо́льше трёх четверте́й мои́х де́нег.
О́бе шу́бы мне о́чень нра́вятся. Каку́ю из них купи́ть? Коне́ч-
но, я покупа́ю лу́чшую шу́бу и возвраща́юсь домо́й то́лько с
семью́десятью пятью́ до́лларами в карма́не. Но у меня́ тепе́рь
краси́вая и тёплая шу́ба, и я совсе́м не жале́ю о свои́х пятиста́х
два́дцати пяти́ до́лларах. Наде́юсь, что мой ми́лый дя́дя то́же
не жале́ет о свои́х деньга́х.

Слова́рь

*расска́з story
шестьсо́т six hundred (*see* ¶ 35-1 a)
бога́тый, -ая, -ое; бога́т, -а, -о, -ы; бога́че rich
ты́сяча a thousand (*see* ¶ 35-1 b)
зарабо́тать (I) (*pf. of* зараба́тывать, I); *fut.* зарабо́таю, -ешь, -ют to
    earn (*once*)
бе́дный, -ая, -ое; бе́ден, бедна́, -о, -ы; бедне́е poor
три́ста three hundred (*see* ¶ 35-1 a)
две́сти two hundred (*see* ¶ 35-1 a)
по (*with dat. pl.*) on (*refers to action repeated at stated times*)
по вечера́м evenings
де́ньги (*f. pl.*; *used only in pl.*) (*gen.* де́нег) money
нам бо́льше ничего́ не ну́жно we need (lack) nothing else
на (*with acc.*) on (*denotes measure or quantity*)
на семьсо́т во́семьдесят пять до́лларов в ме́сяц on seven hundred
    eighty-five dollars a month
нельзя́ (it is) impossible
де́лать пода́рки to give gifts
по по́чте by mail
карма́н pocket
мир world
остана́вливаться (I)` (*pf.* останови́ться, II); остана́вливаюсь, -ешься,
    -ются (*intrans.*) to stop, to halt
витри́на show window
захоте́ть (*irr.*) (*pf. of* хоте́ть, *irr.*); *fut.* захочу́, захо́чешь, -ет, захоти́м,
    -и́те, -я́т to want (suddenly), to feel like
са́ни (*f. pl.*, *used only in the pl.*) (*gen.* сане́й) sleigh
интересова́ть (I); интересу́ю, -ешь, -ют to interest
сара́й (*m.*) barn
дво́е two (*see* ¶ 35-3)
*часы́ (*m. pl.*, *used only in the pl.*) watch, clock
*че́тверо four (*see* ¶ 35-3)
да́льше (*adv.*) further
ми́мо (*with gen.*) past, by
дуть (I); ду́ю, -ешь, -ют to blow

шу́ба fur coat
т.е. (то есть) i.e., that is
доро́же more expensive, dearer
*че́тверть (*f.*) quarter, a fourth (*see* ¶ 35-4)
о́ба (*m. & n.*), о́бе (*f.*) both (*see* ¶ 35-3 c)
совсе́м (*adv.*) entirely
совсе́м не not at all, not in the least
*жале́ть (I); жале́ю, -ешь, -ют to feel sorry, to regret
жале́ть о (*with prep.*) to be sorry about (something)

Идио́мы

по вечера́м evenings
нам ничего́ бо́льше не ну́жно we lack nothing else
де́лать пода́рки to give gifts
по по́чте by mail
"Се́меро одного́ не ждут." "Seven (people) do not wait for one." (*Russian proverb*)

Примеча́ния

расска́з story: *cf.* расска́зывать to relate, to tell
часы́ watch, clock: *cf.* час hour
че́тверо four: *cf.* четы́ре four; че́тверть a fourth
жале́ть to feel sorry, to regret: *cf.* жаль it is a pity

Грамма́тика

35-1. Formation of Cardinal Numerals above 100

(For 1 through 100, *see* ¶ 26-2 and ¶ 34-2.)

a. Formation of 200, 300 . . . *through* 900.

1.	оди́н	100.	сто
2.	два, две →	200.	две́сти
3.	три →	300.	три́ста
4.	четы́ре →	400.	четы́реста
5.	пять →	500.	пятьсо́т
6.	шесть →	600.	шестьсо́т
7.	семь →	700.	семьсо́т
8.	во́семь →	800.	восемьсо́т
9.	де́вять →	900.	девятьсо́т

b. Formation of Multiples of ты́сяча, миллио́н, *and* биллио́н.

Ты́сяча, миллио́н, and биллио́н are declined like regular nouns and are pluralized by other numerals like nouns (i.e., ты́сяча like да́ча; миллио́н and биллио́н like журна́л).

1,000.	тысяча
2,000.	две **тысячи**
3,000.	три **тысячи**
4,000.	четыре **тысячи**
5,000.	пять **тысяч**
10,000.	десять **тысяч**
21,000.	двадцать одна **тысяча**
32,000.	тридцать две **тысячи**
200,000.	двести **тысяч**
343,000.	триста сорок три **тысячи**
1,000,000.	миллион
2,000,000.	два **миллиона**
3,000,000.	три **миллиона**
4,000,000.	четыре **миллиона**
5,000,000.	пять **миллионов**
10,000,000.	десять **миллионов**
21,000,000.	двадцать один **миллион**
32,000,000.	тридцать два **миллиона**
200,000,000.	двести **миллионов**
343,000,000.	триста сорок три **миллиона**
2,000,000,000.	два **биллиона**

c. Formation of Compound Cardinals above 100.

Compound cardinal numerals like 145; 284; 1,057; 32,764; or 2,000,149 are formed in Russian as in English. (Compare ¶ **34-2 b.**) For example:

145	сто сорок пять
284	двести восемьдесят четыре
1,057*	тысяча пятьдесят семь
32,768*	тридцать две тысячи семьсот шестьдесят восемь
2,000,149*	два миллиона сто сорок девять

35-2. Declension of Cardinal Numerals above 100

a. Declension of 200, 300 . . . through 900.

1. In these numerals, both component parts are declined but are written as one word.

2. The plural of **сто** is used only as a component part of other numerals. As such, it is declined as follows:

nom.	none	*acc.*	none
gen.	сот	*instr.*	стами
dat.	стам	*prep.*	о стах

---

* In Russian, the period is used instead of the comma to mark off thousands in numerals. For example, 1,057 or 32,768 is written in Russian 1.057 and 32.768.

	200	300	400
nom.	двести	триста	четыреста
gen.	двухсот	трёхсот	четырёхсот
dat.	двумстам	трёмстам	четырёмстам
acc.	двести	триста	четыреста
instr.	двумястами	тремястами	четырьмястами
prep.	о двухстах	о трёхстах	о четырёхстах

500, 600 . . . 900

nom.	пятьсот
gen.	пятисот
dat.	пятистам
acc.	пятьсот
instr.	пятьюстами
prep.	о пятистах

b. Declension of Compound Cardinals above 100.

In compound cardinal numerals above 100, each element is declined according to its own inflectional pattern (compare ¶ **34-3**). For example:

nom.	двести семьдесят шесть
gen.	двухсот семидесяти шести
dat.	двумстам семидесяти шести
acc.	двести семьдесят шесть
instr.	двумястами семьюдесятью шестью
prep.	о двухстах семидесяти шести

35-3. Collective Numerals

a. The collective numerals **двое, трое, четверо, пятеро, шестеро,** and **семеро** are used in place of the corresponding cardinal numerals as follows:

1. With persons of the masculine gender and seen as a group. For example:

двое мужчин	*two* men
трое студентов	*three* students
четверо братьев	*four* brothers
пятеро друзей	*five* friends
шестеро футболистов	*six* football players
семеро туристов	*seven* tourists

but

две подру́ги	*two* girl friends
три студе́нтки	*three* students (*f.*)
четы́ре сестры́	*four* sisters

Note: These numerals require the adjective and the noun in the genitive plural. The rules governing the agreement of numbers with verbs apply also to **дво́е** through **се́меро** (*see* ¶ 28-3).

2. With the two plural nouns **де́ти** and **лю́ди**. For example:

| дво́е дете́й | *two* children |
| тро́е люде́й | *three* people |

3. Without nouns or pronouns. When so used the collective numeral may refer to either sex or to both sexes. For example:

Тро́е стоя́ли на у́лице: **дво́е** мужчи́н и же́нщина. *Three* (people) were standing on the street: *two* men and a woman.

"**Се́меро** одного́ не ждут." "*Seven* (people) do not wait for one (person)."

Note: When used without nouns, collective numerals require the verb in the plural.

4. With nouns used only in the plural. For example:

| дво́е сане́й | *two* sleighs |
| тро́е часо́в | *three* watches |

With such nouns, the collective numerals are used in the nominative and accusative cases. With other cases, it is usual and more correct grammatically to use cardinal numerals. For example:

Мы купи́ли **тро́е** сане́й. We bought *three* sleighs.

but

Мы прие́хали на **трёх** саня́х. We came in *three* sleighs.

5. In idiomatic constructions with personal pronouns. For example:

Нас бы́ло **че́тверо**. There were *four* of us.
Вас здесь **пя́теро**. There are *five* of you here.
Их бу́дет **се́меро**. There will be *seven* of them.

Note: The verb in such constructions must be in the neuter singular.

b. Declension of Collective Numerals **двóе** *through* **сéмеро**.

Двóе through **сéмеро** are declined like adjectives in the plural: **двóе** and **трóе** like **дорогíе**; **чéтверо** and the rest, like **молодьíе** (*see* ¶ **17-1**).

nom.	двóе	чéтверо
gen.	двойх	четверьíх
dat.	двойм	четверьíм
acc.	двóе *or* двойх	чéтверо *or* четверьíх
instr.	двойми	четверьíми
prep.	о двойх	о четверьíх

c. The collective numerals **óба** (*m.* and *n.*) and **óбе** (*f.*) (*both*) are used with nouns in the corresponding gender. For example:

óба брáта	*both* brothers
óба окнá	*both* windows
óбе шýбы	*both* fur coats

1. **Óба** and **óбе** govern nouns and adjectives like the cardinal numerals **два** and **две**.

2. When declined, **óба** and **óбе** agree with the noun in gender and case like cardinal numerals.

	m. & n.	*f.*
nom.	óба	óбе
gen.	обóих	обéих
dat.	обóим	обéим
acc.	óба *or* обóих	óбе *or* обéих
instr.	обóими	обéими
prep.	об обóих	об обéих

35-4. Fractions: половúна, треть, and чéтверть

a. **Половúна** (*half*) is declined like a noun of the First Declension. (Compare with **шкóла**, ¶ **13-5**.) For example:

Отéц дал мне **половúну** свойх дéнег.	Father gave me *half* of his money.

b. **Треть** (*f.*) (*one-third*) and **чéтверть** (*f.*) (*one-quarter* or *one-fourth*) are declined like nouns of the Third Declension. (Compare with **лóшадь**, ¶ **16-3**.)

Мы вас ждáли не бóльше **чéтверти** чáса.	We waited for you not more than *a quarter* of an hour.

c. In fractions like **две тре́ти** (*two-thirds*) and **три че́тверти** (*three-fourths*), the denominator is governed by its numerator like a noun. For example:

Я прочита́л о́коло **двух третей** э́того рома́на.

I have read about *two-thirds* of this novel.

Шу́ба сто́ит бо́льше **трёх четвертей** всех мои́х де́нег.

The fur coat costs more than *three-fourths* of all my money.

У́стные упражне́ния

A. Translate into English. Note the agreement of numerals with nouns and adjectives. (Master ¶ **35-1** and ¶ **35-2** first.)
1. В универма́ге бы́ло о́коло двухсо́т но́вых шляп. В оди́н день тури́стки купи́ли бо́лее ста пятидесяти трёх шляп. 2. На фа́брике рабо́тало бо́лее четырёхсо́т челове́к. Из них не ме́ньше трёхсо́т бы́ли же́нщины. 3. Учителя́ прие́хали в ле́тний ла́герь с пятьюста́ми двадцатью́ двумя́ ма́льчиками и четырьмяста́ми пятна́дцатью де́вочками, т.е., с девятьюста́ми трицатью́ семью́ детьми́. 4. Ма́ша пое́хала в Евро́пу с ты́сячей восьмьюста́ми до́лларами и верну́лась домо́й с шестьюста́ми до́лларами. Ле́на же пое́хала в Евро́пу с тремя́ ты́сячами семьюста́ми до́лларами и верну́лась домо́й то́лько с двумяста́ми пятьюдесятью́ тремя́ до́лларами. 5. В про́шлом году́ в на́шем университе́те учи́лось о́коло пятна́дцати ты́сяч студе́нтов и оди́ннадцати ты́сяч студе́нток — всего́ [all together] о́коло двадцати́ шести́ ты́сяч челове́к. 6. В на́шем го́роде живёт восемьсо́т во́семьдесят две ты́сячи девятьсо́т три́дцать оди́н мужчи́на и миллио́н сто се́мьдесят семь ты́сяч пятьдеся́т три же́нщины — всего́ два миллио́на пятьдеся́т де́вять ты́сяч девятьсо́т во́семьдесят четы́ре челове́ка.

B. Translate into English and point out the rules which, in the following sentences, govern the agreement of collective numerals with adjectives and nouns. (Master ¶ **35-3 a** and ¶ **35-3 b** first.)

Ше́стеро трои́х не жда́ли

1. Две гру́ппы альпини́стов (mountain climbers) хоте́ли дойти́ до верши́ны одно́й о́чень высо́кой (high) горы́. 2. Нас бы́ло пя́теро мужчи́н в одно́й гру́ппе и четы́ре же́нщины в друго́й. 3. Из девяти́ альпини́стов то́лько тро́е дошли́ до верши́ны: дво́е мужчи́н и одна́ же́нщина.
4. Мы прие́хали на двух саня́х и оста́вили са́ни и лошаде́й о́коло одного́ сара́я. 5. Мы должны́ бы́ли встре́титься опя́ть

у саней в три часа́ дня.   6. Но тро́е до́лго не возвраща́лись к саня́м.   7. Вдруг пошёл снег (it began snowing), на́чал дуть си́льный ве́тер, и станови́лось всё холодне́е и холодне́е.   8. Нам о́чень не хоте́лось верну́ться домо́й без на́ших трои́х това́рищей, но ше́стеро трои́х не ждут, и мы наконе́ц пое́хали обра́тно в на́шу гости́ницу.   9. Все бы́ли о́чень печа́льны и за обе́дом (at dinner) почти́ ничего́ не е́ли и ма́ло разгова́ривали друг с дру́гом.   10. Ка́ждый ду́мал всё вре́мя о трои́х това́рищах.   11. Все тро́е бы́ли инжене́рами и рабо́тали на фа́брике.   12. У одного́ из них бы́ло че́тверо дете́й, а у друго́го пя́теро.

13. В де́вять часо́в ве́чера к гости́нице подъе́хало (drove up) тро́е сане́й.   14. На́ши това́рищи верну́лись в гости́ницу на э́тих трёх саня́х.   15. К сча́стью, они́ встре́тили семеры́х фе́рмеров, кото́рые е́хали в го́род.   16. Фе́рмеры не хоте́ли брать де́нег у инжене́ров, но они́ взя́ли у них в пода́рок дво́е прекра́сных часо́в.   17. На́ши това́рищи до́лго расска́зывали нам шестеры́м, почему́ они́ не могли́ нас встре́тить у сане́й, и как они́ встре́тились с семеры́ми фе́рмерами.

C. Retell **Ше́стеро трои́х не жда́ли**, using different collective numerals and variations of your own.

D. Translate into English.   (Master ¶ **35-3 c** and ¶ **35-4** first.)

1. Мой о́ба бра́та и о́бе сестры́ сейча́с в Москве́.   2. У обе́их сестёр есть хоро́шие шу́бы.   3. Мои́м обо́им бра́тьям ско́ро ну́жно бу́дет верну́ться в США.   4. Я написа́л письмо́ обе́им сёстрам, но обо́им бра́тьям я пока́ ещё ничего́ не писа́л. 5. Граждани́н Ивано́в, кото́рый живёт в Москве́, хорошо́ зна́ет мои́х обо́их бра́тьев и обе́их сестёр.   6. Он мне пи́шет, что ему́ о́чень прия́тно бесе́довать с мои́ми обо́ими бра́тьями и обе́ими сёстрами.   7. Я получи́л два письма́ от Ивано́ва.   8. Я покажу́ о́ба письма́ свои́м бра́тьям и сёстрам.   9. Я зна́ю, что они́ бу́дут о́чень дово́льны обо́ими пи́сьмами.

10. Ле́том я рабо́тал на фе́рме и зарабо́тал три́ста до́лларов. 11. Полови́ну э́тих де́нег я о́тдал отцу́, о́коло тре́ти я о́тдал ма́тери.   12. Я о́тдал бо́льше трёх четверте́й свои́х де́нег, но я сча́стлив, потому́ что я о́чень люблю́ де́лать пода́рки.

E. Read the phrases below, substituting the following figures for 684 in each: 390, 465, 777, 859, 968.

nom.	шестьсо́т во́семьдесят четы́ре до́ллара.
gen.	нет шестисо́т восьми́десяти четырёх до́лларов.
dat.	приба́вьте [add] к шестиста́м восьми́десяти четырём до́лларам.

acc.   дайте шестьсо́т во́семьдесят четы́ре до́ллара.

instr. това́рищ прие́хал с шестьюста́ми восьмью́десятью четырь-
          мя́ до́лларами.

prep.   я говори́л о шестиста́х восьми́десяти четырёх до́лларах.

Перево́д

A. Write the following figures in words:

119; 131; 145; 156; 163; 174; 189; 198; 201; 213; 219; 247; 295;
341; 455; 563; 674; 717; 819; 912; 1,002; 1,013; 1,038; 1,091;
1,111; 3,486; 6,483; 8,436; 6,384; 10,511; 11,613; 12,319; 25,174;
100,083; 125,638

B. Write all the figures in words. Omit the words in parentheses
and include the words in brackets.

Story about a New Fur Coat

1. My uncle Michael is a very rich man. 2. He earns several
thousand dollars a month and likes to give me expensive gifts.
3. He says that I am his favorite niece. 4. I work in an office,
earn 450 dollars a month, and need nothing else. 5. But (my)
uncle thinks that it is impossible to live on 450 dollars a month.
6. Recently I received by mail 4,500 dollars from Uncle Michael.
7. I never had so much money, and I was very happy. 8. The
whole world seemed wonderful [splendid] to me. 9. I bought
myself [себе́] a new car for [за + *acc.*] 2,625 dollars and a fur coat
for 1,875 dollars. 10. I did not want to buy such an expensive
coat, because I had recently bought a watch for 275 dollars, a blue
suit for 85 dollars, and a red hat for 15 dollars. 11. But when I saw
[уви́дела] this beautiful fur coat in the show window of the department store, I knew that I would [shall] buy it. 12. Unfortunately,
the fur coat is black, and now I need a gray suit and a new hat.
13. The cheapest gray suit costs 65 dollars, and the cheapest hat,
10 dollars, but I have no more money. 14. It seems to me now
that I was happier when I had no fur coat and was satisfied with my
blue suit and my red hat.

Вопро́сы

1. О чём расска́зывает Бори́с? 2. Ско́лько дя́дя Михаи́л
зараба́тывает в ме́сяц? 3. Ско́лько он обыкнове́нно зараба́ты-
вает в год? 4. Ско́лько ты́сяч до́лларов он зарабо́тал в про́ш-
лом году́? 5. Почему́ Бори́с рабо́тает то́лько по вечера́м?
6. Почему́ дя́дя Михаи́л так ча́сто де́лает Бори́су пода́рки?
7. Почему́ сего́дня у́тром всё каза́лось Бори́су прекра́сным?

8. Что думал Борис, когда он останавливался перед витринами магазинов? 9. Почему сани не интересуют Бориса? 10. Почему часы его тоже не интересуют? 11. Почему он вдруг начал думать о шубе? 12. Сколько стоит каждая шуба в витрине? 13. Какую из них он купил? 14. Сколько денег было у Бориса, когда он вышел из дома? 15. Сколько у него было денег, когда он вернулся домой? 16. Жалеет ли он о своих пятистах двадцати пяти долларах? 17. Жалеет ли дядя Михаил о подарке, который он сделал Борису?

LESSON 36

ТРИДЦАТЬ ШЕСТÓЙ УРÓК

ИЗ ЛЕНИНГРÁДА В ИРКУ́ТСК

Сегóдня суббóта, четы́рнадцатое декабря́. В срéду, одиннадцатого декабря́, мы с женóй вы́ехали пóездом из Ленингрáда. Мы ужé трéтий день в дорóге и зáвтра бýдем в Иркýтске. Мы éдем к мои́м роди́телям, котóрые живýт в Иркýтске, в Зáпадной Сиби́ри. Восемнáдцатого декабря́ день рождéния моéй мáтери. Мои́ брáтья и сёстры чáсто приезжáют в Иркýтск в декабрé, чтóбы вмéсте прáздновать день рождéния мáтери и потóм вмéсте встречáть нóвый год.

К сожалéнию, моя́ стáршая сестрá Тáня в э́том годý не смóжет приéхать в Иркýтск до двáдцать вторóго и́ли двáдцать трéтьего декабря́. Я знáю, что мáма бýдет óчень недовóльна, хотя́ все другие приéдут до восемнáдцатого. Иногдá мне кáжется, что онá лю́бит свои́х дочерéй горáздо бóльше, чем свои́х сыновéй.

В Иркýтске в декабрé бывáет óчень хóлодно, поэ́тому я всегдá вожý с собóй мнóго тёплых вещéй, когдá я éзжу к роди́телям. В э́том годý, крóме тёплой одéжды, мы с женóй везём ещё мнóго подáрков. Отéц мнóго кýрит, и я всегдá привожý емý табáк и трýбки. Мáма óчень лю́бит мýзыку, и мы все приво́зим ей новéйшие пласти́нки. В э́том годý, крóме пласти́нок, мы с женóй купи́ли ей телеви́зор, котóрый стóит сéмьдесят пять рублéй.* Моя́ млáдшая сестрá ужé три гóда изучáет англи́йский язы́к в университéте. Ей я везý нéсколько интерéсных книг на англи́йском языкé. Онá так лю́бит э́тот язы́к, что всегдá нóсит с собóй мáленький англо-рýсский словáрь. Кáждый день онá принóсит из библиотéки англи́йские кни́ги и́ли журнáлы и чáсто читáет их до двух часóв нóчи.

В вагóне у нас интерéсные сосéдки — две студéнтки, котóрые

---

* Reference is here to the new ruble, worth ten of the old Soviet rubles inside the Soviet Union.

277

у́чатся в Москве́. Они́ из Владивосто́ка и е́дут домо́й на
кани́кулы. В ты́сяча девятьсо́т пятидеся́том году́ я провёл
не́сколько дней во Владивосто́ке, и э́тот го́род мне о́чень понра́вился. Мне хо́чется говори́ть о Сиби́ри и о её города́х, но
на́ши сосе́дки предпочита́ют говори́ть о США. Моя́ жена́ Ве́ра
рассказа́ла им, что год тому́ наза́д, т.е., четы́рнадцатого декабря́
ты́сяча девятьсо́т шестьдеся́т пе́рвого го́да, я был в Чика́го, и
что я ча́сто быва́ю в Вашингто́не и в Нью-Йо́рке. По́сле э́того
на́ши сосе́дки хоте́ли говори́ть то́лько об Аме́рике и о жи́зни
америка́нцев. Ка́ждые де́сять и́ли пятна́дцать мину́т они́
повторя́ли: "Пожа́луйста продолжа́йте, Ива́н Андре́евич.
Ва́ши расска́зы так интере́сны, что их мо́жно слу́шать без
конца́."

Уже́ час но́чи, и студе́нтки наконе́ц засну́ли. В ваго́не ти́хо.
Все спят. То́лько я сижу́ и ду́маю: "За́втра я уви́жу свои́х
роди́телей. Как они́ пожива́ют? Здоро́вы ли они́? Не ску́чно
ли им в Ирку́тске? И заче́м они́ живу́т в Сиби́ри, так далеко́ от
Ленингра́да?"

Слова́рь

Ирку́тск Irkutsk
четы́рнадцатое декабря́ the fourteenth of December (*see* ¶ 36-2 a 1)
оди́ннадцатого декабря́ on the eleventh of December (*see* ¶ 36-2 a 2)
по́ездом by train
тре́тий, тре́тья, -ье third
в доро́ге on the road, on a trip
за́падный, -ая, -ое western
Сиби́рь (*f.*) Siberia
восемна́дцатого декабря́ on the eighteenth of December (*see* ¶ 36-2 a 2)
рожде́ние birth
день рожде́ния birthday
что́бы in order to
****пра́здновать** (I); пра́здную, -ешь, -ют to celebrate
встреча́ть (I) *trans.*; встреча́ю, -ешь, -ют to meet
встреча́ть но́вый год to celebrate New Year's Eve
Та́ня (*f.*) Tanya (*dim. of* **Татья́на** Tatyana)
смочь (I) (*pf. of* мочь, I); *fut.* смогу́, смо́жешь, смо́гут; *past* смог,
    смогла́, -о́, -и́; (*no imper.*) to be able (*physically*), to be in position to
    (*once*)
ма́ма mama
до́чери (*pl. of* дочь; *see* ¶ 36-3)
****быва́ть** (I); быва́ю, -ешь, -ют to be (*occasionally* or *frequently*), to frequent,
    to visit (*see* ¶ 36-4)
вози́ть (II) *hab.*; вожу́, во́зишь, -ят; *past* вози́л, -а, -о, -и to convey
    (*frequently, by conveyance*)
кро́ме (*with gen.*) besides, in addition to
везти́ (I) *act.*; везу́, везёшь, -у́т; *past* вёз, везла́, -о́, -и́ to be carrying
    (*by conveyance*)
кури́ть (II); курю́, ку́ришь, -ят to smoke

привозить (II); **привожу́, приво́зишь, -ят** to bring (*frequently, by conveyance*)

таба́к (*gen.* **табака́**) tobacco

тру́бка (*gen. pl.* **тру́бок**) pipe

пласти́нка (*gen. pl.* **пласти́нок**) phonograph record

телеви́зор television set

рубль (*m.*) (*gen.* **рубля́**) ruble

на англи́йском языке́ in English

носи́ть (II) *hab.*; **ношу́, но́сишь, -ят**; *past* **носи́л, -а, -о, -и** to carry (*frequently, by hand* or *on one's person*)

англо-ру́сский English-Russian

приноси́ть (II); **приношу́, прино́сишь, -ят** to bring (*frequently, by carrying*)

****ваго́н** railway carriage

****сосе́дка** (*gen. pl.* **сосе́док**) neighbor (*f.*)

Владивосто́к Vladivostok

понра́виться (II) (*pf. of* **нра́виться,** II); *fut.* **понра́влюсь, понра́вишься, -ятся** to like, to take a liking to

тому́ наза́д ago

по́сле э́того after that

продолжа́ть (I); **продолжа́ю, -ешь, -ют** to continue

засну́ть (I) (*pf. of* **засыпа́ть,** I); *fut.* **засну́, заснёшь, -у́т** to fall asleep (*once*)

уви́деть (II) (*pf. of* **ви́деть,** II); *fut.* **уви́жу, уви́дишь, -ят**; *no imper.* to see, to notice

Идио́мы

в доро́ге on the road, on a trip

встреча́ть но́вый год to celebrate New Year's Eve

год тому́ наза́д a year ago

Примеча́ния

пра́здновать to celebrate: *cf.* **пра́здник** holiday

быва́ть to be (*occasionally* or *frequently*), to frequent, to visit: *cf.* **быть**

ваго́н railway carriage *cf. English word* wagon

сосе́дка neighbor (*f.*): *cf.* **сосе́д** neighbor (*m.*)

Грамма́тика

36-1. Ordinal Numerals

a. Formation.

1. Ordinal numerals are formed from the genitive stems of the corresponding cardinal numerals by adding the adjectival endings **-ый, -ая, -ое** or **-о́й, -а́я, -о́е**. For example:

CARDINAL		ORDINAL
nom.	*gen.*	*nom.*
пять	пяти́	пя́тый, -ая, -ое
шесть	шести́	шесто́й, -а́я, -о́е
во́семь	восьми́	восьмо́й, -а́я, -о́е
пятьдеся́т	пяти́десяти	пятидеся́тый, -ая, -ое
две́сти	двухсо́т	двухсо́тый, -ая, -ое

2. The following ordinals are formed irregularly: **пе́рвый** and **второ́й** are formed from stems unlike those of **оди́н** and **два**; **тре́тий, четвёртый, седьмо́й**, and **сороково́й** are formed from altered stems of **три, четы́ре, семь**, and **со́рок**. Likewise, **со́тый, ты́сячный**, and **миллио́нный** are formed from altered stems. (Compare cardinal and ordinal numerals, in the table in ¶ **36-1 b.**)

b. *Table of Cardinal and Ordinal Numerals.*

CARDINAL	ORDINAL	
1. оди́н, одна́, одно́	пе́рвый, -ая, -ое	first
2. два (*m. & n.*), две (*f.*)	второ́й, -а́я, -о́е	second
3. три	тре́тий, тре́тья, -ье	third
4. четы́ре	четвёртый, -ая, -ое	fourth
5. пять	пя́тый, -ая, -ое	fifth
6. шесть	шесто́й, -а́я, -о́е	sixth
7. семь	седьмо́й, -а́я, -о́е	seventh
8. во́семь	восьмо́й, -а́я, -о́е	eighth
9. де́вять	девя́тый, -ая, -ое	ninth
10. де́сять	деся́тый, -ая, -ое	tenth
11. оди́ннадцать	оди́ннадцатый	eleventh
12. двена́дцать	двена́дцатый	
13. трина́дцать	трина́дцатый	
14. четы́рнадцать	четы́рнадцатый	
15. пятна́дцать	пятна́дцатый	
16. шестна́дцать	шестна́дцатый	
17. семна́дцать	семна́дцатый	
18. восемна́дцать	восемна́дцатый	
19. девятна́дцать	девятна́дцатый	
20. два́дцать	двадца́тый	
21. два́дцать оди́н, одна́, одно́	два́дцать пе́рвый, -ая, -ое	
22. два́дцать два, две	два́дцать второ́й, -а́я, -о́е	
23. два́дцать три	два́дцать тре́тий, -ья, -ье	
30. три́дцать	тридца́тый	
40. со́рок	сороково́й	
49. со́рок де́вять	со́рок девя́тый	
50. пятьдеся́т	пятидеся́тый	
60. шестьдеся́т	шестидеся́тый	
70. се́мьдесят	семидеся́тый	
80. во́семьдесят	восьмидеся́тый	
90. девяно́сто	девяно́стый	

100.	сто	со́тый
101.	сто оди́н	сто пе́рвый, -ая, -ое
140.	сто со́рок	сто сороково́й
200.	две́сти	двухсо́тый
300.	три́ста	трёхсо́тый
400.	четы́реста	четырёхсо́тый
500.	пятьсо́т	пятисо́тый
600.	шестьсо́т	шестисо́тый
700.	семьсо́т	семисо́тый
800.	восемьсо́т	восьмисо́тый
900.	девятьсо́т	девятисо́тый
1,000.	ты́сяча	ты́сячный
1,001.	ты́сяча оди́н	ты́сяча пе́рвый, -ая, -ое
2,000.	две ты́сячи	двухты́сячный
5,000.	пять ты́сяч	пятиты́сячный
10,000.	де́сять ты́сяч	десятиты́сячный
100,000.	сто ты́сяч	сто ты́сячный
1,000,000.	миллио́н	миллио́нный
2,000,000.	два миллио́на	двухмиллио́нный
1,000,000,000.	биллио́н	биллио́нный

c. Declension of Ordinal Numerals.

1. Ordinal numerals are declined like hard adjectives and agree in number, gender, and case with the nouns they modify. They have no short forms. For example:

девя́тый год	the ninth year
девя́той зимы́	of the ninth winter
о девя́том ле́те	about the ninth summer

2. **тре́тий, тре́тья, тре́тье** represents the only soft ordinal numeral and it is declined like **чей, чья, чьё** except for the stress, which remains on the stem (*see* ¶ **34-1**).

3. In compound ordinal numerals, only the last word is an ordinal and is declined. The other words are cardinals and are not declined. For example:

nom.	ты́сяча девятьсо́т шестьдеся́т **второ́й** год	1962nd year
gen.	ты́сяча девятьсо́т шестьдеся́т **второ́го** го́да	of the 1962nd year
dat.	ты́сяча девятьсо́т шестьдеся́т **второ́му** го́ду	to the 1962nd year, *etc.*

36-2. Dates: Month and Year

a. Date of the Month.

1. *The date (of the month) is* . . . is expressed by the nominative neuter of the ordinal numeral, agreeing with the noun (*date*), which is understood.   For example:

Какóе сегóдня числó?	*What is* the date today?
Сегóдня **четы́рнадцатое** (14-ое) **декабря́**.	Today is the 14*th of December.*
(**числó** is understood here)	

2. *On the date (of the month)* . . . is expressed by the ordinal numeral in the genitive.   For example:

Какóго числá вы приéхали в Иркýтск?	*On* what date did you arrive in Irkutsk?
Мы приéхали в Иркýтск **семнáдцатого** (17-го) **декабря́**.	We arrived in Irkutsk *on* the 17th òf December.

b. Date of the Year.

1. *The year is* . . . is expressed by the ordinal numeral in the nominative.   For example:

Tепéрь **ты́сяча девятьсóт шестьдеся́т вторóй год.**	It is now 1962 (*lit.,* the 1962nd year).

2. *In the year* . . . (when the year only is given) is expressed by **в** + the *ordinal* numeral in the *prepositional* case + **годý** (**годý** is the prepositional in **-ý**).   For example:

В **ты́сяча девятьсóт пятидеся́том годý.**	In 1950 (*lit.,* in the 1950th year).

c. Date of both Month and Year.

1. *On the* . . . *day of the month of* . . . *in the year* . . . is expressed by the ordinal numeral in the genitive for both the month and the year.   For example:

Мы приéхали в Иркýтск **семнáдцатого декабря́** ты́сяча девятьсóт шестьдеся́т **вторóго гóда.**	We arrived in Irkutsk *on* the 17th of December, 1962.

36-3. Declension of мать and дочь: Singular and Plural

Мать and **дочь** are irregular in the singular, but are declined in the plural like **лóшадь**, a regular noun of the Third Declension.

	SINGULAR	PLURAL
nom.	мать	ма́тери
gen.	ма́тери	матере́й
dat.	ма́тери	матеря́м
acc.	мать	матере́й
instr.	ма́терью	матеря́ми *or*
		матерьми́ (*rarely used*)
prep.	о ма́тери	о матеря́х

36-4. Быва́ть (I)(to be frequently)

a. **Быва́ть** is a lengthened form of **быть**. It conveys the idea of frequency, regularity, or habit, but with more vividness than does the ordinary imperfective. For example:

В Ирку́тске в декабре́ **быва́ет** о́чень хо́лодно.	It *is usually* very cold in Irkutsk in December.
Оте́ц **быва́ет** до́ма ве́чером.	Father *is usually* at home in the evening.

b. **Быва́ть** is also used in the sense of *to happen, to visit,* or *to frequent*:

Э́то с ним ре́дко **быва́ет**.	That rarely *happens* to him.
Она́ у нас ча́сто **быва́ет**.	She *visits* us often.
Я ча́сто **быва́ю** в Вашингто́не.	I *am frequently* in Washington.

36-5. Verbs of Carrying and Conveying

Носи́ть — нести́ and **вози́ть — везти́** are basic verbs of carrying and conveying. Like the basic verbs of motion, they have *habitual* and *actual* forms, which are both imperfective (*see* ¶ **24-1**).

Many prefixed verbs are formed from **носи́ть — нести́** and **вози́ть — везти́**, such as **приноси́ть** and **увезти́**. Their meanings and verb forms are, therefore, most important.

a. **Носи́ть — нести́** *and Prefixed Forms.*

IMPERFECTIVE	
Habitual	Actual
носи́ть (II) to carry (frequently, *by hand*, or *on one's person*) ношу́, но́сишь, -ят носи́л, -а, -о, -и носи́, -йте	**нести́ (I)** to be carrying (*by hand*, or *on one's person*) несу́, несёшь, -у́т нёс, несла́, -о́, -и́ неси́, -йте

IMPERFECTIVE	PERFECTIVE
приноси́ть **(II)** to bring (frequently, *by carrying*) **при**ношу́, **при**но́сишь, -ят **при**носи́л, -а, -о, -и **при**носи́, -йте	**при**нести́ **(I)** to bring (once, *by carrying*) **при**несу́, **при**несёшь, -у́т **при**нёс, **при**несла́, -о́, -и́ **при**неси́, -йте
вноси́ть **(II)** to carry in (frequently) (like **при**носи́ть)	**вн**ести́ **(I)** to carry in (once) (like **при**нести́)

b. **Вози́ть — везти́** *and Prefixed Forms.*

IMPERFECTIVE	
Habitual	Actual
вози́ть (II) to convey (frequently, *by conveyance*) вожу́, во́зишь, -ят вози́л, -а, -о, -и вози́, -йте	**везти́ (I)** to be carrying везу́, всзёшь, -у́т вёз, везла́, -о́, -и́ вези́, -йте

IMPERFECTIVE	PERFECTIVE
привози́ть **(II)** to bring (frequently, *by conveyance*) **при**вожу́, **при**во́зишь, -ят **при**вози́л, -а, -о, -и **при**вози́, -йте	**при**везти́ **(I)** to bring (once, *by conveyance*) **при**везу́, **при**везёшь, ́у́т **при**вёз, **при**везла́, -о́, -и́ **при**вези́, -йте
ввози́ть **(II)** to bring in (frequently, *by conveyance*) (like **при**вози́ть)	**вв**езти́ **(I)** to bring in (once, *by conveyance*) (like **при**везти́)

Ýстные упражне́ния

A. Read the following phrases aloud, substituting words for the ordinal numerals. (Master ¶ 36-1 first.)

1. *1st* уро́к по хи́мии 2. *3d* упражне́ние по грамма́тике
3. *5th* ле́кция по литерату́ре 4. *7th* экза́мен 5. *11th* ваго́н
6. *40th* письмо́ 7. *60th* студе́нтка 8. *81st* кварти́ра 9. *90th* пра́вило 10. *100th* оши́бка 11. *104th* шу́ба 12. *200th* день
13. *300th* сло́во 14. *450th* рубль 15. *500th* тру́бка 16. *600th* шля́па 17. *737th* биле́т 18. *800th* самолёт 19. *1,000th* пласти́нка
20. *2,000th* автомоби́ль 21. *5,000th* буты́лка 22. *10,000th* тури́стка 23. *100,000th* солда́т 24. *1,000,000th* граждани́н
25. *2,000,000th* гражда́нка

B. Read the following sentences aloud, supplying the Russian equivalents of the italicized English words. (Master ¶ 36-1 and ¶ 36-2 first.)

1. Сего́дня *is the 20th of September—the first* день заня́тий в на́шем университе́те. 2. В про́шлом году́ заня́тия в университе́те начали́сь *on the 15th of September* и ко́нчились *on the 22nd of June.* 3. В э́том же году́ они́ ко́нчатся *on the 27th of June.*
4. На́ши зи́мние кани́кулы в э́том году́ начну́тся в сре́ду, *on the 13th of December* и ко́нчатся *on the 3d of January.*
5. Велича́йший ру́сский поэ́т, Алекса́ндр Серге́евич Пу́шкин, роди́лся (was born) *on the 6th of June, 1799.* Он у́мер (died) *in 1837* году́. 6. Никола́й Васи́льевич Го́голь роди́лся *on the 19th of March, 1809,* а у́мер *on the 21st of February, 1852.* 7. Вели́кий ру́сский компози́тор, Пётр Ильи́ч Чайко́вский, роди́лся *in 1840* году́. Он у́мер *in 1893* году́. 8. Анто́н Па́влович Че́хов роди́лся *on the 17th of January, 1860,* а у́мер *on the 2d of July, 1904.*
9. Лев (Leo) Никола́евич Толсто́й роди́лся *in 1828,* а у́мер *in 1910.* 10. Алексе́й Макси́мович Го́рький роди́лся *in 1868,* а у́мер *on the 18th of June, 1936.* 11. Сове́тский компози́тор Шостако́вич написа́л *the Seventh* Симфо́нию (Symphony) *in 1942* году́. 12. Ники́та Серге́евич Хрущёв посети́л США *in 1960* и *in 1961* года́х.

C. Translate the following dialogue into idiomatic English, then work on the Russian text with a classmate until you can both repeat it orally. (Exercise based on ¶ 36-3 and ¶ 36-4.)
— Когда́ вы с му́жем быва́ете до́ма?
— Мы с му́жем быва́ем до́ма по суббо́там и воскресе́ньям.
— А когда́ ва́ши до́чери быва́ют до́ма?
— За после́дние три го́да о́бе на́ши до́чери живу́т и рабо́тают в Ирку́тске, в За́падной Сиби́ри.

— Вот как! Я не знал, что их так до́лго не́ бы́ло в Москве́. А вы ча́сто быва́ете у свои́х дочере́й в Ирку́тске?

— К сожале́нию, нет. Зимо́й в Ирку́тске быва́ет о́чень хо́лодно, а ле́том там быва́ет сли́шком жа́рко.

— Почему́ же вы не е́здите к ва́шим дочеря́м весно́й и́ли о́сенью?

— Весно́й и о́сенью у нас быва́ет сли́шком мно́го рабо́ты.

— Мне ка́жется, Ве́ра Петро́вна, что вы не о́чень лю́бите свои́х дочере́й. . . .

— Но на́ши до́чери ча́сто быва́ют в Москве́. Кро́ме того́, они́ всегда́ прово́дят свой о́тпуск у нас.

— Ма́тери должны́ ча́ще быва́ть у дочере́й, чем до́чери у матере́й.

— Да́же е́сли до́чери живу́т в Ирку́тске?

— Да. Да́же е́сли они́ живу́т во Владивосто́ке!

Перево́д

A. Omit the words in parentheses and include the words in brackets. Write all figures in words. (Master ¶ **36-5** first.)

1. Hello, Masha. Where are you carrying (*by hand*) all those books? 2. I am carrying (*by hand*) them to the library. 3. I always carry (*by hand*) a lot of [much] books, because mother and I read so much. 4. Every day I bring (*by carrying*) home five or six books. 5. Yesterday I brought (*by carrying*) home four books for myself [**для себя́**] and three for mother.

6. My wife and I always take [convey] along many things when we go (*by vehicle*) to my parents. 7. This year we are going by train and are taking [conveying] many gifts for my parents and friends. 8. We shall celebrate my father's birthday on the 12th of February, and all my brothers and sisters will bring [convey] him many expensive gifts.

9. A week ago, on the 9th of May, we bought beautiful furniture for our new apartment. 10. Today (they) brought [conveyed] us the divan and two armchairs. 11. Tomorrow (they) will bring [convey] eight chairs, a television set, and three lamps. 12. Come (*by vehicle*) to our house at 8:00 o'clock in the evening on December 31st, and bring (*by vehicle*) your wife with you. 13. We want to celebrate New Year's Eve with you in our new apartment. 14. I hope that the new year will bring [**принесёт**] us all health [**здоро́вье**] and happiness.

B. Omit the words in parentheses and include the words in brackets. Write all figures in words.

1. On Sunday, the 9th of December, 1962, my wife Tanya and I left Leningrad by train. 2. We are going to Irkutsk in Western Siberia to Tanya's parents. 3. We shall be on the road (for) three more [ещё] days. 4. For the first time we shall be able to celebrate New Year's Eve together.

5. We are carrying [conveying] many gifts with us: five new records for Tanya's mother, several pipes and tobacco for Tanya's father, an English-Russian dictionary for Tanya's sister, and a television set, which costs 83 rubles, for the whole family.

6. In our railway carriage we have two lovely neighbors (f.) who are going to Vladivostok. 7. I was in Vladivostok in 1955 and took a liking to the town as soon as I saw [caught sight of] it. 8. Yesterday we talked about Vladivostok with our neighbors (f.) until they finally fell asleep at one o'clock at night. 9. After that Tanya and I still conversed for a long time [долго ещё] about life in Siberia. 10. It is too bad that Tanya's parents have to live so far (away) in Siberia.

Вопро́сы

1. Како́го числа́ Ива́н Андре́евич вы́ехал с жено́й из Ленингра́да? 2. Куда́ и к кому́ они́ е́дут? 3. Кото́рый день они́ уже́ в доро́ге? 4. Заче́м бра́тья и сёстры Ива́на Андре́евича приезжа́ют в Ирку́тск в декабре́? 5. Како́го числа́ день рожде́ния их ма́тери? 6. Како́го числа́ прие́дет ста́ршая сестра́ Ива́на Андре́евича? 7. Когда́ в Ирку́тске быва́ет о́чень хо́лодно? 8. Каки́е пода́рки Ива́н Андре́евич везёт свои́м роди́телям? 9. Почему́ он всегда́ привози́т отцу́ таба́к и тру́бки? 10. Ско́лько сто́ит телеви́зор, кото́рый Ива́н Андре́евич везёт ма́тери? 11. Что он везёт свое́й сестре́? 12. Что сестра́ Ива́на Андре́евича всегда́ но́сит с собо́й? 13. Что она́ ка́ждый день прино́сит из библиоте́ки? 14. Куда́ е́дут сосе́дки Ива́на Андре́евича и его́ жены́? 15. В како́м году́ Ива́н Андре́евич был во Владивосто́ке? 16. Понра́вился ли ему́ э́тот го́род? 17. Како́го числа́ Ива́н Андре́евич был в Чика́го? 18. Почему́ он разгова́ривал со свои́ми сосе́дками то́лько об Аме́рике? 19. В кото́ром часу́ о́бе де́вушки наконе́ц засну́ли? 20. О чём ду́мал Ива́н Андре́евич, когда́ в ваго́не ста́ло ти́хо?

37

ТРИ́ДЦАТЬ СЕДЬМО́Й УРО́К

ЖИЗНЬ ИРИ́НЫ

29-го ма́я, 1962-го г

Дорога́я Та́ня,

Прости́, что так давно́ тебе́ не писа́ла. Я уже́ пя́тый день больна́ и не выхожу́ из до́ма. У меня́ на́сморк и ка́шель, боли́т го́рло и боли́т голова́.

Сего́дня мне немно́го лу́чше, но до́ктор говори́т, что выходи́ть мне ещё нельзя́. Он хо́чет, что́бы я сиде́ла до́ма ещё три и́ли четы́ре дня. Как ме́дленно идёт вре́мя, когда́ ничего́ не де́лаешь. Кро́ме того́, ужа́сно ску́чно сиде́ть до́ма одно́й. Мой муж Ва́ся ухо́дит на рабо́ту в во́семь часо́в утра́ и возвраща́ется ве́чером в без че́тверти семь, уста́лый и голо́дный. У́жин всегда́ гото́в для него́, и мы сейча́с же начина́ем ку́шать. То́лько по́сле у́жина мо́жно с ним разгова́ривать. На́ши сосе́ди и сосе́дки то́же рабо́тают до полови́ны шесто́го, так что днём никто́ к нам не прихо́дит. Я всё наде́юсь, что кто́-нибудь позвони́т мне по телефо́ну и́ли зайдёт ко мне, хоть на не́сколько мину́т.

Вчера́ кто́-то позвони́л по телефо́ну и хоте́л говори́ть с Ва́сей. Как то́лько я отве́тила, что му́жа нет до́ма, он сказа́л: ''Хотя́ я слы́шу ваш го́лос в пе́рвый раз, я зна́ю, что у вас боли́т го́рло, что вам наве́рно нельзя́ выходи́ть и что вам о́чень ску́чно.'' Како́й у́мный челове́к!

Сего́дня у́тром Ва́ся обеща́л верну́ться с рабо́ты в че́тверть шесто́го и привести́ кого́-то к у́жину, но не сказа́л кого́. Он та́кже обеща́л купи́ть каку́ю-то ры́бу, кото́рую наш гость о́чень лю́бит, и что́-то о́чень вку́сное на десе́рт. Мне так хо́чется с ке́м-нибудь поговори́ть, что мне всё равно́, кого́ приведёт мой муж.

По на́шим часа́м уже́ два́дцать пять мину́т шесто́го, а у́жин

288

нýжно приготóвить к семи часáм. Мне чáсто кáжется, что нáши часы́ и́ли отстаю́т и́ли спешáт на нéсколько минýт, но Вáся говори́т, что они́ всегдá идýт прáвильно.

Ну, порá кончáть э́то письмó, потомý что тебé навéрно скýчно читáть о моéй жи́зни. Но ты проси́ла, чтóбы я тебé писáла бóльше о себé. А тепéрь и ты пиши́ мне почáще и побóльше. Целýю тебя́.

Твой друг, Ири́на.

Словáрь

Ири́на Irene

прости́ть (II) *pf.*; *fut.* прощý, прости́шь, -я́т to forgive, to excuse

выходи́ть (II); выхожý, выхóдишь, -ят to go out, to leave (*on foot*)

нáсморк cold (in the head)

кáшель*ᶠˡ* (*m.*) (*gen.* кáшля) cough

*боли́т, боля́т (*only 3d pers. pres. of* болéть, II *is used*) aches, ache

гóрло throat

лýчше (*adv.*) (*comp.* of хорошó) better

мне немнóго лýчше I feel a little better

ужáсно terribly

скýчно сидéть дóма однóй (*m.* одномý) it is boring to stay home alone

в без чéтверти семь at a quarter of seven (*see* ¶ 37-3 a-3)

устáлый, -ая, -ое tired

голóдный, -ая, ое; гóлоден, голоднá, -о, -ы hungry

*ýжин supper

*готóвый, -ая, -ое; готóв, -а, -о, -ы ready

кýшать (I); кýшаю, -ешь, -ют to eat (*see* ¶ 37-4)

половина шестóго half past five (*see* ¶ 37-3 a-2)

всё (*adv.*) all the time, continually

ктó-нибудь somebody (anybody *at all*) (*see* ¶ 37-5)

*хоть (*conjunction*) at least

ктó-то somebody (*see* ¶ 37-5)

у вас боли́т гóрло you have a sore throat

*привести́ (I) *pf.*; *fut.* приведý, приведёшь, -ýт; *past* привёл, привелá, -ó, -и́; *imper.* приведи́, -и́те to bring (*by leading*) (*see* ¶ 37-7)

к ýжину for supper

какóй-то, какáя-то, какóе-то some (*kind of*) (*see* ¶ 37-5)

ры́ба fish

гость (*m.*) (*gen.* гóстя; *pl.* гóсти, *gen. pl.* гостéй) guest

чтó-то something (*see* ¶ 37-5)

вкýсный, -ая, -ое; вкýсен, вкуснá, -о, -ы tasty

вкýсное (*noun, n.*) tasty (*thing*) (*see* ¶ 37-8)

на десéрт for dessert

мне всё равнó it is all the same to me

по нáшим часáм by our clock

двáдцать пять минýт шестóго twenty-five minutes past five (*see* ¶ 37-3 a-2)

к семи́ часáм by seven o'clock

отставáть (I); отстаю́, отстаёшь, -ю́т to lag behind

часы́ отстаю́т на нéсколько минýт the clock (*or* watch) is several minutes slow

часы́ спешáт на нéсколько минýт the clock (*or* watch) is several minutes fast

часы́ иду́т пра́вильно the clock (*or* watch) is right
пора́ (*noun*) time; it is time
конча́ть (I); конча́ю, -ешь, -ют to finish
пора́ конча́ть it is time to finish
целова́ть (I); целу́ю, -ешь, -ют to kiss

Идио́мы
мне немно́го лу́чше I feel a little better
у вас боли́т го́рло you have a sore throat
к у́жину for supper
мне всё равно́ it is all the same to me
к семи́ часа́м by seven o'clock
часы́ отстаю́т на не́сколько мину́т the clock (watch) is several minutes slow
часы́ спеша́т на не́сколько мину́т the clock (watch) is several minutes fast
часы́ иду́т пра́вильно the clock (watch) is right
пора́ конча́ть it is time to finish

Примеча́ния
боли́т aches: *cf.* больно́й sick
у́жин supper: *cf.* у́жинать to have supper
гото́вый ready: *cf.* гото́виться to prepare oneself, приготовля́ть to prepare
хоть at least: *cf.* хоте́ть to wish, to want; хотя́ although
привести́ to bring (*by leading*). Do not confuse with привезти́ to bring (*by conveying*). Note the difference in spelling.

Грамма́тика
37-1. The Subjunctive Mood
a. The subjunctive is expressed in Russian by means of the conjunction что́бы (or чтоб) and the *past tense* in the subordinate clause, regardless of the tense in the main clause, thus:

MAIN CLAUSE	SUBORDINATE CLAUSE
present *or* past *or* future *or* imperative	что́бы + past tense

For example:

Учи́тель **объясня́ет** уро́к, **что́бы** мы всё **по́няли**. — The teacher *explains* the lesson so that we *understand* everything.

Учи́тель **объясни́л** уро́к, **что́бы** мы всё **по́няли**. — The teacher *explained* the lesson so that we *understood* everything.

Учи́тель **объясни́т** уро́к, **что́бы** мы всё **по́няли.**

The teacher will *explain* the lesson so that we *shall understand* everything.

Объясни́те уро́к, **что́бы** мы всё **по́няли.**

Explain the lesson so that we *understand* everything.

b. The subjunctive is used:

1. In subordinate clauses of purpose introduced by **что́бы**; **для того́, что́бы**; or **затем, что́бы**—all three meaning *in order to, in order that,* or *so that.* (For example, see ¶ **37-1 a** above.)

2. After verbs expressing desire, request, or command. For example:

До́ктор **хо́чет, что́бы** я **сиде́л** до́ма.

The doctor *wants* me to stay home (*lit.,* that I should stay home).

Ты **проси́ла, что́бы** я тебе́ **писа́ла.**

You *asked* me to write you (*lit.,* that I should write you).

c. When the subject of the main and the subordinate clauses is the same, the *infinitive* is used in the subordinate clause instead of the *past* tense. For example:

Мать **пое́хала** в го́род, **что́бы купи́ть** проду́кты.

Mother *went* to town *to buy* provisions.

37-2. Impersonal Expressions

Impersonal expressions are formed as follows:

a. With short neuter adjectives, as discussed in ¶ **18-7.**

b. With impersonal verbs in **-ся**:

1. Impersonal verbs are verbs used in the third person singular in all tenses and in both aspects (but not in the imperative). In the past tense and in the conditional, they take the neuter ending; for example; **каза́ться** *to seem, appear:*

	IMPERFECTIVE	PERFECTIVE
pres.	мне ка́жется	none
past	мне каза́лось	мне показа́лось
fut.	мне бу́дет каза́ться	мне пока́жется
cond.	мне каза́лось бы	мне показа́лось бы

2. The particle **-ся** lends to a number of verbs an impersonal

meaning which suggests that the action takes place as if by itself, without any definite individual volition; for example:

Мне хо́чется.	I feel like (I wish vaguely).
Мне по́мнится.	I seem to remember.
Ему́ не спало́сь.	He was unable to sleep.

c. With the second person singular of the present tense or of the imperative mood. For example:

Как ме́дленно идёт вре́мя, когда́ ничего́ не де́лаешь.	How slowly time passes when one does nothing.
Ти́ше е́дешь, да́льше бу́дешь.	More haste, less speed. (*lit.*, The slower one travels, the farther one gets.)
Век живи́, век учи́сь.	Live and learn. (*lit.*, Live a lifetime, learn a lifetime.)

d. With **мо́жно** and **нельзя́.**

Мо́жно *it is possible, one may, one can* and **нельзя́** *it is impossible, one must not, one cannot* are impersonal expressions used alone or with the dative as follows:

Мо́жно разгова́ривать в кла́ссе?	May one talk in class?
Нельзя́.	One may not.
Здесь нельзя́ кури́ть.	Smoking is not allowed here.
Мне ещё нельзя́ выходи́ть.	I still cannot (must not) go out.
В го́роде ничего́ нельзя́ бы́ло купи́ть.	It was impossible to buy anything in town.

37-3. Time of Day

a. **Кото́рый тепе́рь час?** What time is it?

1. *On the hour:*

час	1:00
два часа́	2:00
три часа́	3:00
четы́ре часа́	4:00
пять часо́в	5:00
двена́дцать часо́в	12:00

2. *Past the hour.* *Past* is expressed by so many minutes *of the coming* hour, which is put in the ordinal:

пять мину́т пе́рвого   12:05   (*that is,* five minutes *of the first* hour)

че́тверть тре́тьего   2:15   (a quarter of the third hour, *that
                                   is*, a quarter past two)

два́дцать пять мину́т пя́того   4:25

полови́на деся́того   9:30

три че́тверти оди́ннадцатого   10:45

3. *To the hour.* After the half hour, *to* is expressed in Russian by **без** (*without*) + *genitive.*

без десяти́ мину́т час   *literally* means
"without ten minutes one o'clock," i.e., ten minutes *to* 1:00

без че́тверти два   *literally* means
"without a quarter two," i.e., a quarter *to* 2:00

без двадцати́ пяти́ три   *literally* means
"without twenty-five minutes three," i.e., twenty-five minutes *to* 3:00

b. **В кото́ром часу́**   At what time?

В че́тверть девя́того.   At a quarter past eight.

1. The hours from about 4:00 A.M. to 12:00 noon are regarded as hours of the morning and are designated by **утра́**:

в шесть часо́в утра́   at 6:00 A.M.

в оди́ннадцать часо́в утра́   at 11:00 A.M.

2. From 12:00 noon to 6:00 P.M. are the hours of the *day* = **дня**:

в двена́дцать часо́в дня   at 12:00 noon

в три часа́ дня   at 3:00 P.M.

3. From 6:00 P.M. to 12:00 midnight are the hours of the *evening* = **ве́чера**:

в шесть часо́в ве́чера   at 6:00 P.M.

в оди́ннадцать часо́в ве́чера   at 11:00 P.M.

4. From 12:00 midnight to about 3:00 A.M. are the hours of the *night* = **но́чи**:

в час но́чи   at 1:00 A.M.

в три часа́ но́чи   at 3:00 A.M.

c. Meaning of **к, на, че́рез, с,** *and* **до.**

Note the meaning and use of the prepositions **к** (+ *dat.*); **на** (+ *acc.*); **че́рез** (+ *acc.*); **с** (+ *gen.*); and **до** (+ *gen.*) in telling time, as illustrated by the following examples:

Я до́лжен быть до́ма **к** пяти́ часа́м.   I must be home *by* five o'clock.

Мои часы́ отстаю́т **на** одну́ мину́ту.	My watch is (*by*) one minute slow.
Мы вас встре́тим **че́рез** неде́лю.	We shall meet you *in* a week.
Мы жда́ли по́езда **с** десяти́ часо́в утра́ **до** двух часо́в дня.	We waited for the train *from* 10 A.M. *until* 2 P.M.

37-4. Use of the Verbs есть and ку́шать

Есть is used when speaking of oneself; **ку́шать** when referring to the second person. Either may be used when speaking of the third person, in keeping with polite usage. For example:

я ем	мы еди́м
ты ку́шаешь	вы ку́шаете
он ест *or* ку́шает	они́ едя́т *or* ку́шают

37-5. Indefinite Pronouns

a. The particles **-то** and **-нибудь** (**ни** + **будь** = *whatever it be*) correspond in meaning to the English *some* and *any* (*at all*).

1. When these particles are added to the pronouns **кто**, **что**, or **како́й**, the latter become indefinite.

2. **-нибудь** conveys greater indefiniteness than **-то**. For example:

| Вас **кто́-то** ви́дел. | *Somebody* saw you. |

(*The speaker has in mind a specific person but is vague about the latter's identity, either because he does not know him, does not remember him, or does not care to identify him.*)

| Говори́те ти́ше! Нас **кто́-нибудь** мо́жет услы́шать. | Speak more softly! *Somebody* (anybody at all) may overhear us. |

(*The speaker has no more idea than the listener as to who might overhear them.*)

| Я вам **что́-то** купи́л. | I bought you *something*. |

(*The speaker has in mind a specific thing but does not identify it either intentionally or because he himself is not sure now of what it is.*)

| Я вам **что́-нибудь** куплю́. | I shall buy you *something* (anything at all). |

(*The speaker himself has no notion of what he will buy.*)

| Они́ пое́хали в **како́й-то** парк. | They went to *some* park. |
| Поезжа́йте в **како́й-нибудь** парк. | Go to *some* park (*to any park*). |

LESSON 37

LESSON 37 295

Note that **кто́-то** and **кто́-нибудь** may be rendered as either
somebody or *anybody*; similarly, **что́-то** and **что́-нибудь** may be
rendered as *something* or *anything*.   One must therefore rely on the
context for the appropriate English equivalent.

b. Declension of Indefinite Pronouns.

Indefinite pronouns are declined like the corresponding interrogative pronouns, the particles **-то** and **-нибудь** remaining un-
changed.   The following are given as samples:

nom.	кто́-то	что́-нибудь
gen.	кого́-то	чего́-нибудь
dat.	кому́-то	чему́-нибудь
acc.	кого́-то	что́-нибудь
instr.	ке́м-то	че́м-нибудь
prep.	о ко́м-то	о чём-нибудь

	SINGULAR	PLURAL
nom.	како́й-то	каки́е-нибудь
gen.	како́го-то	каки́х-нибудь
dat.	како́му-то	каки́м-нибудь
acc.	како́й-то *or*	каки́е-нибудь *or*
	како́го-то	каки́х-нибудь
instr.	каки́м-то	каки́ми-нибудь
prep.	о како́м-то	о каки́х-нибудь

37-6. Indefinite Adverbs

When the particles **-то** and **-нибудь** are added to adverbs, they
impart to them the same meanings as in the case of pronouns.
(Compare ¶ **37-4**.)   For example:

где́-то	somewhere	где́-нибудь	somewhere, anywhere
куда́-то	somewhere (*direction*)	куда́-нибудь	somewhere, anywhere (*direction*)
когда́-то	at one time	когда́-нибудь	ever
почему́-то	for some reason	почему́-нибудь	for any reason whatever

37-7. Verbs of Leading

Води́ть—вести́ are basic verbs of leading.   They belong to the
same group as **вози́ть—везти́** and **носи́ть—нести́** (compare
¶ **36-5**) and, like them, have the habitual and actual forms.

The prefixed forms of **водить—вести** acquire the literal or figurative meaning of *bringing* or *taking* by leading. For example:

Фéрмер **ведёт** свою лóшадь к рекé.
The farmer *is leading* his horse to the river.

Гид **водил** турúстов по музéю.
The guide *conducted* the tourists through the museum.

Мать **привела** дéвочку в шкóлу.
Mother *brought* (*by leading*) her little girl to school.

37-8. Adjectives in the Neuter Used as Nouns

Some adjectives may be used in the neuter singular as nouns For example:

Муж принёс чтó-то **вкусное** на обéд.
The husband brought some *tasty* (*thing*) for dinner.

Это сáмое **интерéсное** в вáшем расскáзе.
This is the most *interesting* (*thing*) in your story.

Что у вас **нóвого**?
What's *new* (what *things* are new) with you?

Устные упражнéния

A. Supply the required verb forms for the italicized English words and translate the sentences at sight. (Exercise based on ¶ 37-1.)

1. Наш профéссор хóчет, чтóбы мы всегдá *know* урóки. 2. Дóктор сказáл, чтóбы Ирúна ещё однý недéлю *stay* дóма. 3. Вáся хóчет, чтóбы егó женá мéньше *smoke*. 4. Турúсты приéдут в Москвý, чтóбы *inspect* Кремль. 5. Ваш сосéд прóсит, чтóбы вы *drop in* к немý. 6. Я кричý для тогó, чтóбы вы меня *hear*. 7. Онú пришлú, чтóбы *play* с нáми в кáрты. 8. Он хотéл бы *to earn* ещё тысячу рублéй в этом годý. 9. Борúс не хóчет, чтóбы егó дядя *give* емý подáрки. 10. Напишúте нам письмó для тогó, чтóбы мы *know* как вам понрáвился Иркýтск. 11. Вáся ужé нéсколько раз просúл женý, чтóбы онá не *stop* пéред витрúнами универмáгов. 12. Мне óчень хóчется *to bring* к вам моегó дрýга Михаúла.

B. Translate the following sentences at sight. (Exercise based on ¶ 37-2.)

1. Мне кáжется, что я емý не нрáвлюсь. 2. Ей всегдá казáлось, что онá красúвее всех. 3. Вам всегдá хóчется кýшать.

4. Ему вдруг захотелось уехать.   5. Вы можете пользоваться моей трубкой, если вам захочется курить.   6. Как медленно идёт время, когда ты болен и лежишь в постели.   7. В классе нельзя разговаривать.   8. В нашем универмаге можно покупать не только одежду, но и продукты.   9. В этом озере нельзя купаться.   10. В библиотеке можно разговаривать.   11. Вчера шёл такой сильный дождь, что нельзя было выходить из дома. 12. Никто не знает, когда откроют контору: сиди и жди.

Перевод

A. Write all figures in words.   (Master ¶ 37-3 first.)

1. 12:15
2. 1:30
3. 2:45
4. 8 minutes to 3:00
5. 4:00 P.M.
6. 5:20
7. 6:30
8. 25 minutes of 7:00
9. 17 minutes of 8:00
10. 9:00 A.M.
11. 9 minutes past 10:00
12. 18 minutes past 11:00
13. 12:30
14. 2:40
15. 5:00
16. 7:00 P.M.
17. 25 minutes past 10:00
18. a quarter of 11:00
19. 2:00 A.M.
20. 8:43

B. Omit the words in parentheses and include the words in brackets.   Write all figures in words.   (Master ¶ 37-5 and ¶ 37-6 first.)

1. What time is it now?   2. By my watch, it is a quarter of eleven, but it seems to me that my watch is seven minutes slow. 3. And my watch is four minutes fast.   Whose watch is right? 4. We shall leave (by vehicle) in a quarter of an hour, that is, at 2:00 o'clock.   We must be home by 4:00 o'clock. 5. Tell us something [anything] about your life in the big city. 6. Somebody telephoned me at 1:30 A.M., and I could not fall asleep after that.   7. Is anybody at the door?   Yes, someone wants to come in.   It is some girl.   8. We saw you in the street when you were talking with somebody.   9. He was telling me about some (kind of) new automobile which he just bought.   10. Are you waiting for anybody?   Yes, I am waiting for somebody. 11. Did you tell anybody something about our conversation? 12. Did you ever see him any place?   13. Yes, I saw him one time (or other) in some town.   14. Are you going anywhere this evening? Yes, we are going to some concert.   15. Yesterday you phoned me about something, but I forgot about what.

298 SIMPLIFIED RUSSIAN GRAMMAR

C. Omit the words in parentheses and include the words in brackets. Write all figures in words.

1. Irene has a sore throat and a headache, and she must not go out of the house. 2. The doctor wants her to [that she should] stay home (for) one more [ещё] week. 3. Yesterday she was home alone from 9:00 in the morning until 5:30 in the afternoon. 4. It is terribly boring to stay home alone (*f.*), especially when one does nothing (*see* ¶ 37-2 c).
5. At a quarter of 6:00, when Vasya comes home, supper is usually ready for him. 6. He always returns from work very tired and hungry. 7. Often he brings a guest with him for supper. 8. Yesterday Vasya bought some [kind of] expensive fish and something very tasty for dessert, because he brought his best friend, Michael, for supper. 9. He forgot that his wife (had) a bad [сильный] cold and cough and that she would not [will not] be able to prepare supper for the guest. 10. When Irene saw [noticed] them, she thought: "It is all the same to Vasya whether I am sick or not." 11. But Vasya said immediately: "You stay in bed. Michael and I will prepare supper for the three of us. 12. Forgive (me) for not phoning [that I did not phone] you, so that you would know that I will (would) bring Michael."

Вопро́сы

1. Почему́ Ири́на уже́ пя́тый день не выхо́дит из до́ма? 2. Что у неё боли́т? 3. Лу́чше ли ей сего́дня? 4. Кто хо́чет, что́бы она́ ещё сиде́ла до́ма? 5. Ску́чно ли ей сиде́ть до́ма одно́й? 6. В кото́ром часу́ Ва́ся ухо́дит на рабо́ту? 7. В кото́ром часу́ он возвраща́ется домо́й с рабо́ты? 8. Почему́ у́жин всегда́ гото́в для него́? 9. Почему́ нельзя́ разгова́ривать с Ва́сей до у́жина? 10. Когда́ мо́жно с ним разгова́ривать? 11. До како́го ча́са рабо́тают сосе́ди и сосе́дки Ири́ны? 12. На что наде́ется Ири́на? 13. Кого́ Ва́ся обеща́л привести́ к у́жину? 14. Что он обеща́л купи́ть для у́жина? 15. Почему́ Ири́не всё равно́, кого́ приведёт её муж? 16. Кото́рый час по часа́м Ири́ны? 17. К кото́рому ча́су она́ должна́ пригото́вить у́жин? 18. Как иду́т часы́ Ири́ны? 19. Почему́ Ири́на ду́мает, что пора́ конча́ть письмо́ к Та́не? 20. Почему́ Ири́на пи́шет так мно́го о себе́?

LESSON 38

МОСКО́ВСКИЙ ХУДО́ЖЕСТВЕННЫЙ ТЕА́ТР

Не́сколько дней тому́ наза́д мы бы́ли в Моско́вском Худо́-
жественном теа́тре (МХТ). Шла пье́са ''А́нна Каре́нина,'' по
рома́ну на́шего люби́мого ру́сского писа́теля, Л. Н. Толсто́го.
Иностра́нцы, изуча́ющие ру́сскую культу́ру и́ли интересу́ющиеся
ру́сским иску́сством, всегда́ хотя́т ви́деть МХТ. Нам то́же
давно́ уже́ хоте́лось посмотре́ть ''А́нну Каре́нину,'' а та́кже по-
сети́ть МХТ.

Сове́тские гра́ждане о́чень лю́бят теа́тр, и достава́ть биле́ты
в СССР о́чень тру́дно. Кро́ме того́, кла́ссики ца́рской Росси́и,
как наприме́р: Пу́шкин, Го́голь, Толсто́й и́ли Че́хов — по́ль-
зуются больши́м успе́хом на сце́не. Из всех писа́телей 19-го
ве́ка, изуча́емых в сове́тских шко́лах, они́ явля́ются са́мыми
люби́мыми.

Уже́ за неде́лю до спекта́кля все биле́ты бы́ли про́даны. К
сча́стью, у на́ших знако́мых, давно́ купи́вших биле́ты, бы́ло
ва́жное собра́ние, и они́ про́дали нам свои́ биле́ты.

Так как МХТ нахо́дится недалеко́ от на́шей гости́ницы, то
мы пошли́ на спекта́кль пешко́м. Мы се́ли на места́, ку́пленные
на́ми у на́ших знако́мых. Пе́ред на́ми был краси́вый за́навес с
летя́щей бе́лой ча́йкой — эмбле́мой Худо́жественного теа́тра.
Спекта́кль начался́ в 8 часо́в. Игра́ актёров и актри́с нам
сра́зу понра́вилась свое́й простото́й и свои́м высо́ким иску́с-
ством. Основа́тели Моско́вского Худо́жественного теа́тра, К.
С. Станисла́вский и В. И. Немиро́вич-Да́нченко, учи́ли актёров
говори́ть и де́йствовать как э́то де́лается в жи́зни. Нам каза́-
лось, что мы ви́дим не пье́су, а настоя́щую жизнь. Никогда́
мы не забу́дем ''А́нну Каре́нину'' и актёров, игра́вших в тот
ве́чер.

Словáрь

*москóвский, -ая, -ое Moscow (*adj.*)

Москóвский Худóжественный теáтр (МХТ) Moscow Art Theater

по (*with dat.*) based on, according to

*писáтель (*m.*) writer

Толстóй (*gen.* Толстóго) Tolstoy

*инострáнец (*gen.* инострáнца) foreigner

изучáющий, -ая, -ее (one) who is studying (*see* ¶ 38-2 а)

культýра culture

интересовáться (I) `(with instr.); интересýюсь, -ешься, -ются to be interested in

интересýющийся, -аяся, -ееся (*one*) who is interested (*see* ¶ 38-2 а)

искýсство art

доставáть (I); достаю, -ёшь, -ют to get, to obtain

клáссик classic (*noun*) (*refers to persons*)

цáрский, -ая, -ое tsarist

Россíя Russia

Гóголь (*m.*) Gogol

пóльзоваться успéхом to enjoy success

*сцéна stage (*in a theater*)

век (*pl.* векá, *gen. pl.* вéков) century

изучáемый, -ая, -ое (which is) studied (*see* ¶ 38-3 b)

за (*with acc.*) before (*with period of time stated*)

до (*with gen.*) before

*спектáкль (*m.*) show, performance

продáть (*irr.*) *pf.*; *fut.* продáм, -áшь, -áст, -адúм, -адúте, -адýт; *past* прóдал, -á, -о, -и; *imper.* продáй, -йте to sell

прóданный, -ая, -ое; прóдан, -á, -о, -ы (which has been) sold (*see* ¶ 38-3 с)

знакóмый (*noun, decl. like adj.*) acquaintance

купúвший, -ая, -ее (one) who has bought (*see* ¶ 38-2 b)

собрáние meeting, gathering (*noun*)

сесть (I) (*pf. of* садúться, II); *fut.* сяду, сядешь, -ут; *past* сел, -а, -о, -и; *imper.* сядь, сядьте to sit down, to take a seat (*once*)

мéсто (*pl.* местá) place, seat

кýпленный, -ая, -ое (which was) bought (*see* ¶ 38-3 с)

у (*here*) from

зáнавес curtain

летящий, -ая, -ее (which is) flying (*see* ¶ 38-2 а)

чáйка (*gen. pl.* чáек) gull

эмблéма emblem

*игрá *here*: acting (*noun*)

актёр actor

актрíса actress

*срáзу (*adv.*) immediately

простотá simplicity

высóкий, -ая, -ое; высóк, -á, -ó, -й; вы́ше high, tall

основáтель (*m.*) founder

Станислáвский Stanislavsky

Немирóвич-Дáнченко Nemirovich-Danchenko

дéйствовать (I); дéйствую, -ешь, -ют to act

дéлается is done (*see* ¶ 38-4 b)

настоящий, -ая, -ее real, genuine

Идио́мы

по́льзоваться успе́хом to enjoy success

Примеча́ния

моско́вский Moscow (*adj.*): *cf.* **Москва́** Moscow
писа́тель writer: *cf.* **писа́ть** to write

(*Note* the formation of nouns in **-ель** from the infinitive form of verbs. For example: **чита́ть—чита́тель** ; **учи́ть—учи́тель**.)

иностра́нец foreigner: *cf.* **страна́** country (*lit.*, man from a different country)
сце́на stage: *cf. Latin* scena and *English* scene
спекта́кль show, performance: *cf. English* spectacle
игра́ acting: *cf.* **игра́ть** to play
сра́зу immediately: *cf.* **раз** time (*occasion*)

Грамма́тика
PART I

38-1. Participles

a. A participle is a *verbal adjective* with the characteristics of both verb and adjective. For example:

студе́нт, **чита́ющий** пье́су	the student (*who is*) *reading* a play

1. Like the adjective, a participle is declined and agrees in *gender*, *number*, and *case* with the noun it modifies. For example:

студе́нтка, **чита́ющая** пье́су	the student (*f.*) (*who is*) *reading* a play
Мы ви́дим студе́нтку, **чита́ющую** пье́су.	We see a student (*f.*) (*who is*) *reading* a play.
Мы разгова́ривали со студе́нтами, **изуча́ющими** ру́сскую литерату́ру.	We conversed with students (*who are*) *studying* Russian literature.

2. Like a verb, a participle may be imperfective or perfective, active or passive, and it changes according to tense. For example:

Мы подошли́ к студе́нту, **чита́вшему** пье́су.	We went up to a student *who was reading* a play.
Мы говори́ли со студе́нткой, **прочита́вшей** ''А́нну Каре́нину.''	We talked with a (girl) student *who had read* ''Anna Karenina.''

Note that the participle, because of its verbal nature, always describes an action or state of the noun it modifies.

b. Participles, except for the past passive form, are used mainly in literary Russian. In ordinary conversation or writing, the relative pronoun **кото́рый** with the verb in the present or past is preferred to the participle. For example:

студе́нт, **чита́ющий** пье́су

is replaced by

студе́нт, **кото́рый чита́ет** пье́су

38-2. Active Participles

Active participles are used only to modify nouns and lack the short adjectival forms. They occur in two tenses: the *present* and the *past*.

a. Present Tense.

1. The present active participle is formed by replacing the final **-т** of the third person plural of the present tense with **-щий, -щая, -щее.** For example:

PRESENT TENSE (3d Person Pl.)	PRESENT ACTIVE PARTICIPLE	
чита́ю(**т**)	чита́ю**щий**, **-щая**, **-щее**	reading (*one who is reading*)
говоря́(**т**)	говоря́**щий**, **-щая**, **-щее**	speaking (*one who is speaking*)
пи́шу(**т**)	пи́шу**щий**, **-щая**, **-щее**	writing (*one who is writing*)
купа́ю(**т**)**ся**	купа́ю**щийся**, **-щаяся**, **-щееся** bathing (*one who is bathing*)

2. Present active participles can be formed only from *imperfective* verbs, since the perfective aspect has no present tense.
3. Present active participles of reflexive or intransitive verbs in **-ся** are formed by adding **-ся** (never **-сь**) to the regular endings, as in the last example above.
4. The present tense of the active participle indicates that the *action* expressed by the participle *is simultaneous* with that of the verb in the main clause. For example:

Мы **ви́дим** (*present*) в библиоте́ке мно́го студе́нтов, **чита́ю-
щих** (*present*) кни́ги.
We *see* in the library many students (*who are*) *reading* books.
Мы **ви́дели** (*past*) в библиоте́ке мно́го студе́нтов, **чита́ющих**
(*past meaning*) кни́ги.
We *saw* in the library many students (*who were at that time*)
reading books.

Note that in the second example the present active participle
expresses past action, but that such action is simultaneous with
the verb in the main clause.

5. Present and past active participles belong to the Mixed
Declension of adjectives and are declined like **хоро́ший, -ая, -ее**.
See *Appendix* Table 6.

b. Past Tense.
1. The past active participle is formed from the masculine
singular of the past imperfective or perfective by replacing the
final **-л** with **-вший, -вшая, -вшее**. For example:

PAST MASCULINE	PAST ACTIVE PARTICIPLE
чита́(**л**)	чита́**вший, -вшая, -вшее** one who was reading
прочита́(**л**)	прочита́**вший, -вшая, -вшее** one who has read through
писа́(**л**)	писа́**вший, -вшая, -вшее** one who was writing
написа́(**л**)	написа́**вший, -вшая, -вшее** one who has written
люби́(**л**)	люби́**вший, -вшая, -вшее** one who loved
полюби́(**л**)	полюби́**вший, -вшая, -вшее** one who has grown fond of
купа́(**лся**)	купа́**вшийся, -вшаяся, -вшееся** one who was bathing
вы́купа(**лся**)	вы́купа**вшийся, -вшаяся, -вшееся** one who has bathed

2. If the masculine singular of the past tense has no final **-л**,
then the suffix **-ший** (without **-в-**) is added to the stem of the past
tense. For example:

INFINITIVE	PAST MASCULINE	PAST ACTIVE PARTICIPLE
нести́	нёс	нёс**ший, -шая, -шее**
		one who carried
привезти́	привёз	привёз**ший, -шая, -шее**
		one who brought (*by conveyance*)

3. A few verbs with present stems in **-д** or **-т** (e.g., идёшь, ведёшь) form the past active participle by replacing the final **-л** of the past tense with **-д** or **-т** and adding **-ший, -шая, -шее**. For example:

INFINITIVE	PAST MASCULINE	PAST ACTIVE PARTICIPLE
идти́ (идёшь)	шёл	шéд**ший, -шая, -шее**
		one who was walking
вести́ (ведёшь)	вёл	вéд**ший, -шая, -шее**
		one who was leading

PART II

38-3. Passive Participles

a. Meaning and Use.

1. Passive participles modify persons or objects which do not perform an action but are themselves subjected to some action. For example:

чита́емый расска́з	the story *which is read*
прочи́танный расска́з	the story *which was read*

2. The *agent* performing the action expressed by the passive participle must be in the *instrumental* case. For example:

кни́га, чита́емая **студéнтом**	the book (which is) read *by the student*
письмо́, напи́санное **перо́м**	the letter (which was) written *with a pen*

3. Passive participles are formed from *transitive* verbs only and have two tenses: the *present* and the *past*. Many verbs, however, lack one tense or the other. For example:

люби́ть—люби́мый	(*present only*) (one who is) loved
писа́ть—пи́санный	(*past only*) (which was) written

b. Present Passive Participles.

1. The present passive participle can be formed only from *transitive* verbs of the *imperfective* aspect.

2. It is formed by adding to the first person plural of the present tense the endings **-ый, -ая, -ое**. For example:

PRESENT TENSE
1st Person Pl.   PRESENT PASSIVE PARTICIPLE

чита́ем	чита́ем**ый**, **-ая**, **-ое**	which is read
лю́бим	люби́м**ый**, **-ая**, **-ое**	who is loved (favorite)

3. The present tense of the passive participle indicates that the *action* expressed by the participle *is simultaneous* with that of the verb in the main clause. For example:

Ири́на ча́сто **приво́зит** ма́тери полови́ну **покупа́емых** е́ю проду́ктов.	Irene often *brings* her mother half of the provisions (*which are*) *bought* by her.
Когда́ я **жил** у дя́ди, он всегда́ **чита́л приноси́мые** мно́ю кни́ги.	When I *lived* at uncle's he *would* always *read* the books (*which were*) *brought* by me.

4. Verbs in **-авать** replace the usual ending with **-ава́емый** to form the present passive participle. For example:

INFINITIVE	PRESENT PASSIVE PARTICIPLE	
дава́ть	дава́емый	which is given
достава́ть	достава́емый	which is obtained
узнава́ть	узнава́емый	which is recognized

c. Past Passive Participles. *

1. Past passive participles, with few exceptions, are formed from *perfective* verbs and have long and short adjectival forms. These are used *attributively* or *predicatively* like regular adjectives. (*See* ¶ **29-1 a** and ¶ **29-2.**)

2. The past passive participle is formed from the infinitive by replacing **-ть** with **-нный, -нная, -нное** for the long form and **-н, -на, -но** for the short form. For example:

INFINITIVE	PAST PASSIVE PARTICIPLE	
написа́(ть)	напи́санный, -нная, -нное напи́сан, -на, -но, -ны	which was written
сказа́(ть)	ска́занный, -нная, -нное ска́зан, -на, -но, -ны	which was said, told
прода́(ть)	про́данный, -нная, -нное про́дан, -на, -но, -ны	which was sold
уви́де(ть)	уви́денный, -нная, -нное уви́ден, -на, -но, -ны	which has been noticed

* Only the more common patterns of formation are given here, primarily as an aid to the memory. It might prove more expedient in some situations to learn past passive participles merely as new vocabulary. A *List of Some Common Past Passive Participles* is provided in Table 24 of the Appendix.

3. If the infinitive ends in **-ить**, the endings **-енный** and **-ен** are added to the future stem of the *first person singular*. For example:

INFINITIVE	FUTURE	PAST PASSIVE PARTICIPLE	
получ(и́ть)	получ—у́	полу́ченный, -енная, -енное / полу́чен, -ена, -ено, -ены	which was received
куп(и́ть)	купл—ю́	ку́пленный, -енная, -енное / ку́плен, -ена, -ено, -ены	which was bought
встре́т(ить)	встре́ч—у	встре́ченный, -енная, -енное / встре́чен, -ена, -ено, -ены	which was met
спрос(и́ть)	спрош—у́	спро́шенный, -енная, -енное / спро́шен, -ена, -ено, -ены	who was asked

4. The above rule applies also to verbs whose infinitives end in a *consonant* + **-ти**. For example:

прине(сти́)	принес—у́	*принесённый, -ённая, -ённое / *принесён, -ена́, -ено́, -ены́	which was brought
прове(сти́)	провед—у́	*проведённый, -ённая, -ённое / *проведён, -ена́, -ено́, -ены́	which was spent

5. In a number of verbs—mostly monosyllabic ones, and those ending in **-уть** or **-ыть**—the past passive participle ends in **-тый, -тая, -тое** for the long form and **-т, -та, -то** for the short form. For example:

взя(ть)	взя́тый, -тая, -тое / взят, взята́, -то, -ты	which has been taken
тро́ну(ть)	тро́нутый, -тая, -тое / тро́нут, -та, -то, -ты	which has been touched (moved)
забы́(ть)	забы́тый, -тая, -тое / забы́т, -та, -то, -ты	which has been forgotten
откры́(ть)	откры́тый, -тая, -тое / откры́т, -та, -то, -ты	which has been opened (open)

6. The following common verbs form their past passive participles like those verbs immediately above.

нача́(ть)	на́чатый, -тая, -тое / на́чат, -та́, -то, -ты	which has been begun
оде́(ть)	оде́тый, -тая, -тое / оде́т, -та, -то, -ты	which has been dressed

* *Note* that **-енный** and **-ен** become **-ённый** and **-ён** when stressed.

38-4. The Passive Voice

The passive voice is usually expressed as follows:

a. For *perfective verbs*, the tenses of **быть** are used with the short forms of the past passive participle. For example:

PRESENT (*result of action in the present*)

Письмо́ **напи́сано.** (The present tense of **быть** is understood.)

The letter (*has been and*) is (*now*) written.

Пи́сьма́ **напи́саны.**

The letters (*have been and*) are (*now*) written.

PAST (*result of action in the past*)

Письмо́ **бы́ло напи́сано** вчера́.

The letter was written (*and was finished*) yesterday.

FUTURE (*result of action in the future*)

Письмо́ **бу́дет напи́сано** за́втра.

The letter will be written (*and will be finished*) tomorrow.

Note that in a passive construction the *doer* (subject of the clause) of the corresponding active verb must be in the *instrumental*. For example, compare:

Письмо́ бы́ло напи́сано учи́тел**ем.**

The letter was written *by the teacher.*

Учи́тель написа́л письмо́.

The *teacher* wrote the letter.

b. For *imperfective verbs*, the forms in **-ся** are used in the third person.

inf.	называ́ться	to be called (named)
pres.	называ́ется называ́ются	is called are called
past	называ́лся, называ́лись	was called, were called
fut.	бу́дет называ́ться бу́дут называ́ться	will be called will be called

For example:

Как тепе́рь **называ́ется** э́та у́лица?

What *is* this street *called* now?

Как она́ ра́ньше **называ́лась**?

What *was* it *called* formerly?

Упражнéния

A. Supply the present and past active participles in the three genders for the following verbs, and give their English meanings. (Master ¶ 38-1 and ¶ 38-2 first.) For example:

читáть — читáю**щий**, -**щая**, -**шее**   one who is reading
   — читá**вший**, -**вшая**, -**вшее**   one who was reading

1. изучáть 2. покупáть 3. жить 4. дéйствовать 5. прáздновать 6. старáться 7. пóльзоваться 8. интересовáться 9. нести 10. идти 11. любить 12. летéть 13. плáкать 14. привозить 15. петь

B. Supply the present passive participles in the three genders for the following verbs, and give their English meanings. (Master ¶ 38-3 a and ¶ 38-3 b first.)

1. изучáть 2. зарабáтывать 3. прáздновать 4. чýвствовать 5. подавáть 6. задавáть 7. любить 8. видеть 9. привозить 10. переводить

C. Supply both the long and short forms of the past passive participles in the three genders for the following verbs, and give their English meanings. (Refer to ¶ 38-3 c.) When in doubt, see the *List of Some Common Past Passive Participles*, Appendix Table 24.

1. продáть 2. привести 3. отдáть 4. показáть 5. прислáть 6. кóнчить 7. купить 8. сказáть 9. начáть 10. закрыть

Ýстные упражнéния

A. Read and translate the following sentences orally. (The exercise is based on ¶ 38-4.)

1. Этот ромáн напúсан моúм знакóмым. 2. Он был напúсан в прóшлом годý. 3. Нáша игрá кóнчена. Тепéрь порá занимáться. 4. Все билéты тепéрь прóданы. 5. Вáши дéньги были полýчены недéлю томý назáд. 6. Нóвая картина бýдет покáзана зáвтра. 7. Эта блýзка былá кýплена в универмáге. 8. Вчерá библиотéка былá закрыта, но сегóдня онá открыта. Мóжете войти. 9. Как тепéрь называется эта ýлица? 10. Как онá рáньше (formerly) называлась? 11. Я забыл как вáша фамилия пишется по-английски. 12. В прóшлом годý билéты продавáлись в нáшем теáтре тóлько с двух часóв дня до семи часóв вéчера. В этом годý они продаются с десяти часóв утрá до начáла спектáкля, т.е., до восьми часóв вéчера. 13. Когдá я ещё был мáльчиком, письма в нáшей дерéвне получáлись тóлько раз в недéлю. Тепéрь же они получáются кáждый день. 14. Именá и фамилии инострáнцев óчень легкó забывáются. 15. Рýсские клáссики 19-го вéка перевóдятся на все европéйские языки.

B. In each of the following sentences, replace the words in parentheses with the active participle in the required tense and case. For example:

> ⌠Я éду к бра́ту, (**кото́рый живёт**) в дере́вне.
> ⌡Я éду к бра́ту, **живу́щему** в дере́вне.

> ⌠Я éду к бра́ту, (**кото́рый жил**) в дере́вне.
> ⌡Я éду к бра́ту, **жи́вшему** в дере́вне.

1. Я получи́л письмо́ от сестры́, (кото́рая рабо́тает) на фе́рме. 2. Мы ча́сто встреча́емся со знако́мыми, (кото́рые понима́ют и говоря́т) по-ру́сски. 3. Ча́сто тури́сты, (кото́рые приезжа́ют) в Москву́, в пе́рвый же день хотя́т посети́ть Кремль. 4. Мы жи́ли в гости́нице, (кото́рая нахо́дится) на Пу́шкинской у́лице. 5. Мы вчера́ о́чень прия́тно провели́ ве́чер с молоды́м писа́телем, (кото́рый пи́шет) расска́зы, рома́ны и пье́сы. 6. Они́ шли по у́лице, (кото́рая вcдёт) в парк. 7. Мы вчера́ смотре́ли пье́су, (кото́рая по́льзуется) больши́м успе́хом в Нью-Йо́рке. 8. Лю́ди, (кото́рые интересу́ются) ру́сской культу́рой, должны́ изуча́ть ру́сский язы́к. 9. Де́ти, (кото́рые игра́ли) в мяч, гро́мко крича́ли и смея́лись. 10. Де́вочкам, (кото́рые купа́лись) в реке́, бы́ло о́чень ве́село. 11. Станисла́вский, (кото́рый написа́л) кни́гу ''Моя́ жизнь в иску́сстве,'' был одни́м из основа́телей МХТ. 12. На́ши друзья́, (кото́рые про́дали) нам свои́ биле́ты, должны́ бы́ли пойти́ на о́чень ва́жное собра́ние. 13. Мой брат, (кото́рый так интересова́лся) ру́сским языко́м и ру́сской литерату́рой, тепе́рь хо́чет стать инжене́ром. 14. Стари́к, (кото́рый шёл) по у́лице и (кото́рый нёс) газе́ты и журна́лы, был о́чень пло́хо одёт. 15. На́ши сосе́ди, (кото́рые жи́ли) в э́той кварти́ре, неда́вно перее́хали (moved) в другой го́род. 16. Переда́йте, пожа́луйста, приве́т на́шему дру́гу, (кото́рый прие́хал) из Чика́го.

C. In the following sentences, replace each passive participle with a relative clause and an active verb *and render each agent* in the instrumental into a nominative subject of the clause. For example:

> ⌠Журна́лы, **получа́емые** учи́телем, о́чень интере́сны.
> ⌡Журна́лы, **кото́рые** учи́тель **получа́ет**, о́чень интере́сны.

> ⌠Журна́лы, **полу́ченные** учи́телем, о́чень интере́сны.
> ⌡Журна́лы, **кото́рые** учи́тель **получи́л**, о́чень интере́сны.

1. Из всех поэ́тов, изуча́емых на́ми в на́шем ку́рсе, Пу́шкин са́мый интере́сный. 2. Когда́ я жил у дя́ди, он всегда́ чита́л все приноси́мые мно́ю кни́ги. 3. Все вопро́сы, за́данные

учи́телем на экза́мене, бы́ли о́чень тру́дными.   4. Обыкнове́нно, вопро́сы, задава́емые им, быва́ют дово́льно лёгкие.   5. Ири́на отдала́ ма́тери все взя́тые у неё де́ньги.   6. Принеси́те, пожа́луйста, на собра́ние все полу́ченные ва́ми пи́сьма.   7. Костю́м, ку́пленный ва́ми вчера́, сли́шком до́рог.   8. На́ша учи́тельница нам ча́сто расска́зывает о кани́кулах, проведённых е́ю в СССР.   9. В прочи́танной на́ми кни́ге не́ было ничего́ но́вого.   10. Мы ещё не ви́дели всех веще́й, привезённых ва́ми из Евро́пы.

Перево́д

Use participles wherever possible.   Omit the words in parentheses and include the words in brackets.

1. Our students, who are studying Russian, have read a lot about the Moscow Art Theater, and have been hoping to visit it sometime. 2. When five of us arrived in Moscow, they were playing ''Anna Karenina'' based on [**по**] L. N. Tolstoy's novel.   3. All tickets had been sold a week before the performance.   4. Fortunately, our acquaintances, who had seen the play a year ago, gave us theirs. 5. They told us that Tolstoy enjoys great success on the stage, not only in Moscow, but also in other towns of the Soviet Union. 6. They also told us that Tolstoy is [**явля́ется**] one of the classics studied in schools and universities.

7. When we sat down in [on] our seats we saw [noticed] a flying gull—the emblem of the Moscow Art Theater.   8. Until this evening [**До э́того ве́чера**] we had never seen actors speaking and acting as [it] is done in real life.   9. The art and simplicity of their acting appealed to us very much.   10. We shall never forget the evening spent at the Moscow Art Theater nor the actors who played ''Anna Karenina.''

Вопро́сы

1. Где вы бы́ли не́сколько дней тому́ наза́д?   2. Что шло в Моско́вском Худо́жественном теа́тре?   3. Кто всегда́ хо́чет ви́деть МХТ?   4. Почему́ в Сове́тском Сою́зе тру́дно достава́ть биле́ты?   5. Каки́е кла́ссики 19-го ве́ка по́льзуются успе́хом на сце́не?   6. Почему́ ва́ши знако́мые, давно́ купи́вшие биле́ты, не пошли́ на спекта́кль?   7. Что вы уви́дели, когда́ се́ли на ку́пленные ва́ми места́ в теа́тре?   8. В кото́ром часу́ нача́лся спекта́кль?   9. Чем вам понра́вилась игра́ актёров?   10. Кто бы́ли основа́тели МХТ?   11. Как они́ учи́ли актёров де́йствовать на сце́не?   12. Почему́ вам тру́дно бу́дет забы́ть актёров, игра́вших в тот ве́чер?

ТРИ́ДЦАТЬ ДЕВЯ́ТЫЙ УРО́К

ИЗ ДЕ́ТСТВА ВЕЛИ́КОГО КОМПОЗИ́ТОРА — ЧАЙКО́ВСКОГО

Пётр Ильи́ч Чайко́вский — изве́стный ру́сский компози́тор. Его́ му́зыку зна́ет весь мир. Он роди́лся в 1840-о́м году́ в Во́ткинске, среди́ лесо́в Ура́ла. Его́ оте́ц, Илья́ Петро́вич, был дире́ктором заво́да в Во́ткинске.

Ве́чер. В до́ме Чайко́вских тепло́ и ую́тно. Илья́ Петро́вич о́чень уста́л по́сле рабо́ты на заво́де и тепе́рь отдыха́ет, сидя́ в своём люби́мом кре́сле в гости́ной. У Алекса́ндры Андре́евны, жены́ Ильи́ Петро́вича, краси́вый го́лос, и друзья́ собра́лись в э́тот ве́чер послу́шать её пе́ние. Ма́ленький Пе́тя — бу́дущий компози́тор — то́же слу́шает, смотря́ на мать с большо́й любо́вью. Она́ поёт его́ люби́мые пе́сни, и ему́ хоте́лось бы слу́шать её без конца́. Го́сти про́сят Алекса́ндру Андре́евну петь ещё и ещё. Но вдруг Пе́тя, гро́мко запла́кав, побежа́л в свою́ ко́мнату.

— Что с тобо́й? — спра́шивает прибежа́вший Никола́й, ста́рший брат Пе́ти.

— О, э́та му́зыка, му́зыка! . . . Она́ не даёт мне поко́я . . . она́ у меня́ вот здесь — отвеча́ет Пе́тя, пока́зывая на го́лову.

В э́ту ночь Пе́тя до́лго не мог засну́ть.

У́тром, когда́ ста́ршие де́ти ушли́ на прогу́лку, Пе́тя, вдруг подойдя́ к фортепиа́но, на́чал игра́ть слы́шанные им вчера́ ве́чером мело́дии. Поня́в тогда́ как си́льно Пе́тя лю́бит му́зыку, роди́тели пригласи́ли для него́ учи́тельницу. Пе́те в э́то вре́мя бы́ло о́коло пяти́ лет.

Пе́тя о́чень хорошо́ учи́лся. Когда́ ему́ бы́ло шесть лет, он уже́ свобо́дно чита́л по-францу́зски и да́же писа́л сочине́ния. Никто́ из дете́й не мог лу́чше Пе́ти сочиня́ть расска́зы и ска́зки. Уже́ в его́ де́тстве э́ти ска́зки и расска́зы пока́зывали бога́тое воображе́ние бу́дущего компози́тора.

311

312 SIMPLIFIED RUSSIAN GRAMMAR

Словáрь

Чайкóвский Tchaikovsky

Ильи́ч (*gen.* **Ильичá**) Ilyich (*lit.*, son of **Илья́** Elijah)

извéстный, -ая, -ое (*pr.* **извéсный**); **извéстен, извéстна, -о, -ы**; **извéстнее** well known (*see ¶ 29-1 d*)

***роди́ться** (**II**) *pf.*; *fut.* **рожу́сь, роди́шься, -я́тся**; *past* **роди́лся, -áсь, -ось, -ись**; *imper.* **роди́сь, -и́тесь** to be born

Вóткниск Votkinsk

Урáл Urals

Илья́ (*m.*) (*gen.* **Ильи́**) Elijah

дирéктор (*pl.* **директорá**) director

дирéктор завóда plant manager

ую́тно it is cozy

устáл, -а, -о, -и (*past of* **устáть, I,** *pf.*) tired

си́дя sitting (*see ¶ 39-2 a 1 and ¶ 39-2 b 1*)

Алексáндра Alexandra

Андрéевна Andreevna (*lit.*, daughter of **Андрéй** Andrew)

***собрáться** (**I**) *pf.*; *fut.* **соберу́сь, -ёшься, -у́тся**; *past* **собрáлся, -áсь, -ось, -ись**; *imper.* **собери́сь, -и́тесь** to gather, to assemble (*once*)

***пéние** singing (*noun*)

бу́дущий, -ая, -ee future (*adj.*)

смотря́ looking (*see ¶ 39-2 b 1*)

***любóвь**[fl] (*f.*) (*gen., dat.*, and *prep.* **любви́**; *instr.* **любóвью**; *no pl.*) love

заплáкав having burst into tears (*see ¶ 39-3 a 1*)

побежáть (**II**) *pf.*; *fut.* **побегу́, побежи́шь, побегу́т**; *past* **побежáл, -а, -о, -и**; *imper.* **побеги́, -и́те** to run (*once*), to start running

Что с тобóй? What's the matter with you?

Николáй Nicholas

покóй rest, peace

не даёт покóя gives no rest, haunts

покáзывать (**I**); **покáзываю, -ешь, -ют** to show

покáзывая на гóлову pointing at his head

прогу́лка (*gen. pl.* **прогу́лок**) outing, walk

подойти́ (**I**) *pf.*; *fut.* **подойду́, подойдёшь, -у́т**; *past* **подошёл, подошлá, -ó, -и́**; *imper.* **подойди́, -и́те** to go up to (*once*)

подойдя́ having gone up to (*see ¶ 39-3 b*)

фортепиáно (*n., not decl.*) pianoforte

мелóдия melody

си́льно strongly

приглаcи́ть (**II**) *pf.*; *fut.* **приглашу́, приглаcи́шь, -я́т**; *imper.* **приглаcи́, -и́те** to invite (*once*); *here:* to engage

сочинéние (*n.*) composition

сочиня́ть (**I**); **сочиня́ю, -ешь, -ют** to compose

покáзывать (**I**); **покáзываю, -ешь, -ют** to show

воображéние imagination

Идиóмы

Что с тобóй? What's the matter with you?
не даёт покóя gives no rest, haunts

Примечания

роди́ться to be born: *cf.* **роди́тели** parents; **родно́й** native

собра́ться to gather, to assemble (*once*): *cf.* **собра́ние** meeting, gathering

пе́ние singing: *cf.* **петь** to sing; **пе́сня** song

любо́вь love: *cf.* **люби́ть** to love

Грамма́тика
39-1. Gerunds—Meaning and Use

a. A gerund is a *verbal adverb* with the characteristics of both verb and adverb. For example:

Оте́ц отдыха́ет, **слу́шая** му́зыку.   Father is resting (*while*) *listening* to music.

1. Like an adverb, the gerund is uninflected and modifies the main verb (i.e., it answers the questions *how? when? why? under what circumstances?*).

2. Like a verb, the gerund may be imperfective or perfective, transitive or intransitive, and reflexive or nonreflexive. For example:

Пётр чита́ет, **ходя́** по ко́мнате.   Peter is reading (*while*) *walking* about the room.

Написа́в письмо́, я пошёл на по́чту.   *Having written* the letter, I went to the post office.

Возвраща́ясь домо́й, она́ встре́тила Ве́ру.   (*While*) *returning* home, she met Vera.

b. There are two forms of the gerund: the *imperfective* and the *perfective*, formed from the respective aspects of the verb. A number of verbs have no gerunds.

39-2. Imperfective Gerund
a. Formation.

1. The imperfective gerund is formed from the *present stem* of the imperfective verb by adding the suffix **-я**. For example:

INFINITIVE	PRESENT STEM	IMPERFECTIVE GERUND
чита́ть	**чита́**(ешь)	чита́**я** (while) reading
по́мнить	**по́мн**(ишь)	по́мн**я** (while) remembering
жить	**жив**(ёшь)	жив**я́** (while) living
вести́	**вед**(ёшь)	ведя́ (while) leading
танцова́ть	**танцу́**(ешь)	танцу́**я** (while) dancing

2. If the present stem ends in a sibilant (**ж, ч, ш,** or **щ**), **-а** is added instead. For example:

| кричáть | **крич**(и́шь) | кричá (while) shouting |
| слы́шать | **слы́ш**(ишь) | слы́ша (while) hearing |

3. Reflexive or intransitive verbs in **-ся** form the gerund by adding **-ясь** or **-ась** to the *stem* of the *infinitive*. For example:

| занимáться | **занимá**(ешься) | занимáясь (while) studying |
| учи́ться | **у́ч**(ишься) | учáсь (while) studying |

4. Verbs in **-авать** form the imperfective gerund by adding the suffix **-я** to the *stem* of the *infinitive*. For example:

| **давá**(ть) | давáя (while) giving |
| **вставá**(ть) | вставáя (while) getting up |

b. Stress.

1. The imperfective gerund is usually stressed on the same syllable as that of the verb form from which it is derived. For example:

PRESENT TENSE (2d Pers. Sing.)	IMPERFECTIVE GERUND
читá(ешь)	читáя
говор(и́шь)	говоря́
слы́ш(ишь)	слы́ша
крич(и́шь)	кричá
занимá(ешься)	занимáясь
ложи́(шься)	ложáсь

INFINITIVE (*see* ¶ **39-2 a-4**)

| давá(ть) | давáя |
| вставá(ть) | вставáя |

EXCEPTIONS

леж(и́шь)	лёжа
молч(и́шь)	мóлча
сид(и́шь)	си́дя
сто (и́шь)	стóя

2. In verbs with shifting stress in the present tense, the imperfective gerund is usually stressed on the suffix. For example:

PRESENT TENSE	IMPERFECTIVE GERUND
люблю́, лю́б(ишь)	любя́
смотрю́, смóтр(ишь)	смотря́
учу́, у́ч(ишь)	учá
нахожу́сь, нахóд(ишься)	находя́сь

c. Tenses.

The imperfective gerund does not change and itself expresses no tense.   The main verb, however, with which the action expressed by the gerund is always simultaneous, determines the tense of the imperfective gerund.   For example:

IMPERFECTIVE GERUND	MEANING
PRESENT	
Де́вушки гуля́ют, ве́село **разгова́ривая.**	Де́вушки гуля́ют и ве́село **разгова́ривают.**
The girls are walking, (*while*) *conversing* gaily.	The girls are walking and *are conversing* gaily.
PAST	
Де́вушки гуля́ли, ве́село **разгова́ривая.**	Де́вушки гуля́ли и ве́село **разгова́ривали.**
The girls were walking (*while they were*) *conversing* gaily.	The girls were walking and *were conversing* gaily.
FUTURE	
Де́вушки бу́дут гуля́ть, ве́село **разгова́ривая.**	Де́вушки бу́дут гуля́ть и (**бу́дут**) ве́село **разгова́ривать.**
The girls will be walking (*while they will be*) *conversing* gaily.	The girls will be walking and *will be conversing* gaily.

Note that the action expressed by the gerund and by the verb it modifies is always performed by the same subject.

39-3. Perfective Gerund

a. Formation—from the Past Tense.

1. The perfective gerund is formed from the past tense of the perfective verb by replacing the final **-л** of the masculine form with **-в** or (less frequently) **-вши.**   For example:

PAST MASCULINE		PERFECTIVE GERUND
прочита́(**л**)	прочита́**в**	having read through
написа́(**л**)	написа́**в**	having written
спроси́(**л**)	спроси́**в**	having asked

2. If the stem in the past tense ends in a consonant, the suffix **-ши** is always added.   For example:

привёз	привёз**ши**	having brought (*by conveyance*)
принёс	принёс**ши**	having brought

3. The perfective gerund of verbs in **-ся** is formed by adding **-вшись** to the stem. For example:

одé(лся)	одéвшись	having dressed oneself
вернý(лся)	вернýвшись	having returned
собрá(лся)	собрáвшись	having gathered

b. Formation—from the Future Tense.

Some perfective gerunds (*especially of verbs of motion on foot*) are formed from the stem of the perfective future by adding **-я** or **-а**. For example:

INFINITIVE	STEM OF PERFECTIVE FUTURE	PERFECTIVE GERUND	
придти́	прид(ёшь)	придя́	having come
вы́йти	вы́йд(ешь)	вы́йдя	having gone out
услы́шать	услы́ш(ишь)	услы́ша	having heard
подойти́	подойд(ёшь)	подойдя́	having gone up to

c. Tenses.

The perfective gerund expresses action completed before present, past, or future action of the main verb. For example:

Написáв письмó, я **идý** на пóчту.	*Having written* the letter, I *am going* to the post office.
Написáв письмó, я **пошёл** на пóчту.	*Having written* the letter, I *went* to the post office.
Написáв письмó, я **пойдý** на пóчту.	*Having written* the letter, I *shall go* to the post office.

Упражнéния

A. Give the imperfective gerunds of the following verbs, showing how they are derived and indicating the stress. (Exercise based on ¶ **39-2 a** and ¶ **39-2 b**.)

1. покáзывать 2. сочинáть 3. начинáть 4. зарабáтывать 5. мыть 6. кури́ть 7. смотрéть 8. кричáть 9. держáть 10. задавáть 11. доставáть 12. целовáть 13. чýвствовать 14. называ́ться 15. надéяться 16. явля́ться 17. пóльзоваться 18. интересовáться 19. останáвливаться 20. возвращáться 21. сади́ться

B. Give the perfective gerunds of the following verbs. (Exercise based on ¶ **39-3 a**.)

1. побежáть 2. продáть 3. поня́ть 4. взять 5. заснýть 6. посмотрéть 7. получи́ть 8. остáвить 9. пригласи́ть

10. наступи́ть   11. умы́ться   12. верну́ться   13. собра́ться
14. останови́ться   15. понра́виться

C. Give the perfective gerunds of the following verbs.   (Exercise
based on ¶ **39-3 b.**)

1. придти́   2. подойти́   3. зайти́   4. дойти́   5. уйти́

У́стные упражне́ния

A. Read and translate the following sentences orally; then
indicate the tense of each imperfective gerund (*see* ¶ **39-2 c**).

1. Пе́тя засну́л, си́дя у отца́ в библиоте́ке и чита́я кни́гу.
2. Слу́шая му́зыку, ма́ленький Чайко́вский забыва́л обо всём.
3. Бу́дущий компози́тор уже́ два часа́ игра́ет на фортепиа́но, не
встава́я с ме́ста и не говоря́ ни (not a) сло́ва.   4. Гуля́я по па́рку,
мы вдруг уви́дели большу́ю пти́цу, се́вшую на де́рево о́коло нас.
5. Я люблю́ чита́ть, лёжа на дива́не.   6. Я проведу́ о́тпуск на
да́че, гуля́я, занима́ясь и́ли купа́ясь в о́зере.   7. Встава́я ра́но
у́тром и живя́ не́сколько неде́ль в дере́вне, я бу́ду чу́вствовать
себя́ гора́здо лу́чше.   8. Он шёл по у́лице, не смотря́ на нас и
не остана́вливаясь.   9. Мо́я посу́ду, мать всегда́ стоя́ла.   10.
Студе́нтки возвраща́лись с заня́тий, крича́, смея́сь и гро́мко
разгова́ривая друг с дру́гом.

B. Read and translate the following sentences orally; then
indicate the tense of each perfective gerund (*see* ¶ **39-3 c**).

1. Получи́в портре́т (portrait) ма́тери, сын с любо́вью поце-
лова́л его́.   2. Услы́шав пе́ние в саду́, Пе́тя подошёл к окну́.
3. Написа́в сочине́ние, Алекса́ндра пое́хала к подру́ге.   4.
Прие́хав в гости́ницу, мы умо́емся и пойдём в го́род.   5. По-
обе́дав в рестора́не, мы пойдём в теа́тр.   6. Ня́ня ушла́, оста́вив
дете́й одни́х.   7. Собра́вшись в гости́ной, го́сти ждут вели́кого
компози́тора.   8. Верну́вшись с прогу́лки, я нашёл письмо́ от
ма́тери.   9. Придя́ домо́й, мы сейча́с же начнём занима́ться.
10. Дойдя́ до угла́, тури́сты почему́-то останови́лись.

Перево́д

Use gerunds wherever possible.   Omit the words in parentheses
and include the words in brackets.

1. The whole world knows the music of the Russian composer
Tchaikovsky.   2. Peter Ilyich Tchaikovsky was born in Votkinsk,

which is situated among the forests of the Urals. 3. Ilya Petrovich, father of the well-known composer, was an engineer and worked in a plant in Votkinsk. 4. Peter Ilyich's mother, Alexandra Andreevna, was an intelligent and beautiful woman. 5. She had an excellent voice, and little Petya, the future composer, loved to listen to her singing (*noun*) (while he was) sitting in a big armchair in the living room.

6. (It is) evening. 7. Friends and neighbors have gathered in the living room of the Tchaikovskys. 8. They came to hear Alexandra Andreevna, who promised to sing Russian folk [**на-ро́дные**] songs. 9. All the children are already sleeping. 10. Only little Petya is sitting quietly on the divan (while) listening (to) the conversations of the guests and frequently looking at (his) mother. 11. "What [**Чего́**] is she waiting (for)?" thinks little Petya. "Why is she not singing?" 12. Finally, having gone up to the pianoforte, Alexandra Andreevna begins to sing one of Petya's most favorite songs. 13. The guests ask her to sing more and more. 14. It seems to Petya that his mother is very tired and that only he knows this. 15. Suddenly, having gotten up, Petya says loudly: "Mama, you are very tired. I shall now play the pianoforte, and you sit awhile and listen (awhile). Having sat awhile, you will sing again."

16. Alexandra Andreevna, laughing, went up to her little son, kissed [**поцелова́ла**] him, and sat down on the divan. 17. Seeing that his mother (was) pleased with him [**им**], Petya ran [**побежа́л**] to the pianoforte and began to play a beautiful melody. 18. The guests listened to him with the greatest pleasure. 19. Many of them [**Мно́гие из них**] thought: "What a remarkable boy!" 20. No one, of course, thought that this boy would become a great composer.

Вопро́сы

1. Кто был Пётр Ильи́ч Чайко́вский? 2. В каки́х стра́нах зна́ют тепе́рь му́зыку Чайко́вского? 3. Нра́вится ли вам его́ му́зыка? 4. Где и в како́м году́ роди́лся Пётр Ильи́ч? 5. Кем был оте́ц Петра́ Ильича́? 6. Кто была́ Алекса́ндра Андре́евна Чайко́вская? 7. Како́й у неё был го́лос? 8. Заче́м друзья́ Чайко́вских пришли́ к ним в тот ве́чер? 9. Как Пе́тя смотре́л на свою́ мать, когда́ она́ пе́ла? 10. Что вдруг сде́лал Пе́тя во вре́мя пе́ния Алекса́ндры Андре́евны? 11. Кто сейча́с же прибежа́л к Пе́те? 12. Что спроси́л его́ Никола́й? 13. Что не дава́ло Пе́те поко́я? 14. Что Пе́тя сде́лал у́тром, подойдя́ к

фортепиа́но? 15. Ско́лько лет ему́ бы́ло тогда́? 16. Кого́ роди́тели пригласи́ли для Пе́ти, поня́в как си́льно он лю́бит му́зыку? 17. Как Пе́тя учи́лся? 18. Как он говори́л по-францу́зски, когда́ ему́ бы́ло шесть лет? 19. Что Пе́тя люби́л сочиня́ть? 20. Что э́ти расска́зы и ска́зки уже́ пока́зывали в де́тстве Чайко́вского?

LESSON 40

СОРОКОВОЙ УРОК

PREPOSITIONS

This lesson offers additional drill on prepositions. It is mainly a review of the prepositions given in previous lessons, although some important new ones are also included. Otherwise the lesson contains no new vocabulary.

The prepositions, both in the tables and in the exercises, are classified according to the cases they govern. Most prepositions govern one case only. A number of them, however, govern two or three cases, and are, therefore, given two or three times in the tables below.

The Russian examples correspond to the English meanings of each preposition. When illustrating the same meaning, the examples are separated by commas; when illustrating different meanings, they are separated by semicolons.

Observe that the same preposition may have different meanings, depending upon the case it governs. For example:

Я иду домой **с** концерт**а**. I am going home *from* a concert.
Я иду домой **с** отц**о́м**. I am going home *with* father.

Грамма́тика и упражне́ния

40-1. Prepositions Governing the Genitive

без + *gen.* = without: без рабо́ты, без друзе́й, без де́нег, без меня́.

вдоль + *gen.* = along: вдоль бе́рега, вдоль доро́ги, вдоль реки́.

вме́сто + *gen.* = instead of: вме́сто бра́та, вме́сто него́, вме́сто пода́рка.

во́зле + *gen.* = beside, next to: во́зле меня́, во́зле две́ри, во́зле сара́я.

вокру́г + *gen.* = round, around: вокру́г до́ма, вокру́г о́зера, вокру́г со́лнца.

320

для + *gen.* = for (*intended for*): обéд для гостéй, подáрок для учи́тельницы, пóлка для пласти́нок.

до + *gen.* = as far as, up to: мы дошли́ до углá;
= until: я ждал вас до вéчера;
= before: до войны́ всё бы́ло дешéвле.

из + *gen.* = from, out of: он приéхал из Ленингрáда;
= of (as *one of*, etc.): оди́н из студéнтов;
= made of: абажýр из бумáги.

крóме + *gen.* = besides: крóме рýсского языкá он знáет ещё францýзский;
= except: никтó крóме сестры́ не знáет дорóги в нóвый лéтний лáгерь.

ми́мо + *gen.* = past, by: мы проéхали ми́мо библиотéки.

óколо + *gen.* = near: ся́дьте тут, óколо нас;
= about (*approximately*): я зарабóтал óколо пяти́десяти дóлларов.

от + *gen.* = from (*distance*): недалекó от ресторáна;
= from (*a person*): вы получи́ли письмó от мáтери.

пóсле + *gen.* = after: пóсле экзáмена, пóсле вас.

прóтив + *gen.* = opposite: прóтив вокзáла стоя́т такси́;
= against (*opposed to*): мы прóтив войны́.

рáди + *gen.* = for the sake of: рáди страны́, рáди сы́на, рáди вас.

с (со★) + *gen.* = from: все идýт с концéрта;
= from (*since*): с утрá до нóчи, мы с дéтства говори́ли по-рýсски;
= from off: учи́тель взял кни́гу со★ столá.

Note: When **на** + *accusative* = *to* is used, the corresponding meaning for *from* is expressed by **с** + *genitive*. For example:

Я идý **на** рабóту.   I am going *to* work.
Я прихожý **с** рабóты.   I am coming *from* work.

среди́ + *gen.* = among: среди́ друзéй, среди́ гор Кавкáза.

у + *gen.* = expresses possession: у меня́ нóвые часы́;
= at the home of: мы бы́ли у сосéда;
= by, at: стол стои́т у окнá.

★ **Co** occurs before certain combinations of consonants.

Translate the following sentences orally, noting the exact meanings of the prepositions:

1. Борис це́лый ме́сяц сиди́т без рабо́ты и без де́нег.   2. Мои́ това́рищи ушли́ без меня́.   3. Без него́ всегда́ ти́хо в кла́ссе.

4. Вдоль стен стоя́т кни́жные по́лки.   5. Мы шли вдоль реки́.

6. Жена́ больна́, и я сего́дня рабо́таю вме́сто неё.   7. Вме́сто молока́ вы нам купи́ли пи́во.

8. Мы сиде́ли во́зле две́ри в теа́тре.   Когда́ Пе́тя нас уви́дел, он сел во́зле нас.

9. Го́сти сидя́т вокру́г стола́.   10. Мы до́лго ходи́ли вокру́г до́ма.

11. Для свое́й семьи́ мой оте́ц всё сде́лает.   12. Э́тот писа́тель написа́л кни́гу для дете́й.   13. Мы вошли́ в ваго́н для куря́щих (smokers).   14. Я купи́л но́вый абажу́р для на́шей ла́мпы.

15. Мы е́дем с ва́ми до Ирку́тска.   16. Снег шёл до утра́.   17. Я прие́ду домо́й до обе́да.

18. Илья́ прие́хал сюда́ из дере́вни.   19. Ма́ша позвони́ла мне из конто́ры.   20. Мно́гие из на́ших студе́нтов занима́ются спо́ртом.   21. Де́ти сде́лали челове́ка из сне́га.

22. Кро́ме де́душки и ба́бушки, у нас живёт и моя́ тётя.   23. Вчера́, кро́ме меня́, никого́ не́ было до́ма.   24. Я получа́ю пи́сьма от всех друзе́й, кро́ме вас.

25. Почему́ вы не зашли́, когда́ вы проходи́ли ми́мо на́шего до́ма?

26. Са́дьте вот тут, о́коло нас.   27. Кого́ вы жда́ли сего́дня о́коло по́чты?   28. Моё пальто́ сто́ит о́коло ста до́лларов.

29. От о́зера до вокза́ла ну́жно идти́ пешко́м.   Вокза́л нахо́дится недалеко́ от ле́тнего ла́геря.   30. Мы получи́ли пода́рок от ма́тери.

31. По́сле обе́да мы пошли́ гуля́ть.   32. Почему́ вы прихо́дите в класс по́сле всех?   33. Зайди́те ко мне по́сле рабо́ты.

34. Мы сиде́ли друг про́тив дру́га.   35. Наш авто́бус е́хал про́тив си́льного ве́тра.   36. Мы про́тив войны́.

37. Сде́лайте э́то ра́ди меня́.   38. Приезжа́йте поскоре́е ра́ди ва́шего бо́льного отца́.   39. Э́тот писа́тель пи́шет то́лько ра́ди де́нег, а не ра́ди иску́сства.

40. Илья́ Петро́вич ча́сто возвраща́лся с заво́да о́чень по́здно.   41. Он ча́сто рабо́тал с семи́ часо́в утра́ до оди́ннадцати часо́в ве́чера.   42. Э́то о́чень хоро́ший перево́д с ру́сского языка́ на англи́йский.   43. Учи́тель взял слова́рь со стола́.

44. Среди́ нас есть мно́го хоро́ших студе́нтов.   45. Наш дом сто́ит на горе́ среди́ высо́ких дере́вьев.

---

46. У нас тепе́рь есть но́вый дом.   47. У Алекса́ндры прекра́сный го́лос.   48. Ле́том мы живём у мо́ря.   49. Вчера́ мы бы́ли у на́ших роди́телей.   50. Мы вошли́ в ваго́н и се́ли у окна́.

40-2. Prepositions Governing the Dative

к (ко*) + *dat.* = to, toward: мы е́дем к о́зеру, я иду́ к сестре́, когда́ вы зайдёте ко мне?;

           = for, in: любо́вь к роди́телям, интере́с (interest) к му́зыке;

           = by (*a point in time*):   дире́ктор вернётся к трём часа́м;

           = idiomatic: к сожале́нию, к сча́стью.

по + *dat.* = about: лю́ди гуля́ли по го́роду;

           = along (*down—on the surface of something*):   ло́шади шли по доро́ге;

           = on (*by*):   я говори́л с ним по телефо́ну;

           = on (*referring to action repeated at stated times*):   по пра́здникам, по воскресе́ньям;

           = according to: по слова́м профе́ссора;

           = distributive: ка́ждый учени́к получи́л по уче́бнику;

           = by: я взял ва́ше перо́ по оши́бке, я вас узна́л по го́лосу.

Translate the following sentences orally, noting the exact meanings of the prepositions.

1. Пое́дем к мо́рю сего́дня.   2. Пойди́те к до́ктору, е́сли у вас го́рло боли́т.   3. Любо́вь Пу́шкина к Росси́и была́ о́чень велика́.   4. Мы должны́ прочита́ть э́тот рома́н к концу́ неде́ли. 5. К ве́черу пошёл дождь.   6. Ле́на пришла́ домо́й к обе́ду. 7. К сча́стью, до́ктор сейча́с же прие́хал.   8. Я, к сожале́нию, не смогу́ сего́дня ве́чером пойти́ с ва́ми в теа́тр.

9. Мы два часа́ ходи́ли по ла́герю.   10. Они́ два го́да е́здили по Аме́рике.   11. Де́вушки гуля́ли по бе́регу реки́.   12. Роди́тели присла́ли нам де́ньги по по́чте.   13. По вечера́м мы всегда́ до́ма.   14. По суббо́там в э́том за́ле быва́ют конце́рты.   15. Мы тепе́рь рабо́таем по но́вому пла́ну (plan).   16. На экза́мене

---

* **ко** occurs before certain combinations of consonants.

ка́ждый из нас получи́л по тетра́ди и по карандашу́. 17. Уже́ по нача́лу мо́жно сказа́ть, что вы сде́лаете больши́е успе́хи. 18. Я ви́жу по ва́шему лицу́, что вы ничего́ не понима́ете.

40-3. Prepositions Governing the Accusative

в (во*) + *acc.* = to, into:	мы идём в теа́тр, мой оте́ц лети́т во* Фра́нцию;
= on, at (*time*):	они́ прие́хали к нам в суббо́ту, в два часа́ дня.
за + *acc.* = for:	спаси́бо за ва́шу газе́ту;
= for (*in behalf of*):	я прошу́ вас за свою́ сестру́;
= for (*in place of*):	он рабо́тает за това́рища;
= before (*with period of time stated*):	он пришёл за мину́ту до нача́ла ле́кции;
= in (*the course of*):	я прочита́л статью́ за два часа́.
на + *acc.* = onto, on (*motion toward*):	ко́шка пры́гнула (jumped) на по́лку;
= to, into (*motion toward*):	мы пое́хали на вокза́л, на по́чту, на фа́брику, на Кавка́з, на Ура́л;
= to (*events, occasions*):	я иду́ на ле́кцию, на конце́рт, на собра́ние;
= for (*extent of time*):	оте́ц уе́хал на два дня, на неде́лю, на ме́сяц.
под + *acc.* = under (*direction*):	кто положи́л (put) де́ньги под ковёр? положи́те письмо́ под кни́гу.
про + *acc.* = about, concerning:	учи́тель расска́зывал нам про Аме́рику, де́ти слу́шали ска́зку про си́нюю пти́цу.
че́рез + *acc.* = across (*crossing*):	граждани́н идёт че́рез у́лицу;
= through:	мы шли че́рез лес;
= through (*by means of*):	Ма́ша передала́ мне приве́т че́рез подру́гу;
= via:	тури́ст е́дет в Москву́ че́рез Ки́ев;
= in (*after the lapse of*):	мои́ роди́тели верну́тся домо́й че́рез неде́лю.

* **Во** occurs before certain combinations of consonants.

Translate the following sentences orally, noting the exact meanings of the prepositions.

1. Мы éдем в деревню. 2. Войдите в дом, пожалуйста. 3. Приходите к нам в пятницу в пять часов.

4. Он купил эту книгу за десять рублей. 5. Мой отец болен, я пишу́ вам за него́. 6. Он хо́чет, что́бы я за́втра рабо́тал за сестру́. 7. Мы прие́хали в го́род за неде́лю до нача́ла заня́тий. 8. За неде́лю Ма́ша прочита́ла "Войну́ и мир" Толсто́го.

9. Я положи́л (put) кни́гу на стол. 10. Дире́ктор заво́да уе́хал на Кавка́з на всё ле́то.

11. Положи́те, пожа́луйста, ва́ши ве́щи под стол.

12. Я прочита́л не́сколько книг про америка́нских актёров и актри́с. 13. Что вы про них зна́ете?

14. Мы вхо́дим в столо́вую че́рез гости́ную. 15. Оте́ц переда́л мне письмо́ че́рез сестру́. 16. Мы пое́хали в Вашингто́н че́рез Нью-Йо́рк. 17. Мы вернёмся домо́й че́рез четы́ре дня.

40-4. Prepositions Governing the Instrumental

за + *instr.* = behind (*location*):   за до́мом — большо́й сара́й;

          = beyond (*location*):   за реко́й начина́ются леса́;

          = after (*to follow*):   соба́ка побежа́ла за автомоби́лем;

          = for (*to fetch*):   мать пошла́ за до́ктором, я е́ду в магази́н за проду́ктами;

          = at (*during*):   го́сти ве́село разгова́ривали за обе́дом.

ме́жду + *instr.* = between: стол стоя́л ме́жду две́рью и окно́м;

          = among: ме́жду студе́нтами бы́ло не́сколько иностра́нцев.

над (на́до*) + *instr.* = over, above: над горо́й лете́ли самолёты;

          = on: студе́нтка рабо́тает над сочине́нием.

---

* **На́до** occurs before certain combinations of consonants.

перед (передо*) + *instr.*
= before, in front of (*place*):

автобус остановился перед зданием университета, поэт долго стоял перед картиной Репина;

= before (*time*):

мы много занимаемся перед экзаменами, зайдите ко мне перед собранием.

под + *instr.* = under (*location*):

мяч лежит под стулом, дети отдыхают под деревом, они долго шли под дождём.

с (со*) + *instr.* = with (*together*):

я иду с братом в театр, у нас школа с прекрасной библиотекой, Петя с любовью смотрел на мать;

= with (*occasion*):

поздравляю (I congratulate) вас с днём рождения, с праздником, с Новым годом, с успехом.

Translate the following sentences orally, noting the exact meanings of the prepositions.

1. За театром — маленький ресторан. 2. Наш летний лагерь находится за Волгой. 3. Побегите, пожалуйста, за товарищем. 4. Мой брат уже пошёл за ним и приведёт его сюда. 5. Пожалуйста, не разговаривайте за работой.

6. Дорога шла (ran) между морем и горой. 7. Мы встретимся между двумя и четырьмя часами дня. 8. Между его французскими книгами мы нашли англо-русский словарь.

9. Птицы летели над озером. 10. Студенты теперь все работают над сочинениями.

11. Перед мавзолеем — широкая площадь. 12. Мы никогда не пьём вина перед обедом.

13. Письмо лежало под диваном.

14. — С кем вы так долго разговаривали? — С учительницей. 15. Мы живём в доме с маленькими окнами. 16. Поздравляю вас с успехом, хотя вы ещё пишете по-русски с ошибками.

* **Передо** and **со** occur before certain combinations of consonants.

40-5. Prepositions Governing the Prepositional

в (во*) + *prep.*	= in, at (*location of object*):	мой багаж уже в вагоне;
	= in, at (*location of action*):	очень приятно гулять теперь в саду;
	= in (*referring to months*):	в январе бывает очень холодно.
на + *prep.*	= on (*location*):	картина на стене;
	= at (*location*):	на почте, на вокзале, на Кавказе, на Урале;
	= at (*events, occasions*):	мы были на лекции, на концерте, на собрании.
о, об (обо*) + *prep.*	= about (*concerning*):	не думайте о каникулах, об отдыхе или обо* мне, а думайте об экзаменах.
при + *prep.*	= in the presence of:	вы сказали это при мне;
	= at the time of, under:	при Петре Великом Россия стала сильнее;
	= at (*attached to, connected with*):	при школе есть хорошая библиотека, при заводе маленький ресторан.

Translate the following sentences orally, noting the exact meanings of the prepositions.

1. МХТ находится в Москве. 2. Мы любим ездить верхом в нашем парке. 3. Наши экзамены кончатся в июне. В прошлом году они кончились в мае.

4. Мой профессор живёт теперь на Кавказе. 5. Он там работает на почте. 6. Мы с ним встретились недавно на концерте.

7. О ком вы говорили, обо мне? 8. Нет, мы говорили об Иване.

9. Я не хочу говорить о войне при детях. 10. При жизни родителей мы часто ездили в наш родной город. 11. При моём доме был маленький сад.

* **Во** and **обо** occur before certain combinations of consonants.

LESSON

41

СОРОК ПЕРВЫЙ УРОК

PREPOSITIONS: CONTINUED
УМНАЯ КОШКА

Я ещё учусь в университете и у меня всегда много работы. Мои родители дали мне большую и уютную комнату, чтобы я мог спокойно заниматься или отдыхать. Я также сплю в этой комнате, хотя у меня с братом есть большая спальня. Мой брат Вася часто говорит: "Миша меня не любит. Он даже не хочет спать в одной комнате со мной." Но это не так. Я просто не хочу, чтобы мне мешали, когда я занимаюсь, а мой брат Вася не может молчать ни одной минуты, когда мы вместе.

Со мной в комнате живёт моя кошка, которую я очень люблю. Иногда я с ней разговариваю как с человеком, и мне кажется, что она всегда меня слушает с большим интересом и всё понимает. Когда я гуляю в саду за нашим домом, она часто ходит за мной как собака. А когда я возвращаюсь домой из университета, она меня всегда встречает у двери и как будто говорит: "Ты дома, наконец! Скучно мне одной без тебя."

Прихожу один раз домой с занятий и вижу, что под столом лежит книга, и моя кошка сидит на ней. Я всегда кладу свои книги на стол или на полку. Кто же положил эту книгу под стол? Я хотел поднять книгу, но кошка начала царапать мне ногу. Моя кошка, ради которой я так часто сижу дома, кошка, для которой я всегда покупаю самое лучшее мясо . . . и вот эта кошка царапает меня!

Я пошёл в другую комнату за палкой, а кошка за это время села на стул. Когда я вернулся с палкой, кошка прыгнула со стула на пол, взяла книгу в рот и начала тащить её к двери. Я подумал, что передо мной чудо: кошка, которая хочет читать! Увидев палку, кошка побежала в угол, и я поднял книгу с пола и положил её на стол. Только теперь всё стало ясно: книга

328

была́ вся в варе́нье. На по́лку о́коло э́той кни́ги я поста́вил ба́нку с варе́ньем, и каки́м-то о́бразом варе́нье из ба́нки попа́ло на кни́гу. Вот заче́м мое́й ко́шке нужна́ была́ кни́га.

Слова́рь

уют́ный, -ая, -ое; ую́тен, ую́тна, -о, -ы; ую́тнее cozy
*спа́льня (gen. pl. спа́лен) bedroom
в одно́й ко́мнате in the same room
э́то не так this is not so
*про́сто simply
ни not a
*интере́с interest
за (with instr.) behind (location), after (to follow) (see ¶ 40-4)
как бу́дто as if, seemingly
как бу́дто говори́т would seem to say
класть (I); кладу́, -ёшь, -у́т; past клал, -а, -о, -и to put (in a horizontal position)
положи́ть (II) (pf. of класть, I); fut. положу́, поло́жишь, -ат; imper. положи́, -и́те to put (once, in a horizontal position)
подня́ть (I) pf.; fut. поднниму́, -ни́мешь, -ут; past по́днял, -а, -о, -и to pick up
цара́пать (I); цара́паю, -ешь, -ют to scratch, to claw
нога́ (acc. но́гу, pl. но́ги) foot, leg
ра́ди (with gen.) for the sake of (see ¶ 40-1)
ра́ди кото́рой for whose sake
па́лка (gen. pl. па́лок) stick
за э́то вре́мя meanwhile
пры́гнуть (I) pf.; fut. пры́гну, -ешь, -ут; past пры́гнул, -а, -о, -и; imper. пры́гни, -ите to jump (once)
рот[fl] (gen. рта) mouth
тащи́ть (II) act.; тащу́, та́щишь, -ат; past тащи́л, -а, -о, -и; imper. тащи́, -и́те to drag, to pull
чу́до (pl. чудеса́, gen. pl. чуде́с, dat. pl. чудеса́м) miracle
варе́нье jam, preserves
кни́га была́ вся в варе́нье the book was all covered with jam
поста́вить (II) pf.; fut. поста́влю, -ишь, -ят; imper. поста́вь, -вьте to put (once, in a vertical position)
ба́нка (gen. pl. ба́нок) jar
о́браз way, manner
каки́м-то о́бразом somehow, in some way
попа́сть (I) pf.; fut. попаду́, попадёшь, -у́т to get (somewhere by chance, once)
ну́жен, нужна́, -о, -ы́ necessary
ей нужна́ была́ кни́га she needed a book

Идио́мы

в одно́й ко́мнате in the same room
за э́то вре́мя meanwhile
кни́га была́ вся в варе́нье the book was all covered with jam
каки́м-то о́бразом somehow, in some way

Примечáния

спáльня bedroom: *cf.* **спать** to sleep
прóсто simpl*y*: *cf.* **простотá** simplicity
интерéс interest: *cf.* **интерéсный** interesting; **интересовáть** to interest

Перевóд

Omit the words in parentheses and include the words in brackets. (For the various meanings of prepositions, refer to ¶ **40-1** through ¶ **40-5**.)

1. We are studying Russian without a teacher.   2. We walked (for) a long time along the walls of the Kremlin.   3. Instead of Boris, they brought (by leading) their sister to the meeting.   4. It is very cold today.   Do not sit next to [**вóзле**] the door, please. 5. The guests sat around the table, conversed, and drank tea. 6. Mother prepared for them an excellent dinner.   7. I shall drop in on you before breakfast, that is, before eight o'clock in the morning.   8. We shall go (by vehicle) with you as far as the railroad station.   9. It rained yesterday from morning until evening. 10. This morning I received a letter from my aunt.   11. She writes that in a week she will arrive from Moscow.   12. What will you be doing after the examinations?   13. I shall spend about five weeks by the sea.   14. My hotel is situated opposite a beautiful park.   15. Why are you against sports (*use sing.*)?   16. I know no one [**никогó**] in this town, except you.   17. Please do this for the sake of your sick friend.   18. There are no lazy students among us.

19. We shall drop in on you by five o'clock.   20. Everybody knows about your love for music and for art.   21. On Saturdays we usually go to the movies.   22. We shall give each one of you a dollar if you will work for us (in our place) today.   23. In (the course of) an hour you will finish the work.   24. The tourists walked about the streets of the capital.   25. I always put my textbooks on the shelf.   Who put them under the table today? 26. We shall arrive home in two weeks.   27. We shall return via New York.   28. In (the course of) a week I have read five novels. 29. The dog ran (*pf.*) after the car.   30. The boy went to the store for meat.   31. The forests begin beyond the village.   32. At breakfast the foreigner was telling about [**про**] his native country. 33. Do not speak about cards in the presence of my grandmother. 34. Do not speak about Ivan in my presence.   35. At (connected with) the hotel there is a good restaurant.

Вопро́сы

1. Где Ми́ша ещё у́чится? 2. Каку́ю ко́мнату ему́ да́ли роди́тели? 3. Заче́м они́ ему́ да́ли э́ту ко́мнату? 4. Почему́ Ми́ша не хо́чет спать в одно́й ко́мнате с Ва́сей? 5. Кто живёт в ко́мнате с Ми́шей? 6. Как Ми́ша иногда́ разгова́ривает с ко́шкой? 7. Как она́ его́ слу́шает? 8. Что де́лает ко́шка, когда́ Ми́ша гуля́ет в саду́ за до́мом? 9. Что ко́шка как бу́дто говори́т Ми́ше, когда́ он возвраща́ется домо́й? 10. Что Ми́ша уви́дел оди́н раз, когда́ он пришёл домо́й? 11. Куда́ Ми́ша всегда́ кладёт свои́ кни́ги? 12. Что сде́лала ко́шка, когда́ Ми́ша хоте́л подня́ть кни́гу? 13. Что Ми́ша ча́сто де́лал ра́ди свое́й ко́шки? 14. Како́е мя́со он всегда́ покупа́л для неё? 15. Заче́м Ми́ша пошёл в другу́ю ко́мнату? 16. Куда́ ко́шка тащи́ла кни́гу, когда́ Ми́ша верну́лся с па́лкой? 17. Что поду́мал Ми́ша, когда́ он э́то уви́дел? 18. Что сде́лала ко́шка, уви́дев па́лку? 19. Куда́ Ми́ша положи́л кни́гу? 20. Почему́ Ми́ше всё тепе́рь ста́ло я́сно? 21. Каки́м о́бразом варе́нье попа́ло на кни́гу? 22. Заче́м ко́шке нужна́ была́ кни́га?

REVIEW LESSON 6

[LESSONS 34–41]

Grammar Review

A. Decline the following phrases.

1. два кре́сла 2. четы́ре па́лки 3. пять тетра́дей 4. восемна́дцать ба́нок 5. шестьдеся́т одна́ актри́са 6. две́сти рубле́й 7. три́ста шляп 8. пятьсо́т студе́нтов 9. ты́сяча сту́льев 10. две ты́сячи дере́вьев 11. оди́ннадцать ты́сяч лошаде́й 12. сто ты́сяч книг 13. дво́е часо́в 14. че́тверо мужчи́н 15. восьмо́й уро́к 16. сто пятьдеся́т тре́тья буты́лка 17. втора́я дочь 18. со́рок пе́рвое упражне́ние

B. Write all numerals in words, and supply the proper forms of the nouns in parentheses.

1. Вы изуча́ете 32 (уро́к). 2. Вы уже́ зна́ете 32 (уро́к) и ско́ро начнёте 33. 3. Тури́сты бу́дут в го́роде до 7 (май). 4. В году́ 365 (день), 12 (ме́сяц), 52 (неде́ля). 5. Студе́нт прочита́л о́коло 443 страни́ц [**страни́ца** *page*]. 6. Что вы сде́лаете с 500 (до́ллар)? 7. Мне нужны́ ещё 5000 (рубль). 8. В э́том го́роде живу́т 6.567.898 челове́к. 9. Вчера́ на конце́рте бы́ло бо́льше 3000 челове́к. 10. Ей уже́ 16 лет. 11. 25 (март) ему́ бу́дет 77 лет. 12. Гражда́нка написа́ла 2 (письмо́) в Москву́, 6 (письмо́) в Ки́ев, и 21 письмо́ в Ленингра́д. 13. Ивано́в купи́л 4 (каранда́ш), 7 (перо́), и 10 (тетра́дь). 14. Ско́лько (день) вы е́хали от Ленингра́да до Владивосто́ка? — 8 (день). 15. Ско́лько (час) вы гуля́ли в саду́? — ¾ (час). 16. У нас в кла́ссе 22 (студе́нтка). 17. Он уже́ в 100 [*ord.*] раз говори́т об э́том. 18. На 180 [*ord.*] страни́це [*page*] писа́тель расска́зывает о де́тстве геро́я. 19. Мы вошли́ в 28 (кварти́ра). 20. Я не по́мню пе́рвой ½ пье́сы, но втору́ю ½ я прекра́сно по́мню. 21. По́езд опозда́л на ¼ (час). 22. Вчера́ у нас бы́ло о́коло 60 челове́к. 23. Ме́жду 2 и 4 меня́ не бу́дет до́ма. 24. Мы разгова́ривали до 12 (час). 25. Он прие́дет че́рез 42

(минут).   26. У них 2 (дети).   27. Нас здесь 5.   28. В гостиной было 7 (мужчина).   29. На столе лежало 2 (часы).   30. Автомобиль стоит больше ¾ моих денег.

C. Replace the ordinal numerals with words in the following sentences.

1. Читайте *912th* страницу.   2. Я нашёл *3d* книгу.   3. Наша соседка живёт в *447th* номере.   4. Все сейчас пишут *26th* упражнение.   5. Я встретился с ними на *173d* улице.   6. Нина учится в *5th* классе, а Коля уже в *8th*.   7. Вы это найдёте на *300th* странице.   8. Я уже читаю *2000th* страницу этого романа.   9. Тот, кто [he who] купил *100.000th* билет, получит новый автомобиль.   10. *1001st* солдат должен был нести флаг.

Reading and Comprehension Drill

Read and translate the following selection at sight; then retell it in your own words.

Гость из Сибири

Сегодня рано утром, кажется, в половине седьмого, когда в доме все ещё спали, позвонил телефон. Я быстро встала и подошла к телефону. Звонил друг, который приехал из Сибири. Он позвонил так рано, потому что приехал только на несколько часов и должен был ехать куда-то дальше. Я попросила его сейчас же приехать к нам. Через три четверти часа он был у нас, и мы вместе пили кофе и разговаривали. Мы давно его не видели и были очень рады поговорить с ним о его жизни в Сибири и о его работе.

Наш гость привёз много журналов из Сибири и оставил их мне. Когда они с мужем ушли, я начала читать их, но каждые десять минут кто-нибудь звонил по телефону. Потом ко мне зашла соседка и разговаривала со мной до тех пор, пока (until) муж не вернулся. Он принёс какую-то рыбу и что-то очень вкусное на десерт. Сейчас надо приготовить ужин, а мне так хочется читать все эти интересные журналы.

Перевод

A. Omit the words in parentheses and include the words in brackets. Write all figures in words.

1. 2 red books and 5 green notebooks.   2. 14 bedrooms, 3 dining rooms, and 7 living rooms.   3. My grandfather is about 85 years old, my grandmother is 72, and my father is 46.   4. Count

from 100 to 125, then from 273 to 566.   4. We were 3 men in one group and 2 women in another.   6. I wrote a letter to both brothers. 7. I gave away more than ¾ of my things.   8. Today is the 15th of June.   Our vacation begins tomorrow, on the 16th of June.   9. Peter Ilyich Tchaikovsky was born in 1840.   10. Chekhov was born on the 17th of January, 1860.

11. Whose shirt is this?   12. In whose automobile did you come [приéхали]?   13. My father wants me to stay [that I should stay] home today.   14. He went (by vehicle) to town to buy himself [себé] a suit.   15. Our neighbors came to play cards with us.   I want you [that you should] to play with us too.

16. Boris is always carrying (by hand) something somewhere. 17. Where are you now carrying (by hand) all these things, Boris? 18. And you are always carting [conveying] something by [на] car. 19. Where are you now carting all those books?   20. I want to bring (by leading) my (girl) friend to your house.   21. Please do [bring].   All my daughters always bring (by leading) their (girl) friends.

22. The doctor said that I must not go out of the house.   23. It seems to me that I saw you somewhere.   24. One may smoke in the living room, but one may not smoke in the bedroom.

B. Translate, using only participles and gerunds and omitting the words in parentheses.

1. I received a gift from my aunt who lives on a farm.   2. Our friend, who lived in this apartment, recently moved to the country. 3. This suit was bought at our department store.   4. That book was written last year.   5. The future composer was listening to the music (while) looking at everybody in the hall with great interest. 6. We shall spend our vacation reading, walking, and listening (to) music.   7. Having written the letter, Vera went to the post office. 8. Having come home, we immediately began to study.

C. Write all the figures in words and include the words in brackets.

1. You want to know how we spend the time.   2. We have breakfast at 8:15 A.M., leave the house at 10 minutes of 9:00, and arrive at the office at 20 minutes of 10:00.   3. We work till 12:00. 4. From 12:00 until 2:00 we are free.   5. From 2:00 to 5:00 we work again.   6. Between 6:00 and 7:00 we have dinner in a restaurant.   7. At about 7:15 we go to a concert or to the theater. 8. At 11:30 we are usually home.   9. We go to bed [ложимся спать] at 12:15 A.M.

D. Write a schedule similar to the one above of your day's activities.

Вопро́сы

1. Ско́лько ко́мнат в ва́шем до́ме? 2. Кака́я ме́бель стои́т у вас в столо́вой? в гости́ной? 3. Где рабо́тает ваш оте́ц? 4. Ско́лько он зараба́тывает в ме́сяц? 5. Како́го числа́ ваш день рожде́ния? 6. Как вы обыкнове́нно пра́зднуете день рожде́ния ва́шей ма́тери? ва́шего отца́? ва́шей жены́? ва́шего му́жа? 7. В кото́ром часу́ вы ухо́дите на рабо́ту? 8. В кото́ром часу́ вы возвраща́етесь домо́й? 9. Как вы прово́дите вре́мя ве́чером? в суббо́ту? в воскресе́нье? 10. Кто был Пётр Ильи́ч Чайко́вский? 11. Нра́вится ли вам его́ му́зыка? 12. Где вы у́читесь? 13. Когда́ вы обыкнове́нно занима́етесь? 14. Ско́лько часо́в в день вы занима́етесь? 15. Что вы изуча́ете в университе́те? 16. Кем вы хоти́те быть, когда́ ко́нчите университе́т? 17. Когда́ в э́том году́ начну́тся ва́ши ле́тние кани́кулы? 18. Когда́ они́ ко́нчатся?

APPENDIX

SUPPLEMENTARY MATERIAL

LESSON 1   DIALOGUE

PATTERN DRILLS

These drills are based on the text in each lesson. Depending on the teacher's preference, they can be worked on before reading the text.

Listen to the teacher (or the tape) and repeat aloud each sentence in the teacher's column. Note carefully whether the sentence is declarative or interrogative. Then read each sentence in the student column.

Что э́то?

TEACHER	STUDENT
1.—Э́то стол. Что э́то?	1.—Э́то стол.
2.—Э́то сту́л. Что э́то?	2.—Э́то сту́л.
3.—Э́то стол и сту́л. Что э́то?	3.—Э́то стол и сту́л.
4.—Э́то каранда́ш. Что э́то?	4.—Э́то каранда́ш.
5.—Э́то перо́. Что э́то?	5.—Э́то перо́.
6.—Э́то каранда́ш и перо́. Что э́то?	6.—Э́то каранда́ш и перо́.
7.—Э́то журна́л. Что э́то?	7.—Э́то журна́л.
8.—Э́то газе́та. Что э́то?	8.—Э́то газе́та.
9.—Э́то журна́л и газе́та. Что э́то?	9.—Э́то журна́л и газе́та.
10.—Э́то бума́га. Что э́то?	10.—Э́то бума́га.
11.—Э́то кни́га. Что э́то?	11.—Э́то кни́га.
12.—Э́то кни́га и бума́га?	12.—Да, э́то кни́га и бума́га.
13.—Э́то стол и стул?	13.—Да, э́то стол и стул.
14.—Э́то журна́л и бума́га?	14.—Да, э́то журна́л и бума́га.
15.—Вот перо́ и каранда́ш.	15.—Вот перо́ и каранда́ш.
16.—Вот кни́га и газе́та.	16.—Вот кни́га и газе́та.
17.—Вот журна́л и бума́га.	17.—Вот журна́л и бума́га.

LESSON 2   DIALOGUE

PATTERN DRILLS

Listen to the teacher (or the tape) and repeat aloud each sentence in the teacher's column, noting carefully whether the sentence is affirmative or interrogative.   Then read each sentence in the student column supplying the missing words according to the model sentences.

Это ко́мната

TEACHER	STUDENT
1.—**Вот ко́мната. Что э́то?**	1.—**Э́то ко́мната.**
2.—Вот пол. Что э́то?	2.—Э́то ——.
3.—Вот потоло́к. Что э́то?	3.—Э́то ——.
4.—Вот пол и потоло́к. Что э́то?	4.—Э́то —— —— ——.
5.—Вот окно́. Что э́то?	5.—Э́то ——.
6.—Вот стена́. Что э́то?	6.—Э́то ——.
7.—Вот ка́рта. Что э́то?	7.—Э́то ——.
8.—Вот окно́ стена́ и ка́рта. Что э́то?	8.—Э́то ——.
9.—Вот ла́мпа. Что э́то?	9.—Э́то —— —— ——.
10.—Вот доска́. Что э́то?	10.—Э́то ——.
11.—**Э́то ла́мпа?**	11.—**Да, э́то ла́мпа.**
12.—Э́то ко́мната?	12.—Да, э́то ——.
13.—Э́то мел?	13.—Да, э́то ——.
14.—Э́то перо́?	14.—Да, э́то ——.
15.—**Э́то стена?**	15.—**Нет, э́то не стена́, а ка́рта.**
16.—Э́то окно́?	16.—Нет, э́то —— ——, а——.
17.—Э́то потоло́к?	17.—Нет э́то не ——, а ——.
18.—Э́то пол?	18.—Нет, э́то не ——, а ——.

LESSON 3   DIALOGUE

PATTERN DRILLS

Listen to the teacher (or the tape) and repeat aloud the sentences in the following completion drill. Then read each sentence in the student column supplying the appropriate substitution according to the model sentences.

Кто э́то?

TEACHER	STUDENT
1.—**Э́то он. Кто э́то?**	1.—**Э́то он.**
2.—Э́то она́. Кто э́то?	2.—Э́то ——.
3.—Э́то он и она́?	3.—Да, э́то —— —— ——.
4.—Э́то студе́нт. Кто э́то?	4.—Э́то ——.
5.—Э́то студе́нт и́ли студе́нтка?	5.—Э́то ——.
6.—Она́ студе́нтка, а он студе́нт?	6.—Да, она́ ——, а он ——.
7.—Я профе́ссор. Кто я?	7.—Вы ——.
8.—Кто профе́ссор и кто студе́нт?	8.—Вы ——, а я ——.
9.—Вы зна́ете кто э́то? Э́то господи́н Смит.	9.—Да, я —— кто э́то. Э́то —— Смит.
10.—Он то́же студе́нт?	10.—Да, он то́же ——.
11.—Они́ зна́ют, что госпожа́ Смит студе́нтка?	11.—Нет, они́ не —— что —— Смит ——.
12.—Где господи́н Смит? Он тут?	12.—Да, —— тут.
13.—А где госпожа́ Смит? Она́ там?	13.—Да, —— там.
14.—А где перо́? Оно́ тут и́ли там?	14.—Я не зна́ю где ——.

LESSON 4 ORAL WORK

ПЕРЕСКАЗ

("Retelling," Summary of Contents)

The following narrative is a summary of the dialogue on page 23. Use it for independent work or as an example to follow for your own version in oral recitation.

Гражданйн Нóвиков и госпожá Смит

Вéра Смит рáда, что она в СССР. Борйс Нóвиков тóже рад, что онá в СССР. Вéра понимáет по-рýсски, но говорйт óчень плóхо. Ивáн хорошó понимáет и говорйт по-англййски. Борйс Нóвиков тóже понимáет и говорйт по-англййски.

Вéра никогдá не читáет по-рýсски, когдá онá дóма. Борйс и Ивáн всегдá читáют по-англййски, когдá онй дóма.

LESSON 5 ORAL WORK

ПЕРЕСКÁЗ

The following narrative is based on the dialogue on page 29 and the related text of **перевóд В** on page 34. Use it for independent work or as an example to follow for your own version in oral recitation.

Господйн и госпожá Смит хотят говорйть по-рýсски

Господйн и госпожá Смит ужé хорошó понимáют и читáют по-рýсски. Онй óчень хотят хорошó говорйть по-рýсски. Профéссор Нóвиков óчень рад, что онй всегдá знáют урóк.

Господйн Смит англичáнин, а госпожá Смит америкáнка. Онй ужé хорошó говорят по-францýзски и по-испáнски.

Профéссор Нóвикóв говорит: "Господйн Жýков, пожáлуйста, не читáйте тут по-францýзски. Тут мы всегдá читáем, пйшем и говорйм по-рýсски".

LESSON 7   ORAL WORK

The following narrative is based on the dialogue on page 40.   Use it as an example to follow for your own version in oral recitation.

ПЕРЕСКА́З

Америка́нец и ру́сская

Ве́ра студе́нтка. Она́ ру́сская. Она живёт и рабо́тает в Москве́.

Ива́н америка́нец. Он то́же студе́нт. Он живёт и рабо́тает в Нью-Йо́рке. Тепе́рь он в Москве́.

Сего́дня в Москве́ никто́ не рабо́тает, и Ива́н и Ве́ра иду́т в кино́. Там тепе́рь идёт о́чень хоро́шая англи́йская карти́на. Ве́ра немно́го понима́ет по-англи́йски, но в кино́ она́ всегда́ чита́ет ру́сский перево́д. Ива́н то́же всегда́ чита́ет ру́сский перево́д. Он хо́чет хорошо́ чита́ть и говори́ть по-ру́сски.

LESSON 10   WRITTEN WORK

The following narrative is based on the reading selection on page 58 and the text of **перево́д C** on page 65.   It can be used for dictation or the **переска́з**.

ДИКТА́НТ (DICTATION)

Письмо́

Мэ́ри пи́шет письмо́ Ива́ну Петро́ву. Ива́н Андре́евич Петро́в живёт в Москве́, а Мэ́ри живёт в Вашингто́не. Она́ пи́шет Ива́ну Андре́евичу по-англи́йски.

Ива́н Андре́евич изуча́ет англи́йский язы́к. Он ду́мает, что англи́йский язы́к интере́сный и не о́чень тру́дный. Он о́чень лю́бит э́тот язы́к.

Мэ́ри изуча́ет ру́сский язы́к. Она́ уже́ свобо́дно чита́ет по-ру́сски, но говори́т ещё дово́льно пло́хо.

Профе́ссор Но́виков—но́вый учи́тель Мэ́ри. Он о́чень хорошо́ объясня́ет ру́сскую грамма́тику. Когда́ он говори́т ме́дленно Мэ́ри всё понима́ет. Но иногда́ он говори́т бы́стро, и Мэ́ри ничего́ не понима́ет. Все его́ о́чень лю́бят.

LESSON 11 — ¶11-3c GRAMMAR идти́ and ходи́ть

Conjugations are best learned through repetition.   Listen to the teacher (or the tape) and repeat the following drills aloud until you have committed to memory the present tense of the verbs идти́ and ходи́ть.

ACTUAL

PRESENT TENSE of идти́ (I) *to be going (on foot)*

Я тепе́рь иду́ в шко́лу.	I *am* now *going* (*walking*) to school.
Ты тепе́рь идёшь в го́род.	You *are* now *going* (*walking*) to town.
Он тепе́рь идёт к профе́ссору.	He *is* now *going* (*walking*) to the professor's (home).
Мы тепе́рь идём к сестре́.	We *are* now *going* (*walking*) to sister's (home).
Вы тепе́рь идёте в библио-те́ку.	You *are* now *going* (*walking*) to the library.
Они́ тепе́рь иду́т в кино́.	They *are* now *going* (*walking*) to the movies.

HABITUAL

PRESENT TENSE of ходи́ть (II) *to go (on foot)*

Я ча́сто хожу́ в шко́лу.	I often *go* (*walk*) to school.
Ты ча́сто хо́дишь в го́род.	You often *go* (*walk*) to town.
Он ча́сто хо́дит к профе́ссору.	He often *goes* (*walks*) to the professor's (home).
Мы ча́сто хо́дим к сестре́.	We often *go* (*walk*) to sister's (home).
Вы ча́сто хо́дите в библио-те́ку.	You often *go* (*walk*) to the library.
Они́ ча́сто хо́дят в кино́.	They often *go* (*walk*) to the movies.

LESSON 11   ORAL WORK

ПЕРЕСКА́З

Use the translation of **перево́д B** on page 72 (corrected by the teacher) as **переска́з** for oral recitation. Entitle it **Как мы пожива́ем,** or use another suitable title.

LESSON 12   ORAL WORK

Use the narrative **Мой день** on page 74 and the translation of **перево́д B** on page 79 (corrected by the teacher) as examples to follow for your own version in oral recitation.

LESSON 13—¶13-2   GRAMMAR éхать and éздить

PATTERN DRILLS

Listen to the teacher (or the tapes) and repeat the following drills aloud until you have committed to memory the present tense of the verbs **éхать** and **éздить.**

ACTUAL

PRESENT TENSE of **éхать** (I) *to be going (by vehicle), to be riding*

Я тепе́рь **éду** в рестора́н.	I *am* now *going (by vehicle)* to a restaurant.
Ты тепе́рь **éдешь** в конто́ру.	You *are* now *going (by vehicle)* to the office.
Он тепе́рь **éдет** в дере́вню.	He *is* now *going (by vehicle)* to the country.
Мы тепе́рь **éдем** в магази́н.	We *are* now *going (by vehicle)* to the store.
Вы тепе́рь **éдете** к дру́гу.	You *are* now *going (by vehicle)* to a friend's.
Они́ тепе́рь **éдут** к тёте.	They *are* now *going (by vehicle)* to (their) aunt's.

HABITUAL

PRESENT TENSE of **éздить** (II) *to go* (*by vehicle*), *to ride*

Иногда́ я **éзжу** в рестора́н.	Sometimes I *go* (*by vehicle*) to a restaurant.
Зимо́й ты **éздишь** в конто́ру.	In the winter you *go* (*by vehicle*) to the office.
Ле́том он **éздит** в дере́вню.	In the summer he *goes* (*by vehicle*) to the country.
У́тром мы **éздим** в магази́н.	In the morning we *go* (*by vehicle*) to the store.
Ве́чером вы **éздите** к дру́гу.	In the evening you *go* (*by vehicle*) to a friend's.
Днём они́ **éздят** к тёте.	In the daytime they *go* (*by vehicle*) to (their) aunt's.

LESSON 14   ORAL WORK

The following narrative is based on the dialogue on page 89. Use it for independent work or as an example to follow for your own version in oral recitation.

Ве́ра лю́бит Ива́на?

Ива́н Андре́евич рад ви́деть Ве́ру Ива́новну, и она́ то́же ра́да его́ ви́деть. Его́ давно́ не́ было у Ве́ры, и она́ хо́чет зна́ть почему́.

Ива́н объясня́ет, что его́ не́ было в го́роде. Он был в Ленингра́де, в Москве́, в Волгогра́де и на Кавка́зе. В Ленингра́де он рабо́тал на по́чте, в Москве́ — на вокза́ле, в Волгогра́де — на заво́де, а на Кавка́зе он отдыха́л. Тепе́рь он пи́шет кни́гу. До́ма всегда́ о́чень ти́хо и прия́тно рабо́тать. Вчера́ он писа́л весь день.

Ве́ра говори́т, что вчера́ она́ то́же сиде́ла до́ма и писа́ла. Она́ получи́ла письмо́ от бра́та и сейча́с же написа́ла ему́ отве́т. Брат пи́шет Ве́ре ка́ждую неде́лю. Ве́ра то́же пи́шет бра́ту ка́ждую неде́лю, а иногда́ да́же ка́ждый день.

Ива́н говори́т, что Ве́ра прекра́сная де́вушка и что она́ лю́бит всё, что он лю́бит. Но Ве́ра ничего́ не понима́ет. Тогда́ Ива́н говори́т, что он её лю́бит. Но Ве́ра отвеча́ет, что она́ его́ ещё ма́ло зна́ет.

LESSON 15 USEFUL EXPRESSIONS: IN THE CLASSROOM

PATTERN DRILLS

The following expressions deal with classroom situations and provide supplementary material for oral practice. Listen to the teacher (or the tape) and repeat each sentence aloud. Then read each sentence in the student column supplying the appropriate answers.

The purpose of these drills is to stress idiomatic Russian usage. In order to provide the needed vocabulary without confusing the student, the interlinear translations are as literal as possible.

В кла́ссе (In the Classroom)

TEACHER	STUDENT
1.—Иди́те к две́ри. Что вы де́лаете? Go to the door. What are you doing?	1.—Я иду́ к две́ри.
2.—Откро́йте дверь. Что вы де́лаете? Open the door. What are you doing?	2.—Я открыва́ю дверь.
3.—Иди́те к окну́, пожа́луйста. Go to the window, please.	3.—Я —— к ——.
4.—Откро́йте окно́ н закро́йте дверь. Open the window and close the door.	4.— Я открыва́ю —— и закрыва́ю ——.
5.—Откро́йте кни́гу и чита́йте уро́к. Open the book and read the lesson.	5.— Я открыва́ю кни́гу и—— уро́к.
6.—Пиши́те перево́д в тетра́ди. Write the translation in the notebook.	6.—Я пишу́ перево́д в ——.

7.—Закро́йте тетра́дь и пиши́те упражне́ние на доске́.
Close the notebook and write the exercise on the blackboard.

7.—Я закрыва́ю —— и пишу́ —— —— ——.

8.—По́льзуйтесь словарём, когда́ вы приготов- ля́ете уро́к.
Use a dictionary when you are preparing the lesson.

8.—Я по́льзуюсь ——, когда́ я —— уро́к.

9.—Занима́йтесь три часа́ в день.
Study three hours a day.

9.—Я занима́юсь три —— в ——.

10.—Слу́шайте, когда́ учи́тель объясня́ет грамма́тику.
Listen when the teacher is explaining grammar.

10.—Я ——, когда́ учи́тель —— грамма́тику.

LESSON 17.¶17–3c   GRAMMAR: USE OF СВОЙ

1. **Свой** is used only when it refers to the subject performing the action in question. Otherwise **его́, её,** or **их** is used. For example:

Пётр проси́л **свою́** жену́, всегда́ пользова́ться **свои́м** словарём   Peter asked *his* wife to always use *her* (*own*) dictionary.

свои́м here refers to the subject of the subordinate clause, namely the wife, who is performing the action in question.

2. **Свой** is not used if the possessor is not the *acting* subject of the sentence or clause. For example:

Шко́ла недалеко́ от **моего́** до́ма.   The school is not far from *my* house.

В **их** саду́ то́лько одно́ де́рево.   There is only one tree in *their* garden.

The possessors in the above sentences are not acting subjects.

3. **Свой** is rarely used in the nominative to indicate possession. It is, however, used idiomatically in the nominative to convey other meanings. For example:

Он у них **свой** человéк.	He is *one of* the fellows (*i.e.,* feels at home with them).
Ты весь день был сам не **свой.**	You were not *yourself* all day long.
В **своё** врéмя.	In *due* time.
На кáждый вопрóс **свой** отвéт.	There is an answer to every question.
Знать **своё** мéсто.	To know one's place (*i.e.,* limitations).
Он не в **своём** умé.	He is out of *his* mind.
Он сел не на **своё** мéсто.	He got into the *wrong* pew (*lit.* place).

PATTERN DRILLS

Study ¶17–2b and ¶17–3a, b, c and supplement-3c. Listen to the teacher (or the tape) and repeat each sentence aloud. Then read each sentence in the student column supplying the appropriate substitution according to the model sentences.

The following interlinear translations are as literal as possible.

TEACHER	STUDENT
1. **Егó дя́дя живёт в Чикáго.**	1. **Он пи́шет письмó своемý дя́де.** He is writing a letter to *his* uncle.
2. **Её** тётя рабóтает в Нью-Йóрке.	2. Вчерá онá получи́ла телегрáмму от —— тёти. Yesterday she got a telegram from *her* aunt.
3. Мы óчень лю́бим **их** чёрную лóшадь.	3. Они́ óчень лю́бят —— чёрную лóшадь. They are very fond of *their* (*own*) black horse.
4. Ивáн купáлся со **свои́м** брáтом в рекé.	4. Мáша купáлась с —— (not her own) сестрóй в рекé. Masha bathed with *his* sister in the river.

5. Же́ня о́чень лю́бит **свою́** соба́ку.

6. Учи́тельница получи́ла **свою́** газе́ту.

7. У нас **свой** автомоби́ль.

8. Мы ча́сто гуля́ем о́коло **на́шего** до́ма.

9. Ма́льчик ча́сто е́здит на ло́шади **своего́** дру́га.

10. Ваш ковёр си́него цве́та.

11. Мой учебник всегда́ лежит на **моём** пи́сьменном столе́.

12. Из **моего́** окна́ я ча́сто смотрю́ на ти́хую у́лицу.

13. Она́ ду́мает о **своём** разгово́ре с до́ктором.

5. Михаи́л то́же лю́бит —— (not his own) соба́ку.
Michael loves *her* dog.

6. Учи́тель получи́л (*his*) —— (not his own) газе́ту.
The teacher got *his* newspaper.

7. У нас —— автомоби́ль.
We have *his* car.

8. Они́ всегда́ гуля́ют о́коло —— до́ма.
They always walk near *their* (*not their own*) house.

9. У ма́льчика нет —— (*his own*) ло́шади.
The boy does not have *his own* horse.

10. Вы о́чень лю́бите —— (*your own*) ковёр.
You are very fond of *your* (*own*) carpet.

11. —— слова́рь никогда́ не лежи́т на —— пи́сьменном столе́.
His dictionary is never lying on *his* desk.

12. Из —— окна́ она́ ре́дко смо́трит на шу́мную у́лицу.
She seldom looks out of *her* window at the noisy street.

13. Мы ду́маем о —— разгово́ре с до́ктором.
We are thinking of *your* conversation with the doctor.

14. Муж до́лго говори́л о **свое́й** жене́, и о **её** рабо́те в конто́ре.

14. Жена́ никогда́ не говори́ла о —— му́же и́ли о —— (*her own*) рабо́те.
The wife never talked about her husband or about *her* (*own*) work.

15. Он знает **своё** де́ло.

15. Это не —— де́ло.
This is none of *your* business.

CULTURE

ПОСЛО́ВИЦЫ (Proverbs)

Proverbs are a revealing aspect of a nation's culture and its outlook on life. A few proverbs will be offered as supplementary material in various subsequent lessons. The proverbs are integrated as much as possible with the grammar and vocabulary of each respective lesson or with the preceding lessons (see ¶17–3 and supplement 3c).

Своя́ руба́ха бли́же к те́лу.

Charity begins at home. (*lit.* One's own shirt is closer to one's body.)

Не в **свои́** са́ни не сади́сь.

Know your place. (*lit.* Do not get into someone else's sleigh.)

Свой глаз алма́з, а чужо́й стекло́.

lit. One's own eye is a diamond, but someone else's is glass.

Всему́ **своё** ме́сто.

There is a right place for everything.

Своя́ но́ша не тя́нет.

A burden of one's own (choice) is not felt (*lit.* does not pull).

LESSON 18   ORAL WORK

ПЕРЕСКА́З

Use Перево́д B on page 125 (corrected by the teacher) as переска́з for oral work.

USEFUL EXPRESSIONS: WEATHER (ПОГО́ДА)

PATTERN DRILLS

The following dialogue deals with expressions related to weather and provides supplementary material for oral practice. Listen to the teacher (or the tape) taking the part of **Пе́тя,** and repeat each sentence aloud. Then read aloud each sentence in the student column. The familiar form is used here since the conversation is between two friends.

The interlinear translations are as literal as possible.

"На вкус и цвет това́рищей нет"

Пе́тя живёт в Кана́де, а Ва́ся во Флори́де. Они́ друг дру́га давно́ не ви́дели и тепе́рь говоря́т по телефо́ну.

Учи́тель (Пе́тя)

1. Здра́вствуй (*fam. form*) Ва́ся! Как ты пожива́ешь?
   Hello, Vasya. How are you?

2. Я то́же о́чень хорошо́.
   I am also (getting along) well.

3. У нас сего́дня о́чень плоха́я пого́да. Хо́лодно и идёт снег. Ду́ет си́льный ве́тер.
   We have very bad weather today. It is cold and it is snowing. A strong wind is blowing.

Студе́нт (Ва́ся)

1. Спаси́бо, Пе́тя. О́чень хорошо́ А ты?
   Thank you, Petya, very well. And you?

2. Кака́я у вас сего́дня пого́да?
   What kind of weather do you have today?

3. А у нас о́чень хоро́шая пого́да. Тепло́. Вчера́ шёл дождь, но сего́дня не́бо я́сное и со́лнце све́тит.
   And we have very good weather. It is warm. It rained yesterday, but

4. У вас во Флори́де ещё мо́жно купа́ться?
Can one still swim (lit. bathe) at your place in Florida?

5. Всё-таки я люблю́ зи́му и зи́мний спорт. Я люблю́ холо́дный во́здух и чи́стый бе́лый снег.
All the same I like winter and winter sports. I like cold air and clean white snow.

6. "На вкус и цвет това́рищей нет".
"Everyone to his own taste." (lit. There are no friends when taste and color are involved.)

7. До свида́ния.
Goodbye.

... today the sun is shining.

4. Коне́чно мо́жно. Вода́ всегда́ тёплая и прия́тно купа́ться.
Of course one can. The water is always warm and it is pleasant to swim.

5. А я люблю́ со́лнце, тёплый во́здух, и си́нее мо́ре.
And I like the sun, warm air, and the blue sea.

6. Это так. "На вкус и цвет това́рищей нет".
That is so: "Everyone to his own taste."

7. Споко́йной но́чи.
Good (lit. quiet) night.

CULTURE

ПОСЛО́ВИЦА (Proverb)

На вкус и цвет това́рищей нет.

Everyone to his own taste. (lit. There are no friends when taste and color are involved.)

LESSON 19   ORAL WORK

ПЕРЕСКА́З: Мой выходно́й день

The narrative on page 127, **упражне́ние A** on page 132, and **Перево́д B** on page 133 are related texts based on the same vocabulary and grammar. Use any of them or all three as an example to follow for your own version of a **переска́з**.

LESSON 20   USEFUL EXPRESSIONS

PATTERN DRILLS

The following drills deal with *days of the week* and provide supplementary material for oral practice on ¶20–4. Listen to the teacher (or the tape) and repeat each sentence aloud. Then read aloud each sentence in the student column supplying the missing words.

Пни неде́ли (Days of the Week)

Учи́тель	**Студе́нт**
1.—Сего́дня **среда́.** Что вы обыкнове́нно де́лаете в **сре́ду?**	1.—В —— мы обыкнове́нно рабо́таем в конто́ре.
2.—А что вы де́лаете **в сре́ду ве́чером?**	2.—В —— —— мы слу́шаем ра́дио.
3.—Вчера́ был **вто́рник.** Что вы с това́рищем де́лали **во вто́рник?**	3.—Во —— мы с това́рищем игра́ли в те́ннис.
4.—За́втра бу́дет **четве́рг.** Что вы бу́дете де́лать **в четве́рг?**	4.—В —— я бу́ду занима́ться весь деиь.
5.—**Пя́тница** ваш выходно́й день. Что вы бу́дете де́лать **в пя́тницу?**	5.—В —— я бу́ду отдыха́ть.
6.—А что вы бу́дете де́лать **в суббо́ту?**	6.—В —— мы вес бу́дем на да́че.
7.—Кто у вас был **в воскресе́нье?**	7.—Мой де́душка был у меня́ в ——.
8.—Уже́ **понеде́льник,** а вы ещё не сде́лали уро́ка на **вто́рник.**	8.—Ничго́. Я сде́лаю уро́к в —— ве́чером, и́ли во —— у́тром.

LESSON 23   ORAL WORK

ПЕРЕСКА́З

The following narrative is based on the dialogue on page 159.
Use it for independent work or as an example to follow for your own
version in oral recitation.

Пикни́к

Бори́с, Александр и Миха́ил (Но́виков) студе́нты и живу́т
вме́сте в одно́й кварти́ре.   Михаи́л никогда́ ничего́ не покупа́ет,
потому́ что он уже́ давно́ не рабо́тает.

Бори́с ду́мает, что Алекса́ндр всегда́ берёт его́ ве́щи.   Вчера́
Бори́с купи́л но́вое перо́.   Оно́ лежа́ло на его́ пи́сьменном
столе́.   Сего́дня же у́тром пера́ там не́ было.

Алкса́ндр говори́т, что не он берёт ве́щи Бори́са.   То́лько
вчера́ он в пе́рвый раз взял его́ перо́, потому́ что не нашёл
своего́.

У Миха́йла нет своего́ автомоби́ля, и в воскресе́нье он хо́чет
по́льзоваться автомоби́лем Бори́са.   Бори́с забы́л, что в вос-
кресе́нье он и́ с Алекса́ндром е́дут на пикни́к.   Он ска́жет
Миха́йлу, что не мо́жет дать ему́ автомоби́ля.

Алекса́ндр ку́пит все проду́кты: хлеб, ма́сло, мя́со, молоко́,
ко́фе и пи́во, а на дессе́рт — фру́кты и шокола́д.   Он та́юке
возьмёт ка́рту, потому́ что они́ пло́хо зна́ют доро́гу.

LESSON 24   ORAL WORK

ПЕРЕСКА́З: Муж и жена́

Use the translation of **Перево́д C** on page 171 (corrected by the
teacher) as **переска́з** for oral work.   **Перево́д C** is based on the
dialogue on page 166.

LESSON 25

ПЕРЕСКА́З: Родно́й го́род Са́ши

The **Перево́д** on page 178 is a **переска́з** of the narrative on page 173. Use the translation (corrected by the teacher) for oral work.

LESSON 26   CULTURE

ПОСЛО́ВИЦЫ (Proverbs)

Вся́кому о́вощу своё вре́мя.	There is a time and place for everything. (*lit.* Every vegetable has its season.)
Язы́к до Ки́ева доведёт.	*lit.* One's tongue will take one as far as Kiev.
Язы́к мой — враг мой.	My tongue is my (worst) enemy.
Чему́ быть того́ не минова́ть.	You cannot escape the inevitable. (*lit.* What's to be cannot be avoided.)

LESSON 27   ORAL WORK

ПЕРЕСКА́З

Use the **Перево́д** on page 198 (corrected by the teacher) as a **переска́з** for oral work.

LESSON 28   CULTURE: INDEPENDENT STUDY

The following selection is offered as optional reading material and is intended to increase the student's passive vocabulary and his reading comprehension. Only new vocabulary is given in the footnotes. Many cognates have been used in such selections in order

to make the work easier.   For vocabulary previously covered, see
pages 417 ff.

Колхо́з[1]

Неде́лю тому́ наза́д[2] на́ша гру́ппа америка́нских тури́стов
посети́ла большо́й колхо́з.   Э́тот колхо́з нахо́дится дово́льно
далеко́ от Москвы́.   Мы е́хали туда́ три часа́ и верну́лись в
оди́ннадцать часо́в ве́чера.

Был хоро́ший тёплый[3] день и о́чень прия́тно бы́ло ходи́ть
пешко́м.   Мы ви́дели поля́ и фе́рмы колхо́за.   Ви́дели колхо́з-
ников,[4] кото́рые по́льзовались тра́кторами и комба́йнами и́ли
ходи́ли за коро́вами, за лошадьми́ и за пти́цей.   Мы ви́дели
как колхо́зники живу́т, как они́ рабо́тают и отдыха́ют.   Мы
посети́ли их но́вую сре́днюю шко́лу,[5] и она́ нам о́чень понра́в-
илась.   Нам осо́бенно[6] понра́вились ученики́ и учени́цы.   Гид
сказа́л нам, что де́ти[7] о́чень лю́бят свои́ заня́тия[8] и прекра́сно
у́чатся.   Они́ та́кже занима́ются физкульту́рой[9] по́сле заня́тий.

Мно́гие[10] колхо́зники рабо́тают весь день и у́чатся ве́чером.
Не́которые из них поступа́ют[11] в ву́зы[12] и конча́ют[13] курс.[14]
Колхо́зники с го́рдостью[15] расска́зывали о свои́х сыновья́х[16] и
дочеря́х, кото́рые ста́ли[17] врача́ми,[18] профессора́ми, инжене́рами,
агроно́мами[19] и́ли архите́кторами.[20]

Ка́ждый год мно́го колхо́зников переезжа́ет в удо́бные но́вые
дома́.   В ка́ждом до́ме есть электри́чество,[21] ра́дио[22] и теле-
ви́зор.[23]   Колхо́зникам никогда́ не ску́чно.   Они́ мно́го чита́ют
— кни́ги, газе́ты и журна́лы.   Мно́гие из них прово́дят свои́
вечера́ в колхо́зном клу́бе.[24]   Там они́ смо́трят кинофи́льмы,[25]
игра́ют в ша́хматы[26] и́ли в ка́рты, чита́ют и́ли танцу́ют.   Про-
фессиона́льные[27] арти́сты[28] ча́сто приезжа́ют из го́рода в
колхо́з.   Специали́сты по литерату́ре[29] и иску́сству[30] то́же
ча́сто приезжа́ют в колхо́з и чита́ют ле́кции.[31]

Vocabulary.   The following vocabulary includes 15 cognates
plus a number of derivatives from familiar words.

[1] collective farm
[2] a week ago
[3] warm
[4] колхо́зник   collective farmer
[5] secondary school
[6] especially
[7] children
[8] заня́тия (n. pl.)   studies
[9] physical education, gymnastics
[10] мно́гие (adj. pl.)   many, many a

[11] поступа́ть (I)   to enroll
[12] вуз (вы́сшее уче́бное заведе́ние)
    collegiate institution
[13] конча́ть (I)   to finish, to complete
[14] course or studies
[15] го́рдость (f.)   pride
[16] сын (pl. сыновья́)   son
[17] стать (I) (pf.)   to become
[18] врач   physician
[19] агроно́м   agronomist

[20] архитéктор   architect
[21] electricity
[22] radio
[23] television set
[24] in the club of the collective farm
[25] кинофи́льм   motion picture
[26] ша́хматы (*only pl. in Russian*) chess

[27] professional
[28] арти́ст   actor, performer
[29] специали́ст по литерату́ре   specialist in literature
[30] art
[31] чита́ть ле́кцию   to deliver a lecture

LESSON 29   ORAL WORK

ПЕРЕСКА́З

Use **Перево́д B** on page 214 (corrected by the teacher) as a **переска́з** for oral work.

CULTURE

ПОСЛО́ВИЦЫ (Proverbs — See ¶29-1)

В чужи́х рука́х ломо́ть вели́к.	The grass on the other side of the fence looks greener. (*lit*. The slice in someone else's hands is big.)
Наси́льно мил не бу́дешь.	Love cannot be ordered. (*lit*. One will not be dear through compulsion.)
У стра́ха глаза́ велики́.	Danger always looks bigger through the eyes of fear. (*lit*. Fear has huge eyes.)

LESSON 30   USEFUL EXPRESSIONS: HEALTH
(Здоро́вье)

PATTERN DRILLS

Work on the following dialogue with a classmate until you both have committed it to memory. Trade parts so that you learn the questions as well as the answers.

The interlinear translations are as literal as possible.

Настоя́щий друг

Учи́тель

1.—Здра́вствуйте, Бори́с. Как пожива́ете?

Hello, Boris. How are you?

2.—Что тако́е? Вы нездоро́вы?

What is the matter? You are not well?

3.—У вас жар?

Do you have a temperature?

4.—А голова́ у вас боли́т?

And do you have a headache?

5.—У вас го́рло то́же боли́т?

Does your throat also ache?

6.—Почему́ же вы не идёте к врачу́?

Why don't you go to a physician?

7.—Как вы зна́ете? Мо́жет быть за́втра вам бу́дет ху́же.

How do you know? Maybe tomorrow you'll feel worse.

8.—А как вы себя́ чу́вствуете у́тром и ве́чером?

And how do you feel in the morning and in the evening?

Студе́нт

1.—Спаси́бо. Не о́чень хорошо́.

Thank you. Not so well.

2.—Я ду́маю, что я бо́лен.

I think I am sick.

3.—Да, у меня́ жар.

Yes, I do.

4.—У мне́я на́сморк, и голова́ боли́т.

I have a cold (in the head), and my head aches.

5.—У меня́ всё боли́т — и голова́ и го́рло. У меня́ да́же глаза́ боля́т.

Everything aches: both my head and my throat. Even my eyes ache.

6.—Мо́жет быть за́втра мне бу́дет лу́чше.

Maybe tomorrow I'll feel better.

7.—Днём я чу́вствую себя́ (See ¶ 15-1) гора́здо лу́чше.

In the daytime I feel a lot better.

8.—У́тром и ве́чером мне пло́хо.

In the morning and in the evening I feel badly.

9.—Вот ви́дите! Береги́те своё здоро́вье. Иди́те сейча́с-же в го́спиталь.

You see! Take care of your health. Go to the hospital at once.

10.—Зна́ете что? я вас довезу́ до го́спиталя на своём автомоби́ле.

You know what? I'll take you to the hospital in my car.

9.—Я сли́шком слаб, а го́спиталь далеко́.

I am too weak, and the hospital is far.

10.—Большо́е спаси́бо! Вы настоя́щий друг.

Thanks a lot. You are a real friend.

CULTURE

ПОСЛО́ВИЦЫ (Proverbs — See ¶ 30–1b2 and ¶ 30–2)

Утро ве́чера мудрене́е.

Sleep on it. (*or*, Take council of your pillow.) (*lit.* Morning is wiser than evening.)

Угово́р доро́же де́нег.

An agreement is dearer than money.

Лу́ше по́здно, чем никогда́.

Better late than never.

LESSON 31   ORAL WORK

ПЕРЕСКА́З

Use **Перево́д B** on page 230 (corrected by the teacher) for **переска́з** or **дикта́нт**.

LESSON 32   ORAL WORK

ПЕРЕСКАЗ

Use **Перевóд В** on page 239 (corrected by the teacher) or the narrative on page 232 as **пересказ** for oral work.

CULTURE

ПОСЛОВИЦЫ (Proverbs)

Гóрю слезáми не помóжешь.	No use crying over spilled milk. (*lit.* Tears will not help in a misfortune.)
Чужóе гóре не болит.	*lit.* Someone else's grief does not hurt.
Чужим умóм не проживёшь.	*lit.* One cannot go through life with someone else's brains.
Не мéсто крáсит человéка, а человéк — мéсто.	Clothes do not make the man. (*lit.* A place does not adorn the man, but the man does the place.)

LESSON 33   ORAL WORK

ПЕРЕСКАЗ

Use **Перевóд В** on page 249 (corrected by the teacher) as **пересказ** for oral work.

LESSON 34   CULTURE

ПОСЛÓВИЦЫ (Proverbs)

За двумя зáйцами погóнишься, ни одногó не поймáешь.	A bird in the hand is worth two in the bush. (*lit.* If you chase after two rabbits, you won't catch [even] one.)

Оди́н в по́ле не во́ин.

The voice of one man is the voice of no one. (*lit.* One (man) in the field is no warrior.)

LESSON 35   ORAL WORK

ПЕРЕСКА́З

Use **Перево́д B** on page 275 (corrected by the teacher) as **переска́з** for oral work.

LESSON 36   CULTURE: INDEPENDENT STUDY

PART I*

Вы́сшее[1] образова́ние[2] в СССР

Мы с Петро́м у́чимся в институ́те.[3] Я изуча́ю геогра́фию,[4] фи́зику, матема́тику, ру́сскую литерату́ру и други́е предме́ты.[5] Пётр слу́шает ку́рсы[6] по хи́мии, биоло́гии,[7] исто́рии, ру́сскому языку́ и по полити́ческой эконо́мии.[8] Мы о́ба[9] получа́ем госуда́рственные[10] стипе́ндии.[11] У нас быва́ют ле́кции, семина́ры[12] и консульта́ции[13] с на́шими преподава́телями.[14] На консульта́циях преподава́тели отвеча́ют на наши вопро́сы и́ли ещё раз объясня́ют зада́ния.[15]

Мы та́кже принима́ем уча́стие[16] в вечера́х самоде́ятельности,[17] кото́рые по́льзуются больши́м успе́хом[18] у на́ших студе́нтов. Я пою́ в хо́ре,[19] а Пётр да́же выступа́ет[20] соли́стом.[21] У него́ большо́й краси́вый голос, и он та́кже тала́нтливый[22] актёр.[23]

Vocabulary. The following vocabulary includes 12 cognates plus a number of derivatives from familiar words.

[1] higher
[2] education
[3] institute
[4] geography
[5] предме́т subject (of study)

[6] слу́шать курс по . . . to be taking a course in . . .
[7] biology
[8] полити́ческая эконо́мия (*sing. in Russian*) economics

* For *Part II* see *Lesson 37.*

⁹ both of us
¹⁰ state (*adj.*)
¹¹ стипéндия   scholarship
¹² семинáр seminar
¹³ консультáция consultation
¹⁴ преподавáтель (*m.*) instructor
¹⁵ задáние assignment
¹⁶ принимáть учáстие to take part
¹⁷ самодéятельность amateur activity

вéчер самодéятельности amateur show
¹⁸ пóльзоваться успéхом to be popular, to be a success
¹⁹ хор chorus
²⁰ выступáть (*here*) to perform
²¹ солúст soloist
выступáть солúстом to perform as a soloist
²² talented
²³ actor

LESSON 37   CULTURE: INDEPENDENT STUDY

PART II

Вы́сшее образовáние в СССР

У Петрá есть брат и сестрá. И́мя брáта — Сáша. Недáвно Сáша кóнчил тéхникум¹ и стал механиком.² Тепéрь он рабóтает на завóде и одновремéнно³ у́чится в вечéрнем⁴ институ́те на механи́ческом факультéте.⁵ Сестрá Сáши, Анна, кóнчила заóчный институ́т⁶ и тепéрь рабóтает библиотéкаршей⁷ в Госудáрственной библиотéке СССР и́мени В. И. Лéнина⁸ в Москвé.

У нас в срéду был семинáр. На семинáре преподавáтель дóлго говори́л о влия́нии⁹ Гóрького¹⁰ на совéтскую литератýру, а я прочитáл доклáд¹¹ о егó жи́зни. Мой доклáд óчень понрáвился преподавáтелю и он посоветовáл¹² мне напечáтать¹³ егó в нáшей студéнческой¹⁴ газéте.

Vocabulary. The following vocabulary includes 4 cognates plus a number of derivatives from familiar words. Refer to *Part I* for new vocabulary given there and recurring in *Part II*.

¹ technical school
² mechanic
³ at the same time
⁴ вечéрний evening (*adj.*)
⁵ механи́ческий факультéт Department (School) of Mechanical Engineering
⁶ заóчный институ́т correspondence school
⁷ библиотéкарша (woman) librarian

рабóтает библиотéкаршей works as a woman librarian
⁸ The Lenin Memorial State Library of the USSR
⁹ влия́ние influence
¹⁰ Гóрький (*gen.* Гóрького) important Russian writer (1868–1936)
¹¹ report, paper
¹² посовéтовать (*I*) *pf.* to advise
¹³ to print, to publish
¹⁴ студéнческий student (*adj.*)

LESSON 38   USEFUL EXPRESSIONS:

Greetings and Best Wishes
(Приветствия и наилучшие пожелания)

PATTERN DRILLS

Work on the following dialogue with a classmate until you both have committed it to memory. Trade parts so that you learn the questions as well as the answers.

The interlinear translations are as literal as possible.

Жених[1] и невеста[2]

Сегодня Рождество.[3] Сегодня также день рождения Тани, и она устраивает[4] вечеринку[5] у себя в доме. Все гости уже собрались[6] и весело разговаривают в гостиной. Но Таня очень печальна и невнимательна[7] к гостям. Её жених, Гриша, ещё не пришёл, и она с нетерпением[8] ждёт его. Она ему уже звонила[9] несколько раз, но никого нет дома. Вдруг звонит телефон. Таня бежит[10] из гостиной в другую комнату, берёт трубку[11] и говорит.

Vocabulary

[1] bridegroom, fiancé
[2] bride, fiancée
[3] Christmas
[4] is arranging, (here) giving
[5] party
[6] gathered
[7] inattentive
[8] impatience
[9] phoned (lit. rang)
[10] бежать (II) act. to run
[11] receiver

Таня

1.—Слушаю вас.
   lit. I am listening.

2.—Сегодня тоже мой день рождения!
Today is also my birthday.

1.—Здравствуй, Таня! Говорит Гриша. С Рождеством Христовым!
Hello, Tanya. This is Grisha. (lit. *Grisha* speaking.) Merry Christmas!

2.—Знаю, знаю. Поздравляю тебя и с днём рождения и желаю тебе всего наилучшего!

I know, I know. I wish you also (*lit.* congratulate you with) a happy birthday and the best of everything.

3.—Уже́ оди́ннадцать часо́в ве́чера, а тебя́ ещё нет! Все тебя́ ждут с нетерпе́нием, а бо́льше всех — твоя́ неве́ста.

It is already 11:00 P.M. and you aren't here yet. Everybody has been impatiently waiting for you, and your fiancée more than anybody.

3.—Прости́ меня́, ми́лая Та́ня! К вели́кому моему́ сожале́нию, не смогу́ быть у тебя́ на вечери́нке.

Forgive me, dear Tanya. Much to my regret I can't come to your party.

4.—В чём де́ло? Что случи́лось? Всё ли у тебя́ в поря́дке?

What is the matter? What happened? Is everything O.K. with you?

4.—К несча́стью, не всё в поря́дке. Час тому́ наза́д я получи́л телегра́мму от бра́та. У нас большо́е го́ре: наш люби́мый де́душка у́мер по́сле дли́нной боле́зни.

Unfortunately everything isn't O.K. An hour ago I got a telegram from my brother. We are grief-stricken (*lit.* we have great grief): our beloved grandfather died after a long illness.

5.—Како́е несча́стье! Я вам весм сочу́вствую. Где ты сейча́х, Гри́ша?

What a misfortune! I sympathize with all of you. Where are you now, Grisha?

5.—На аэродро́ме. В без двадцати́ пяти́ двена́дцать вы́летит мой самолёт.

At the airport. My plane leaves (*lit.* will take off) at twenty-five minutes of twelve.

6.—Надеюсь, что сможешь
как-нибудь помочь
своим родным и успо-
коить их.

I hope that you will somehow find it possible to
help your relatives and
calm them down.

7.—Желаю тебе успеха.
Когда ты вернёшься?

I wish you luck (*lit.* success). When will you
return?

8.—Значит, Новый год я
должна буду встре-
чать одна, как и
Рождество!

That means that I shall
have to greet (*lit.* to
meet) the New Year
alone, the same as
Christmas.

9.—Друзья — только друзья,
а ты мой жених! Но
ничего не поделаешь.

Friends are only friends,
but you are my fiancé.
However it cannot be
helped.

10.—Счастливого пути!
Пиши мне почаще.

Bon voyage! Write me as
often as possible.

6.—Я сам очень несчастен, но
постараюсь сделать
всё в моих силах,
чтобы помочь им.

I am very unhappy myself,
but shall try to do all
in my power to help
them.

7.—Я не вполне уверен. Во
всяком случае, не
раньше десятого
января.

I am not entirely sure. In
any case, not before
January tenth.

8.—Ты теперь не одна, и я
уверен, что в день
Нового года тоже не
будешь одна. У тебя
столько друзей!

You are not alone now, and
I am sure that on New
Year's day you also
won't be alone. You
have so many friends.

9. Да, ничего не поделаешь.
Итак, с Новым годом
и до скорого свида-
ния!

Yes, it cannot be helped.
Well then Happy New
Year, and I'll see you
soon.

10. Будь здорова. Обещаю
писать. И ты пиши
почаще.

Be well. I promise to
write. You, too, write
(me) as often as pos-
sible.

LESSON 39   CULTURE: INDEPENDENT STUDY

PART I*

Ру́сская литерату́ра 19-го ве́ка

Ру́сская литерату́ра к концу́ 19-го ве́ка заняла́[1] веду́щее[2] ме́сто в мирово́й[3] литерату́ре. Со вре́мени В. Г. Бели́нского[4] и А. И. Ге́рцена[5] ру́сская литерату́ра 19-го ве́ка стано́вится дви́гателем[6] освободи́тельного движе́ния[7] в Росси́и.

Вели́кий ру́сский кри́тик, Бели́нский, писа́л: "Мы (ру́сские) при́званы[8] сказа́ть ми́ру своё сло́во, свою́ мысль.[9]" В ру́сской класси́ческой[10] литерату́ре девятна́дцатого ве́ка борьба́[11] за сча́тье э́то не борьба́ за ли́чные[12] успе́хи в о́бществе,[13] за карье́ру[14] и́ли за обогаще́ние,[15] а за обще́ственный[16] идеа́л.[17] Ли́чное благополу́чие[18] ма́ло интересу́ет геро́ев ру́сской литерату́ры. Руково́дит[19] и́ми не эгои́зм,[20] а идеа́л обще́ственного благополу́чия.

Ру́сская класси́ческая литерату́ра ра́но вы́ступила[21] на путь[22] реали́зма.[23] Рома́н Пу́шкина "Евге́ний Оне́гин" явля́ется откры́тием[24] действи́тельности[25] двадца́тых годо́в.[26] По́сле Пу́шкина ру́сский реали́зм продолжа́л изобража́ть[27] ру́сскую действи́тельность и рисова́ть[28] в то же вре́мя положи́тельных[29] геро́ев, кото́рые бо́рются[30] за лу́чшее бу́дущее.[31]

Vocabulary. The following vocabulary includes 7 cognates plus a number of derivatives from familiar words.

[1] occupied
[2] leading, foremost
[3] мирово́й, -а́я, -о́е world (adj.)
[4] Бели́нский (1811–1844) Belinsky, influential Russian critic
[5] Ге́рцен (1812–1870) Herzen, revolutionary and socialist writer and thinker
[6] (here) prime-mover
[7] освободи́тельное движе́ние liberation movement
[8] are called on (singled out)
[9] thought, idea
[10] classical

[11] struggle
[12] personal
[13] о́бщество society
[14] career
[15] enrichment
[16] social
[17] ideal
[18] well-being
[19] guides, drives
[20] egoism
[21] set out
[22] путь (m.) road
[23] realism
[24] discovery

★ For *Part II* see *Lesson* 40.

[25] reality
[26] of the 1820s
[27] to represent, to depict
[28] to draw, to paint

[29] positive
[30] боро́ться (I)   to struggle, to fight
[31] future

LESSON 40   CULTURE: INDEPENDENT STUDY

PART II

Ру́сская литерату́ра 19-го ве́ка

Ру́сские писа́тели 19-го ве́ка то́же со́здали[1] положи́тельные о́бразы[2] ру́сской жще́нины.   Татья́на Ла́рина в рома́не Пу́шкина "Евге́ний Оне́гин," О́льга Ильи́нская в рома́не Гончаро́ва[3] "Обло́мов,"[4] Еле́на Ста́хова в рома́не Турге́нева[5] "Накану́не"[6] и мно́гие другѝе герои́ни[7] явля́ются положи́тельными о́бразами прекра́сной ру́сской же́нщины.

Ру́сские реали́сты[8] та́кже рисова́ли отрица́тельных[9] ти́пов.[10] Э́то была́ фо́рма[11] проте́ста[12] про́тив[13] цари́зма[14] и ру́сской действи́тельности.   Несмотря́[15] на пресле́дования,[16] они́ сме́ло[17] поднима́ли[18] свой го́лос про́тив ца́рского[19] самодержа́вия.[20] Вели́кие ру́сские писа́тели горячо́[21] люби́ли свой наро́д,[22] свою́ ро́дину[23] и стра́стно[24] хоте́ли, что́бы она́ была́ свобо́дной и счастли́вой.   Гумани́зм,[25] реали́зм и худо́жественное[26] мастерство́[27] — черты́[28] ру́сской класси́ческой литерату́ры.

Ру́сская литерату́ра девятна́дцатого ве́ка выража́ла[29] передовы́е[30] идеа́лы челове́чества[31] и поэ́тому ста́ла веду́щей литерату́рой ми́ра.   Че́хов в одно́м из свои́х пи́сем сказа́л, что хоро́шие писа́тели "… куда́-то иду́т и вас зову́т туда́ же, и вы чу́вствуете … что у них есть кака́я-то цель."[32]   Прогресси́вная[33] литерату́ра всегда́ ведёт[34] к како́му-то идеа́лу.   Благополу́чие всего́ челове́чества — идеа́л ру́сской класси́ческой литерату́ры.

Мно́гие сове́тские писа́тели явля́ются ученика́ми и продолжа́телями[35] мастеро́в[36] девятна́дцатого ве́ка.

Vocabulary. The following vocabulary includes 8 cognates plus a number of derivatives from familiar words.

Refer to *Part I* for new vocabulary given there and recurring in *Part II*.

¹ created
² óбраз figure, type
³ Гончаро́в (1812–1891) Goncharov, famous Russian novelist
⁴ "Oblomov"
⁵ Турге́нев (1818–1883) Turgenev, famous Russian novelist
⁶ "On the Eve"
⁷ геро́иня heroine
⁸ реали́ст realist
⁹ negative
¹⁰ тип type
¹¹ form
¹² проте́ст protest
¹³ про́тив (*with gen.*) against
¹⁴ цари́зм tsarism (autocratic form of government)
¹⁵ несмотря́ (*preposition*) notwithstanding
несмотря́ на in spite of
¹⁶ пресле́дование persecution
¹⁷ bravely

¹⁸ raised
¹⁹ tsarist
²⁰ самодержа́вие autocracy
²¹ ardently, fervently
²² people, nation
²³ fatherland, native country
²⁴ passionately
²⁵ humanism
²⁶ artistic
²⁷ craftsmanship
²⁸ черта́ trait
²⁹ выража́ть (I) to express
³⁰ advanced
³¹ челове́чество mankind
³² goal
³³ progressive
³⁴ вести́ (I) *act.*; веду́, ведёшь, -у́т to lead
³⁵ продолжа́тель (*m.*) continuer (one who continues)
³⁶ ма́стер (*pl.* мастера́) master

НАУ́ЧНО-ПОПУЛЯ́РНЫЕ ТЕ́КСТЫ

POPULAR SCIENCE TEXTS

The following section of the *appendix* aims to introduce the student to the most common scientific terminology in the fields of physiology, astronautics, chemistry, medicine and ecology. The reading selections should prove both useful and interesting to the general reader as well as to the student preparing for a career in science.

The vocabulary and the explanations given in the footnotes should make it possible to read these selections with a minimum of effort. The student will find his work much easier if he first covers the 48 lessons of the *Simplified Russian Grammar* as well as the supplementary material provided in the appendix.

1. ФИЗИОЛО́ГИЯ (PHYSIOLOGY)

PART I

Па́влов — вели́кий ру́сский физио́лог[1]

Вели́кий ру́сский эксперимента́тор[2] и физио́лог, Ива́н Петро́вич Па́влов, роди́лся в 1849-ом году́ в го́роде Ряза́ни.[3] Его́ иссле́дования[4] оказа́ли[5] огро́мнейшее[6] влия́ние на физиоло́гию[7] и медици́ну.[8] Изве́стный учёный[9] оста́вил по́сле себя́ класси́ческие рабо́ты в о́бласти[10] физиоло́гии се́рдца,[11] кровообраще́ния,[12] пищеваре́ния[13] и вы́сшей не́рвной[14] де́ятельности[15] — де́ятельности головно́го мо́зга.[16] За свои́ рабо́ты Па́влов получи́л Но́белевскую пре́мию[17] и мно́го почётных[18] зва́ний.[19]

В 1890-ом году́ в Петербу́рге[20] был организо́ван[21] Институ́т эксперимента́льной[22] медици́ны. Па́влов заве́довал[23] физиологи́ческой лаборато́рией[24] э́того институ́та. Здесь он со́здал[25] но́вые ме́тоды[26] иссле́дования, осно́ванные[27] на изуче́нии[28] де́ятельности норма́льного[29] органи́зма[30] в связи́[31] со средо́й.[32] Па́влов счита́л,[33] что большо́е значе́ние[34] име́ет изуче́ние обы́чных,[35] норма́льных реа́кций[36] живо́тного[37] на раздраже́ние.[38] Свои́ми о́пытами[39] Па́влов доказа́л[40] огро́мную роль[41] не́рвной систе́мы[42] в проце́ссах[43] пищеваре́ния. Его́ дета́льные[44] иссле́дования пищеваре́ния легли́[45] в осно́ву[46] ме́тодов диагно́стики[47] и лече́ния[48] боле́зней[49] желу́дочно-кише́чного тра́кта.[50] Они́ помогли́ в реше́нии[51] мно́гих практи́ческих[52] пробле́м.[53]

Vocabulary. The following vocabulary includes 22 cognates plus a number of derivatives from familiar words.

1 физиóлог physiologist
2 эксперимента́тор experimenter
3 Ряза́нь Ryasan
4 иссле́дование (*n.*) research; investigation
5 оказа́ть (I) *pf.* влияние to have an influence
6 огрóмнейший enormous
7 физиолóгия physiology
8 медици́на medicine (as a science)
9 учёный scientist
10 óбласть field, sphere of activity
11 сéрдце (*n.*) heart
12 кровообраще́ние circulation of the blood
13 пищеваре́ние digestion
14 не́рвный nervous
15 де́ятельность activity
16 головнóй мозг brain
17 Нóбелевская премия Nobel prize
18 почётный honorary
19 зва́ние (*n.*) title
20 Петербу́рг Petersburg, renamed Leningrad in 1924
21 организова́ть (I) to organize
22 эксперимента́льный experimental
23 заве́довать (I) to be in charge (of)
24 физиологи́ческая лаборатóрия physiology laboratory
25 созда́ть (I) *pf.* to create
26 ме́тод method
27 оснóванный based
28 изуче́ние (*n.*) study

29 норма́льный normal
30 органи́зм organism
31 связь (*f.*) connection, tie
32 среда́ environment
в связи́ со средóй in connection with the environment
33 счита́ть (I) (*here*) to hold, to consider
34 значе́ние significance, importance
35 обы́чный ordinary, usual
36 реа́кция reaction
37 живóтное (*n.*) (*gen.* живóтиого) animal
38 раздраже́ние irritation
39 óпыт experiment
40 доказа́ть (I) *pf.* to prove
41 роль rôle, part
42 не́рвная систе́ма nervous system
43 процéсс process
44 дета́льный detailed
45 лечь (I) *pf.* to lie down
46 оснóва basis, foundation
лечь в оснóву to become the foundation
47 диагнóстика diagnosis
48 лече́ние treatment
49 болéзнь (*f.*) disease
50 желу́дочно-кише́чный тракт alimentary canal
51 реше́ние solution, decision
в реше́нии in solving
52 практи́ческий practical
53 проблéма problem

PART II

Па́влов — вели́кий ру́сский физиóлог

Па́влов пришёл к вы́воду,[1] что выделе́ние[2] слюны́[3] при ви́де[4] пи́щи[5] — не что инóе как[6] услóвный рефле́кс.[7] Например,[8] éсли в тече́ние[8] нéскольких дней соба́ке впры́скивали[9] раствóр[10] морфи́на,[11] вызыва́ющий[12] у неё рвóту,[13] оды́шку,[14] а затем[15] сон, то через некоторое время одна только инсценировка[16] такого впрыскивания вызывала те же самые[17] явления.[18]

Во время наводнения[19] в сентябре 1924-го года вода хлынула[20] в помещение,[21] где содержались[22] подопытные[23] собаки. Животных спасли,[24] но некоторые из них были крайне[25] возбуждены,[26] тяжело[27] реагировали[28] на создавшуюся обстановку.[29] И когда в дальнейшем[30] в спокойных условиях[31] в щель[32] под дверью лаборатории пропускалась[33] струя[34] воды, эти собаки приходили в неистовство,[35] теряли[36] способность[37] нормально[38] реагировать на привычные[39] раздражители.[40]

В селе[41] Колтуши (ныне[42] Павлово) под Ленинградом[43] советское правительство[44] построило[45] целый научный городок[46] для Павлова и его сотрудников.[47] Павлов сам назвал этот городок "столицей условных рефлексов."

Иван Петрович Павлов умер в 1836-ом году. Его принципы[48] лежат сейчас в основе лечения и профилактики[49] многих болезней.

Vocabulary. The following vocabulary includes 5 cognates and a number of derivatives from familiar words.

Refer to Part I for new vocabulary given there and recurring in Part II.

[1] вывод conclusion
   придти к выводу to arrive at a conclusion
[2] выделение secretion
[3] слюна saliva
[4] при виде at the sight of
[5] пища food
[6] не что иное как nothing else than
[7] условный рефлекс conditioned reflex
[8] в течение in the course of
[9] впрыскивать (I) to inject
[10] раствор solution
[11] морфин morphine
[12] вызывать (I) to call forth, to cause
[13] рвота vomiting
[14] одышка shortness of breath, panting
[15] затем then, next
[16] инсценировка staging
   одна только инсценировка the staging alone
[17] те же самые the very same

[18] явление phenomenon
[19] наводнение flood
[20] хлынуть (I) pf. to gush, to rush
[21] помещение premises, building
[22] содержаться (II) to be kept
[23] подопытный experimental
[24] спасти (I) pf. to save, to rescue
[25] крайне extremely
[26] возбуждать (I) to excite
   возбуждены pl. excited
[27] тяжело adv. hard
[28] реагировать (I) to react
   тяжело реагировали на создавшуюся обстановку took hard the existing situation
[29] обстановка situation
[30] в дальнейшем in the future
[31] условие condition
[32] щель (f.) slit, chink
[33] пропускаться (I) to be let through
[34] струя (f.) (gen. струй) stream, spurt

[35] приходи́ть в неи́стовство to get into a frenzy
[36] теря́ть (I) to lose
[37] спосо́бность (*f*.) ability
[38] норма́льно normally
[39] привы́чный usual, habitual
[40] раздражи́тель (*m*.) stimulant, irritant
[41] село́ village
[42] ны́не (*adv*.) at present

[43] под Ленингра́дом near Leningrad
[44] прави́тельство government
[45] постро́ить (II) *pf*. to build
[46] городо́к little town
[47] сотру́дник co-worker, collaborator
[48] при́нцип principle
[49] профила́ктика prophylaxis, preventive treatment

2. КОСМОНА́ВТИКА (ASTRONAUTICS)

PART I

Пе́рвые космона́вты[1] — Гага́рин и Терешко́ва

Ю́рий[2] Алекса́ндрович Гага́рин, пе́рвый в ми́ре космона́вт, роди́лся 9-го ма́рта, 1934-го го́да в семье́ колхо́зника. Ю́рий увлека́лся[3] матема́тикой и фи́зикой, люби́л литерату́ру и мно́го чита́л. Он поступи́л в те́хникум и отли́чно[4] учи́лся. Зате́м он поступи́л в авиацио́нное учи́лище[5] и стал вое́нным[6] лётчиком.[7]

12-го апре́ля, 1961-го го́да, впервы́е[8] в исто́рии, сове́тский лётчик, Ю. А. Гага́рин, соверши́л[9] косми́ческий[10] полёт[11] вокру́г земно́го шара́[12] на корабле́-[13]спу́тнике[14] "Восто́к-1" и благополу́чно[15] верну́лся на Зе́млю. Он стал космона́втом но́мер оди́н. Э́тот полёт явля́ется велича́йшим завоева́нием[16] сове́тской нау́ки и те́хники.[17]

Гага́рин чу́вствовал себя́ о́чень хорошо́ во вре́мя полёта. Состоя́ние[18] невесо́мости[19] не меша́ло ему́ есть, пить и рабо́тать. Предме́ты[20] пла́вали[21] по каби́не.[22] Он сам не сиде́л в кре́сле, а висе́л[23] в во́здухе.

Валенти́на Терешко́ва родила́сь в 1937-ом голу́. В тече́ние мно́гих лет она́ рабо́тала на тексти́льном[24] комбина́те[25] в Яросла́вле.[26] Одновреме́нно она та́кже учи́лась: снача́ла в вече́рней шко́ле, а зате́м в зао́чном тексти́льном те́хникуме.

Валенти́на о́чень увлека́лась спо́ртом, осо́бенно парашю́тным.[27] В день полёта Гага́рина Валенти́на реши́ла[28] то́же стать космона́втом. 16-го ию́ня, 1963-го года в ко́смос[29] полете́л[30] кора́бль-спу́тник "Восто́к-6". Э́тим корабле́м управля́ла[31] Валенти́на Терешко́ва — пе́рвая же́нщина подня́вшаяся[32] в ко́смос. За 71 час она́ сде́лала 48 оборо́тов[33] вокру́г Земли́. В 1961-ом году́ Гага́рин сде́лал то́лько оди́н оборо́т вокру́г Земли́.

Так началась новая эпоха[34] в жизни человечества — эпоха космических полётов. Советские учёные, инженеры и техники[35] создали замечательный космический корабль. Подвиги[36] советских космонавтов — это замечательное достижение[37] советской науки и техники. Полёты спутников и космических ракет[38] расширяют[39] и углубляют[40] наши знания[41] о происхождении[42] Земли и о космосе.[43] Они также являются подготовкой[44] будущих полётов человека на другие планеты.[45]

Vocabulary. The following vocabulary includes 12 cognates plus a number of derivatives from familiar words.

[1] космонавт astronaut
[2] Юрий George
[3] увлекаться (I) to be keen on
[4] отлично excellently
[5] авиационное училище aviation school
[6] военный military
[7] лётчик flyer
[8] впервые for the first time
[9] совершить (II) *pf.* to achieve, perform
[10] космический space (*adj.*)
[11] полёт flight
[12] земной шар globe
[13] корабль (*m.*) ship
[14] спутник satellite
[15] благополучно safely, happily
[16] завоевание conquest
[17] техника technology
[18] состояние state, condition
[19] невесомость (*f.*) weightlessness
[20] предмет (*here*) object
[21] плавать (I) to swim, to float
[22] кабина cabin
[23] висеть (II) to hang, to be suspended

[24] текстильный textile
[25] комбинат combine (of industrial enterprises)
[26] Ярославль (*m.*) Yaroslavl
[27] парашютный parachute (*adj.*) — парашютный спорт parachute jumping
[28] решить (II) *pf.* to decide
[29] космос space
[30] полететь (II) *pf.* to fly
[31] управлять (I) to operate, handle
[32] подняться (I) to climb, to rise
[33] оборот revolution, turn
[34] эпоха epoch
[35] техник technician
[36] подвиг exploit, feat
[37] достижение achievement
[38] ракета rocket
[39] расширять (I) to widen
[40] углублять (I) to deepen
[41] знание knowledge
[42] происхождение origin
[43] космос universe
[44] подготовка preparation
[45] планета planet

3. ХИМИЯ (CHEMISTRY)

PART I

Менделеев — великий русский химик[1]

Дмитрий[2] Иванович Менделеев, великий русский химик, родился в 1834-ом году в городе Тобольске в Сибири. Всё его де́тство прошло́ в Тобо́льске. В э́том же го́роде он получи́л своё сре́днее образова́ние. В 1850-ом году́ он поступи́л в педагоги́ческий[3] институ́т в Петербу́рге. Уже́ в студе́нческие го́ды он на́чал занима́ться нау́чными[4] иссле́дованиями. Он опубликова́л[5] 431 нау́чную рабо́ту. Из них 40 посвящено́[6] хи́мии, 106 фи́зико-хи́мии,[7] 99 фи́зике, а остальны́е[8] — ра́зным други́м те́мам.[9] Менделе́ева избра́ли[10] почётным чле́ном[11] ра́зных зарубе́жных[12] акаде́мий[13] нау́к, а та́кже почётным до́ктором Ке́мбриджского, Оксфо́рдского и други́х университе́тов.

Важне́йшей заслу́гой[14] Д. И. Менделе́ева бы́ло откры́тие периоди́ческого[15] зако́на[16] и созда́ние[17] периоди́ческой систе́мы хими́ческих элеме́нтов.[18] Это сде́лало бессме́ртным[19] его́ и́мя в мирово́й нау́ке.[20] Периоди́ческий зако́н и периоди́ческая систе́ма — осно́ва всего́ дальне́йшего[21] разви́тия[22] уче́ния[23] об а́томах[24] и элеме́нтах. Они́ явля́ются фунда́ментом[25] хи́мии и фи́зики на́ших дней.

Как смог учёный придти́ к откры́тию периоди́ческого зако́на? Случи́лось[26] э́то так. Менделе́ев изуча́л разли́чные[27] сво́йства[28] хими́ческих[29] элеме́нтов и уви́дел, что встреча́ются[30] эле́менты похо́жие[31] друг на дру́га. Серебро́[32] по свои́м сво́йствам похо́же на медь.[33] Фтор[34] похо́ж на хлор,[35] бром,[36] йод.[37] Ядови́тые[38] фо́сфор,[39] мышья́к[40] и сурьма́[41] составля́ют[42] одну́ "семью." Почти́ у ка́ждого элеме́нта име́ются[43] два-три "ро́дственника."[44]

Vocabulary. The following vocabulary contains 15 cognates plus a number of derivatives from familiar words.

[1] хи́мик chemist
[2] Дми́трий Dmetrius
[3] педагоги́ческий pedagogical
   педагоги́ческий институ́т
      Teachers' Training College
[4] нау́чный scientific
[5] опубликова́ть (I) to publish
[6] посвяти́ть (II) *pf.* to dedicate
[7] фи́зико-хи́мия physical chemistry
[8] остально́й remaining, the other
[9] те́ма subject, topic
[10] избра́ть (I) *pf.* to elect
[11] член member
[12] зарубе́жный foreign
[13] акаде́мия academy
[14] заслу́га merit, accomplishment

[15] периоди́ческий periodic
[16] зако́н law
[17] созда́ние creation
[18] элеме́нт element
[19] бессме́ртный immortal
[20] нау́ка science
[21] дальне́йший further, future
[22] разви́тие development
[23] уче́ние science, doctrine
[24] а́том atom
[25] фунда́мент foundation
[26] случи́лось it happened
[27] разли́чный various, different
[28] сво́йство property, characteristic
[29] хими́ческий chemical
[30] встреча́ться (I) to occur, to be found

³¹ похо́жий resembling
³² серебро́ silver
³³ медь (*f*.) copper
³⁴ фтор fluorine
³⁵ хлор chlorine
³⁶ бром bromide
³⁷ йод iodine
³⁸ ядови́тый poisonous

³⁹ фо́сфор phosphorus
⁴⁰ мышья́к arsenic
⁴¹ сурьма́ stibium, antimony
⁴² составля́ть (I) to compose, to constitute
⁴³ име́ются there are
⁴⁴ ро́дственник relative, relation

PART II

Менделе́ев — вели́кий ру́сский хи́мик

Менделе́ев написа́л назва́ния[1] хими́ческих элеме́нтов, их а́томные[2] веса́[3] и сво́йства на небольши́х ка́рточках.[4] У него́ бы́ли 63 ка́рточки, потому́ что тогда́ бы́ло изве́стно то́лько 63 элеме́нта. Э́ти ка́рточки Менделе́ев раскла́дывал[5] на столе́ в разли́чных сочета́ниях.[6] Он стара́лся найти́ закономе́рность[7] ме́жду сво́йствами хими́ческих элеме́нтов.

Хотя́ мно́гие элеме́нты в то вре́мя ещё не́ были откры́ты,[8] Менделе́ев суме́л[9] найти́ закономе́рность в их расположе́нии[10] и сформули́ровать[11] зако́н.

Пе́рвым в спи́ске[12] стои́т са́мый лёгкий из элеме́нтов — газ[13] водоро́д.[14] Остальны́е сле́дуют[15] за ним в поря́дке[16] увеличе́ния[17] а́томных весо́в. Для приме́ра возьмём ли́тий.[18] Э́то о́чень лёгкий, мя́гкий,[19] горю́чий[20] мета́лл.[21] Он бы́стро соединя́ется[22] с кислоро́дом.[23] Е́сли его́ бро́сить[24] в во́ду, то он неме́дленно[25] разлага́ет[26] во́ду на водоро́д и кислоро́д.

Пропу́стим[27] сле́дующие за ли́тием семь элеме́нтов и посмо́трим сво́йства восьмо́го элеме́нта, то́ есть[28] на́трия.[29] На́трий — лёгкий, мя́гкий, горю́чий мета́лл. Он та́кже легко́ соединя́ется с кислоро́дом и разлага́ет во́ду на водоро́д и кислоро́д.

Пропу́стим ещё семь элеме́ннтов, сле́дующие по спи́ску за на́трием. Восьмо́й бу́дет ка́лий.[30] И э́то лёгкий, мя́гкий, горю́чий мета́лл. Он та́кже легко́ соединя́ется с кислоро́дом и разлага́ет во́ду.

Так Менделе́ев откры́л ва́жную закономе́рность. Э́та закономе́рность состои́т[31] в том, что сво́йства элеме́нтов периоди́чески[32] повторя́ются.[33] Что́бы э́тот зако́н все ви́дели, Менделе́ев расположи́л[34] все элеме́нты на табли́це.[35] Получи́лась[36] изве́стная табли́ца периоди́ческой систе́мы элеме́нтов. Менделе́ев оста́вил в свое́й табли́це не́сколько пусты́х[37] мест, потому́ что мно́гие элеме́нты ещё не́ были откры́ты. Никто́ в ми́ре не знал, что они́ есть, никто́ их не ви́дел. Но в 1871-ом году Менделе́ев пра́вильно описа́л[38] их сво́йства и то́чно[39] указа́л[40] их а́томные веса́. Че́рез четы́ре го́да францу́зский учёный Буабодра́н[41] откры́л га́лий,[42] в 1879-ом году́ швед[43] Л. Ф. Ни́льсон[44] откры́л ска́ндий,[45] а в 1886-ом году́ не́мец[46] К. А. Ви́нклер[47] откры́л герма́ний[48]. Э́то бы́ли те элеме́нты, сво́йства кото́рых ра́ньше[49] описа́л Менделе́ев.

Так был откры́т периоди́ческий зако́н хими́ческих элеме́нтов. Э́то бы́ло торжество́[50] ру́сского учёного и всей ру́сской нау́ки.

Vocabulary. The following vocabulary contains 12 cognates plus a number of derivatives from familiar words.

Refer to Part I for new vocabulary given there and recurring in Part II.

[1] назва́ние designation, name
[2] а́томный atomic
[3] вес (gen. ве́са; pl. nom. веса́) weight
[4] ка́рточка card
[5] раскла́дывать (I) to lay out, to spread
[6] сочета́ние combination
[7] закономе́рность (f.) regularity, conformity with a law
[8] откры́ть (I) pf. to discover
[9] суме́ть (I) pf. to know how
[10] расположе́ние distribution, position
[11] сформули́ровать (I) pf. to formulate
[12] спи́сок (gen. спи́ска) list
[13] газ gas
[14] водоро́д hydrogen
[15] сле́довать (I) сле́дую, -ешь, -ют to follow
[16] поря́док (gen. поря́дка) order, sequence
[17] увеличе́ние increase
[18] ли́тий lithium
[19] мя́гкий soft
[20] горю́чий inflammable
[21] мета́лл metal
[22] соедини́ться (I) to unite
[23] кислоро́д oxygen
[24] бро́сить (II) pf. to drop, to throw
[25] неме́дленно immediately
[26] разлага́ть (I) to decompose
[27] пропусти́ть (II) pf. to omit, to skip
[28] то́ есть that is
[29] на́трий (m.) sodium
[30] ка́лий (m.) potassium
[31] состоя́ть (II) to consist состоя́ть в том, что to consist of the fact
[32] периоди́чески periodically
[33] повторя́ться (I) to be repeated
[34] расположи́ть (II) pf. to place, to arrange
[35] табли́ца table, chart
[36] получи́лась resulted, was obtained
[37] пусто́й empty, blank
[38] описа́ть (I) pf. to describe
[39] то́чно accurately
[40] указа́ть (I) pf. to indicate
[41] Буабодра́н Boisbaudran
[42] га́лий (m.) gallium
[43] швед Swede
[44] Л. Ф. Ни́льсон Nilson
[45] ска́ндий (m.) scandium
[46] не́мец German
[47] Ви́нклер Winkler
[48] герма́ний (m.) germanium
[49] ра́ньше earlier, previously
[50] торжество́ triumph

4. МЕДИЦИ́НА (MEDICINE)

PART I

При́знаки[1] здоро́вья[2] и боле́зни

Самочу́вствие,[3] сон, аппети́т[4] и рабо́та кише́чника,[5] о́бщая[6] работоспосо́бность[7] — э́то ва́жные показа́тели[8] здоро́вья. Обы́чно здоро́вый челове́к бодр[9] и жизнера́достен.[10] Он не ощуща́ет[11] се́рдца, желу́дка,[12] пе́чени[13] и други́х вну́тренних[14] о́рганов.[15] В слу́чае[16] же перегру́зки[17] э́тих о́рганов и́ли не́рвного перенапряже́ния[18] сигна́лы[19] о наруше́ниях[20] в их де́ятельности поступа́ют в ко́ру головно́го мо́зга.[21] Челове́к начина́ет чу́вствовать вя́лость,[22] сла́бость,[23] легко́ раздража́ется.[24] Дово́льно ча́сто к э́тому присоединя́ются[25] оды́шка, головны́е[26] бо́ли,[27] расстро́йство[28] сна и де́ятельности желу́дочно-кише́чного тра́кта.

У здоро́вого челове́ка самочу́вствие бо́лее и́ли ме́нее бы́стро прихо́дит в но́рму.[29] Ему́ ну́жно то́лько хорошо́ отдохну́ть и́ли перемени́ть[30] свой о́браз жи́зни.[31] Уста́лость[32] прохо́дит по́сле хоро́шего о́тдыха.

У здоро́вого челове́ка обы́чно хоро́ший аппети́т. Сниже́ние[33] аппети́та ча́сто явля́ется пе́рвым при́знаком переутомле́ния[34] и́ли наруше́ния фу́нкций[35] желу́дочно-кише́чного тра́кта.

Vocabulary. The following vocabulary contains 6 cognates plus a number of derivatives from familiar words.

[1] при́знак sign, symptom
[2] здоро́вье health
[3] самочу́вствие awareness of one's state of health
[4] аппети́т appetite
[5] кише́чник bowels, intestines
[6] о́бщий general
[7] работоспосо́бность (f.) efficiency
[8] показа́тель (m.) sign, indicator
[9] бо́дрый vigorous
[10] жизнера́достный cheerful, full of the joy of living
[11] ощуща́ть (I) to feel, to be aware of
[12] желу́док (gen. желу́дка) stomach
[13] пе́чень (f.) liver
[14] вну́тренний internal

[15] о́рган organ
[16] слу́чай (m.) (gen. слу́чая) case, chance
в слу́чае in case of
[17] перегру́зка overburdening, overloading
[18] перенапряже́ние overexertion
[19] сигна́л signal
[20] наруше́ние disturbance
[21] кора́ головно́го мо́зга cortex
[22] вя́лость (f.) lassitude, sluggishness
[23] сла́бость (f.) weakness
[24] раздража́ться (I) to become irritated
[25] присоединя́ться (I) to be joined, to be added

[26] головно́й   head (*adj.*)
[27] боль (*f.*)   pain   головна́я боль
    headache
[28] расстро́йство   disorder
[29] но́рма   norm
    приходи́ть в но́рму   to become
    normal

[30] перемени́ть (II) *pf.*   to change
[31] о́браз жи́зни   way of life
[32] уста́лость (*f.*)   fatigue
[33] сниже́ние   decrease, lowering
[34] переутомле́ние   overexertion
[35] фу́нкция   function

PART II

При́знаки здоро́вья и боле́зни

Вес та́кже явля́ется ва́жным показа́телем. У здоро́вого челове́ка он дово́льно постоя́нен[1]. Увеличе́ние ве́са мо́жет быть вы́звано перееда́нием,[2] малоподви́жным[3] о́бразом жи́зни, а та́кже ухудше́нием[4] де́ятельности се́рдца. Недоеда́ние,[5] расстро́йства пищеваре́ния, чрезме́рные[6] физи́ческие[7] и́ли психи́ческие[8] нагру́зки[9] приво́дят к сниже́нию ве́са.

Ли́шний[10] вес мо́жет затрудня́ть[11] рабо́ту се́рдца. Поэ́тому рекоменду́ется[12] ограни́чивать[13] себя́ в еде́[14] и питье́,[15] бо́льше ходи́ть, занима́ться физкульту́рой.

По частоте́[16] пу́льса[17] мо́жно до не́которой сте́пени[18] суди́ть[19] о де́ятельности се́рдца. У здоро́вого челове́ка в состоя́нии поко́я пульс обы́чно ра́вен[20] 64 — 76 уда́рам[21] в мину́ту. У же́нщин пульс ча́ще, чем у мужчи́н, в сре́днем[22] на 5–8 уда́ров в мину́ту.

Трениро́ванное[23] и спорти́вное[24] се́рдце челове́ка рабо́тает значи́тельно[25] эконо́мнее,[26] чем се́рдце нетрениро́ванного. Сокраща́ется[27] оно́ ре́же,[28] и в промежу́тках[29] ме́жду сокраще́ниями[30] оно́ лу́чше отдыха́ет и снабжа́ется[31] кро́вью.[32] У спортсме́на пульс значи́тельно ни́же,[33] чем у нетрениро́ванного челове́ка. В моме́нт[34] наивы́сшего[35] напряже́ния[36] частота́ серде́чных[37] сокраще́ний мо́жет доходи́ть до 200–250 ударов в мину́ту.

Vocabulary. The following vocabulary contains 8 cognates plus a number of derivatives from familiar words.

Refer to Part I for new vocabulary given there and recurring in Part II.

[1] постоя́нный   constant, continuous
[2] перееда́ние   overeating
[3] малоподви́жный   sedentary

[4] ухудше́ние   worsening, deterioration
[5] недоеда́ние   undernourishment
[6] чрезме́рный   excessive

[7] физи́ческий   physical
[8] психи́ческий   psychic
[9] нагру́зка   load
[10] ли́шний   superfluous
[11] затрудня́ть (I)   to hamper
[12] рекоменду́ется   it is recommended
[13] ограни́чивать   to confine, to limit
[14] еда́   food, eating
[15] питьё (n.) (gen. питья́)   drink, drinking
[16] частота́   frequency
[17] пульс   pulse
[18] сте́пень (f.)   degree
[19] суди́ть (II)   to judge
[20] ра́вный   equal
[21] уда́р   beat, strike
[22] сре́дний   average
в сре́днем   on the average

[23] трениро́ванный   trained
[24] спорти́вный   athletic
[25] значи́тельно   considerably, significantly
[26] эконо́мный   economical
[27] сокраща́ться (I)   to contract
[28] ре́же   less frequently, rarer
[29] промежу́ток (gen. промежу́тка)   interval
[30] сокраще́ние   contraction
[31] снабжа́ться (I)   to supply oneself
[32] кровь (f.)   blood
[33] ни́же   lower
[34] моме́нт   moment
[35] наивы́сший   highest
[36] напряже́ние   strain
[37] серде́чный   cardiac

5. ЭКОЛО́ГИЯ (ECOLOGY)

PART I

Охра́на[1] биосфе́ры[2]

Живо́е вещество́[3] и всё простра́нство,[4] в кото́ром происхо́дит[5] разви́тие жи́зни на Земле́, называ́ется зо́ной жи́зни,[6] или биосфе́рой. Толщина́[7] биосфе́ры приме́рно[8] равна́ 16 киломе́трам: 8 киломе́тров в глубину́[9] океа́на и 8 — в высоту́[10] от пове́рхности Земли́. В э́том простра́нстве живёт 10 триллио́нов тонн[11] органи́змов:[12] все расте́ния,[13] живо́тные и лю́ди.

С разви́тием цивилиза́ции[14] челове́к всё бо́лее и бо́лее[15] испо́льзовал[16] си́лы[17] приро́ды[18] и таки́м о́бразом[19] улу́чшил[20] усло́вия жи́зни на Земле́. Вме́сте с тем не́которые преобразова́ния[21] оказа́лись[22] вре́дными[23] для живы́х органи́змов и для самого́ челове́ка.

За после́дние не́сколько сот лет челове́к уничто́жил[24] о́коло 2/3 лесо́в. С лица́ земли́ исче́зли[25] со́тни[26] ви́дов[27] живо́тных. В результа́те[28] интенси́вной[29] индустриализа́ции,[30] расшире́ния[31] сельскохозя́йственного[32] произво́дства,[33] урбаниза́ции[34] челове́к внёс[35] в биосфе́ру до миллио́на но́вых, ра́нее[36] не сво́йственных[37] ей хими́ческих веще́ств. Мно́гие из них оказа́лись вре́дными для расте́ний и живо́тных.

Обнару́жилось[38] постепе́нное[39] возраста́ние[40] углекислоты́[41] в атмосфе́ре, вы́званное гла́вным о́бразом[42] интенси́вным сжига́нием[43] не́фти[44] и горю́чих га́зов. Это мо́жет привести́ к глоба́льному[45] измене́нию[46] кли́мата[47] — потепле́нию[48] его́ со все́ми вытека́ющими[49] после́дствиями.[50]

Vocabulary. The following vocabulary contains 12 cognates plus a number of derivatives from familiar words.

[1] охра́на protection
[2] биосфе́ра biosphere
[3] живо́е вещество́ living matter
[4] простра́нство space
[5] происходи́ть (II) to take place, occur, happen
[6] зо́на жи́зни zone of life
[7] толщина́ thickness
[8] приме́рно approximately
[9] глубина́ depth
[10] высота́ height
[11] то́нна ton
[12] органи́зм organism
[13] расте́ние plant
[14] цивилиза́ция civilization
[15] всё бо́лее и бо́лее more and more
[16] испо́льзовать (I) to utilize
[17] си́ла force
[18] приро́да nature
[19] таки́м о́бразом thus, in this way
[20] улу́чшить (II) *pf.* to improve
[21] преобразова́ние transformation
[22] оказа́ться (I) *pf.* to turn out, prove to be
[23] вре́дный harmful
[24] уничто́жить (II) *pf.* to destroy
[25] исче́знуть (I) *pf. fut.* исче́зну, -ешь, -ут; *past* исче́з, -ла, -ло, -ли to disappear
[26] со́тня a hundred (as a unit)
[27] вид species, kind
[28] результа́т result
[29] интенси́вный intensive
[30] индустриализа́ция industrialization
[31] расшире́ние broadening, expansion
[32] сельскохозя́йственный agricultural
[33] произво́дство production
[34] урбаниза́ция urbanization
[35] внести́ (I) *pf.; fut.* внесу́, внесёшь, -у́т; *past* внёс, внесла́, -ло́, -ли́ to introduce, bring in
[36] ра́нее formerly, before
[37] сво́йственный characteristic
[38] обнару́житься (II) *pf.* to become apparent, to be discovered
[39] постепе́нный gradual
[40] возраста́ние increase, growth
[41] углекислота́ carbon dioxide
[42] гла́вным о́бразом mainly
[43] сжига́ние burning
[44] нефть (*f.*) petroleum
[45] глоба́льный global
[46] измене́ние change
[47] кли́мат climate
[48] потепле́ние (*n.*) growing warmer
[49] вытека́ющий attendant, ensuing
[50] после́дствие consequence

PART II

Охра́на биосфе́ры

Как изве́стно[1], уже́ тепе́рь за год в США выбра́сывается[2] в во́здух бо́лее 140 миллио́нов тонн ко́поти.[3] Во вне́шнюю[4] среду́ поступа́ет о́коло трёх миллиа́рдов[5] тонн кро́шки[6] и пы́ли[7] строи́тельной[8] промы́шленности.[9] Пыль повыша́ет[10] отраже́ние[11] солнечного[12] света[13] и, как следствие,[14] может привести к понижению[15] температуры[16] на поверхности Земли. За последние десятки[17] лет запылённость[18] атмосферы возросла[19] в десятки раз.

Таким образом, с одной стороны,[20] истребление[21] лесов и животных, нарушающее[22] равновесие[23] в биосфере, а с другой стороны, сброс[24] в атмосферу многочисленных[25] соединений[26] индустриального[27] происхождения ставит человечество перед новой для него проблемой охраны биосферы.

Борьба за сохранение[28] биосферы потребует[29] систематической[30] работы многих научных и производственных[31] организаций.[32] Прекращение[33] экологически[34] вредных производственных сбросов прежде всего потребует изменения производственной психологии[35] инженерного состава[36] наших предприятий.[37] Инженер сегодня должен решить важную задачу[38] — задачу сокрщения[39] производсвенных сбросов.

Vocabulary.. The following vocabulary contains 7 cognates plus a number of derivatives from familiar words.

[1] как известно as is known
[2] выбрасываться (I) to be dumped, to be discarded
[3] копоть (*f.*) soot
[4] внешний outer, external
[5] миллиард billion
[6] крошка crumb, fragment
[7] пыль (*f.*) dust
[8] строительный building (*adj.*)
[9] промышленность (*f.*) industry
[10] повышать (I) to raise, increase
[11] отражение reflection
[12] солнечный solar
[13] солнечный свет sunlight
[14] следствие consequence
[15] понижение reduction
[16] температура temperature
[17] десяток (*gen.* десятка) ten (as a unit)
[18] запылённость (*f.*) dust pollution
[19] возрасти (I) *pf.*; *past* возрос, -ла, -ло, -ли to increase
[20] с одной стороны on the one hand
с другой стороны on the other hand

[21] истребление destruction
[22] нарушать (I) to disturb, unsettle
[23] равновесие equilibrium
[24] сброс dumping, discarding
[25] многочисленный numerous
[26] соединение combination, composite
[27] индустриальный industrial
[28] сохранение preservation
[29] потребовать (I) *pf.*; *fut.* потребую, -ешь, -ют to require
[30] систематический systematic
[31] производственный production (*adj.*)
[32] организация organization
[33] прекращение cessation
[34] экологически ecologically
[35] психология psychology
[36] состав staff
[37] предприятие enterprise, business
[38] задача task, problem
[39] сокращение reduction

РУ́ССКИЕ ПЕ́СНИ

Брат Ива́н (Кано́н)

(Printed by arrangement with the Thrift Press, Ithaca, New York)

Брат И - ван, Брат И - ван,

спишь - ли ты, спишь - ли ты?

Звони в коло - ко - ла, звони в коло - ко - ла,

Динь, динь, динь, динь, динь, динь!

Колокольчик

(Printed by arrangement with Leeds Music Corporation)

1. Однозвучно гремит колокольчик
   И дорога пылится слегка
   И замолк мой ямщик, а дорога,
   Предо мной далека, далека.

Одинокая гармонь

Слова М. Исаковского   Музыка Б. Мокроусова

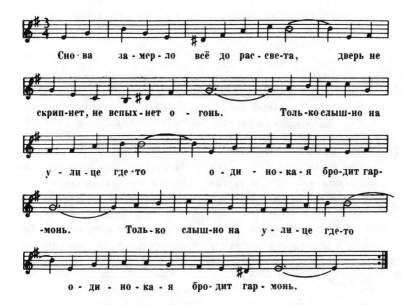

Сно · ва за-мер · ло всё до рас-све-та, дверь не
скрип-нет, не вспых-нет о - гонь. Толь-ко слыш-но на
у - ли-це где · то о - ди - но-ка - я бро-дит гар-
-монь. Толь-ко слыш-но на у - ли-це где-то
о - ди - но-ка - я бро-дит гар-монь.

1. Снова замерло всё до рассвета,
   Дверь не скрипнет, не вспыхнет огонь.
   Только слышно на улице где-то
   Одинокая бродит гармонь.

2. То пойдёт на поля, за ворота,
   То обратно вернётся опять, —
   Словно ищет в потёмках кого-то
   И не может никак отыскать.

3. Веет с поля ночная прохлада,
   С яблонь цвет облетает густой . . .
   Ты признайся, кого тебе надо,
   Ты скажи, гармонист молодой.

4. Может, радость твоя недалёко,
   Да не знает — её ли ты ждёшь . . .
   Что ж ты бродишь всю ночь одиноко,
   Что ж ты девушкам спать не даёшь.

Песня о капитане

(Publication Rights Owned by Leeds Music Corporation)

Слова В. Лебедева-Кумача   Музыка И. Дунаевского

Вниз по ма́тушке по Во́лге

(Publication Rights Owned by Leeds Music Corporation)

Стенька Разин

(Publication Rights Owned by Leeds Music Corporation)

Слова и музыка народные

Из-за о-стро-ва на стре-жень на про-стор ре-чной вол-ны, вы-плы-ва-ют рас-пис-ны-е Стень-ки Ра-зи-на чел-ны. Вы-плы-ва-ют рас-пис-ны-е Стень-ки Ра-зи-на чел-ны.

1. Из-за острова на стрежень
   На простор речной волны,
   Выплывают расписные
   Стеньки Разина челны.

2. На переднем Стенька Разин
   Обнявшись сидит с княжной
   Свадьбу новую справляет —
   Он весёлый и хмельной.

3. Позади их слышен ропот:
   «Нас на бабу променял!
   Только ночь с ней провозился
   Сам на утро бабой стал».

4. Этот ропот и насмешки,
   Слышит грозный атаман.
   И он мощною рукою
   Обнял персианки стан.

5. «Волга, Волга, мать родная
   Волга, русская река.
   Не видала ты подарка
   От донского казака.

6. И чтоб не было раздора,
   Между вольными людьми,
   Волга, Волга, мать родная,
   На! Красавицу, возьми.»

7. Мощным взмахом подымает
   Он красавицу княжну
   И за борт её бросает
   В набежавшую волну . . .

8. «Что ж вы, черти, приуныли?
   Эй, ты, Филька, чорт, пляши!
   Грянем, братцы, удалую
   За помин её души.»

PRONUNCIATION CHARTS

The charts on pages 357–361 represent only an approximation of Russian sounds, as it is impossible to give exact English equivalents. Therefore, when consulting the charts, refer to the more detailed rules on pronunciation.

Chart 1. Hard and Soft Vowels (see ¶ 7-B b)

Hard: а   э   о   у   ы
Soft: я   е   ё   ю   и

The first four *soft* vowels represent a combination of the *y* sound in *yes* and the corresponding *hard* vowels; thus:

$$y + a = я$$
$$y + э = е$$
$$y + o = ё$$
$$y + y = ю$$

Chart 2. Voiced and Voiceless Consonants (see ¶ 6-A)

Voiced: б   в   г   д   ж   з
Voiceless: п   ф   к   т   ш   с

The consonants л, м, н and р are always voiced.
The consonants ц, ч, and щ are always voiceless.

Chart 3. Pronunciation of Vowels*

Vowel	Stressed	Unstressed	After some letters (unstressed)	In connected speech
А а	As *a* in c*a*r: Ивáн онá	As *a* in cig*a*-rette: садьı Вéра	After ч or щ, like *e* in ch*ee*root: часьı плóщадь	
Я я	As *ya* in *ya*rd: моя́, я	As *ye* in *ye*ar: язьıк, янвáрь	тся = ца ться = ца	
З э	As *e* in *e*gg: э́та дуэ́т	As *e* in *e*vict: этáж экрáн		
Е е	As *ye* in *ye*s (when initial or after a vowel): éсли уéхал	As *e* in *e*vent: сестрá стенá	After ж, ш, and щ, like *i* in b*i*t: тóже пи́шет	
Ы ы	As *y* in s*y*llable: ты, вы забьıть	Same as stressed		
И и	As *e* in *e*vil: пить И́да	Same as stressed	After ж, ш, and ц, like ы: жить маши́на	As ы (when preceded by hard consonant): брат и я бýдем игрáть
О о	As *o* in sp*o*rt: завóд стол	As *o* in c*o*me: когдá Москвá		
Ё ё	As *yo* in *yo*lk: её, ёлка своё	Always stressed		
У у	As *oo* in b*oo*ty: ýтро	Same as stressed		
Ю ю	As *u* in *u*se: ю́мор, юг, даю́	Same as stressed		
Й й	This letter always stands after a vowel and forms the second part of a diphthong. Compare with *y* in bo*y*.			

* For the pronunciation of **a**, see ¶ 2-B; for **я**, ¶ 9-A; for **e**, ¶ 3-A and ¶ 4-B; for **o**, ¶ 2-C; for **ё**, The Written Alphabet (p. 5) and ¶ 7-A; for vowel mutation, ¶ 5-A; for after **ч** and **ш**, see ¶ 12-A.

Chart 4. Pronunciation of Consonants*

Con-so-nant	Hard	Soft	Voiced	Voiceless
Б б	As *b* in *b*ook: брат бума́га соба́ка	As *b* in *b*eauty: библиоте́ка бе́лый		In final position or before voiceless consonant, like *p* in *p*art: хлеб, клуб, тру́бка
В в	As *v* in *v*ote: Во́лга ва́за	As *v* in *v*iew: ви́деть Ве́ра		In final position or before voiceless consonant, like *f* in *f*our: Ивано́в, студе́нтов, вчера́, в час
Г г	As *g* in *g*lad: го́лос го́род	As *g* in *g*eese: гид	As *v* in *v*ote: in genitive case ending его́, о́го	In final position or before voiceless consonant, like *k* in *k*eep: друг As *ch* in lo*ch* before к: легко́, мя́гко
Д д	As *d* in *d*o: да	As *d* in *d*ew: дя́дя		In final position or before voiceless consonant, like *t* in *t*ake: вид, сад
Ж ж	As *s* in plea*s*ure: журна́л	Always hard		In final position or before voiceless consonant, like *sh* in *sh*ip: муж, мужско́й
З з	As *z* in *z*one: заво́д ва́за	As *z* in cra*z*ier: зима́ взять		In final position or before voiceless consonant, like *s* in *s*alt: раз, глаз без карт
К к	As *k* in *k*ing: как ко́фе	As *c* in *c*ue: уро́ки кем	Before voiced consonant, like *g* in *g*ood: к дя́де так же	

* For final в and д, see ¶ 4-A. For voiced and voiceless consonants, see ¶ 6-A. For palatalization of consonants, see ¶ 7-B. For ъ and ь, see ¶ 10-A. For assimilation of consonants, see ¶ 11-A. For the double -ж sound, see ¶ 13-A.

Chart 4. Pronunciation of Consonants (Continued)

Consonant	Hard	Soft	Voiced	Voiceless
Л л	As *ll* in we*ll*: ла́мпа Ло́ндон	As *ll* in mi*ll*ion лицо́ люби́ть		
М м	As *m* in *m*y: Москва́ ма́ленький	As *m* in *m*usic: мя́со мел		
Н н	As *n* in *n*o: на, наш ночь	As *n* in ge*n*ial: нет, не́бо		
П п	As *p* in *p*ark: парк по́чта	As *p* in *p*ew: пить, пе́сня пять		
Р р	As *r* in *r*ose: рад ра́дио, ру́сский	As *r* in se*r*iously: ряд, река́ орёл		
С с	As *s* in *s*top: солда́т· стол	As *s* in *s*eek: си́ний всё	Before voiced consonant, like *z* in *z*one: сде́лать сдава́ть: про́сьба	
Т т	As *t* in *t*ip: там, то́лько тут	As *t* in s*t*eel: ти́хо тётя		
Ф ф	As *f* in *f*our: фами́лия фронт, факт	As *f* in *f*ew: Фе́дя		
Х х	As *ch* in lo*ch* (Scotch): хорошо́ са́хар	As *h* in *h*uge (with strong breath): хи́мия		
Ц ц	As *ts* in boo*ts*: центр цвет	Always hard		
Ч ч	Always soft	As *ch* in *ch*eck: час, чем чита́ть		
Ш ш	As *sh* in *sh*ip: шко́ла штат	Always hard		
Щ щ	Always soft	As *shch* in fre*sh ch*eese: ещё, борщ		

Chart 5. Vowel Changes (see ¶ 5-A)

The replacement of one vowel by another when preceded by certain consonants often occurs in Russian. The chart below summarizes the most important rules governing such changes, and should prove valuable in explaining many irregularities in the inflection of nouns, adjectives, pronouns, and verbs. Remember this chart and refer to it frequently.

The sign > stands for *is replaced by*.

After gutturals г, к, х	After sibilants ж, ч, ш, щ	After ц
ь can never stand		и > ы (except in words of foreign origin)
ы > и ю > у я > а	ы > и ю > у я > а	ы remains ю > у я > а
	unstressed о > е	unstressed о > е

TABLES
Declension of Nouns
Table 1. First Declension

SINGULAR*

Case	Hard	Soft		
	-а	**-я**		**-ия**
nom.	шко́ла	неде́ля	дя́дя	фами́лия
gen.	шко́лы	неде́ли	дя́ди	фами́лии
dat.	шко́ле	неде́ле	дя́де	фами́лии
acc.	шко́лу	неде́лю	дя́дю	фами́лию
instr.	шко́лой	неде́лей	дя́дей	фами́лией
	(-ою)	(-ею)	(-ею)	(-ею)
prep.	о шко́ле	о неде́ле	о дя́де	о фами́лии

PLURAL †

Case	Hard	Soft		
	-а (*nom. sing.*)	**-я** (*nom. sing.*)		**-ия** (*nom. sing.*)
nom.	шко́лы	неде́ли	дя́ди	фами́лии
gen.	школ	неде́ль	дя́дей	фами́лий
dat.	шко́лам	неде́лям	дя́дям	фами́лиям
acc.	шко́лы	неде́ли	дя́дей	фами́лии
instr.	шко́лами	неде́лями	дя́дями	фами́лиями
prep.	о шко́лах	о неде́лях	о дя́дях	о фами́лиях

* For membership, see ¶ **13-5 a**. For classification into *hard* and *soft*, see ¶ **13-5 b**. For the *accusative* of animate objects, see ¶ **13-5 c-2**. For irregularities in the *instrumental*, see ¶ **13-5 c**. For nouns in **-ья**, see ¶ **32-6**.

† For formation of the *nominative plural*, see ¶ **16-5 a, b**. For the *accusative plural* of animate and inanimate nouns, see ¶ **27-1 a**. For the *genitive plural*, see ¶ **27-1 b**. For the *genitive plural* with fleeting **-o** or **-e**, see ¶ **27-1 c**. For the declension of feminine nouns in **-ья**, see ¶ **32-6**.

Table 2. Second Declension

MASCULINE SINGULAR*

Case	Hard	Soft		
	Consonant	-ь		-й
		Stress on stem	Stress on ending	
nom.	стол	автомобиль	словарь	трамвай
gen.	стола́	автомоби́ля	словаря́	трамва́я
dat.	столу́	автомоби́лю	словарю́	трамва́ю
acc.	стол	автомоби́ль	словарь	трамва́й
instr.	столо́м	автомоби́лем	словарём	трамва́ем
prep.	о столе́	об автомоби́ле	о словаре́	о трамва́е

MASCULINE PLURAL †

Case	Hard	Soft		
	Consonant (*nom. sing.*)	-ь (*nom. sing.*)		-й (*nom. sing.*)
		Stress on stem	Stress on ending	
nom.	столы́	автомоби́ли	словари́	трамва́и
gen.	столо́в	автомоби́лей	словаре́й	трамва́ев
dat.	стола́м	автомоби́лям	словаря́м	трамва́ям
acc.	столы́	автомоби́ли	словари́	трамва́и
instr.	стола́ми	автомоби́лями	словаря́ми	трамва́ями
prep.	о стола́х	об автомоби́лях	о словаря́х	о трамва́ях

*† See notes at the end of this table on p. 364.

Table 2. Second Declension (Continued)

NEUTER SINGULAR*

Case	Hard	Soft	
	-o	-e	-ие
nom.	сло́во	по́ле	упражне́ние
gen.	сло́ва	по́ля	упражне́ния
dat.	сло́ву	по́лю	упражне́нию
acc.	сло́во	по́ле	упражне́ние
instr.	сло́вом	по́лем	упражне́нием
prep.	о сло́ве	о по́ле	об упражне́нии

NEUTER PLURAL †

Case	Hard	Soft	
	-o (nom. sing.)	-e (nom. sing.)	-ие (nom. sing.)
nom.	слова́	поля́	упражне́ния
gen.	слов	поле́й	упражне́ний
dat.	слова́м	поля́м	упражне́ниям
acc.	слова́	поля́	упражне́ния
instr.	слова́ми	поля́ми	упражне́ниями
prep.	о слова́х	о поля́х	об упражне́ниях

* For membership, see ¶ 15-2 a. For classification into *hard* and *soft*, see ¶ 15-2 b. For the *accusative* of *animate* objects, see ¶ 15-2 c-2.

† For formation of the nominative plural, see ¶ 16-5. For the *accusative plural* of animate and inanimate nouns, see ¶ 27-2 b. For formation of the *genitive plural* of masculine nouns, see ¶ 27-2 a; for neuter nouns, see ¶ 27-3 a. For the *genitive plural* of neuter nouns with fleeting -o or -e, see ¶ 27-3 b. For nouns irregular in the plural, see ¶ 29-4. For declension of neuter nouns in -мя, see ¶ 30-4.

Table 3. Third Declension

SINGULAR*

Case	-ь	Sibilant (ж, ч, ш, щ) + -ь	-ь
nom.	ло́шадь	ночь	тетра́дь
gen.	ло́шади	но́чи	тетра́ди
dat.	ло́шади	но́чи	тетра́ди
acc.	ло́шадь	ночь	тетра́дь
instr.	ло́шадью	но́чью	тетра́дью
prep.	о ло́шади	о но́чи	о тетра́ди

PLURAL †

Case	Stress on Oblique Case Endings		Stress on Stem
	-ь (nom. sing.)	Sibilant (ж, ч, ш, щ) + -ь (nom. sing.)	-ь (nom. sing.)
nom.	ло́шади	но́чи	тетра́ди
gen.	лошаде́й	ноче́й	тетра́дей
dat.	лошадя́м	ноча́м	тетра́дям
acc.	лошаде́й	но́чи	тетра́ди
instr.	лошадя́ми or лошадьми́	ноча́ми	тетра́дями
prep.	о лошадя́х	о ноча́х	о тетра́дях

* For membership, see ¶ 16-3 a. For the *accusative* of animate objects, see ¶ 16-3 b.
† For formation of the *nominative plural*, see ¶ 16-5 b. For the *accusative plural* of animate and inanimate nouns, see ¶ 27-4 a. For nouns with stems in ж, ч, ш, or щ, see ¶ 27-4 b. For the declension of мать and дочь, see ¶ 36-3.

Declension of Adjectives

For classification of adjectives, see ¶ 10-1, ¶ 11-4, and ¶ 12-1. For agreement of adjectives in the *accusative singular* with nouns, see ¶ 10-1 c *note*. For formation of the *nominative plural*, see ¶ 18-3. For agreement of adjectives in the *accusative plural* with nouns, see ¶ 28-1 *note*.

Table 4. Hard Declension of Adjectives

GROUP I (-ый, -ая, -ое)

Case	Singular			Plural for All Genders
	m.	*f.*	*n.*	
nom.	но́вый	но́вая	но́вое	но́вые
gen.	но́вого	но́вой	но́вого	но́вых
dat.	но́вому	но́вой	но́вому	но́вым
acc.	но́вый *or* но́вого	но́вую	но́вое	но́вые *or* но́вых
instr.	но́вым	но́вой (ою)	но́вым	но́выми
prep.	о но́вом	о но́вой	о но́вом	о но́вых

GROUP II (-о́й, -а́я, -о́е)

Case	Singular			Plural for All Genders
	m.	*f.*	*n.*	
nom.	молодо́й	молода́я	молодо́е	молоды́е
gen.	молодо́го	молодо́й	молодо́го	молоды́х
dat.	молодо́му	молодо́й	молодо́му	молоды́м
acc.	молодо́й *or* молодо́го	молоду́ю	молодо́е	молоды́е *or* молоды́х
instr.	молоды́м	молодо́й (о́ю)	молоды́м	молоды́ми
prep.	о молодо́м	о молодо́й	о молодо́м	о молоды́х

Table 5. Soft Declension of Adjectives

(-н + -ий; -н + -яя; -н + -ее)

Case	Singular			Plural for All Genders
	m.	*f.*	*n.*	
nom.	си́ний	си́няя	си́нее	си́ние
gen.	си́него	си́ней	си́него	си́них
dat.	си́нему	си́ней	си́нему	си́ним
acc.	си́ний *or* си́него	си́нюю	си́нее	си́ние *or* си́них
instr.	си́ним	си́ней (ею)	си́ним	си́ними
prep.	о си́нем	о си́ней	о си́нем	о си́них

Table 6. Mixed Declension of Adjectives

GROUP I (-г, -к, -х + -ий, -ая, -ое)

Case	Singular			Plural for All Genders
	m.	*f.*	*n.*	
nom.	ру́сский	ру́сская	ру́сское	ру́сские
gen.	ру́сского	ру́сской	ру́сского	ру́сских
dat.	ру́сскому	ру́сской	ру́сскому	ру́сским
acc.	ру́сский *or* ру́сского	ру́сскую	ру́сское	ру́сские *or* ру́сских
instr.	ру́сским	ру́сской (ою)	ру́сским	ру́сскими
prep.	о ру́сском	о ру́сской	о ру́сском	о ру́сских

Table 6 is continued on the next page.

GROUP II (-ж, -ч, -ш, -щ + -ий, -ая, -ее)

Case	Singular m.	f.	n.	Plural for All Genders
nom.	хоро́ший	хоро́шая	хоро́шее	хоро́шие
gen.	хоро́шего	хоро́шей	хоро́шего	хоро́ших
dat.	хоро́шему	хоро́шей	хоро́шему	хоро́шим
acc.	хоро́ший or хоро́шего	хоро́шую	хоро́шее	хоро́шие or хоро́ших
instr.	хоро́шим	хоро́шей (ею)	хоро́шим	хоро́шими
prep.	о хоро́шем	о хоро́шей	о хоро́шем	о хоро́ших

GROUP III (-г, -к, -х; -ж, -ч, -ш, -щ; + -о́й, -а́я, -о́е)

Case	Singular m.	f.	n.	Plural for All Genders
nom.	дорого́й	дорога́я	дорого́е	дороги́е
gen.	дорого́го	дорого́й	дорого́го	дороги́х
dat.	дорого́му	дорого́й	дорого́му	дороги́м
acc.	дорого́й or дорого́го	дорогу́ю	дорого́е	дороги́е or дороги́х
instr.	дороги́м	дорого́й (ою)	дороги́м	дороги́ми
prep.	о дорого́м	о дорого́й	о дорого́м	о дороги́х

Table 7. Declension of Surnames in -ов or -ин

Case	Singular m.	f.	Plural, m. and f.
nom.	Петро́в	Петро́ва	Петро́вы
gen.	Петро́ва	Петро́вой	Петро́вых
dat.	Петро́ву	Петро́вой	Петро́вым
acc.	Петро́ва	Петро́ву	Петро́вых
instr.	Петро́вым	Петро́вой	Петро́выми
prep.	о Петро́ве	о Петро́вой	о Петро́вых

Declension of Adjective-Pronouns

Table 8. Possessive Adjective-Pronouns*

The possessives **eró**, **eё**, and **их**, are not declined.

Case	Singulars (modifying singulars)			Singulars (modifying plurals, all genders)
	m.	*f.*	*n.*	
nom.	мой	моя́	моё	мои́
gen.	моего́	мое́й	моего́	мои́х
dat.	моему́	мое́й	моему́	мои́м
acc.	мой *or* моего́	мою́	моё	мои́ *or* мои́х
instr.	мои́м	мое́й (е́ю)	мои́м	мои́ми
prep.	о моём	о мое́й	о моём	о мои́х

Твой and **свой** are declined like **мой**.

Case	Plurals (modifying singulars)			Plurals (modifying plurals, all genders)
	m.	*f.*	*n.*	
nom.	наш	на́ша	на́ше	на́ши
gen.	на́шего	на́шей	на́шего	на́ших
dat.	на́шему	на́шей	на́шему	на́шим
acc.	наш *or* на́шего	на́шу	на́ше	на́ши *or* на́ших
instr.	на́шим	на́шей (ею)	на́шим	на́шими
prep.	о на́шем	о на́шей	о на́шем	о на́ших

Ваш is declined like **наш**.

* For the use of these possessives as adjectives or pronouns, see ¶ 17-2 a. For the use of **свой**, see ¶ 17-3 b.

Table 9. Interrogative Adjective-Pronouns

Case	Singular			Plural for All Genders
	m.	*f.*	*n.*	
nom.	чей	чья	чьё	чьи
gen.	чьего́	чьей	чьего́	чьих
dat.	чьему́	чьей	чьему́	чьим
acc.	чей *or* чьего́	чью	чьё	чьи *or* чьих
instr.	чьим	чьей (е́ю)	чьим	чьи́ми
prep.	о чьём	о чьей	о чьём	о чьих

Table 10. Definite Adjective-Pronouns*

Case	Singular			Plural for All Genders
	m.	*f.*	*n.*	
nom.	весь	вся	всё	все
gen.	всего́	всей	всего́	всех
dat.	всему́	всей	всему́	всем
acc.	весь *or* всего́	всю	всё	все *or* всех
instr.	всем	всей (е́ю)	всем	все́ми
prep.	обо всём	обо всей	обо всём	обо всех

* For the use of **весь** as an adjective or a pronoun, see ¶ **26-4**.

Declension of Pronouns

For the declension of indefinite pronouns, see ¶ 37-5 b.

Table 11. Personal Pronouns

Case	First Person (*m., f., & n.*)	Second Person (*m., f., & n.*)
nom.	я	ты
gen.	меня́	тебя́
dat.	мне	тебе́
acc.	меня́	тебя́
instr.	мной (мно́ю)	тобо́й (тобо́ю)
prep.	обо мне́	о тебе́

Case	Third Person* (*m. & n.*)	With governing prepositions	Third Person* (*f.*)	With governing prepositions
nom.	он оно́		она́	
gen.	его́	у него́	её	у неё
dat.	ему́	к нему́	ей	к ней
acc.	его́	на него́	её	на неё
instr.	им	с ним	ей, е́ю	с ней, с не́ю
prep.	о нём	о нём	о ней	о ней

* Pronouns of the third person take the prefix **н-** when they are governed by a preposition.

Table 11 is continued on the next page.

Table 11. Personal Pronouns (Continued)

PLURAL

Case	All genders			
	First Person	Second Person	Third Person*	
				With governing prepositions
nom.	мы	вы	они́	
gen.	нас	вас	их	у них
dat.	нам	вам	им	к ним
acc.	нас	вас	их	на них
instr.	на́ми	ва́ми	и́ми	с ни́ми
prep.	о нас	о вас	о них	о них

* Pronouns of the third person take the prefix н- when they are governed by a preposition.

Table 12. Demonstrative Pronouns

Case	Singular			Plural for All Genders
	m.	*f.*	*n.*	
nom.	э́тот	э́та	э́то	э́ти
gen.	э́того	э́той	э́того	э́тих
dat.	э́тому	э́той	э́тому	э́тим
acc.	э́тот *or* э́того	э́ту	э́то	э́ти *or* э́тих
instr.	э́тим	э́той (ою)	э́тим	э́тими
prep.	об э́том	об э́той	об э́том	об э́тих
nom.	тот	та	то	те
gen.	того́	той	того́	тех
dat.	тому́	той	тому́	тем
acc.	тот *or* того́	ту	то	те *or* тех
instr.	тем	той (то́ю)	тем	те́ми
prep.	о том	о той	о том	о тех

Table 13. Relative and Interrogative Pronouns

nom.	кто	что
gen.	**когó**	**чегó**
dat.	**комý**	**чемý**
acc.	**когó**	что
instr.	**кем**	**чем**
prep.	о **ком**	о **чём**

Table 14. Negative Pronouns

nom.	никтó	ничтó
gen.	ни**когó**	ни**чегó**
dat.	ни**комý**	ни**чемý**
acc.	ни**когó**	ни**чтó**
instr.	ни**кéм**	ни**чéм**
prep.	ни о **ком**	ни о **чём**

Table 15. Reflexive Pronoun себя́—for Singular and Plural (All Genders and Persons)

nom.	none
gen.	себ**я́**
dat.	себ**é**
acc.	себ**я́**
instr.	соб**óй** (**óю**)
prep.	о себ**é**

Numerals

Table 16. Cardinal* and Ordinal† Numerals

CARDINAL	ORDINAL
1. оди́н, однá, однó	пéрвый, -ая, -ое first
2. два (*m. & n.*), две (*f.*)	вторóй, -áя, -óе second
3. три	трéтий, трéтья, -ье third
4. четы́ре	четвёртый, -ая, -ое fourth
5. пять	пя́тый, -ая, -ое fifth
6. шесть	шестóй, -áя, -óе sixth
7. семь	седьмóй, -áя, -óе seventh
8. вóсемь	восьмóй, -áя, -óе eighth
9. дéвять	девя́тый, -ая, -ое ninth
10. дéсять	деся́тый, -ая, -ое tenth
11. оди́ннадцать	оди́ннадцатый eleventh
12. двенáдцать	двенáдцатый
13. тринáдцать	тринáдцатый
14. четы́рнадцать	четы́рнадцатый
15. пятнáдцать	пятнáдцатый

Table **16** is continued on the next page.

16.	шестна́дцать	шестна́дцатый
17.	семна́дцать	семна́дцатый
18.	восемна́дцать	восемна́дцатый
19.	девятна́дцать	девятна́дцатый
20.	два́дцать	двадца́тый
21.	два́дцать оди́н, одна́, одно́	два́дцать пе́рвый, -ая, -ое
22.	два́дцать два, две	два́дцать второ́й, -а́я, -о́е
23.	два́дцать три	два́дцать тре́тий, -ья, -ье
30.	три́дцать	тридца́тый
40.	со́рок	сороково́й
49.	со́рок де́вять	со́рок девя́тый
50.	пятьдеся́т	пятидеся́тый
60.	шестьдеся́т	шестидеся́тый
70.	се́мьдесят	семидеся́тый
80.	во́семьдесят	восьмидеся́тый
90.	девяно́сто	девяно́стый
100.	сто	со́тый
101.	сто оди́н	сто пе́рвый, -ая, -ое
140.	сто со́рок	сто сороково́й
200.	две́сти	двухсо́тый
300.	три́ста	трёхсо́тый
400.	четы́реста	четырёхсо́тый
500.	пятьсо́т	пятисо́тый
600.	шестьсо́т	шестисо́тый
700.	семьсо́т	семисо́тый
800.	восемьсо́т	восьмисо́тый
900.	девятьсо́т	девятисо́тый
1,000.	ты́сяча	ты́сячный
1,001.	ты́сяча оди́н	ты́сяча пе́рвый, -ая, -ое
2,000.	две ты́сячи	двухты́сячный
5,000.	пять ты́сяч	пятиты́сячный
10,000.	де́сять ты́сяч	десятиты́сячный
100,000.	сто ты́сяч	сто ты́сячный
1,000,000.	миллио́н	миллио́нный
2,000,000.	два миллио́на	двухмиллио́нный
1,000,000,000.	биллио́н	биллио́нный

* For the idiomatic use of **оди́н**, see ¶ **33-2**. For formation of **11** through **20**, see ¶ **26-2**. For formation of **21** through **100**, see ¶ **34-2**. For formation of cardinal numerals above **100**, see ¶ **35-1**. For declension of cardinal numerals, see Appendix Table 17. For agreement of cardinals **1-100** with adjectives and nouns, see ¶ **34-4**.

† For formation of ordinal numerals, see ¶ **36-1 a**. For declension of ordinal numerals, see ¶ **36-1 c**.

Table 17. Declension of Cardinal Numerals

Case	Singular			Plural for All Genders
	m.	*f.*	*n.*	
nom.	оди́н	одна́	одно́	одни́
gen.	одного́	одно́й	одного́	одни́х
dat.	одному́	одно́й	одному́	одни́м
acc.	оди́н *or* одного́	одну́	одно́	одни́ *or* одни́х
instr.	одни́м	одно́й	одни́м	одни́ми
prep.	об одно́м	об одно́й	об одно́м	об одни́х

Case	2 (*m. & n.*)	2 (*f.*)	3	4
nom.	два	две	три	четы́ре
gen.	двух	двух	трёх	четырёх
dat.	двум	двум	трём	четырём
acc.	два *or* двух	две *or* двух	три *or* трёх	четы́ре *or* четырёх
instr.	двумя́	двумя́	тремя́	четырьмя́
prep.	о двух	о двух	о трёх	о четырёх

Case	5, 6, 7, 9, 10; 20 and 30	8	11 through 19	50, 60, 70, 80
nom.	пять	во́семь	пятна́дцать	пятьдеся́т
gen.	пяти́	восьми́	пятна́дцати	пяти́десяти
dat.	пяти́	восьми́	пятна́дцати	пяти́десяти
acc.	пять	во́семь	пятна́дцать	пятьдеся́т
instr.	пятью́	восьмью́	пятна́дцатью	пятью́десятью
prep.	о пяти́	о восьми́	о пятна́дцати	о пяти́десяти

Case	40	90	100
Nom. and *acc.*	со́рок	девяно́сто	сто
All other cases	сорока́	девяно́ста	ста

Table 17 is continued on the next page.

Case	21	47	84
nom.	двáдцать одѝн	сóрок семь	вóсемьдесят четы́ре
gen.	двáдцатѝ одногó	сорокá семѝ	восьмѝдесяти четырёх
dat.	двáдцатѝ одномý	сорокá семѝ	восьмѝдесяти четырём
acc.	двáдцать одѝн or двáдцать одногó	сóрок семь	вóсемьдесят четы́ре
instr.	двадцатью однѝм	сорокá семью	восьмью́десятью четы́рьмя́
prep.	о двадцатѝ однóм	о сорокá семѝ	восьмѝдесяти четырёх

Case	200	300	400	500, 600, . . . 900
nom.	двéсти	трѝста	четы́реста	пятьсóт
gen.	двухсóт	трёхсóт	четырёхсóт	пятисóт
dat.	двумстáм	трёмстáм	четырёмстáм	пятистáм
acc.	двéсти	трѝста	четы́реста	пятьсóт
instr.	двумястáми	тремястáми	четырьмястáми	пятьюстáми
prep.	о двухстáх	о трёхстáх	о четырёхстáх	о пятистáх

Table 18. Declension of Collective Numerals*

Case	All Genders	All Genders	m. and n.	f.
nom.	двóе	чéтверо	óба	óбе
gen.	двойх	четверы́х	обóих	обéих
dat.	двойм	четверы́м	обóим	обéим
acc.	двóе or двойх	чéтверо or четверы́х	óба or обóих	óбе or обéих
instr.	двоймн	четверы́ми	обóими	обéими
prep.	о двойх	о четверы́х	об обóих	об обéих

* For use and agreement, see ¶ 35-3.

Verbs

Forms of verbs deviating from the regular conjugations are given in the *Russian-English Vocabulary*, pages 382–411.

For classification of verbs, see ¶ **4-1**.

For formation of *present* tense, see ¶ **4-1**; of *past* tense, see ¶ **14-1** and ¶ **20-3 b**; of *imperfective future*, see ¶ **19-5**; of *perfective future*, see ¶ **20-3 c**; of *imperative*, see ¶ **5-3**, ¶ **20-3 d**, ¶ **22-1**, and ¶ **23-1**.

For function and use of *conditional mood*, see ¶ **33-1**.

For *habitual* and *actual* forms of verbs, see ¶ **11-3**.

For detailed treatment of the *perfective* and *imperfective aspects*, see Lessons 20 through 23. For *functions* and *meanings* of the aspects, see ¶ **14-7** and ¶ **20-1**. For functions of imperfective and perfective tenses, see ¶ **20-2**.

For *prefixed* forms of verbs of motion, see ¶ **24-1**, especially the *Table* on pages 168–169.

For verbs of *conveying* and *carrying*, see ¶ **36-5**. For verbs of *leading*, see ¶ **37-7**.

Table 19. Conjugation of быть (to be)

	Singular		Plural	
PRESENT				
	я (есмь)	*obsolete*	мы (éсмы)	*obsolete*
	ты (еси)		вы (éсте)	
	он есть		они суть	*seldom used*
PAST				
	я, ты, он был		мы	*былн*
	я, ты, онá былá		вы	
	онó бы́ло		они	
FUTURE				
	я бу́ду		мы бу́дем	
	ты бу́дешь		вы бу́дете	
	он бу́дет		они бу́дут	
CONDITIONAL				
	я, ты, он был бы		мы	*бы́лн бы*
	я, ты, онá былá бы		вы	
	онó бы́ло бы		они	
IMPERATIVE				
(*2d person*) будь!			бу́дьте!	
(*3d person*) пусть бу́дет!			пусть бу́дут!	

PARTICIPLES

Tense	Active	Passive
Present	су́щнй, -ая, -ее	None
Past	бы́вшнй, -ая, -ее	None

Table 20. Regular Conjugations*

CONJUGATION I   CONJUGATION II

INFINITIVE

читáть *to read*   **говори́ть** *to speak*

PRESENT TENSE

я читáю	я говорю́
ты читáешь	ты говори́шь
он читáет	он говори́т
мы читáем	мы говори́м
вы читáете	вы говори́те
они́ читáют	они́ говоря́т

PAST TENSE

я, ты, он читáл	я, ты, он говори́л
я, ты, онá читáла	я, ты, онá говори́ла
онó читáло	онó говори́ло
мы, вы, они́ читáли	мы, вы, они́ говори́ли

COMPOUND FUTURE TENSE

я бýду			я бýду		
ты бýдешь			ты бýдешь		
он бýдет			он бýдет		
мы бýдем	} читáть		мы бýдем	} говори́ть	
вы бýдете			вы бýдете		
они́ бýдут			они́ бýдут		

CONDITIONAL

я, ты, он читáл **бы**	я, ты, он говори́л **бы**
я, ты, онá читáла **бы**	я, ты, онá говори́ла **бы**
онó читáло **бы**	онó говори́ло **бы**
мы, вы, они́ читáли **бы**	мы, вы, они́ говори́ли **бы**

IMPERATIVE

2d per.	*sing.* читáй	говори́	
	pl. читáйте	говори́те	
3d per.	*sing.* пусть он читáет	пусть он говори́т	
	pl. пусть они́ читáют	пусть они́ говоря́т	

---

* For the *aspects*, see ¶ 14-7 and ¶ 20-1.
For the *imperative* in the first and third persons, see ¶ 23-1.
For *participles*, see ¶ 38-1, ¶ 38-2, and ¶ 38-3.
For the *passive voice*, see ¶ 38-4.
For *gerunds*, see ¶ 39-1, ¶ 39-2, and ¶ 39-3.

Table 21. Verbs in -ся*

INFINITIVE

купа́ться   to bathe (oneself)

PRESENT TENSE

я купа́юсь   мы купа́емся
ты купа́ешься   вы купа́етесь
он, она́, оно́ купа́ется   они́ купа́ются

PAST TENSE

я, ты, он купа́лся   мы⎫
я, ты, она́ купа́лась   вы⎬ купа́лись
оно́ купа́лось   они́⎭

COMPOUND FUTURE TENSE

я бу́ду купа́ться, *etc.*

CONDITIONAL

я, ты, он купа́лся **бы**   мы⎫
я, ты, она́ купа́лась **бы**   вы⎬ купа́лись **бы**
оно́ купа́лось **бы**   они́⎭

IMPERATIVE

(*2d person*) купа́йся   купа́йтесь
(*3d person*) пусть он купа́ется   пусть они́ купа́ются

* For *reflexive* verbs, see ¶ 15-1 a; for *reciprocal* verbs, see ¶ 15-1 b; for *intransitive* verbs in -ся, see ¶ 15-1 c.
For *participles*, see ¶ 38-2 a-3; for *gerunds*, see ¶ 39-2 a-3 and ¶ 39-3 a-3.

Table 22. Expressions of Presence and Absence*

Tense	PRESENCE	ABSENCE or LACK (*Impersonal Constructions*)
Present	Студе́нт до́ма. The student is at home. Студе́нтка до́ма. Студе́нты до́ма.	Студе́нта нет до́ма. The student is *not* at home. Стуе́нтки нет до́ма. Студе́нтов нет до́ма.
Past	Студе́нт был до́ма. The student was at home. Студе́нтка была́ до́ма. Студе́нты бы́ли до́ма.	Студе́нта не́ было до́ма. The student was *not* at home. Студе́нтки не́ было до́ма. Студе́нтов не́ было до́ма.
Future	Студе́нт бу́дет до́ма. The student will be at home. Студе́нтка бу́дет до́ма. Студе́нты бу́дут до́ма.	Студе́нта не бу́дет до́ма. The student will *not* be at home. Студе́нтки не бу́дет до́ма. Студе́нтов не бу́дет до́ма.

* See ¶ 14-3 a.

Table 23. Impersonal Expressions*

PRESENT TENSE

Affirmative	хо́лодно it *is* cold	мне тебе́ ему́ ей }хо́лодно	I am you are he is she is }cold
		нам вам им }хо́лодно	we are you are they are }cold
Negative	**не** хо́лодно it *is not* cold	мне **не** хо́лодно	I am not cold, *etc.*

PAST TENSE

Affirmative	бы́ло хо́лодно it *was* cold	мне тебе́ }бы́ло ему́ хо́лодно ей }	I was you were }cold he was she was }
		нам вам }бы́ло им } хо́лодно	we were you were}cold they were}
Negative	**не́** было хо́лодно it *was not* cold	мне **не́** было хо́лодно	I was not cold, *etc.*

FUTURE TENSE

Affirmative	бу́дет хо́лодно it *will be* cold	мне тебе́ }бу́дет ему́ хо́лодно ей }	I shall be you will be }cold he will be she will be }
		нам вам }бу́дет им } хо́лодно	we shall be you will be }cold they will be }
Negative	**не** бу́дет хо́лодно it *will not* be cold	мне **не** бу́дет хо́лодно	I shall not be cold, *etc.*

* See ¶ 18-7.

Table 24. Some Common Past Passive Participles

INFINITIVE		LONG	SHORT
взять	to take	взя́тый	ьзят, -а́, -о, -ы
встре́тить	to meet	встре́ченный	встре́чен, -а, -о, -ы
забы́ть	to forget	забы́тый	забы́т, -а, -о, -ы
закры́ть	to close	закры́тый	закры́т, -а, -о, -ы
ко́нчить	to finish	ко́нченный	ко́нчен, -а, -о, -ы
купи́ть	to buy	ку́пленный	ку́плен, -а, -о, -ы
найти́	to find	на́йденный	на́йден, -а́, -о, -ы
написа́ть	to write	напи́санный	напи́сан, -а, -о, -ы
нача́ть	to begin	на́чатый	на́чат, -а́, -о, -ы
оде́ть	to dress	оде́тый	оде́т, -а, -о, -ы
отда́ть	to give away	о́тданный	о́тдан, -а́, -о, -ы
откры́ть	to open	откры́тый	откры́т, -а, -о, -ы
показа́ть	to show	пока́занный	пока́зан, -а, -о, -ы
получи́ть	to receive	полу́ченный	полу́чен, -а, -о, -ы
поня́ть	to understand	по́нятый	по́нят, -а́, -о, -ы
привезти́	to bring (by carting)	привезённый	привезён, -а́, -о́, -ы́
привести́	to bring (by leading)	приведённый	приведён, -а́, -о́, -ы́
пригото́вить	to prepare	пригото́вленный	пригото́влен, -а, -о, -ы
принести́	to bring (by carrying)	принесённый	принесён, -а́, -о́, -ы́
присла́ть	to send	при́сланный	при́слан, -а́, -о, -ы
провести́	to spend (time)	проведённый	проведён, -а́, -о́, -ы́
прода́ть	to sell	про́данный	про́дан, -а́, -о, -ы
прочита́ть	to read	прочи́танный	прочи́тан, -а, -о, -ы
сде́лать	to do	сде́ланный	сде́лан, -а, -о, -ы
сказа́ть	to tell	ска́занный	ска́зан, -а, -о, -ы
спроси́ть	to ask	спро́шенный	спро́шен, -а, -о, -ы

Prepositions

For complete list of prepositions and examples, see Lesson 40.

VOCABULARIES

RUSSIAN-ENGLISH VOCABULARY

This vocabulary includes all words used in *Simplified Russian Grammar* and contains numerous references to important grammatical rules. It should be consulted whenever there is any doubt about the stress, the declension of nouns, adjectives, pronouns, or any verb forms.

Irregularities in stress and in the formation of the genitive singular and the nominative and genitive plural of nouns are indicated in this vocabulary. The short forms of adjectives used in this text, as well as the simple comparative forms, are given along with the long forms of adjectives. The imperfective and perfective infinitives are always given in pairs if both aspects have appeared in any of the lessons. In addition, the present tense and the perfective future are always given, as well as other forms which are irregular for the respective verbs. Regular forms of verbs are often given to avoid possible chances of error.

A

а but, and
абажу́р lampshade
а́вгуст August
  в а́вгусте in August
Австра́лия Australia
авто́бус bus
автомоби́ль (*m.*) automobile
а́дрес address
А́зия Asia
акт (*noun*) act
актёр actor
актри́са actress
Алекса́ндр Alexander
Алекса́ндра Alexandra
Аме́рика America (*colloq.* the U.S.A.)
америка́нец (*noun, m.*) (*gen.* **америка́нца**) American
америка́нка (*noun, f.*) American
америка́нский, -ая, -ое American (*adj.*)
англи́йский, -ая, -ое English
англича́нин (*pl.* **англича́не**, *gen. pl.* **англича́н**) Englishman
англича́нка Englishwoman
англо-ру́сский English-Russian
Андре́евич Andreyevich (*lit.* son of **Андре́й** Andrew) (*see* ¶ 9-1)
Андре́евна Andreevna (*lit.* daughter of **Андре́й** Andrew)
А́нна Anne
апре́ль (*m.*) April
  в апре́ле in April
А́фрика Africa
ах! oh! ah!

Б

бáбушка grandmother
багáж (*gen.* **багажá**) baggage
балéт ballet
бáнка (*gen. pl.* **бáнок**) jar
баскетбóл basketball
бéдный, **-ая**, **-ое**; **бéден**, **беднá**, **-о**, **-ы**; **беднéе** poor, unfortunate (*see* ¶ 29-1 d)
без (*with gen.*) without
бéлый, **-ая**, **-ое** white
бéрег (*pl.* **берегá**) shore
   на берегý on the shore (*see* ¶ 13-7)
библиотéка library
билéт ticket
блéдный, **-ая**, **-ое**; **блéден**, **бледнá**, **-о**, **-ы**; **бледнéе** pale (*see* ¶ 29-1 d)
блýзка (*gen. pl.* **блýзок**) blouse
богáтый, **-ая**, **-ое**; **богáт**, **-а**, **-о**, **-ы**; **богáче** rich
бóлее (*adv.*) more (*see* ¶ 31-1 and ¶ 31-2)
болúт, **болúт** (*only 3d pers. pres. of* **болéть**, **II** *is used*) aches, ache
больнóй, **-áя**, **-óе**; **бóлен**, **больнá**, **-ó**, **-ы́**; **больнéе** sick (*see* ¶ 29-1 d)
бóльше (*comp. adj. & adv.*) bigger, more
   — всегó most of all (*see* ¶ 32-4)
бóльший, **-ая**, **-ее** bigger; biggest (*see* ¶ 32-3)
большóе спасúбо many thanks
большóй, **-áя**, **-óе**; **велúк**, **-á**, **-ó**, **-и́** big
Большóй теáтр Bolshoi Theater
Борúс Boris
брат (*pl.* **брáтья**) brother (*see* ¶ 29-4 a-2)
брать (**I**) (*pf.* **взять**, **I**); **берý**, **-ёшь**, **-ýт**; *past* **брал**, **-á**, **-о**, **-и**; *imper.* **берú**, **-йте** to take
бýдущий, **-ая**, **-ее** future (*adj.*)
бумáга paper
буты́лка (*gen. pl.* **буты́лок**) bottle
бывáть (**I**); **бывáю**, **-ешь**, **-ют** to be (*occasionally or frequently*), to frequent, to visit (*see* ¶ 36-4)
бы́стро; **быстрéе** (*adv.*) rapidly
быть (*irr.*); *fut.* **бýду**, **-ешь**, **-ут**; *past* **был**, **-á**, **-о**, **-и**; *imper.* **будь**, **бýдьте** to be (*see* ¶ 14-2)
   мóжет быть perhaps
   не мóжет быть (it is) impossible

В

в (**во**) (*with acc.*) to, into (*direction*); (*with acc.*) at, per (*time*); (*with prep.*) in, at (*location*)
вагóн railway carriage
вáжный, **-ая**, **-ое**; **вáжен**, **важнá**, **-о**, **-ы**; **важнéе** important (*see* ¶ 29-1 d)
Вáня (*m.*) (*dim. of* **Ивáн**) Johnny, Jack
варéнье jam, preserves
Вáся (*m.*) Vasya (Basil)
ваш, **вáша**, **вáше**, **вáши** (*adj. & pron.*) your, yours

Вашингтóн Washington

вдоль (*with gen.*) along

вдруг suddenly

везти (I) *act.*; **везу́, -ёшь, -у́т**; *past* **вёз, везла́, -ó, -и́** to be carrying (*by conveyance*)

век (*pl.* **века́**, *gen. pl.* **веко́в**) century

вели́кий, -ая, -ое; **вели́к, -á, -ó, -и́** great, large (*see* ¶ 29-1 c)

велича́йший, -ая, -ее greatest, largest (*see* ¶ 32-1 a-2)

Вéра Vera

верну́ться (I) *pf.*; **верну́сь, -ёшься, -у́тся** to return, to come back

Вéрочка (*dim. of* **Вéра**) Verochka

верхóм astride (*adv.*)

    éздить верхóм to ride horseback

верши́на top, summit

вéсело it is cheerful, gay; cheerfully, gaily

    мне вéсело I am having fun, am having a good time

весёлый, -ая, -ое; **вéсел, весела́, -о, -ы**; **веселéе** cheerful, gay

весéнний, -яя, -ее spring (*adj.*)

весна́ spring (*season*)

    весно́й in spring

вестибю́ль (*m.*) lobby

весь, вся, всё (*pl.* **все**) (*pron. & adj.*) all, everybody (*see* ¶ 26-4)

вéтерᴬ (*gen.* **вéтра**) wind

вéчер (*pl.* **вечера́**) evening

    вéчером in the evening

    дóбрый вéчер good evening

    за́втра вéчером tomorrow evening

    по вечера́м evenings

    сегóдня вéчером this evening

вещь (*f.*) (*decl. like* **ночь**) thing

взять (I) (*pf. of* **брать**, I); *fut.* **возьму́, -ёшь, -у́т**; *past* **взял, -á, -о, -и**; *imper.* **возьми́, -и́те** to take (*once*)

ви́деть (II) (*pf.* **уви́деть**, II); **ви́жу, ви́дишь, ви́дят** to see (*no imper.*);

    ви́деть сон to have a dream

винó (*pl.* **ви́на**) wine

витри́на show window

вку́сное (*noun, n.*) tasty (*thing*) (*see* ¶ 37-8)

вку́сный, -ая, -ое; **вку́сен, вкусна́, -о, -ы**; **вкуснéе** tasty (*see* ¶ 29-1 d)

Владивостóк Vladivostok

вмéсте (*adv.*) together

вмéсто (*prep., with gen.*) instead of

внук grandson

вó-время on time

вода́ (*acc.* **вóду**) water

возвраща́ться (I); **возвраща́юсь, -ешься, -ются** to come back, to return

вóздух air

вози́ть (II) *hab.*; **вожу́, вóзишь, -ят**; *past* **вози́л, -а, -о, -и** to convey (*frequently, by conveyance*)

вóзле (*with gen.*) next to, near, beside

войти́ (I) (*pf. of* **входи́ть**, II); *fut.* **войду́, -ёшь, -у́т**; *past* **вошёл, вошла́, -ó, -и́**; *imper.* **войди́, -и́те** to go into, to enter (*once*) (*see* ¶ 24-1 c-7)

вокза́л railway station

вокру́г (*with gen.*) round, around
Во́лга Volga (*river in the U.S.S.R.*)
Во́лгоград Volgograd (*formerly Stalingrad*)
волейбо́л volleyball
воображе́ние imagination
вопро́с question
восемна́дцать eighteen
во́семь (*gen.* **восьми́**) eight
во́семьдесят (*gen.* **восьми́десяти**) eighty
воскресе́нье Sunday
    в — on Sunday
вот here is, here are
Вот как! Is that so!
Во́ткинск Votkinsk
вре́мя (*n.*) (*gen.* **вре́мени**, *pl.* **времена́**, *gen. pl.* **времён**) time (*see* ¶ **30-4**)
    — го́да season
    всё — all the time, continually
    за э́то — meanwhile
все (*pl. of* **весь, вся, всё**) all, everybody (*see* ¶ **26-4**)
всё (*pr.* **фсё**) (*pron.*) everything (*see* ¶ **26-4**)
    — (*adv.*) all the time, continually
    — вре́мя continually, all the time
    — э́то all this
всегда́ always
вспомина́ть (**I**); **вспомина́ю, -ешь, -ют** to recollect, to recall
встава́ть (**I**) (*pf.* **встать, I**); **встаю́, -ёшь, -ю́т** to get up, to rise
встать (**I**) (*pf. of* **встава́ть, I**); *fut.* **вста́ну, -ешь, -ут**; *imper.* **встань, вста́ньте** to get up, to rise (*once*)
встре́тить (**II**) *trans.* (*pf. of* **встреча́ть, I**); *fut.* **встре́чу, встре́тишь, -ят**; *imper.* **встреть, встре́тьте** to meet (*once*)
встреча́ть (**I**) *trans.* (*pf.* **встре́тить, II**); **встреча́ю, -ешь, -ют** to meet
    — но́вый год to celebrate New Year's Eve
встреча́ться (**I**) *recip.*; **встреча́юсь, -ешься, -ются** to meet, to get together
вто́рник Tuesday
    во — on Tuesday (*see* ¶ **19-3**)
вчера́ yesterday
вы you (*pl. & pol. sing.*)
вы́йти (**I**) (*pf. of* **выходи́ть, II**); *fut.* **вы́йду, вы́йдешь, -ут**; *past* **вы́шел, вы́шла, -о, -и**; *imper.* **вы́йди, -ите** to go out, to leave (*on foot, once*) (*see* ¶ **24-1 d-3**)
вы́ехать (**I**) (*pf. of* **выезжа́ть, I**); *fut.* **вы́еду, -ешь, -ут**; *past* **вы́ехал, -а, -о, -и**; *imper.* **выезжа́й, -йте** to drive out, to leave (*once*)
высо́кий, -ая, -ое; высо́к, -а́, -о́, -и́; вы́ше high, tall
высоко́ (*adv.*) high
выходи́ть (**II**) (*pf.* **вы́йти, I**); **выхожу́, выхо́дишь, -ят** to go out, to leave (*on foot*)
выходно́й день day off, rest day

Г

газе́та newspaper
где where

геро́й hero; principal character (*in a literary work*)

гид guide

говори́ть (**II**) (*pf.* **сказа́ть,** I); **говорю́, -и́шь, -я́т** to speak, to say, to talk
    говоря́т one says, people say (*see* ¶ 7-6)
    заговори́ть (**II**) *pf.* to begin talking
    поговори́ть (**II**) *pf.* to have a little talk
    уговори́ть (**II**) *pf.* to persuade

Го́голь (*m.*) Gogol

год year
    в про́шлом году́ last year

голова́ (*acc.* **го́лову,** *pl.* **го́ловы,** *gen. pl.* **голо́в**) head

голо́дный, -ая, -ое; го́лоден, голодна́, -о, -ы; голодне́е hungry (*see* ¶ 29-1 d)

го́лос (*pl.* **голоса́**) voice (*see* ¶ 16-5 d)

гора́ (*acc.* **го́ру,** *pl.* **го́ры,** *dat.* **гора́м,** *instr.* **гора́ми,** *prep.* **гора́х**) mountain
    ходи́ть по гора́м to climb mountains

гора́здо (*adv.*) much (*with comp.*)

го́рло throat

го́род (*pl.* **города́**) town (*see* ¶ 16-5 d);
    за́ город out of town (*direction*);
    за́ городом out of town (*location*)

горя́чий, -ая, -ее; горя́ч, -á, -ó, -и́ hot (*used of objects or emotions*)

господа́ (*pl.*) gentlemen, ladies and gentlemen

господи́н Mr. (*see* ¶ 3-5)

госпожа́ Mrs., Miss (*see* ¶ 3-5)

гости́ная (*noun, f.*) living room

гости́ница hotel

гость (*m.*) (*gen.* **го́стя,** *pl.* **го́сти,** *gen. pl.* **госте́й**) guest

гото́виться (**II**); **гото́влюсь, -ишься, -ятся** to prepare oneself
    — к экза́мену to prepare for an examination

гото́вый, -ая, -ое; гото́в, -а, -о, -ы ready

граждани́н (*pl.* **гра́ждане,** *gen. pl.* **гра́ждан**) citizen

гражда́нка (*gen. pl.* **гражда́нок**) citizeness

грамма́тика grammar

греть (**I**); **гре́ю, -ешь, -ют** to warm, to heat

Гри́ша (*m.*) (*dim. of* **Григо́рий,** Gregory) Grisha

гро́мко loudly

гро́мче louder (*see* ¶ 30-1 b-2)

гру́ппа group

гуля́ть (**I**) (*pf.* **погуля́ть,** I); **гуля́ю, -ешь, -ют** to walk (*for pleasure*), to take a walk

ГУМ G.U.M. (*Moscow's largest department store*)

Д

да yes

дава́й, дава́йте let us (*see* ¶ 23-1)

дава́ть (**I**) (*pf.* **дать,** *irr.*); **даю́, -ёшь, -ю́т;** *past* **дава́л, -а, -о, -и** to give (*see* ¶ 9-7)

давно́ (*adv.*) for a long time (*preceding the moment of speech*)

да́же even

далко́ (*adv.*) far

да́льше (*adv.*) further

да́ма lady

дать *irr.* (*pf. of* дава́ть, I); *fut.* дам, дашь, даст, дади́м, дади́те, даду́т; *past* дал, -а́, -о, -и; *imper.* дай, -йте to give (*once*)

да́ча summer cottage, summer home
    е́хать на да́чу to go to the country

два (*m. & n.*), две (*f.*) two

два́дцать twenty

две (*f.*) two

двена́дцать twelve

дверь (*f.*) (*pl.* две́ри, *gen. pl.* двере́й) door

две́сти two hundred (*see* ¶ 35-1 a)

дво́е two (*see* ¶ 35-3)

де́вочка (*gen. pl.* де́вочек) little girl

де́вушка (*gen. pl.* де́вушек) girl

девяно́сто (*gen.* девяно́ста) ninety

де́вять (*gen.* девяти́) nine

девятна́дцать (*gen.* девятна́дцати) nineteen

де́душка (*m.*) (*gen. pl.* де́душек) grandfather

де́йствовать (I); де́йствую, -ешь, -ют to act

дека́брь (*m.*) (*gen.* декабря́) December
    в декабре́ in December

де́лается is done (*see* ¶ 38-4 b)

де́лать (I) (*pf.* сде́лать, I); де́лаю, -ешь, -ют to do
    де́лать пода́рки to give gifts
    де́лать успе́хи to make progress

день,*fl* (*m.*) (*gen.* дня, *gen. pl.* дни) day
    в день a day, per day (*see* ¶ 12-3 d)
    выходно́й день day off, rest day
    день рожде́ния birthday

де́ньги (*f., pl., used only in pl.*) (*gen.* де́нег) money

держа́ть (II) (*pf.* подержа́ть, II); держу́, де́ржишь, -ат to hold, to keep

дереве́нский, -ая, -ое country (*adj.*)

дере́вня (*pl.* дере́вни, *gen. pl.* дереве́нь, *dat. pl.* деревня́м) village, country
    е́хать в дере́вню to go to the country

де́рево (*pl.* дере́вья) tree (*see* ¶ 29-4 a-2)

десе́рт dessert
    на — for dessert

де́сять (*gen.* десяти́) ten

де́ти (*pl. of* дитя́ & ребёнок, *gen. pl.* дете́й) children (*see* ¶ 29-4 b)

де́тство (*no pl.*) childhood

дёшево (*adv.*) cheaply, inexpensively

дешёвый, -ая, -ое; дёшев, дешева́, дёшево, дёшевы; деше́вле cheap, inexpensive

дива́н divan

дире́ктор (*pl.* директора́) director (*see* ¶ 16-5 d)
    — заво́да plant manager

дли́нный, -ая, -ое; дли́нен, длинна́, -о, -ы; длинне́е long (*see* ¶ 29-1 d)

для (*with gen.*) for (*for somebody's sake*); intended for

днём in the daytime

до (*with gen.*) as far as, up to, until, before
    до свида́ния goodbye

до́брый ве́чер good evening

дово́льно (*adv.*) quite, rather
дово́льный, -ая, -ое; дово́лен, дово́льна, -о, -ы (*with instr.*) satisfied, pleased with (*see* ¶ 29-1 d)
дождь (*m.*) (*gen.* дождя́, *pl.* дожди́) rain
    идёт — it is raining
    шёл — it was raining
дойти́ (I) (*pf. of* доходи́ть, II); *fut.* дойду́, -ёшь, -у́т; *past* дошёл, дошла́, -о́, -и́; *imper.* дойди́, -и́те to reach, to get as far as
до́ктор (*pl.* доктора́) doctor (*see* ¶ 16-5 d)
до́лго (*adv.*) for a long time
до́лжен, должна́, -о́, -ы́ obliged to, have to, must
    — был had to
до́ллар dollar
дом (*pl.* дома́) house
    до́ма (*adv.*) at home
    домо́й (*adv.*) home, homeward (*direction*) (*see* ¶ 7-5)
доро́га road, way
    в доро́ге on the road, on a trip
дорого́й, -а́я, о́е; до́рог, -а́, -о, -и; доро́же expensive, dear
доска́ (*pl.* до́ски, *gen. pl.* до́сок) blackboard
достава́ть (I); достаю́, -ёшь, -ю́т to get, to obtain
дочь (*f.*) (*gen. sing.* до́чери, *pl.* до́чери) daughter (*see* ¶ 26-1)
друг (*m.*) (*pl.* друзья́) friend (*man or woman*) (*see* ¶ 29-4 a-1)
    — дру́га each other
друго́й, -а́я, -о́е (*pl.* други́е) (*adj. & pron.*) other, another
ду́мать (I) (*pf.* поду́мать, I); ду́маю, -ешь, -ют to think
дуть (I); ду́ю, -ешь, -ют to blow
дуэ́т duet
дя́дя (*m.*) (*gen. pl.* дя́дей) uncle

Е

Евро́па Europe
европе́йский, -ая, -ое European
его́ his, him
её her
е́здить (II) *hab.*; е́зжу, е́здишь, -ят to go (*by conveyance*)
    е́здить верхо́м *or* е́здить верхо́м на ло́шади *or* е́здить на ло́шади to ride horseback
    е́здить на автомоби́ле to go by automobile
    е́здить на трамва́е to go by streetcar
ему́ to him
е́сли if (*never means whether*)
    — бы if (*see* ¶ 33-1 c-4)
есть *irr.* (*pf.* пое́сть, *irr.*); ем, ешь, ест, еди́м, еди́те, едя́т to eat
есть there is
    у меня́ есть I have
е́хать (I) *act.* (*pf.* пое́хать, I); е́ду, е́дешь, -ут to go (*by conveyance*)
    — на да́чу to go to the country
    — в дере́вню to go to the country
ещё (*adv.*) more, still, yet
    — раз once more, again
    что — what else

Ж

жалéть (I); жалéю, -ешь, -ют to feel sorry, to regret
жаль it is a pity
    как — what a pity!
жар temperature, fever
жáрко (adv.) (comp. **жáрче**) hot (used especially of weather) (see Lesson 12)
ждать (I); жду, ждёшь, ждут; past ждал, -á, -о, -и to wait;
    — + gen. of a thing; + acc. of a person (when definite) to wait for
же then, very, but, however
    сегóдня — this very day
женá (pl. **жёны**) wife
жéнщина woman
Жéня (f.) (dim. of **Евгéния** Eugenia) Zhenia
жизнь (f.) life
    всю — all one's life
жить (I); живý, живёшь, -ýт; past жил, жилá, жúло, -и to live (see
    ¶ 7-1)
Жýков Zhukov
журнáл magazine

З

за (with acc.) for; before (with period of time stated)
    — (with instr.) for (to fetch); beyond, behind (location); after (to follow)
    зá город out of town (direction)
    за э́то врéмя meanwhile
забывáть (I) (pf. **забы́ть**, I); забывáю, -ешь, -ют to forget
забы́ть (pf. of **забывáть**, I); fut. забýду, -ешь, -ут; imper. забýдь,
    забýдьте to forget
завóд plant (industrial)
зáвтра tomorrow
    — **вéчером** tomorrow evening
    — **ýтром** tomorrow morning
    на — for tomorrow
зáвтрак (noun) breakfast
    на — for breakfast
зáвтракать (I) (pf. **позáвтракать**, I); зáвтракаю, -ешь, -ют to have
    breakfast; to have lunch
заговорúть (II) (pf. of **говорúть**, II); fut. заговорю́, -úшь, -я́т; to begin
    talking
задавáть (I); задаю́, -ёшь, -ю́т to give, to assign (a task)
    — **вопрóсы** to ask questions
зайтú (I) (pf. of **заходúть**, II); fut. зайдý, -ёшь, -ýт; past зашёл, зашлá,
    -ó, -ú; imper. зайдú, -úте to drop in, to stop by (in passing, on foot, once)
закричáть (II) (pf. of **кричáть**, II); fut. закричý, -úшь, -áт; imper.
    закричú, -úте to begin shouting
закрывáть (I) (pf. **закры́ть**, I); закрывáю, -ешь, -ют to close, to shut
закры́ть (I) (pf. of **закрывáть**, I); fut. закрóю, -ешь, -ют to close, to shut
зал hall
замечáтельный, -ая, -ое; замечáтелен, замечáтельна, -о, -ы; заме-
    чáтельнее remarkable (see ¶ 29-1 d)
зáнавес curtain

занима́ться (I) *intrans.*; занима́юсь, -ешься, -ются to study, to busy oneself with
— (*with instr.*) to go in for
заня́тия (*n., pl.*) studies
— начали́сь studies began
за́падный, -ая, -ое western
запе́ть (I) (*pf. of* петь, I); *fut.* запою́, запоёшь, -ю́т to begin singing
запла́кать (I) (*pf. of* пла́кать, I); *fut.* запла́чу, -ешь, -ут; *imper.* запла́чь, запла́чьте to burst out crying
зараба́тывать (I); зараба́тываю, -ешь, -ют to earn
зарабо́тать (I) (*pf. of* зараба́тывать, I); *fut.* зарабо́таю, -ешь, -ют to earn (*once*)
засмея́ться (I) (*pf. of* смея́ться, I); *fut.* засмею́сь, -ёшься, -ю́тся; *imper.* засме́йся, засме́йтесь to burst into laughter
засну́ть (I) (*pf. of* засыпа́ть, I); *fut.* засну́, заснёшь, -у́т to fall asleep (*once*)
засыпа́ть (I) (*pf.* засну́ть, I); засыпа́ю, -ешь, -ют to fall asleep
захоте́ть *irr.* (*pf. of* хоте́ть, *irr.*); *fut.* захочу́, захо́чешь, -ет, захоти́м, -и́те, -я́т to want (*suddenly*), to feel like
заче́м what for, why
звать (I); зову́, зовёшь, -у́т; *past* звал, -а́, -о, -и to call; to call by name
зда́ние building
здесь here (*location*)
здоро́вый, -ая, -ое; здоро́в, -а, -о, -ы healthy, well
здра́вствуй (*fam.*), здра́вствуйте (*pl. & pol. sing.*) how do you do? hello
зелёный, -ая, -ое; зе́лен, зелена́, -о, -ы green
земля́ (*acc.* зе́млю) earth; land
зима́ (*acc.* зи́му) winter
всю зи́му all winter
зи́мний -яя, -ee winter (*adj.*)
зимо́й (*adv.*) in winter
знако́мый (*noun, decl. like adj.*) acquaintance
знать (I); зна́ю, -ешь, -ют to know
"Золото́й петушо́к" "The Golden Cockerel"

И

и and
и . . . и . . . both . . . and . . .
Ива́н Ivan
Ивано́в Ivanov
Ива́новна Ivanovna
игра́ (*pl.* и́гры) game; acting (*noun*)
игра́ть (I) (*pf.* поигра́ть, I); игра́ю, -ешь, -ют to play
— в ка́рты to play cards
— в мяч to play ball
— в те́ннис to play tennis
— на роя́ле to play the piano
— на скри́пке to play the violin
идти́ (I) *act.*; иду́, -ёшь, -у́т; *past* шёл, шла, шло, шли to go, to walk
— пешко́м to go on foot
идём let's go
идёт дождь it is raining
идёт карти́на a picture is showing, is playing

из (*with gen.*) from, out of, made of

изве́стный, -ая, -ое (*pr.* изве́сный); изве́стен, изве́стна, -о, -ы; изве́стнее well known (*see* ¶ 29-1 d)

извини́, извини́те (*imper. of* извини́ть) forgive, pardon

изуча́емый, -ая, -ое (which is) studied (*see* ¶ 38-3 b)

изуча́ть (I); изуча́ю, -ешь, -ют to concentrate (*on a subject*) (*see* ¶ 9-2)

изуча́ющий, -ая, -ее (one) who is studying (*see* ¶ 38-2 a)

и́ли or

Ильи́ч (*gen.* Ильича́) Ilyich (*lit.*, son of Илья́ Elijah)

Илья́ (*m.*) (*gen.* Ильи́) Elijah

и́мя (*n.*) (*gen.* и́мени; *pl.* имена́, *gen. pl.* имён) name, given name (*see* ¶ 26-5)

инжене́р engineer

иногда́ sometimes

иностра́нец*fl* (*gen.* иностра́нца) foreigner

интере́с interest

интере́сный, -ая, -ое; интере́сен, интере́сна, -о, -ы; интере́снее interesting (*see* ¶ 29-1 d)

интересова́ть (I); интересу́ю, -ешь, -ют to interest

интересова́ться (I) (*with instr.*); интересу́юсь, -ешься, -ются to be interested in

Интури́ст Intourist (*official Soviet Travel Agency*)

Ири́на Irene

Ирку́тск Irkutsk

иску́сство art

испа́нец*fl* (*gen.* испа́нца) Spaniard

испа́нский, -ая, -ое Spanish (*adj.*)

исто́рия history

их (*acc. of* они́) them

ию́ль (*m.*) July

    в ию́ле in July

ию́нь (*m.*) June

    в ию́не in June

К

к (ко) to, toward (*with dat.*); for, in; by

Кавка́з Caucasus (*see* ¶ 14-4)

ка́ждый, -ая, -ое every, each

каза́ться (I) (*intrans.*, *used mostly in the 3d person*); *pres.* ка́жется; *past* каза́лось; *fut.* бу́дет каза́ться to seem (*see* ¶ 25-2 c)

как how, what, as

    — бу́дто as if, seemingly

    — по-ру́сски what is the Russian for

    — то́лько as soon as

како́е, а́я, -о́е (*pron.*) what a, what kind of

како́й-то, кака́я-то, како́е-то some (kind of) (*see* ¶ 37-5)

кани́кулы (*f.*, *pl.*; *used only in pl.*) vacation, school holidays

каранда́ш (*gen.* карандаша́) pencil

Каре́нин Karenin

Каре́нина Karenina

карма́н pocket

ка́рта card, map

 игра́ть в ка́рты to play cards

карти́на picture

 идёт карти́на a picture is playing, they are showing a picture

ка́шельᶠˡ (*m.*) (*gen.* **ка́шля**) cough

кварти́ра (**кв.** *abbreviation*) apartment

Ки́ев Kiev

кино́ (*n., not decl.*) movies, movie theater

класс class, classroom

кла́ссик classic (*noun*) (*refers to persons*)

класть (**I**) (*pf.* **положи́ть, II**); **кладу́, -ёшь, -у́т**; *past* **клал, -а, -о, -и** to put (*in a horizontal position*)

кни́га book

кни́жный, -ая, -ое book (*adj.*)

 кни́жная по́лка bookshelf

ковёрᶠˡ (*gen.* **ковра́**) carpet, rug

когда́ when

 когда́-нибудь ever, sometime (or other)

комба́йн combine (*noun*)

ко́мната room

компози́тор composer

конве́рт envelope

коне́цᶠˡ (*gen.* **конца́**; *pl.* **концы́**) end

коне́чно (*pr.* **коне́шно**) certainly

контине́нт continent

конто́ра office

конфе́та piece of candy

 конфе́ты (*pl.*) candy

конце́рт concert (*see* ¶ **14-4**)

конча́ть (**I**) (*pf.* **ко́нчить, II**); **конча́ю, -ешь, -ют** to finish

ко́нчить (**II**) (*pf. of* **конча́ть, I**); *fut.* **ко́нчу, ко́чишь, -ат**; *imper.* **ко́нчи, -ите** to finish

ко́нчиться (**II**) *intrans.* (*used mostly in the 3d person*); *fut.* **ко́нчится, ко́нчатся**; *past* **ко́нчился, -ась, -ось, -ись** to end, to come to an end (*once*)

коро́ва cow

коро́ткий, -ая, -ое; **ко́роток, коротка́, -о, -и**; **коро́че** short (*see* ¶ **30-1 b-3**)

костю́м suit

кото́рый, -ая, -ое (*rel. & interr. pron.*) which, who

 — час what time is it?

ко́фе (*m., not decl.*) coffee

ко́шка (*gen. pl.* **ко́шек**) cat

краси́гый, -ая, -ое; **краси́в, -а, -о, -ы**; **краси́вее** beautiful

кра́сный, -ая, -ое red

 Кра́сная пло́щадь Red Square

Кремль (*m.*) (*gen.* **Кремля́**) Kremlin

кре́сло (*pl.* **кре́сла**, *gen. pl.* **кре́сел**) armchair

крича́ть (**II**); **кричу́, -и́шь, -а́т** to shout, to scream

кро́ме besides, in addition; except

 — того́ besides that

кста́ти (*adv.*) by the way

кто who (see ¶ 25-3)
— э́то who is this?
кто́-нибудь somebody (anybody) (see ¶ 37-5)
кто́-то somebody (see ¶ 37-5)
куда́ where to, whither
куда́-нибудь someplace (see ¶ 37-6)
культу́ра culture
купа́ться (pr. купа́ца) (I); купа́юсь, купа́ешься (pr. купа́ешьса),
   купа́ются (pr. купа́юца) to bathe (oneself) (see ¶ 15-1)
купи́ть (II) (pf. of покупа́ть, I); fut. куплю́, ку́пишь, -ят to buy (once)
кури́ть (II); курю́, ку́ришь, -ят to smoke
ку́пленный, -ая, -ое; ку́плен, -а, -о, -ы (which was) bought (see ¶ 38-3 с)
курс course (of study)
ку́шать (I); ку́шаю, -ешь, -ют to eat (see ¶ 37-4)

Л

ла́герь (m.) (pl. ла́гери, gen. pl. лагере́й) camp
ла́мпа lamp
"Лебеди́ное о́зеро" "Swan Lake"
лёгкий (pr. лёхкий), -ая, -ое; лёгок, легка́, -о́, -и́; ле́гче easy, light
   (see ¶ 29-1 d)
легко́ (adv.) (pr. лехко́) easy
лежа́ть (II) (pf. полежа́ть, II); лежу́, лежи́шь, -а́т to lie
   — в посте́ли to stay in bed
ле́кция lecture
Лёна (dim. of Еле́на) Helen
лени́вый, -ая, -ое; лени́в, -а, -о, -ы; лени́вее lazy
Ленингра́д Leningrad
лес (pl. леса́) forest, wood (see ¶ 16-5 d)
   в лесу́ (prep. with в) in the forest (see ¶ 13-7)
лете́ть (II) act.; лечу́, лети́шь, -я́т to fly
ле́тний, -яя, -ее summer (adj.)
ле́то summer
ле́том (adv.) in summer
летя́щий, -ая, -ее (which is) flying (see ¶ 38-2 а)
ли (interr. particle) whether (see ¶ 18-1)
лист (pl. ли́стья, decl. like сту́лья) leaf (see ¶ 29-4 а-2)
литерату́ра literature
лицо́ (pl. ли́ца) face
ло́шадь (f.) horse (see ¶ 16-3 and ¶ 27-4)
   е́здить на ло́шади to ride horseback
лу́чше (adv.) (comp. of хорошо́) better
   мне — I feel better
лу́чший, -ая, -ее better, best (see ¶ 32-3)
люби́мый, -ая, -ое; люби́м, -а, -о, -ы; люби́мее favorite, beloved
люби́ть (II); люблю́, лю́бишь, -ят to love, to like
   pf. полюби́ть (II) to fall in love, to become very fond of
   не люби́ть to dislike
любо́вь*fl* (f.) (gen., dat., & prep. любви́; instr. любо́вью; no pl.) love
любопы́тный, -ая, -ое; любопы́тен, любопы́тна, -о, -ы; любопы́тнее
   curious (see ¶ 29-1 d)
лю́ди (nom. pl. of челове́к) people, men and women (see ¶ 29-4 b)

M

мавзолей (*m.*) mausoleum
— Ленина the Lenin Mausoleum
магазин store
май May
    в мае in May
маленький, -ая, -ое; мал, -а́, -о́, -ы́; меньше small, little (*see* ¶ 29-1 c)
мало (*adv.*) little (*not much*)
мальчик boy
малый, -ая, -ое; мал, -а́, -о́, -ы́; меньше small, little (*see* ¶ 29-1 c)
мама mama
март March
    в марте in March
масло butter
математика (*sing. in Russian*) mathematics
мать (*gen.* матери; *pl.* матери, *gen. pl.* матерей) mother (*see* ¶ 26-1 and
    ¶ 36-3)
Маша (*dim. of* Мария) Masha
мебель (*f.*) (*no pl.*) furniture
медленно (*adv.*) slowly
между (*with instr.*) between, among
мел chalk
мелодия melody
менее (*adv.*) less (*see* ¶ 31-1 and ¶ 31-2)
меньше (*comp. adj.*) smaller
меньше (*adv.*) less (*see* ¶ 31-2)
    чем больше . . . тем меньше . . . the more . . . the less . . .
меньший smaller; smallest (*see* ¶ 32-3)
менять (I); меняю, -ешь, -ют to change
место (*pl.* места) place, seat
месяц month
мешать (I); мешаю, -ешь, -ют to hinder, to keep from (*object in dat.*)
миллион million
милый, -ая, -ое; мил, -а́, -о, -ы; милее nice, dear, lovely
мимо (*with gen.*) past, by
минута minute
мир world
Михаил (*dim.* Миша) Michael
Миша (*m.*) (*dim. of* Михаил) Misha
младший, -ая, -ее younger, junior
мне (*dat. of* я) to me
многие (*adj., pl.*) many, many a one
много (*adv.*) much
может быть perhaps
    не может быть (it is) impossible
можно it is possible, one may
мой, моя, моё, мои (*adj. & pron.*) my, mine (*see* ¶ 17-2)
молодой, -ая, -ое; молод, -а́, -о, -ы; моложе young
молоко milk
молчать (II); молчу, -ишь, -ат to be silent
Москва Moscow
московский, -ая, -ое Moscow (*adj.*)

Моско́вский Худо́жественний теа́тр (МХТ) Moscow Art Theater

мочь (I) (*pf.* смочь, I); могу́, мо́жешь, мо́гут; *past* мог, могла́, -о́, -и́ to be able (*physically*), to be in a position to (*see* ¶ 15-3)

муж (*pl.* мужья́) husband (*see* ¶ 29-4 a-1)

мужчи́на (*m.*) man

му́зыка music

мыть (I) (*pf.* помы́ть, I); мо́ю, -ешь, -ют to wash

Мэ́ри (*not decl.*) Mary

мя́со (*no pl.*) meat

мяч (*gen.* мяча́) ball

  игра́ть в мяч to play ball

Н

на (*with acc.*) to, onto (*direction*); for (*extent of time*); on (*denotes measure or quantity*); на (*with prep.*) on, at (*location*)

наве́рно surely, most likely

над (*with instr.*) over; on, above

наде́яться (I); наде́юсь, наде́ешься, -ются to hope

называ́ться (I); называ́юсь, -ешься, -ются to be called, to be named

наилюби́мейший, -ая, -ее the most beloved (*see* ¶ 32-3 d)

найти́ (I) (*pf. of* находи́ть, II); *fut.* найду́, найдёшь, -у́т; *past* нашёл, нашла́, -о́, -и́; *imper.* найди́, -и́те to find (*once*)

наконе́ц at last

на́ми (*instr. of* мы we)

написа́ть (I) (*pf. of* писа́ть, I); *fut.* напишу́, напи́шешь, -ут; *imper.* напиши́, -и́те to have written (*once*)

напи́ток[*fl*] (*gen.* напи́тка) drink, beverage

наприме́р for instance

  как — as for instance

наро́дный, -ая, -ое people's, folk (*adj.*)

нас (*gen. & acc. of* мы we)

  нас бы́ло семна́дцать there were seventeen of us

на́сморк cold (*in the head*)

настоя́щий, -ая, -ее real, genuine

наступи́ть (II) *pf.*; *fut.* наступлю́, насту́пишь, -ят; *past* наступи́л, -а -о, -и to come (*of time*)

находи́ть (II); нахожу́, нахо́дишь, -ят to find

находи́ться (II); нахожу́сь, нахо́дишься, -ятся to be located, to be situated

нача́ло beginning (*noun*)

нача́ть (I) (*pf. of* начина́ть, I); *fut.* начну́, -ёшь, -у́т; *past* на́чал, -а́, -о, -и; *imper.* начни́, -и́те to begin (*once*)

нача́ться (I) *pf.*, *intrans.* (*used mostly in the 3d person*); *fut.* начнётся, начну́тся; *past* начался́, -а́сь, -о́сь, -и́сь to start, to begin (*once*)

начина́ть (I) (*pf.* нача́ть, I); начина́ю, -ешь, -ют to begin

наш, -а, -е, -и (*adj. & pron.*) our, ours

не not

не́бо (*pl.* небеса́, *gen. pl.* небе́с) sky

неда́вно recently

недалеко́ not far

неде́ля week

  ка́ждую неде́лю every week (*see* ¶ 14-6)

недово́льный, -ая, -ое; недово́лен, недово́льна, -о, -ы (*with instr.*) displeased (with) (*see* ¶ **29-1 d**)

нездоро́вый, -ая, -ое; нездоро́в, -а, -о, -ы not well, indisposed

не́который, -ая, -ое some, certain

не́которые (*pl.*) some, a few

некраси́вый, -ая, -ое; некраси́в, -а, -о, -ы unattractive, ugly

нельзя́ (it is) impossible, one may not

Неми́рович-Да́нченко Nemirovich-Danchenko

немно́го a little

неохо́тно reluctantly

непреме́нно certainly, without fail

не́сколько (*adv., with gen. pl.*) several, a few

    не́сколько слов several words

нет no, there is (are) not (*see* ¶ **13-4**)

ни not a

ни . . . ни . . . neither . . . nor . . .

Ники́тин Nikitin

никогда́ never

  — бо́льше never again

Никола́й Nicholas

никто́ (*pron.*) nobody, no one

никуда́ nowhere (*direction*)

ничего́ nothing; no matter

но but (*see* ¶ **4-3**)

Но́виков Novikov

но́вый, -ая, -ое; нов, нова́, -о, -ы new

нога́ (*acc.* но́гу; *pl.* но́ги) foot, leg

но́мер (*pl.* номера́) number; hotel room

носи́ть (II) *hab.*; ношу́, но́сишь, -ят; *past* носи́л, -о, -и to carry (*frequently, by hand or on one's person*)

носо́к⁣ᶠˡ (*gen.* носка́) sock

ночь (*f.*) night

но́чью at night

ноя́брь (*m.*) (*gen.* ноября́) November

    в ноябре́ in November

нра́виться (II) (*pf.* понра́виться, II); нра́влюсь, нра́вишься, нра́вятся to like, to please (*see* ¶ **19-8**)

ну well!

  — так что же? well, what of it?

ну́жен, нужна́, -о, -ы́ necessary (*see* ¶ **13-6**)

ну́жно it is necessary (*see* ¶ **13-6**)

    всё, что ей ну́жно everything she needs

Нью-Йо́рк New York

ня́ня nurse, nursemaid

О

о (об) about, concerning

о́ба (*m. & n.*), о́бе (*f.*) both (*see* ¶ **35-3 c**)

обе́д dinner

обе́дать (I); обе́даю, -ешь, -ют to dine, to have dinner

обеща́ть (I) *both imp. & pf.*; обеща́ю, -ешь, -ют to promise обра́тно back (*adv.*)

о́браз way, manner

    каки́м-то о́бразом somehow, in some way

обыкнове́нно usually

обы́чно usually

объясни́ть (**II**) (*pf. of* объясня́ть, **I**); *fut.* объясню́, -и́шь, -я́т to explain

объясня́ть (**I**) (*pf.* объясни́ть, **II**); объясня́ю, -ешь, -ют to explain

одева́ться (**I**); одева́юсь, -ешься, -ются to dress oneself

оде́жда clothes

оде́тый, -ая, -ое; оде́т, -а, -о, -ы dressed

оди́н, одна́, одно́ one; alone (*see* ¶ **14-5**)

    оди́н раз once

оди́ннадцать eleven

одни́ some

о́зеро (*pl.* озёра) lake

окно́ (*pl.* о́кна, *gen. pl.* о́кон) window

о́коло (*with gen.*) near, about

октя́брь (*m.*) (*gen.* октября́) October

    в октябре́ in October

он he

она́ she

оно́ (*n.*) it

о́пера opera

опя́ть again

осе́нний, -яя, -ее fall (*adj.*)

о́сень (*f.*) fall, autumn

о́сенью (*adv.*) in autumn

осмотре́ть (**II**) *pf.*; *fut.* осмотрю́, осмо́тришь, -ят to look over, to inspect

основа́тель (*m.*) founder

осо́бенно especially

оста́вить (**II**) (*pf. of* оставля́ть, **I**); *fut.* оста́влю, оста́вишь, -ят; *past* оста́вил, -а, -о, -и; *imper.* оста́вь, оста́вьте to leave (*somebody, once*)

оставля́ть (**I**) (*pf.* оста́вить, **II**); оставля́ю, -ешь, -ют to leave (*somebody*)

остана́вливаться (**I**) *intrans.* (*pf.* останови́ться, **II**); остана́вливаюсь, -ешься, -ются to stop, to halt

останови́ться (**II**) *intrans.* (*pf. of* остана́вливаться, **I**); *fut.* останов-лю́сь, остано́вишься, -ятся to stop, to halt (*once*)

от (*with gen.*) from

отве́т answer (*noun*)

отве́тить (**II**) (*pf. of* отвеча́ть, **I**); *fut.* отве́чу, отве́тишь, -ят; *imper.* отве́ть, отве́тьте to answer (*once*) (*imp. & pf. take the dat. or take* на + *acc.*)

отвеча́ть (**I**) (*pf.* отве́тить, **II**); отвеча́ю, -ешь, -ют to answer (*imp. & pf. take the dat. or take* на + *acc.*)

    — на вопро́сы to answer questions

    — уро́к to recite

отда́ть (*irr.*), *pf.*; *fut.* отда́м, отда́шь, отда́ст, отдади́м, отдади́те, отдаду́т; *past* о́тдал, -а́, -о, -и; *imper.* отда́й, -йте to give away

о́тдых rest (*noun*)

отдыха́ть (**I**); отдыха́ю, -ешь, -ют to rest

Оте́лло Othello

оте́цᶠˡ (*gen.* отца́) father

открыва́ть (I) (*pf.* откры́ть, I) открыва́ю, -ешь, -ют to open
откры́ть (I) (*pf. of* открыва́ть, I); *fut.* откро́ю, -ешь, -ют to open
о́тпуск leave, vacation
отстава́ть (I); отстаю́, -ёшь, -ю́т to lag behind
    часы́ отстаю́т the clock (watch) is slow
отсю́да from here, hence
охо́тно gladly, willingly
о́чень very
оши́бка (*gen. pl.* оши́бок) mistake

П

па́лка (*gen. pl.* па́лок) stick
пальто́ (*n., not decl.*) coat, overcoat
пара́д parade
парк park
пе́ние singing (*noun*)
пе́рвый, -ая, -ое first
    в пе́рвый раз for the first time
перево́д translation
переводи́ть (II); перевожу́, перево́дишь, -ят to translate
пе́ред (*with instr.*) before, in front of (*place*); before (*time*) (*see* ¶ 40-4)
переда́ть (*irr.*); *pf.*; *fut.* переда́м, -да́шь, -да́ст, -дади́м, -дади́те, -даду́т;
    past переда́л, -а, -о, -и; *imper.* переда́й, -йте to pass, to transmit
переезжа́ть (I); переезжа́ю, -ешь, -ют; *imper.* переезжа́й, -йте to
    move, to change one's residence
перо́ (*pl.* пе́рья) pen (*see* ¶ 29-4 а-2)
пе́сня (*gen. pl.* пе́сен) song
Пётр (*gen.* Петра́) Peter
Петро́в Petrov
петь (I); пою́, поёшь, пою́т; *imper.* пой, по́йте to sing
Пе́тя (*m.*) (*dim. of* Пётр Peter) Petya
печа́льный, -ая, -ое; печа́лен, печа́льна, -о, -ы; печа́льнее sad (*see*
    ¶ 29-1 d)
пешко́м (*adv.*) on foot
пи́во beer
пикни́к (*gen.* пикника́) picnic
писа́тель (*m.*) writer
писа́ть (I) (*pf.* написа́ть, I); пишу́, пи́шешь, -ут to write
пи́сьменный, -ая, -ое writing (*adj.*)
    пи́сьменный стол desk, writing table
письмо́ (*pl.* пи́сьма, *gen. pl.* пи́сем) letter
пить (I); пью, пьёшь, пьют; *past* пил, -а́, -о, -и; *imper.* пей, пе́йте to
    drink
пла́кать (I); пла́чу, -ешь, -ут; *imper.* плачь, пла́чьте to weep
пласти́нка (*gen. pl.* пласти́нок) phonograph record
племя́нник nephew
племя́нница niece
пло́хо poorly, badly
плохо́й, -а́я, -о́е; плох, -а́, -о, -и; ху́же bad, poor
пло́щадь (*f.*) (*pl.* пло́щади, *gen. pl.* площаде́й) (public) square
    Кра́сная пло́щадь Red Square

по (*with dat.*) about, along, down, in, by, based on, according to
— (*with dat. pl.*) on (*refers to an action repeated at stated times*)
  по гóроду about the town
  по ýлице along (down) the street
по-англи́йски (*adv.*) English, in English
побежáть (**II**) *pf.*; *fut.* **побегý, побежи́шь, побегýт**; *past* **побежáл, -а, -о, -и**; *imper.* **побеги́, -и́те** to run (*once*), to start running
повторéние repetition
повторя́ть (**I**); **повторя́ю, -ешь, -ют** to repeat, to review
поговори́ть (**II**) (*pf. of* **говори́ть, II**); *fut.* **поговорю́, -и́шь, -я́т**; **поговори́, -и́те** to have a little talk
погóда weather
погуля́ть (**I**) (*pf. of* **гуля́ть, I**); *fut.* **погуля́ю, -ешь, -ют**; *imper.* **погуля́й, -йте** to walk awhile
под (*with instr.*) under (*location*)
— (*with acc.*) under (*direction*) (*see* ¶ **40-3** and ¶ **40-4**)
подавáть (**I**); **подаю́, -ёшь, -ю́т** to serve
подáрокᶠˡ (*gen.* **подáрка**) gift
  в подáрок as a gift
  дéлать подáрки to give gifts
подержáть (**II**) (*pf. of* **держáть, II**); *fut.* **подержý, подéржишь, -ат** to hold awhile, to keep awhile
подня́ть (**I**) *pf.*; *fut.* **подниму́, подни́мешь, -ут**; *past* **пóднял, -á, -о, -и**; *imper.* **подними́, -и́те** to pick up
подойти́ (**I**); *fut.* **подойду́, подойдёшь, -ýт**; *past* **подошёл, подошлá, -ó, -и́**; *imper.* **подойди́, -и́те** to go up to (*once*)
подрýга friend (*f.*)
подýмать (**I**) (*pf. of* **дýмать, I**); *fut.* **подýмаю, -ешь, -ют**; *imper.* **подýмай, -йте** to think awhile
пóезд (*pl.* **поездá**) train
  пóездом by train
поéсть *irr.* (*pf. of* **есть, irr.**); *fut.* **поéм, поéшь, поéст, поеди́м, поеди́те, поедя́т**; *past* **поéл, -а, -о, -и** to have eaten
поéхать (**I**) (*pf. of* **éхать, I**); *fut.* **поéду, поéдешь, -ут**; *past* **поéхал, -а, -о, -и**; *imper.* **поезжáй, -йте** to go, to set out (*by conveyance*)
пожáлуйста (*pr.* **пожáлуста**) please
поживáть (**I**); **поживáю, -ешь, -ют** to get on
  как вы поживáете? how are you?
позáвтракать (**I**) (*pf. of* **зáвтракать, I**); *fut.* **позáвтракаю, -ешь, -ют**; *imper.* **позáвтракай, -йте** to have had breakfast
позади́ behind, over (*for time*)
позвáть (**I**) *pf.*; *fut.* **позову́, позовёшь, -ýт**; *past* **позвáл, -á, -о, -и**; *imper.* **позови́, -и́те** to call, to hail
позвони́ть (**II**) (*pf. of* **звони́ть, II**); *fut.* **позвоню́, -и́шь, -я́т**; *imper.* **позвони́, -и́те** to phone, to ring
— **по телефóну** to telephone, to ring (*once*)
пóздно (*adv.*) late
поигра́ть (**I**) (*pf. of* **игра́ть, I**); *fut.* **поигра́ю, -ешь, -ют**; *imper.* **поигра́й, -йте** to play awhile
по-испáнски (*adv.*) Spanish, in Spanish
пойти́ (**I**) (*pf. of* **идти́, I**); *fut.* **пойду́, -ёшь, -ýт**; *past* **пошёл, пошлá, -ó, -й**; *imper.* **пойди́, -и́те** to go, to set out (*on foot, once*) (*see* ¶ **24-1 c-7**)

пока́ while
пока́ не until
показа́ть (I) (*pf. of* **пока́зывать**, I); *fut.* **покажу́, пока́жешь, -ут**; *imper.* **покажи́, -и́те** to show (*once*)
пока́зывать (I) (*pf.* **показа́ть**, I); **пока́зываю, -ешь, -ют** to show
пока́зывая на го́лову pointing at his head
поко́й rest, peace
  не дава́ть поко́я to give no rest, to haunt
покупа́ть (I) (*pf.* **купи́ть**, II); **покупа́ю, -ешь, -ют** to buy
пол (*pl.* **полы́**) floor
  на полу́ (*prep. with* **на**) on the floor
по́ле (*pl.* **поля́**) field
полежа́ть (II) (*pf. of* **лежа́ть**, II); *fut.* **полежу́,-и́шь,-а́т**; *imper.* **полежи́, -и́те** to lie awhile
поли́тика politics
по́лка (*gen. pl.* **по́лок**) shelf
полови́на half
положи́ть (II) (*pf. of* **класть**, I); *fut.* **положу́, поло́жишь, -ат**; *imper.* **положи́, -и́те** to put (*once, in a horizontal position*)
получа́ть (I) (*pf.* **получи́ть**, II); **получа́ю, -ешь, -ют** to receive, to get
получи́ть (II) (*pf. of* **получа́ть**, I); *fut.* **получу́, полу́чишь, -ат**; *imper.* **получи́, -и́те** to receive, to get (*once*)
по́льзоваться (I) (*with instr.*); **по́льзуюсь, -ешься, -ются** to use
  — популя́рностью to enjoy popularity
  — словарём to use a dictionary
  — успе́хом to enjoy success
по́мнить (II); **по́мню, -ишь, -ят** to remember
помы́ть (I) (*pf. of* **мыть**, I); *fut.* **помо́ю, -ешь, -ют**; *imper.* **помо́й, -и́те** to have washed
понеде́льник Monday
  в — on Monday
понима́ть (I) (*pf.* **поня́ть**, I); **понима́ю, -ешь, -ют** to understand
понра́виться (II) (*pf. of* **нра́виться**, II); *fut.* **понра́влюсь, -ишься, -ятся** to like, to take a liking to
поня́ть (I) (*pf. of* **понима́ть**, I); *fut.* **пойму́, -ёшь, -у́т**; *past* **по́нял, -а́, -о, -и** to understand, to grasp
пообе́дать (I) (*pf. of* **обе́дать**, I); *fut.* **пообе́даю, -ешь, -ют**; *imper.* **пообе́дай, -йте** to have dined
попа́сть (I) *pf.*; *fut.* **попаду́, попадёшь, -у́т** to get (*somewhere, by chance, once*)
попроси́ть (II) (*pf. of* **проси́ть**, II); *fut.* **попрошу́, попро́сишь, -ят**; *imper.* **попроси́, -и́те** to ask, to request (*once*)
пора́ (*noun*) time, it is time
порабо́тать (I) (*pf. of* **рабо́тать**, I); *fut.* **порабо́таю, -ешь, -ют** to work awhile
по-ру́сски (*adv.*) Russian, in Russian
посети́ть (II) *pf.*; *fut.* **посещу́, посети́шь, -я́т**; *past* **посети́л, -а, -о, -и**; *imper.* **посети́, -и́те** to visit
посиде́ть (II) (*pf. of* **сиде́ть**, II); *fut.* **посижу́, посиди́шь, -я́т**; *past* **посиде́л, -а, -о, -и**; *imper.* **посиди́, -и́те** to sit awhile
по́сле (*with gen.*) after
  — э́того after that
после́дний, -яя, -ее last, final

послу́шать (I) (*pf. of* слу́шать, I); *fut.* послу́шаю, -ешь, -ют to listen
  awhile
посмотре́ть (II) (*pf. of* смотре́ть, II); *fut.* посмотрю́, посмо́тришь, -ят;
  to take a look, to have a look
  — на (*with acc.*) to take a look at
поспа́ть (II) (*pf. of* спать, II); *fut.* посплю́, поспи́шь, -я́т; *imper.* поспи́,
  -и́те to sleep a little, to take a nap
поста́вить (II) *pf.*; *fut.* поста́влю, поста́вишь, -ят; *imper.* поста́вь,
  поста́вьте to put (*in a vertical position*)
посте́ль bed, bedding
  лежа́ть в посте́ли to stay in bed
постоя́ть (II) (*pf. of* стоя́ть, II); *fut.* постою́, -и́шь, -я́т; *imper.* постой,
  -и́те to stand awhile
посу́да (*sing. in Russian*) dishes
потоло́к*ᶠˡ* (*gen.* потолка́) ceiling
пото́м then, afterwards (*see* **Примеча́ния**, Lesson 19)
потому́ что because
поу́жинать (I) (*pf. of* у́жинать, I); *fut.* поу́жинаю, -ешь, -ют to have
  had supper
по-францу́зски (*pr.* по-францу́сски) (*adv.*) French, in French
почему́ why
почему́-то for some reason or other
почита́ть (I) (*pf. of* чита́ть, I); *fut.* почита́ю, -ешь, -ют to read awhile
по́чта post office, mail
  по по́чте by mail
почти́ (*adv.*) almost, nearly
поэ́т poet
поэ́тому therefore
появля́ться (I); появля́юсь, -ешься, -ются to appear
пра́вда truth
  пра́вда, что . . . it is true that . . .
пра́вило rule
пра́вильно correct, that is correct, correctly
  часы́ иду́т пра́вильно the clock (watch) is right
пра́вильный, -ая, -ое; пра́вилен, пра́вильна, -о, -ы; пра́вильнее
  correct, right (*see* ¶ 29-1 d)
пра́вить (II) (*with instr.*); пра́влю, пра́вишь, -ят; *imper.* правь, пра́вьте
  to drive, to steer
пра́вый, -ая, -ое; прав, -а́, -о, -ы right, correct
пра́здник (*pr.* пра́зник) holiday
пра́здновать (I) (*pr.* пра́зновать); пра́здную, -ешь, -ют to celebrate
предпочита́ть (I); предпочита́ю, -ешь, -ют to prefer
прекра́снейший, -ая, -ее most excellent
прекра́сно (*adv.*) fine, very well
прекра́сный, -ая, -ое; прекра́сен, прекра́сна, -о, -ы; прекра́снее
  excellent, splendid, fine (*see* ¶ 29-1 d)
при (*with prep.*) in the presence of; at the time of; under; at (*see* ¶ 40-5)
прибежа́ть (II) *pf.*; *fut.* прибегу́, прибежи́шь, прибегу́т; *past* при-
  бежа́л, -а, -о, -и; *imper.* прибеги́, -и́те to run to, to come running to
привести́ (I) *pf.*; *fut.* приведу́, приведёшь, -у́т; *past* привёл, привела́,
  -о́, -и́; *imper.* приведи́, -и́те to bring (*by leading*) (*see* ¶ 37-7)
приве́т greeting, regards

привози́ть (II) (*pf.* **привезти́**, I); *fut.* **привожу́, приво́зишь, -ят** to bring (*by conveyance, frequently*)

пригласи́ть (II) *pf.*; *fut.* **приглашу́, пригласи́шь, -я́т**; *imper.* **пригласи́, -и́те** to invite (*once*); to engage

приготóвить (II) (*pf. of* **приготовля́ть**, I); *fut.* **приготóвлю, приготóвишь, -ят**; *imper.* **приготóвь, приготóвьте** to prepare (*once*)

приготовля́ть (I) (*pf.* **приготóвить**, II); **приготовля́ю, -ешь, -ют** to prepare

придти́ (I) (*pf. of* **приходи́ть**, II); *fut.* **приду́, придёшь, -у́т**; *past* **пришёл, пришла́, -ó, -и́**; *imper.* **приди́, -и́те** to arrive, to come (*on foot, once*)

прие́хать (I) (*pf. of* **приезжа́ть**, I); *fut.* **прие́ду, -ешь, -ут**; *past* **прие́хал, -а, -о, -и**; *imper.* **приезжа́й, -и́те** to come (*by conveyance, once*)

приле́жно diligently

приле́жный, -ая, -ое; приле́жен, приле́жна, -о, -ы; приле́жнее diligent (*see* **29-1 d**)

приноси́ть (II); **приношу́, прино́сишь, -ят** to bring (*by carrying*)

приро́да nature (*physical*)

присла́ть (I) *pf.*; *fut.* **пришлю́, -ёшь, -ю́т**; *past* **присла́л, -а, -о, -и**; *imper.* **пришли́, -и́те** to send (*once*)

приходи́ть (II) (*pf.* **придти́**, I, *or* **прийти́**, I); **прихожу́, прихо́дишь, -ят** to arrive, to come (*on foot*)

прия́тно (*adv.*) it is pleasant

прия́тный, -ая, -ое; прия́тен, прия́тна, -о, -ы; прия́тнее pleasant (*see* **¶ 29-1 d**)

про (*with acc.*) about, concerning

провести́ (I) (*pf. of* **проводи́ть**, II); *fut.* **проведу́, -ёшь, -у́т**; *past* **провёл, провела́, -ó, -и́**; *imper.* **проведи́, -и́те** to spend (*time*)

проводи́ть (II) (*pf.* **провести́**, I); **провожу́, прово́дишь, -ят** to spend (*time*)

прогу́лка (*gen. pl.* **прогу́лок**) outing, walk

про́данный, -ая, -ое; про́дан, -á, -о, -ы (which has been) sold (*see* **¶ 38-3 c**)

прода́ть (*irr.*), *pf.*; *fut.* **прода́м, -а́шь, -а́ст, -ади́м, -ади́те, -аду́т**; *past* **про́дал, -á, -о, -и**; *imper.* **прода́й, -и́те** to sell

продолжа́ть (I); **продолжа́ю, -ешь, -ют** to continue

проду́кты (*pl.*) provisions, foodstuff

прое́хать (I) (*pf. of* **проезжа́ть**, I); *fut.* **прое́ду, -ешь, -ут**; *past* **прое́хал, -а, -о, -и**; *imper.* **проезжа́й, -и́те** to pass by, to cover (*a distance, once*)

произношéние pronunciation

пройти́ (I) (*pf. of* **проходи́ть**, II); *fut.* **пройду́, -ёшь, -у́т**; *past* **прошёл, прошла́, -ó, -и́**; *imper.* **пройди́, -и́те** to pass, to go by (*once*)

проси́ть (II) (*pf.* **попроси́ть**, II); **прошу́, про́сишь, -ят** to ask, to request

прости́ть (II) *pf.*; *fut.* **прощу́, прости́шь, -я́т** to forgive, to excuse

про́сто simply

простота́ simplicity

про́тив (*with gen.*) opposite; against (*opposed to*) (*see* **¶ 40-1**)

проходи́ть (II) (*pf.* **пройти́**, I); **прохожу́, прохо́дишь, -ят** to pass, to go by

профéссор (*pl.* **профессора́**) professor (*see* **¶ 16-5 d**)

проща́й (*fam.*), **проща́йте** (*pl. or pol. sing.*) goodbye, farewell

прочита́ть (I) (*pf. of* **чита́ть**, I); *fut.* **прочита́ю, -ешь, -ют**; *imper.* **прочита́й, -и́те** to have read

про́шлый, -ая, -ое past, last, gone by
    в про́шлое воскресе́нье (on) last Sunday

пры́гнуть (I) *pf.*; *fut.* пры́гну, -ешь, -ут; *past* пры́гнул, -а, -о, -и; *imper.* пры́гни, -ите to jump (*once*)
пти́ца bird
пти́ца (*collective noun*) poultry
пусть let (him, her, them) (*see* ¶ 23-1)
Пу́шкин Pushkin
Пу́шкинская у́лица Pushkin Street
пье́са play (*for the stage*)
пятна́дцать fifteen
пя́тница Friday
    в пя́тницу on Friday
пять five
пятьдеся́т (*gen.* пяти́десяти) fifty

Р

рабо́та work (*noun*)
рабо́тать (I) (*pf.* порабо́тать, I); рабо́таю, -ешь, -ют to work
равно́, мне всё . . . it's all the same to me
рад, -а -о, -ы glad
ра́ди (*with gen.*) for the sake of (*see* ¶ 40-1)
    — кото́рой for whose sake
раз time (*occasion*)
    в пе́рвый раз for the first time
    на э́тот раз this time
    не ра́з more than once, many a time
    ни ра́зу not once
    оди́н раз once
разбо́рчивый, -ая, -ое; разбо́рчив, -а, -о, -ы; разбо́рчивее fastidious, particular
ра́зве really? can it be that . . .? (*used to suggest disbelief or wonder on the part of the speaker*)
разгова́ривать (I); разгова́риваю, -ешь, -ют to converse
разгово́р conversation
ра́зный, -ая, -ое different, various
ра́но (*adv.*) early
расска́з story, account
расска́зывать (I); расска́зываю, -ешь, -ют to relate, to tell
ре́дко (*adv.*) seldom, rarely
река́ (*acc.* ре́ку; *pl.* ре́ки) river
ремо́нт remodelling, repairs
рестора́н restaurant
роди́тели (*m. pl.*) parents (father and mother)
роди́ться (II); рожу́сь, роди́шься, -я́тся; *past* роди́лся, -ась, -ось, -ись; *imper.* роди́сь, -и́тесь to be born
родно́й, -а́я, -о́е native, own
рожде́ние birth
    день рожде́ния birthday
рома́н novel (*noun*)
Росси́я Russia
рот*fl* (*gen.* рта) mouth
роя́ль (*m.*) piano
    игра́ть на роя́ле to play the piano (*see* ¶ 12-3 b)

руба́шка (*gen. pl.* руба́шек) shirt
рубль (*m.*) (*gen.* рубля́) ruble
рука́ (*acc.* ру́ку, *pl.* ру́ки) hand; arm
"Руса́лка" "The Mermaid"
"Русла́н и Людми́ла" "Ruslan and Ludmilla"
ру́сская Russian (woman) (*noun*)
ру́сский Russian (man) (*noun*)
ру́сский, -ая, -ое Russian (*adj.*)
    ру́сский язы́к Russian language
ры́ба fish

С

с (со) (*with instr.*) with
    — (*with gen.*) from, from off
сад garden
    в саду́ (*prep. with* в) in the garden (*see* ¶ 13-7)
сади́ться (**II**) (*pf.* сесть, **I**); сажу́сь, сади́шься, -я́тся to sit down, to take
  a seat
самолёт airplane
са́мый, -ая, -ое (*used with adj. to form compound superlative*) the most
са́ндвич sandwich
са́ни (*f. pl.*, *used only in the pl.*) (*gen.* сане́й) sleigh
сара́й (*m.*) barn
Са́ша (*dim. of* Алекса́ндр, Alexander) Sasha
свети́ть (**II**); свечу́, све́тишь, -ят to shine
свида́ние meeting, appointment
    до ско́рого свида́ния I'll see you soon
сви́тер sweater
свобо́дно freely, fluently
свобо́дный, -ая, -ое; свобо́ден, свобо́дна, -о, -ы; свобо́днее free
  (*see* ¶ 29-1 d)
свой, своя́, своё, свои́ one's own (*applies to all persons*) (*see* ¶ 17-3)
сде́лать (**I**) (*pf. of* де́лать, **I**); *fut.* сде́лаю, -ешь, -ют; *imper.* сде́лай,
  -йте to have done
себя́ (*reflex. pron.*) self, oneself (*see* ¶ 33-4)
сего́дня (*pr.* сево́дня) today
    — ве́чером tonight, this evening
    на — for today
сейча́с now, presently
    — же immediately, at once
секре́т secret
семна́дцать (*gen.* семна́дцати) seventeen
семь (*gen.* семи́) seven
се́мьдесят (*gen.* семи́десяти) seventy
семья́ (*gen.* семьи́, *pl.* се́мьи) family (*see* ¶ 32-6)
сентя́брь (*m.*) (*gen.* сентября́) September
    в сентябре́ in September
Серге́евич Sergeyevich. (*lit.*, son of Серге́й, Sergius)
се́рый, -ая, -ое gray
сестра́ (*pl.* сёстры, *gen. pl.* сестёр, *dat. pl.* сёстрам) sister
сесть (**I**) (*pf. of* сади́ться, **II**); *fut.* ся́ду, ся́дешь, -ут; *past* сел, се́ла, -о,
  -и; *imper.* сядь, ся́дьте to sit down, to take a seat (*once*)

Сибирь (*f.*) Siberia

сидеть (II) (*pf.* посидеть, II); сижу, сидишь, -ят to sit, to be seated
— дома to stay home

сильно strongly

сильный, -ая, -ое; силен, сильна, сильно, -ы; сильнее strong (*see ¶ 29-1 d*)

синий, -яя, -ее blue

сказать (I) (*pf. of* говорить, II); *fut.* скажу, скажешь, -ут; *imper.* скажи, -ите to say, to tell (*once*)

сказка (*gen. pl.* сказок) fairy tale

сколько (*used with gen. pl. with objects that can be counted*) how many (*see ¶ 19-7*)

скоро soon

скорый, -ая, -ое; скор, -а, -о, -ы; скорее quick, fast
до скорого свидания I'll see you soon

скрипка (*gen. pl.* скрипок) violin
играть на скрипке to play the violin (*see ¶ 12-3 b*)

скучно (*pr.* скушно) it is boring (*see ¶ 18-7*)

слишком (*adv.*) too (much)

словарь (*m.*) (*gen.* словаря) dictionary
пользоваться словарём to use a dictionary

слово (*pl.* слова) word

слушать (I) (*pf.* послушать, I); слушаю, -ешь, -ют to listen to

слышать (II); слышу, -ишь, -ат to hear

смеяться (I); смеюсь, смеёшься, смеются; *imper.* смейся, смейтесь
to laugh

Смит Smith

смотреть (II) (*pf.* посмотреть, II); смотрю, смотришь, -ят to look, to
watch (*something*)
— на to look at
— пьесу to see a play

смочь (I) (*pf. of* мочь, I) *fut.* смогу, сможешь, смогут; *past* смог,
смогла, -о, -и; (*no imper.*) to be able to (*physically*), to be in position to
(*once*)

сначала (*adv.*) from the beginning, over again

снег (*pl.* снега, *gen. pl.* снегов) snow

собака dog

собрание meeting, gathering (*noun*)

собраться (I) *pf.*; *fut.* соберусь, -ёшı.ся, -утся; *past* собрался, -ась,
-ось, -ись; *imper.* соберись, -итесь to gather, to assemble (*once*)

советский, -ая, -ое Soviet (*adj.*)

Советский Союз Soviet Union

совсем (*adv.*) entirely
— не not at all, not in the least

сожаление regret (*noun*)
к сожалению unfortunately

солдат soldier

солнце (*n.*) (*pr.* сонце) sun

сонᶠˡ (*gen.* сна) dream, sleep
видеть — to have a dream

сорок (*gen.* сорока) forty

сосед (*pl.* соседи, *gen. pl.* соседей) neighbor (*see ¶ 29-4 b*)

сосе́дка (*gen. pl.* **сосе́док**) neighbor (*f.*)
сочине́ние composition
сочиня́ть (**I**); **сочиня́ю, -ешь, -ют** to compose
спа́льня (*gen. pl.* **спа́лен**) bedroom
спаси́бо thanks, thank you
    большо́е — many thanks
спать (**II**) (*pf.* **поспа́ть, II**); **сплю, спишь, спят**; *past* **спал, спала́, -о, -и**; *imper.* **спи, спи́те** to sleep
спекта́кль show, performance
спеши́ть (**II**); **спешу́, -и́шь, -а́т** to hurry
    часы́ спеша́т the clock (watch) is fast
споко́йно (*adv.*) calmly, quietly; (it is) calm
спорт (*no pl.*) sport
спра́шивать (**I**) (*pf.* **спроси́ть, II**); **спра́шиваю, -ешь, -ют** to ask (questions) (*used with acc. of person asked*)
спроси́ть (**II**) (*pf. of* **спра́шивать, I**); *fut.* **спрошу́, спро́сишь, -ят**; *imper.* **спроси́, -и́те** to ask (*a question*), to inquire (*once*) (*used with acc. of person asked*)
    — у (*with gen.*) to ask of
сра́зу (*adv.*) immediately
среда́ Wednesday
    в сре́ду on Wednesday
среди́ (*with gen.*) amidst, among
СССР U.S.S.R.
стака́н glass
Станисла́вский Stanislavsky
станови́ться (**II**) (*pf.* **стать, I**); **становлю́сь, стано́вишься, -ятся** to become, to get
стара́ться (**I**); **стара́юсь, -ешься, -ются** to try, to endeavor
стари́к old man
ста́рший, -ая, -ее older, senior
    ста́рше older (*with respect to age or seniority in rank*)
ста́рый, -ая, -ое; **стар, -а́, -о, -ы** old
стать (**I**) (*pf. of* **станови́ться, II**); *fut.* **ста́ну, ста́нешь, -ут**; *past* **стал, -а, -о, -и**; *imper.* **стань, ста́ньте** to become, to get (*once*)
стена́ (*acc.* **сте́ну**, *pl.* **сте́ны**) wall
сто (*gen.* **ста**) (one) hundred
сто́ить (**II**); **сто́ю, -ишь, -ят** (*with acc.*) (*no imper., no pf.*) to cost
    ско́лько э́то сто́ит? how much does that cost?
стол (*gen.* **стола́**) table
столи́ца capital, capital city
столо́вая (*noun, f.*) dining room
сто́лько so much, so many
стоя́ть (**II**) (*pf.* **постоя́ть, II**); **стою́, -и́шь, -я́т**; *imper.* **стой, -и́те** to stand
страна́ (*pl.* **стра́ны**) country (land)
студе́нт student (*m.*)
студе́нтка (*gen. pl.* **студе́нток**) student (*f.*)
стул (*pl.* **сту́лья**) chair (*see ¶ 29-4 a-2*)
стуча́ть (**II**) **стучу́, -и́шь, -а́т** to knock, to rap
суббо́та Saturday
    в суббо́ту on Saturday

суп (*pl.* супы́) soup
сце́на stage (*in a theater*)
счастли́вый, -ая, -ое (*pr.* щастли́вый); сча́стлив, -а, -о, -ы; счаст-
ли́вее happy, fortunate
сча́стье (*pr.* ща́стье) luck, happiness
    к сча́стью fortunately
счита́ть (I); счита́ю, -ешь, -ют to count
США (*pr.* Сэ Ша А) (Соединённые Шта́ты Аме́рики) U.S.A.
сын (*pl.* сыновья́) son (*see* ¶ 29-4 a)
сюда́ here, hither

Т

таба́к (*gen.* табака́) tobacco
так so
    так же как as . . . as
    так . . . как . . . as . . . as
    э́то не так that is not so
та́кже also, in addition, likewise
тако́й, -а́я, -о́е such, such a
такси́ (*n., not decl.*) taxi
    на — in a taxi
там there
та́нец*[fl]* (*gen.* та́нца) dance
танцова́ть (I); танцу́ю, -ешь, -ют to dance
Та́ня (*f.*) (*dim. of* Татья́на, Tatyana) Tanya
тащи́ть (II) *act.*; тащу́, та́щишь, -ат; *past* тащи́л, -а, -о, -и; *imper.*
    тащи́, -и́те to drag, to pull
та́ять (I); та́ю, -ешь, -ют to thaw, to melt
т. е. (то есть) i.e., that is
теа́тр theater
тебе́ (*dat. of* ты) to you
текст text
телеви́зор television set
телефо́н telephone
    позвони́ть по телефо́ну to telephone (*once*)
те́ннис tennis
    игра́ть в те́ннис to play tennis (*see* ¶ 12-3 a)
тепе́рь now
тепло́ (*adv.*) (it is) warm
тёплый, -ая, -ое; тёпел, тепла́, -о́, -ы́; тепле́е warm (*see* ¶ 29-1 d)
тетра́дь (*f.*) notebook, tablet
тётя (*gen. pl.* тётей) aunt
ти́хий, -ая, -ое; тих, тиха́, -о, -и; ти́ше quiet
ти́хо (*adv.*) quiet; quietly
то (*conjunc.*) then, in that case
това́рищ (*instr.* това́рищем, *gen. pl.* това́рищей) comrade, friend (*see* ¶ 8-1)
тогда́ then (*see* Lesson 19, Примеча́ния)
то́же also
Толсто́й (*gen.* Толсто́го) Tolstoy
то́лько only
    как — as soon as

тому́ наза́д ago

тот, та, то; те that (*see ¶ 31-5*)

трава́ grass

тра́ктор tractor

трамва́й streetcar

    е́здить на трамва́е to go by streetcar

три (*gen.* трёх) three

три́дцать (*gen.* тридцати́) thirty

трина́дцать (*gen.* трина́дцати) thirteen

три́ста (*gen.* трёхсо́т) three hundred (*see ¶ 35-1 a*)

тротуа́р sidewalk

тру́бка (*gen. pl.* тру́бок) pipe

тру́дный, -ая, -ое; тру́ден, трудна́, -о, -ы; трудне́е difficult (*see ¶ 29-1 d*)

туда́ (*adv.*) there, thither

    как — е́хать? how is one to go there?

тури́ст tourist

тут here

ту́фля (*gen. pl.* ту́фель) low shoe, slipper

ты́сяча (one) thousand (*see ¶ 35-1 b*)

У

у (*with gen.*) by, at

    у меня́ I have (*see ¶ 11-2*)

    у меня́ нет I do not have (*see ¶ 13-4 b*)

уви́деть (II) (*pf. of* ви́деть, II); *fut.* уви́жу, уви́дишь, -ят; *no imper.* to see, to notice

уговори́ть (II) *pf.; fut.* уговорю́, -и́шь, -я́т to persuade, to manage to persuade

у́гол (*gen.* угла́) corner

    в углу́ in the corner (*see ¶ 13-7*)

удо́бный, -ая, -ое; удо́бен, удо́бна, -о, -ы; удо́бнее comfortable, convenient (*see ¶ 29-1 d*)

удово́льствие pleasure

уе́хать (I) (*pf. of* уезжа́ть, I); *fut.* уе́ду, уе́дешь, -ут; *past* уе́хал, -а, -о, -и; *imper.* уезжа́й, -йте to leave, to go away (*by conveyance, once*)

ужа́сно terribly

уже́ already

у́жин supper

у́жинать (*pf.* поу́жинать, I); у́жинаю, -ешь, -ют to have supper

у́зкий, -ая, -ое; у́зок, узка́, у́зко, узки́ narrow (*see ¶ 29-1 d*)

узнава́ть (I) (*pf.* узна́ть, I); узнаю́, -ёшь, -ю́т to recognize

узна́ть (I) (*pf. of* узнава́ть, I); *fut.* узна́ю, -ешь, -ют to recognize (*once*)

уйти́ (I) (*pf. of* уходи́ть, II); *fut.* уйду́, -ёшь, -у́т; *past* ушёл, ушла́, -о́, -и́; *imper.* уйди́, -и́те to leave, to go away (*on foot, once*)

у́лица street

у меня́ есть I have (*see ¶ 11-2*)

уме́ть (I); уме́ю, -ешь, -ют to know how (*see ¶ 16-4*)

у́мный, -ая, -ое; умён, умна́, -о, -ы́; умне́е smart, intelligent (*see ¶ 29-1 d*)

умываться (I) (*pf.* **умыться**, I); **умываюсь, -ешься, -ются** to wash oneself

умыться (I) (*pf. of* **умываться**, I); *fut.* **умоюсь, -ешься, -ются**; *imper.* **умойся, умойтесь** to wash oneself (*once*)

универмаг department store

университет university

уносить (II); **уношу, уносишь, -ят** to carry away, to carry off

упражнение exercise

Урал Urals

урок lesson

успех success
    делать успехи to make progress
    пользоваться успехом to enjoy success

устал, устала, -о, -и (*past of* **устать**, I *pf.*) tired

усталый, -ая, -ое tired

утро morning
    доброе — good morning
    утром in the morning

уходить (II) (*pf.* **уйти**, I); **ухожу, уходишь, -ят** to leave, to go away (*on foot*)

учебник textbook

учение learning (*noun*)

ученик pupil (*m.*)

ученица pupil (*f.*)

учитель (*m.*) (*pl.* **учителя**) teacher (*m.*) (*see* ¶ 16-5 d)

учительница teacher (*f.*)

учить (II); **учу, учишь, -ат** to learn, to study; to teach (*see* ¶ 26-3 a)

учиться (II) *intrans.*; **учусь, учишься, -атся** to attend school, to study (*see* ¶ 26-3b)
    — (*with dat.*) to study (*something*) (*see* ¶ 26-3 b)

ушёл, ушли he, they went away

уютно it is cozy

уютный, -ая, -ое; **уютен, уютна, -о, -ы**; **уютнее** cozy (*see* ¶ 29-1 d)

Ф

фабрика factory

фамилия (*f.*) surname, last name
    как ваша — what is your last name?

февраль (*m.*) (*gen.* **февраля**) February
    в феврале in February

ферма farm
    на ферме at the farm

фермер farmer

физика (*sing. in Russian*) physics

флаг flag

фортепиано (*n., not decl.*) pianoforte

француз Frenchman

французский, -ая, -ое French (*adj.*)

фрукты (*pl.*) (*sing.* **фрукт**) (*used mostly in pl.*) fruit

футбол football

футболист football player

X

хи́мия chemistry
хлеб bread
ходи́ть (II) *hab.*; **хожу́, хо́дишь, -ят** to go, to come (*on foot*)
    — **в шко́лу** to go to school, to attend school
    — **за** (*with instr.*) to look after
    — **пешко́м** to go on foot
    — **по гора́м** to climb mountains
хо́лодно it is cold
    мне — I am cold (*see* ¶ 18-7)
холо́дный, -ая, -ое; хо́лоден, холодна́, -о, -ы; холодне́е cold (*see* ¶ 29-1 d)
хоро́ший, -ая, -ее; хоро́ш, -а́, -о́, -и́; лу́чше good
хорошо́ (*adv.*) well
хоте́ть (*irr.*); **хочу́, хо́чешь, хо́чет, хоти́м, -и́те, -я́т**; *past* **хоте́л, -а, -о, -и**; *no imper.* to want, to wish (*see* ¶ 5-1)
хоте́ться (I) (*impersonal*); **хо́чется, хоте́лось** to feel like, to want
    мне не хо́чется I do not feel like
хоть (*conjunc.*) at least
хотя́ although

Ц

цара́пать (I); цара́паю, -ешь, -ют to scratch, to claw
ца́рский, -ая, -ое tsarist
цвет (*gen.* **цве́та;** *pl.* **цвета́,** *gen. pl.* **цвето́в**) color
целова́ть (I); целу́ю, -ешь, -ют to kiss

Ч

чай (*m.*) (*gen.* **ча́я,** *pl.* **чай;** *gen. pl.* **чаёв**) tea
ча́йка (*gen. pl.* **ча́ек**) gull
Чайко́вский Tchaikovsky
час hour
    в кото́ром часу́ at what time
    в час дня at one o'clock P.M.
    кото́рый час? what time is it?
ча́сто often, frequently
часы́ (*m. pl.*) (*gen. pl.* **часо́в**) (*used only in pl.*) watch, clock
ча́ще more frequently, oftener
чей, чья, чьё, чьи (*adj. & pron.*) whose (*see* ¶ 34-1)
челове́к (*nom. pl.* **лю́ди,** *gen. pl. after numbers* **челове́к**) man, person
чем (*conjunc.*) than (*see* ¶ 30-3)
че́рез (*with acc.*) across; through, via; in (*lit.,* after the lapse of)
чёрный, -ая, -ое black
четве́рг Thursday
    в — on Thursday
че́тверо four (*see* ¶ 35-3)
че́тверть (*f.*) quarter; a fourth (*see* ¶ 35-4)
четы́ре (*gen.* **четырёх**) four
четы́рнадцать (*gen.* **четы́рнадцати**) fourteen
Че́хов Chekhov

Чика́го (*not decl.*) Chicago
число́ (*pl.* чи́сла, *gen. pl.* чи́сел) number, date
чи́стить (II); чи́щу, чи́стишь, -ят; *imper.* чи́сти, чи́стите to clean
чита́ть (I); чита́ю, -ешь, -ют to read
что what (*see* ¶ 25-3); that
    — но́вого? what's new?
    — с тобо́й what's the matter with you?
что́-нибудь something, anything (*see* ¶ 37-5)
что́-то something (*see* ¶ 37-5)
чтобы in order to, that
чу́вствовать(*pr.* чу́ствовать) (I); чу́вствую, -ешь, -ют to feel
    как она́ себя́ чу́вствует? how is she feeling?
чу́до (*pl.* чудеса́, *gen. pl.* чуде́с, *dat. pl.* чудеса́м) miracle

Ш

Шекспи́р Shakespeare
шёл, шла, шло, шли (*past of* идти́) went
шестна́дцать (*gen.* шестна́дцати) sixteen
шесть (*gen.* шести́) six
    — раз six times (*see* ¶ 19-1 and ¶ 19-2)
шестьдеся́т (*gen.* шести́десяти) sixty
шестьсо́т six hundred (*see* ¶ 35-1 a)
широ́кий, -ая, -ое; широ́к, -а́, -о́, -и́; ши́ре wide
шко́ла school
    ходи́ть в шко́лу to attend school
шко́льный, -ая, -ое school (*adj.*)
шля́па hat
шокола́д (*no pl.*) chocolate
шу́ба fur coat
шум (*no pl.*) noise
шу́мный, -ая, -ое noisy

Э

экза́мен examination
эмбле́ма emblem
э́то this
    — всё that is all
э́тот, э́та, э́то, э́ти this (*see* ¶ 31-5)

Ю

ю́бка (*gen. pl.* ю́бок) skirt

Я

я I
явля́ться (I) (*with instr.*); явля́юсь, -ешься, -ются to be, to appear
язы́к (*gen.* языка́; *pl.* языки́) language
янва́рь (*m.*) (*gen.* января́) January
    в январе́ in January
я́сно clearly, distinctly
я́сный, -ая, -ое; я́сен, ясна́, -о, -ы; ясне́е clear (*see* ¶ 29-1 d)

ENGLISH-RUSSIAN VOCABULARY

The *English-Russian Vocabulary* contains Russian equivalents of English words used in *Simplified Russian Grammar*, as well as some references to important grammatical rules and unusual nominative and genitive plurals of nouns. For more detailed information, always refer to the *Russian-English Vocabulary*.

The *Russian-English Vocabulary* includes numerous references to important grammatical rules. It should be consulted whenever there is any doubt about pronunciation, stress, the declension of nouns, adjectives, pronouns, and numerals, or the conjugation of verbs.

Irregularities in stress and in the formation of the genitive singular and the nominative and genitive plural of nouns are indicated in the *Russian-English Vocabulary*. The short forms of adjectives used in this text, as well as the simple comparative forms, are also given in the *Russian-English Vocabulary*, together with the long forms of adjectives. The imperfective and perfective infinitives are always given in pairs, if both aspects have occurred in any of the lessons. In addition, the present tense and the perfective future are always given, as well as other forms which are irregular in the respective verbs.

A

able, to be **мочь (I)**; **смочь (I)** *pf.*
about **о, об, обо** (*with prep.*); **о́коло** (*with gen.*); **по** (*with dat.*); **про** (*with acc.*)
above **над** (*with instr.*)
ache, aches (*v.*) **боли́т, боля́т**
according to **по** (*with dat.*)
acquaintance **знако́мый** (*m.*) (*noun, decl. like adj.*)
across (*crossing*) **че́рез** (*with acc.*)
act (*noun*) **акт**
act, to **де́йствовать (I)**
acting (*noun*) **игра́**
actor **актёр**
actress **актри́са**
addition, in . . . **та́кже**; **кро́ме** (*with gen.*)
address **а́дрес**
Africa **А́фрика**
after **по́сле** (*with gen.*); **по́сле того́, как**
 — (*to follow*) **за**
 — classes **по́сле заня́тий**
 — school **по́сле заня́тий**
 — that **по́сле э́того**
afterwards **пото́м**
again **опя́ть**
 once — **ещё раз**
 over — **снача́ла** (*adv.*)
against (*opposed to*) **про́тив** (*with gen.*)

ago тому́ наза́д
ah! ах!
air во́здух
airplane самолёт
Alexander Алекса́ндр
Alexandra Алекса́ндра
all все
    — this всё э́то
      that is — э́то всё
      not at — совсе́м не
all the same всё-таки
all the time все (*here adv.*)
almost почти́
alone оди́н, одна́, одно́, *pl.* одни́
along по (*with dat.*); вдоль (*with gen.*)
already уже́
also та́кже, то́же
although хотя́
always всегда́
America Аме́рика
American (*noun, m.*) америка́нец[я]; (*noun, f.*) америка́нка; (*adj.*) америка́нский, -ая, -ое
amidst среди́ (*with gen.*)
among в числе́, среди́ (*with gen.*); ме́жду (*with instr.*)
and и, а
    both . . . and . . . и . . . и
Andreyevich Андре́евич (*lit.*, son of Andrew)
Andreevna Андре́евна
Anne А́нна
another друго́й, -а́я, -о́е (*adj. & pron.*)
answer (*noun*) отве́т
answer, to отвеча́ть (I); отве́тить (II) *pf.*
    to . . . questions отвеча́ть на вопро́сы
anything что́-нибудь
apartment кварти́ра
appear, to явля́ться (I); появля́ться (I) *pf.*
appointment свида́ние
April апре́ль (*m.*)
    in . . . в апре́ле
armchair кре́сло
around вокру́г (*with gen.*)
arrive, to (*on foot*) приходи́ть (II); придти́ (I) *pf.*
    (*by conveyance*) приезжа́ть (I); прие́хать (I) *pf.*
art иску́сство
as как
as . . . as . . . так . . . как . . .; так же . . . как . . .
as if как бу́дто
Asia А́зия
ask, to (*request*) проси́ть (II); попроси́ть (II) *pf.*
    to ask a question зада́ть вопро́с
    to ask (*questions*) спра́шивать (I); задава́ть (I) вопро́сы
    to ask (*once*) спроси́ть (II) (*pf. of* спра́шивать, I)

asleep, to fall **засыпа́ть (I)**; **засну́ть (I)** *pf.*
assemble, to (*once*) **собра́ться (I)** *pf.*
assign, to; to — a task **задава́ть (I)**; **зада́ть (I)** *pf.*
at **у** (*with gen.*), **в** (*with prep.*)
— (*attached to*) **при** (*with prep.*)
— (*connected with*) **при** (*with prep.*)
— (*during*) **за** (*with instr.*)
— (*the time of*) **при** (*with prep.*)
at last **наконе́ц**
attend, to **посеща́ть (I)**
to attend school **ходи́ть (II) в шко́лу, учи́ться (II)**
August **а́вгуст**
in — **в а́вгусте**
aunt **тётя**
Australia **Австра́лия**
automobile **автомоби́ль** (*m.*)
autumn **о́сень** (*f.*)
in — **о́сенью** (*adv.*)

B

back (*adv.*) **обра́тно**
bad (*adj.*) **плохо́й, -а́я, -о́е**
badly **пло́хо**
baggage **бага́ж**
ball **мяч**
to play — **игра́ть в мяч**
ballet **бале́т**
barn **сара́й**
based on **по** (*with dat.*)
Basil **Ва́ся** (*m.*)
basketball **баскетбо́л**
bathe, to (*oneself*) **купа́ться (I)**
be, to **быть** (*irr.*); **быва́ть (I)**; **явля́ться (I)**
beautiful **краси́вый, -ая, -ое**
because **потому́ что**
become, to **станови́ться (II)**; **стать (I)** *pf.*
bed (*bedding*) **посте́ль** (*f.*)
to stay in — **лежа́ть в посте́ли**
bedroom **спа́льня**
beer **пи́во**
before **до** (*with gen.*); **пе́ред** (*with instr.*); **за** (*with acc.*)
begin, to **начина́ть (I)**; **нача́ть (I)** *pf.*; **нача́ться (I)** *pf.* (*intrans.*)
beginning (*noun*) **нача́ло**
from the — **снача́ла** (*adv.*)
behind (*direction*) **за** (*with acc.*)
— (*location*) **за** (*with instr.*)
— (*for time*) **позади́**
beloved **люби́мый, -ая, -ое**
the most — **наилюби́мейший, -ая, -ее**
beside **во́зле** (*with gen.*)
besides **кро́ме** (*with gen.*)
— that **кро́ме того́**

best (*adj.*) лучший, -ая, -ее
better (*adj.*) лучший, -ая, -ее
   (*adv.*) лучше
   I feel better мне лучше
between между (*with instr.*)
beverage напиток[fl]
beyond за (*with instr.*)
big большой, -ая, -ое
bigger больший, -ая, -ее
biggest больший, -ая, -ее
bird птица
birth рождение
birthday день рождения
black чёрный, -ая, -ое
blackboard доска
blouse блузка
blow, to дуть (I)
blue синий, -яя, -ее
   (of) — (*color*) синего цвета
Bolshoi Theater Большой театр
book (*noun*) книга
   (*adj.*) книжный, -ая, -ое
boring скучный, -ая, -ое
   it is — скучно
Boris Борис
born, to be родиться (II) *pf.*
both оба (*m. & n.*); обе (*f.*)
both . . . and . . . и . . . и . . .
bottle бутылка
bought, which was — купленный, -ая, -ое (*see* ¶ 38-3 c)
boy мальчик
bread хлеб
breakfast завтрак
   for — на завтрак
   to have — завтракать (I); позавтракать (I) *pf.*
bring, to (*by carrying*) приносить (II)
   (*by conveyance*) привозить (II); привезти (I) *pf.*
   (*by leading*) привести (I) *pf.*
brother брат
building здание
bus автобус
but а, но
butter масло
buy, to покупать (I); купить (II) *pf.*
by у (*with gen.*); мимо (*with gen.*); к (*with dat.*); по (*with dat.*)

C

call, to call by name звать (I)
   —, to hail позвать (I) *pf.*
called, to be называться (I)
calm, it is спокойно
calmly спокойно (*adv.*)

camp **ла́герь**
candy **конфе́ты** (*pl.*)
    piece of candy **конфе́та**
capital (*city*) **столи́ца**
card **ка́рта**
    to play cards **игра́ть в ка́рты**
carpet **ковёр**ᶠˡ
carriage, railway **ваго́н**
carry, to **носи́ть** (**II**) *hab.*; **нести́** (**I**) *act.*
    (*by conveyance*) **вози́ть** (**II**) *hab.*; **везти́** (**I**) *act.*
carry away, to **уноси́ть** (**II**)
carry off, to **уноси́ть** (**II**)
case, in that — **то**
cat **ко́шка**
Caucasus **Кавка́з**
ceiling **потоло́к**ᶠˡ
celebrate, to **пра́здновать** (**I**)
    to celebrate New Year's Eve **встреча́ть но́вый год**
century **век**
certain **некото́рый, -ая, -ое**
certainly **непреме́нно**
chair **стул**
    armchair **кре́сло**
chalk **мел**
change, to **меня́ть** (**I**)
change, to change one's residence **переезжа́ть** (**I**); **перее́хать** (**I**) *pf.*
character *principal character* (*in a literary work*) **геро́й**
cheap **дешёвый, -ая, -ое**; **дёшево**
cheerful **весёлый, -ая, -ое**
    it is — **ве́село**
Chekhov **Че́хов**
chemistry **хи́мия**
Chicago **Чика́го** (*not decl.*)
childhood **де́тство**
children **де́ти**
chocolate **шокола́д**
citizen **граждани́н**
citizeness **гражда́нка**
class **класс**
classroom **класс**
classic (*noun*) **кла́ссик** (*refers to persons*)
claw, to **цара́пать** (**I**)
clean, to **чи́стить** (**II**)
clear **я́сный, -ая, -ое**
clearly **я́сно**
climb mountains, to **ходи́ть** (**II**) **по гора́м**
clock **часы́** (*m. pl.; used only in pl.*)
close, to **закрыва́ть** (**I**); **закры́ть** (**I**) *pf.*
clothes **оде́жда**
coat **пальто́** (*n.*) (*not decl.*)
    fur coat **шу́ба**
coffee **ко́фе** (*m., not decl.*)

cold **холóдный, -ая, -ое**
    I am — **мне хóлодно**
    — (*in the head*) **нáсморк**
color **цвет** (*pl.* **цветá**)
combine (*noun*) **комбáйн**
come, to (*on foot*) **приходи́ть** (**II**); **придти́** (**I**) *pf.*
    (*by conveyance*) **приезжáть** (**I**); **приéхать** (**II**) *pf.*
    to come back **возвращáться** (**I**)
    to come back (*once*) **верну́ться** (**I**) *pf.*
come, to (*of time*) **наступи́ть** (**II**) *pf.*
come running, to **прибежáть** (**II**) *pf.*
comfortable **удóбный, -ая, -ое**
compose, to **сочинять** (**I**)
composer **композитор**
composition **сочинéние**
comrade **товáрищ**
concerning **о, об, обо ; про**
concert **концéрт**
continent **континéнт**
continually **всё, всё врéмя**
continue, to **продолжáть** (**I**) *trans.*
convenient **удóбный, -ая, -ое**
conversation **разговóр**
converse, to **разговáривать** (**I**)
convey, to (*to cart*) **вози́ть** (**II**) *hab.*; **везти́** (**I**) *act.*
corner **у́гол**ᶠˡ
    in the — **в углу́**
correct **прáвильный, -ая, -ое**
    (*right*) **прáвый, -ая, -ое ; прав, -á, -о, -ы**
correctly **прáвильно** (*adv.*)
cost, to **стóить** (**II**)
cottage, summer — **дáча**
cough **кáшель**ᶠˡ (*m.*)
count, to **считáть** (**I**)
country **дерéвня**
    (land) **странá**
    (*adj.*) **деревéнский, -ая, -ое**
    to go to the — **éхать на дáчу, éхать в дерéвню**
course (*of study*) **курс**
course, of — **конéчно**
cover a distance, to (*in a vehicle, once*) **проéхать** (**I**) *pf.*
cow **корóва**
cozy **ую́тный, -ая, -ое**
    it is — **ую́тно**
culture **культу́ра**
curious **любопы́тный, -ая, -ое**
curtain **зáнавес**

D

dance, to **танцовáть** (**I**)
dance (*noun*) **тáнец**ᶠˡ
daughter **дочь** (*f.*) (*see* ¶ **26-1**)

day день*fl* (*m.*)
    a day, per day в день (*see* ¶ 12-3 d)
    — off выходной день
    rest — выходной день
daytime, in the днём
dear милый, -ая, -ое; дорогой, -ая, -ое
dearer дороже
December декабрь (*m.*)
    in — в декабре
department store универмаг
desk письменный стол
dessert десерт
    for — на десерт
dictionary словарь (*m.*)
    to use a — пользоваться словарём
different разный, -ая, -ое
difficult трудный, -ая, -ое
diligent прилежный, -ая, -ое
diligently прилежно
dine, to обедать (I); пообедать (I) *pf.*
dining room столовая
dinner обед
    to have — обедать (I); пообедать (I) *pf.*
director директор
dishes посуда (*sing. in Russian*)
dislike, to не любить (II)
displeased (with) недовольный, -ая, -ое (*with instr.*)
dissatisfied (with) недовольный, -ая, -ое (*with instr.*)
distinctly ясно
divan диван
do, to делать (I); сделать (I) *pf.*
doctor доктор
dog собака
dollar доллар
done, is . . . делается (*see* ¶ 38-4 b)
door дверь (*f.*)
down по (*with dat.*)
drag, to тащить (II) *act.*
dream (*noun*) сон*fl*
    to — видеть (II) сон*fl*
dress oneself, to одеваться (I)
dressed одетый, -ая, -ое
drink (*noun*) напиток*fl*
drink, to пить (I)
drive, to править (II) (*with instr.*)
drive out, to выехать (I) *pf.*
drop in, to (*in passing, on foot*) заходить (II); зайти (I) *pf.*
duet дуэт

E

each каждый, -ая, -ое
    — other друг друга

early (*adv.*) ра́но
earn, to зараба́тывать (I); зарабо́тать (I) *pf.*
earth земля́
easy (*adj.*) лёгкий, -ая, -ое
    (*adv.*) легко́
eat, to есть (*irr.*); пое́сть (*irr.*) *pf.*; ку́шать (I)
eight во́семь
eighteen восемна́дцать
eighty во́семьдесят
eleven оди́ннадцать
Elijah Илья́ (*m.*)
emblem эмбле́ма
end, to конча́ться (I); ко́нчиться (II) *pf.* (*intrans., used mostly in the 3d person*)
end (*noun*) коне́ц*fl*
endeavor, to стара́ться (I)
engage, to (*once*) пригласи́ть (II) *pf.*
engineer инжене́р
English англи́йский, -ая, -ое
    in — (*adv.*) по-англи́йски
        English-Russian англо-ру́сский
Englishman англича́нин
Englishwoman англича́нка
enter, to входи́ть (II); войти́ (I) *pf.*
entire весь, вся, всё, все
entirely совсе́м
envelope конве́рт
especially осо́бенно
Europe Евро́па
European европе́йский, -ая, -ое
even да́же, и
evening ве́чер
    in the — ве́чером
evenings по вечера́м
every ка́ждый, -ая, -ое
everybody все
everything всё
examination экза́мен
excellent прекра́сный, -ая, -ое
    most — прекра́снейший, -ая, -ее
except кро́ме (*with gen.*)
excuse, to прости́ть (II) *pf.*
exercise упражне́ние
expensive дорого́й, -а́я, óе
    more — доро́же
explain, to объясня́ть (I); объясни́ть (II) *pf.*

F

face лицо́
factory фа́брика
fail, without — непреме́нно
fairy tale ска́зка

fall (*noun*) **о́сень**
    — (*adj.*) **осе́нний, -яя, -ее**
    in the — **о́сенью**
fall asleep, to **засыпа́ть (I); засну́ть (I)** *pf.*
family **семья́**
far (*adv.*) **далеко́**
    as — as **до** (*with gen.*)
    not — **недалеко́**
farewell **проща́й, проща́йте**
farm **фе́рма**
farmer **фе́рмер**
fast (*adj.*) **ско́рый, -ая, -ое**
    (*adv.*) **бы́стро**
    the clock is — **часы́ спеша́т**
fastidious **разбо́рчивый, -ая, -ое**
father **оте́ц**[*fl*]
favorite **люби́мый, -ая, -ое**
February **февра́ль** (*m.*)
    in — **в феврале́**
feel, to **чу́вствовать (I)**
feel like, to **хоте́ться (I)** *impersonal;* **захоте́ть** (*irr.*) *pf.*
feel sorry, to **жале́ть (I)**
fever **жар**
few, a **не́сколько** (*adv. with gen. pl.*); **не́которые**
field **по́ле**
fifteen **пятна́дцать**
fifty **пятьдеся́т**
final **после́дний, -яя, -ее**
find, to **находи́ть (II); найти́ (I)** *pf.*
fine (*adj.*) **прекра́сный, -ая, -ое**
    — (*adv.*) **прекра́сно**
finish, to **конча́ть (I); ко́нчить (II)** *pf.*
first **пе́рвый, -ая, -ое**
    at — **снача́ла** (*adv.*)
    for the — time **в пе́рвый раз**
fish **ры́ба**
five **пять**
flag **флаг**
floor **пол**
fluently **свобо́дно**
fly, to **лете́ть (II)** *act.*
flying (*adj.*) **летя́щий, -ая, -ее** (*see* ¶ **38-2 а**)
folk (*adj.*) **наро́дный, -ая, -ое**
foodstuff **проду́кты** (*pl.*)
foot **нога́**
    on — **пешко́м**
    to go on — **ходи́ть (II) пешко́м, идти́ (I)пешко́м**
football **футбо́л**
    — player **футболи́ст**
for **за** (*with acc.*); **для** (*with gen.*) (for somebody's sake); **за** (*with instr.*) (to fetch); **к** (*with dat.*) (*see* ¶ **40-2**); **на** (*with acc.*) (extent of time) (*see* ¶ **40-3**); **за** (*with instr.*) (*see* ¶ **40-4**)

foreigner **иностра́нец**[fl]
forest **лес**
forget, to **забыва́ть (I)**; **забы́ть (II)** *pf.*
forgive (*imper.*) **извини́, извини́те**
forgive, to **прости́ть (II)** *pf.*
fortunate **счастли́вый, -ая, -ое**
fortunately **к сча́стью**
forty **со́рок**
founder **основа́тель** (*m.*)
four **четы́ре**; **че́тверо** (*collective numeral*)
fourteen **четы́рнадцать**
fourth, a **че́тверть** (*f.*)
free **свобо́дный, -ая, -ое**
freely **свобо́дно**
French (*adj.*) **францу́зский, -ая, -ое**
    in — **по-францу́зски**
Frenchman **францу́з**
frequent, to **быва́ть (I)**
frequently **ча́сто**
    more — **ча́ще**
Friday **пя́тница**
    on — **в пя́тницу**
friend **друг, това́рищ, подру́га** (*f.*)
from **от** (*with gen.*); **из** (*with gen.*); **с (со)** (*with gen.*); **у** (*with gen.*)
    — off **с (со)**
front, in — of **пе́ред** (*with instr.*)
fruit **фру́кты** (*pl.*)
fur coat **шу́ба**
furniture **ме́бель** (*f.*)
further **да́льше** (*adv.*)
future (*adj.*) **бу́дущий, -ая, -ее**

G

game **игра́**
garden **сад**
gather, to (*once*) **собра́ться (I)** *pf.*
gathering (*noun*) **собра́ние**
gay **весёлый, -ая, -ое**
    it is gay **ве́село**
gentlemen **господа́** (*pl.*)
genuine **настоя́щий, -ая, -ее**
get, to **получа́ть (I)**; **получи́ть (II)** *pf.*; **станови́ться (II)**; **стать (I)**
    pf.; **достава́ть (I)**
    — (*somewhere, by chance, once*) **попа́сть (I)** *pf.*
get on, to **пожива́ть (I)**
get up, to **встава́ть (I)**; **встать (I)** *pf.*
gift **пода́рок**[fl]
    as a — **в пода́рок**
    to give gifts **де́лать пода́рки**
girl **де́вушка**
    little — **де́вочка**

give, to дава́ть (I); дать (*irr.*) *pf.*; задава́ть (I)
    to give gifts де́лать (I) пода́рки
give away, to (*once*) отда́ть (*irr.*) *pf.*
glad рад, -а, -о, -ы
gladly охо́тно
glass (drinking) стака́н
go, to ходи́ть (II) *hab.*; идти́ (I) пойти́ (I); е́хать (I) (*by vehicle*) *act.*
    — away (*on foot*) уходи́ть (II); уйти́ (I)
    — by проходи́ть (II); пройти́ (I) *pf.*
    — by streetcar е́здить (I) на трамва́е
    — in for занима́ться (I) *intrans.* (*with instr.*)
    — into (*on foot, once*) войти́ (I)
    — out (*on foot, once*) вы́йти (I)
    — to the country е́хать в дере́вню; е́хать на да́чу
    — up to (*once*) подойти́ (I) *pf.*
Gogol Го́голь (*m.*)
"Golden Cockerel, The" "Залото́й петушо́к"
good (*adj.*) хоро́ший, -ая, -ее
    (*adv.*) хорошо́
goodbye до свида́ния
good evening до́брый ве́чер
grammar грамма́тика
grandfather де́душка
grandmother ба́бушка
grandson внук
grasp, to (comprehend) поня́ть (I)
grass трава́
gray се́рый, -ая, -ое
great вели́кий, -ая, -ое
greatest велича́йший, -ая, -ее
green зелёный, -ая, -ое
greeting приве́т
Grisha Гри́ша
group гру́ппа
guest гость (*m.*)
guide гид
gull ча́йка

H

hail, to (*once*) позва́ть (I) *pf.*
half полови́на
hall зал
halt, to остана́вливаться (I); останови́ться (II) *pf.*
hand рука́
happiness сча́стье
happy счастли́вый, -ая, -ое
hat шля́па
haunt, to не дава́ть (I) поко́я
have, I — у меня́ есть
have to, to до́лжен, должна́, -о́, -ы́
he он

head голова́
healthy здоро́вый, -ая, -ое
hear, to слы́шать (II); услы́шать (II) pf.
Helen Еле́на (dim. Ле́на)
heat, to греть (I)
hello алло́; здра́вствуй, здра́вствуйте
hence отсю́да
her (possessive) её
here (direction) сюда́
    (location) здесь, тут
    — is, are вот
    from — отсю́да
hero геро́й
high (adj.) высо́кий, -ая, -ое;
    (adv.) высоко́
hinder, to меша́ть (I)
his (possessive) его́
history исто́рия
hither сюда́
hold, to держа́ть (II); подержа́ть (II) pf.
holiday пра́здник
holidays, school — кани́кулы (f., pl.; used only in pl.)
home (homeward) домо́й
    summer — да́ча
    at — до́ма
hope (noun) наде́жда
hope, to наде́яться (I)
horse ло́шадь (f.)
horseback, to ride е́здить на ло́шади, е́здить верхо́м, е́здить верхо́м на
    ло́шади
hot жа́рко (adv.) (used esp. of weather);
    горя́чий, -ая, -ее (used of objects or emotions, see ¶ 12-1 a-2)
hotel гости́ница
hotel room но́мер
hour час
house дом
    summer — да́ча
how как
    — do you do здра́вствуйте
    — many, much ско́лько
hundred, one сто
hungry голо́дный, -ая, -ое
hurry, to спеши́ть (II)
husband муж

I

I я
i.e. т. е. (то есть)
if е́сли; е́сли бы
Ilyich Ильи́ч (lit., son of Илья́ Elijah)
imagination воображе́ние

immediately **сейча́с же, сра́зу**
important **ва́жный, -ая, -ое**
impossible, it is — **не мо́жет быть ; нельзя́**
in **в (во)** (*with prep.*); **че́рез** (*with acc., lit., after the lapse of*); **по** (*with dat.*);
    за (*with acc.*) (*period of time*); **к** (*with dat.*); **при** (*with prep.*) (*in the presence of*)
indisposed **нездоро́вый, -ая, -ое**
inexpensive **дешёвый, -ая, -ое ; дёшево**
inspect, to **осмотре́ть (II)** *pf.*
instead of **вме́сто** (*with gen.*)
instance, for — **наприме́р**
    as for — **как, наприме́р**
intelligent **у́мный, -ая, -ое**
interest (*noun*) **интере́с**
interest, to **интересова́ть (I)**
interested, to be — in **интересова́ться (I)** (*with instr.*)
interesting **интере́сный, -ая, -ое**
    it is — **интере́сно**
into **в (во)** (*with acc.*)
Intourist **Интури́ст**
invite, to (*once*) **пригласи́ть (II)** *pf.*
Irene **Ири́на**
Irkutsk **Ирку́тск**
it **оно́** (*n.*)
Ivan **Ива́н**
Ivanov **Ивано́в**
Ivanovna **Ива́новна**

J

Jack **Ва́ня** (*m.*)
jam (preserves) **варе́нье**
January **янва́рь** (*m.*)
    in — **в январе́**
jar **ба́нка**
Johnny **Ва́ня** (*m.*)
July **ию́ль** (*m.*)
    in — **в ию́ле**
jump, to (*once*) **пры́гнуть (I)** *pf.*
June **ию́нь** (*m.*)
    in — **в ию́не**
junior **мла́дший, -ая, -ее**

K

Karenin **Каре́нин**
Karenina **Каре́нина**
keep, to **держа́ть (II)** (*pf.* **подержа́ть, II**)
keep from, to (to interfere) **меша́ть (I)**
Kiev **Ки́ев**
kiss, to **целова́ть (I)**
knock, to **стуча́ть (II)**
know, to **знать (I)**

know how, to уме́ть (I)
known, well — изве́стный, -ая, -ое
Kremlin Кремль (*m*.)

L

ladies and gentlemen господа́
lady да́ма
lag behind, to отстава́ть (I)
lake о́зеро
lamp ла́мпа
lamp shade абажу́р
land (*noun*) земля́
language язы́к
large большо́й, -а́я, -о́е; вели́кий, -ая, -ое
last про́шлый, -ая, -ое; после́дний, -яя, -ее
last, at — наконе́ц
late (*adv*.) по́здно
laugh, to смея́ться (I)
laughter, to burst into — засмея́ться (I) *pf.*
lazy лени́вый, -ая, -ое
leaf лист
learn, to учи́ть (II)
learning (*noun*) уче́ние
least, at — хоть (*conjunc*.)
    not in the — совсе́м не
leave (*noun*) о́тпуск
leave, to (*by conveyance, once*) вы́ехать (I) *pf.*; уе́хать (I) *pf.*
    (*on foot*) выходи́ть (II); вы́йти (I) *pf.*
leave (somebody), to оставля́ть (I); оста́вить (II) *pf.*
lecture (*noun*) ле́кция
leg нога́
Leningrad Ленингра́д
less ме́нее; ме́ньше
lesson уро́к
let (him, her, them) пусть (*see* ¶ 23-1)
    — us дава́й, -йте (*see* ¶ 23-1)
letter письмо́
library библиоте́ка
lie, to лежа́ть (II); полежа́ть (II) *pf.*
life жизнь
    all one's — всю жизнь
light (*adj*.) лёгкий, -ая, -ое
like, to люби́ть (II); нра́виться (II); понра́виться (II) *pf.*
likely наве́рно
likewise та́кже
liking, to take a — to понра́виться (II) *pf.*
listen to, to слу́шать (I); послу́шать (I) *pf.*
literature литерату́ра
little (*adv*.) ма́ло
    (*adj*.) ма́ленький, -ая, -ое; ма́лый, -ая, -ое
little, a — немно́го

live, to жить (**I**)
living room гости́ная
lobby вестибю́ль (*m.*)
located, to be находи́ться (**II**)
long дли́нный, -ая, -ое
long ago давно́ (*adv.*) (*preceding the moment of speech*)
    for a — time до́лго (*adv.*)
    how — как до́лго
look, to смотре́ть (**II**)
look at, to смотре́ть (**II**) на (+ *acc.*)
look, to take a — посмотре́ть (**II**)
look after, to ходи́ть за (+ *instr.*)
look over, to (*once*) осмотре́ть (**II**) *pf.*
loudly гро́мко
love (*noun*) любо́вь (*see* Russian-English Vocabulary)
love, to люби́ть (**II**)
lovely ми́лый, -ая, -ое
luck сча́стье

M

magazine журна́л
mail по́чта
    by — по по́чте
mama ма́ма
man мужчи́на (*m.*)
    (*person*) челове́к
    (*people*) лю́ди
    old man стари́к
manager (*of an industrial plant*) дире́ктор заво́да
manner о́браз
    in some — каки́м-то о́бразом
many мно́гие (*adj. pl.*)
    — a one мно́гие (*adj. pl.*)
    — a time не ра́з
    how — ско́лько
    so — сто́лько
    — thanks большо́е спаси́бо
map ка́рта
March март
    in — в ма́рте
Mary Мэ́ри (*not decl.*)
Masha Ма́ша
mathematics матема́тика
matter, what's the — with you? что с тобо́й?
mausoleum мавзоле́й (*m.*)
    The Lenin Mausoleum Мавзоле́й Ле́нина
May май
    in — в ма́е
may one мо́жно
    one — not нельзя́
meanwhile за э́то вре́мя
meat мя́со (*no pl.*)

meet, to **встречáть** (I) *trans.;* **встрéтить** (II) *pf.;* **встречáться** (I) *recip.*
meeting (*noun*) **собрáние ; свидáние**
melody **мелóдия**
melt, to **тáять** (I)
"Mermaid, The" "**Русáлка**"
Michael **Михаи́л** (*dim.* **Ми́ша**)
milk **молокó**
million **миллиóн**
minute **минýта**
miracle **чýдо**
Misha **Ми́ша** (*m.; dim of* **Михаи́л**)
mistake **оши́бка**
Mr. **господи́н**
Mrs. **госпожá**
Monday **понедéльник**
     on — **в понедéльник**
money **дéньги** (*f. pl.; used only in pl.*)
month **мéсяц**
more **ещё, бóльше, бóлее** (*adv.*)
morning **ýтро**
     in the — **ýтром**
Moscow (*noun*) **Москвá**
     (*adj.*) **москóвский, -ая, -ое**
Moscow Art Theater **Москóвский Худóжественный теáтр** (МХТ)
most (*super.*) **сáмый, -ая, -ое**
     — of all **бóльше всегó**
mother **мать**
mountain **горá**
     to climb mountains **ходи́ть по горáм**
mouth **рот**^{fl}
move, to **переезжáть** (I) ; **переéхать** (I) *pf.*
movies **кинó** (*not decl.*)
much **мнóго ; горáздо** (*with comp.*)
     how — **скóлько**
     not — **мáло**
     so — **стóлько**
     too — **сли́шком**
music **мýзыка**
must **дóлжен, должнá, -ó, -ы́**
my **мой, моя́, моё ;** *pl.* **мои́** (*adj. & pron.*)

N

name **и́мя** (*n.*)
named, to be **называ́ться** (I)
narrow **ýзкий, -ая, -ое**
native **роднóй, -áя, -óе**
nature (*physical*) **прирóда**
near **óколо** (*with gen.*); **вóзле** (*with gen.*)
nearly **почти́**
necessary **нýжен, нужнá, -о, -ы́**
     it is — **нýжно**

neighbor сосе́д (*m*.), сосе́дка (*f*.)
neither . . . nor ни . . . ни
Nemirovich-Danchenko Неми́ро́вич-Да́нченко
nephew племя́нник
never никогда́
— again никогда́ бо́льше
new но́вый, -ая, -ое
what's —? что но́вого?
New Year's Eve, to celebrate — встреча́ть (I) но́вый год
New York Нью-Йо́рк
newspaper газе́та
next to во́зле (*with gen.*)
Nicholas Никола́й
niece племя́нница
night ночь
at — но́чью
Nikitin Ники́тин
nine де́вять
nineteen девятна́дцать
ninety девяно́сто
no нет
no one никто́ (*pron.*)
nobody никто́ (*pron.*)
noise шум
noisy шу́мный, -ая, -ое
not не
— at all совсе́м не
— in the least совсе́м не
notebook тетра́дь (*f*.)
nothing ничего́
novel (*noun*) рома́н
November ноя́брь (*m*.)
in — в ноябре́
Novikov Но́виков
now тепе́рь, сейча́с
nowhere (*direction*) никуда́
number число́; но́мер
nurse ня́ня
nursemaid ня́ня

O

obliged to до́лжен, должна́, -о́, -ы́
obtain, to достава́ть (I)
occasion (*time*) раз
October октя́брь (*m*.)
in — в октябре́
of из (*with gen.*)
made — из (*with gen.*)
office конто́ра
often ча́сто
oftener ча́ще

oh ax
old ста́рый, -ая, -ое
   — man стари́к
older ста́рший, -ая, -ее
on на (*with acc. & prep.*); по (*with dat.*); над (*with instr.*)
once оди́н раз
    at — сейча́с же
    more than — не ра́з
    not — ни ра́зу
one оди́н, одна́, одно́
    at — P.M. в час дня
one's own свой, своя́, своё, свои́ (*applies to all persons*) (*see* ¶ 17-3)
oneself себя́ (*reflex. pron.*)
only то́лько
open, to открыва́ть (I); откры́ть (I) *pf.*
opera о́пера
opposite про́тив (*with gen.*)
or и́ли
order, in — to что́бы
Othello Оте́лло
other друго́й, -а́я, -о́е, -и́е (*adj. & pron.*)
our, ours наш, на́ша, на́ше, на́ши
out of из (*with gen.*)
   — town (*direction*) за́ город
outing прогу́лка
over над (*with instr.*)
    (*for time*) позади́
overcoat пальто́ (*n., not decl.*)
own (*native*) родно́й, -а́я, -о́е
own, one's — свой, своя́, своё, свои́ (*applies to all persons*) (*see* ¶ 17-3)

P

pale бле́дный, -ая, -ое
paper бума́га
parade пара́д
pardon (*imper. of* извини́ть) извини́, извини́те
parents роди́тели (*m., pl.*)
park парк
particular разбо́рчивый, -ая, -ое
pass, to проходи́ть (II); пройти́ (I) *pf.*
   — (*to transmit, once*) переда́ть (*irr.*) *pf.*
pass by, to (*in a vehicle*) прое́хать (I) *pf.*
past (*adv.*) ми́мо (*with gen.*)
    (*adj.*) про́шлый, -ая, -ое
peace (*rest*) поко́й
pen перо́
pencil каранда́ш
people лю́ди
people's (*adj.*) наро́дный, -ая, -ое
per в (*with acc.*)
performance (*as on a stage*) спекта́кль (*m.*)

perhaps мо́жет быть
person челове́к; *pl.* лю́ди
persuade, to уговори́ть (II) *pf.*
Peter Пётр
Petrov Петро́в
Petya Пе́тя (*m.*)
phone, to (*once*) позвони́ть (II) *pf.* по телефо́ну
phonograph record пласти́нка
physics фи́зика
piano роя́ль (*m.*)
    to play the — игра́ть на роя́ле
pianoforte фортепиа́но
pick up, to (*once*) подня́ть (I) *pf.*
picnic пикни́к
picture карти́на
    a — is playing идёт карти́на
pipe тру́бка
pity, it is a — жаль
    what a — как жаль
place ме́сто
plant (*industrial*) заво́д
    — manager дире́ктор заво́да
play (*for the stage*) пье́са; to see a — смотре́ть (II) пье́су
play, to игра́ть (I); поигра́ть (I) *pf.*;
    — ball игра́ть в мяч
    — cards игра́ть в ка́рты
    — tennis игра́ть в те́ннис
    — the piano игра́ть на роя́ле
    — the violin игра́ть на скри́пке
pleasant прия́тный, -ая, -ое
    it is — прия́тно
please пожа́луйста
    to — нра́виться (II)
pleased (with) дово́льный, -ая, -ое (*with instr.*)
pleasure удово́льствие
pocket карма́н
poet поэ́т
politics поли́тика
poor бе́дный, -ая, -ое
    (*bad*) плохо́й, -а́я, -о́е
poorly пло́хо
position, to be in — to мочь (I); смочь (I) *pf.*
possible, it is — мо́жно
post office по́чта
poultry пти́ца (*collective*)
prefer, to предпочита́ть (I)
prepare, to приготовля́ть (I); пригото́вить (II) *pf.*
    — for an examination гото́виться (II) к экза́мену
    — oneself гото́виться (II)
preserves (jam) варе́нье
professor профе́ссор
progress, to make — де́лать (I) успе́хи

promise, to **обещáть** (**I**) *both imp. & pf.*
pronunciation **произношéние**
provisions **продýкты** (*pl.*)
pull, to **тащи́ть** (**II**) *act.*
pupil (*m.*) **учени́к**
    (*f.*) **учени́ца**
Pushkin **Пýшкин**
    — Street **Пýшкинская ýлица**
put, to (*in a horizontal position*) **класть** (**I**); **положи́ть** (**II**) *pf.;*
    (*in a vertical position*) **постáвить** (**II**) *pf.*

Q

quarter, a **чéтверть** (*f.*)
question **вопрóс**
quick **скóрый, -ая, -ое**
quiet **ти́хий, -ая, -ое**
quietly **ти́хо**
    (calmly) **спокóйно**
quite **довóльно**

R

railway carriage **вагóн**
railway station **вокзáл**
rain **дождь** (*m.*)
    it is raining **идёт дождь**
rap, to (to knock) **стучáть** (**II**)
rapidly **бы́стро**
rarely **рéдко** (*adv.*)
rather **довóльно**
reach, to (*a place, on foot, once*) **дойти́** (**I**) *pf.*
read, to **читáть** (**I**)
    — (awhile) **почитáть** (**I**) *pf.*
    — (through) **прочитáть** (**I**) *pf.*
ready **готóвый, -ая, -ое**
real **настоя́щий, -ая, -ее**
really? **рáзве** (*used to suggest disbelief or wonder on the part of the speaker*)
reason, for some — **почемý-то**
recall, to **вспоминáть** (**I**)
receive, to **получáть** (**I**); **получи́ть** (**II**) *pf.*
recently **недáвно**
recognize, to **узнавáть** (**I**); **узнáть** (**I**) *pf.*
recollect, to **вспоминáть** (**I**)
record (phonograph) **пласти́нка**
red **крáсный, -ая, -ое**
Red Square **Крáсная плóщадь**
regards **привéт**
regret, to **жалéть** (**I**)
relate, to **расскáзывать** (**I**); **рассказáть** (**I**) *pf.*
reluctantly **неохóтно**

remarkable замечáтельный, -ая, -ое
remember, to пóмнить (II)
remodelling ремóнт
repairs ремóнт
repeat, to повторя́ть (I)
repetition повторéние
request, to проси́ть (II); попроси́ть (II) *pf.*
rest óтдых; покóй
    to give no — не давáть (I) покóя
    — day выходнóй день
rest, to отдыхáть (I)
restaurant ресторáн
return, to (*frequently*) возвращáться (I)
return, to (*once*) вернýться (I) *pf.*
review, to повторя́ть (I)
rich богáтый, -ая, -ое
ride, to éздить (II)
    — horseback éздить (II) верхóм
right прáвильный, -ая, -ое; прáвый, -ая, -ое
    the clock is — часы́ идýт прáвильно
ring, to (*once*) позвони́ть (II) по телефóну
rise, to вставáть (I); встать (I) *pf.*
river рекá
road дорóга
    on the — в дорóге
room кóмната
    hotel — нóмер
    living — гости́ная (*noun, f.*)
ruble рубль (*m.*)
rug ковёр*fl*
rule прáвило
run, to (*once*) побежáть (II) *pf.*
run to, to (*once*) прибежáть (II) *pf.*
running, to start — побежáть (II) *pf.*
"Ruslan and Ludmilla" "Руслáн и Людми́ла"
Russia Росси́я
Russian (*noun*) рýсский, -ая
    (*adj.*) рýсский, -ая, -ое
    in — по-рýсски (*adv.*)
    — language рýсский язы́к

S

sad печáльный, -ая, -ое
sake, for the — of рáди (*with gen.*)
same, it's all the — to me мне всё равнó
sandwich сáндвич
Sasha Сáша (*dim. of* Алексáндр, Alexander)
satisfied (with) довóльный, -ая, -ое (*with instr.*)
Saturday суббóта
    on — в суббóту

say, to говори́ть (II); сказа́ть (I) pf.
    they — говоря́т
school (noun) шко́ла
    (adj.) шко́льный, -ая, -ое
    to attend — ходи́ть (II) в шко́лу; учи́ться (II)
scratch, to цара́пать (I)
season вре́мя го́да
seat ме́сто
    to take a — сади́ться (II); сесть (I) pf.
seated, to be сиде́ть (II)
secret секре́т
see, to ви́деть (II); уви́деть (II) pf.
    — (to watch something) смотре́ть (II);
    — a play смотре́ть (II) пье́су
seem, to каза́ться (I) intrans. (with pred. instr.)
seemingly как бу́дто
seldom ре́дко (adv.)
self себя́ (reflex. pron.)
sell, to (once) прода́ть (irr.) pf.
send, to (once) присла́ть (I) pf.
senior ста́рший, -ая, -ее
September сентя́брь (m.)
    in — в сентябре́
Sergeyevich Серге́евич (lit., son of Серге́й, Sergius)
serve, to подава́ть (I)
set out, to (by conveyance) пое́хать (I) pf.
    (on foot, once) пойти́ (I) pf.
seven семь
seventeen семна́дцать
seventy се́мьдесят
several не́сколько (adv. with gen. pl.)
Shakespeare Шекспи́р
shade, lamp — абажу́р
she она́
shelf по́лка
shine, to свети́ть (II)
shirt руба́шка
shoe, low — ту́фля
shore бе́рег
    on the — на берегу́ (see ¶ 13-7)
short коро́ткий, -ая, -ое
shout, to крича́ть (II); закрича́ть (II) pf.
show (noun) спета́кль (m.)
show, to пока́зывать (I); показа́ть (I) pf.
show window витри́на
shut, to закрыва́ть (I); закры́ть (I) pf.
Siberia Сиби́рь (f.)
sick больно́й, -а́я, -о́е
sidewalk тротуа́р
silent, to become — замолча́ть (II) pf.
simplicity простота́
simply про́сто

sing, to **петь** (**I**)
singing, to begin **запе́ть** (**I**) *pf.*
singing (*noun*) **пе́ние**
sister **сестра́**
sit, to **сиде́ть** (**II**); **посиде́ть** (**II**) *pf.*
sit down, to **сада́ться** (**II**); **сесть** (**I**) *pf.*
situated, to be **находа́ться** (**II**)
six **шесть**
six hundred **шестьсо́т**
sixteen **шестна́дцать**
sixty **шестьдеся́т**
skirt **ю́бка**
sky **не́бо** (*pl.* **небеса́**)
sleep (*noun*) **сон** fl
    to sleep **спать** (**II**);
    to sleep (*awhile*) **поспа́ть** (**II**) *pf.*
sleigh **са́ни** (*f., pl.; used only in pl.*)
slipper **ту́фля**
slow, the clock is — **часы́ отстаю́т**
slowly **ме́дленно**
small **ма́ленький, -ая, -ое**; **ма́лый, -ая, -ое**
smaller **ме́ньший, -ая, -ее**
smallest **ме́ньший, -ая, -ее**
smart **у́мный, -ая, -ое**
Smith **Смит**
smoke, to **кури́ть** (**II**)
snow **снег**
so **так**
    is that — **вот как!**
    that is not — **э́то не так**
sock **носо́к** fl
sofa **дива́н**
sold (*adj.*) **про́данный, -ая, -ое**
soldier **солда́т**
some **некото́рый, -ая, -ое**; **како́й-то**
somebody **кто́-то**; **кто́-нибудь**
somehow **каки́м-то о́бразом**
something **что́-то**; **что́-нибудь**
sometimes **иногда́**
son **сын** (*pl.* **сыновья́**)
song **пе́сня**
soon **ско́ро**
    as — as **как то́лько**
sorry, to feel **жале́ть** (**I**)
    — (*about something*) **жале́ть** (**I**) о
soup **суп**
Soviet (*adj.*) **сове́тский, -ая, -ое**
Spaniard **испа́нец** fl
Spanish (*adj.*) **испа́нский, -ая, -ое**
    in — **по-испа́нски** (*adv.*)
speak, to **говори́ть** (**II**); **сказа́ть** (**I**) *pf.*
spend time, to **проводи́ть** (**II**); **провести́** (**I**) *pf.*

splendid **прекра́сный, -ая, -ое**
sport **спорт**
spring (*season*) **весна́**
    (*adj.*) **весе́нний, -яя, -ее**
square (*public*) **пло́щадь** (*f.*)
    Red Square **Кра́сная пло́щадь**
stage (*in a theater*) **сце́на**
stand, to **стоя́ть (II)**; **постоя́ть (II)** *pf.*
Stanislavsky **Станисла́вский**
start, to (*once*) **нача́ться (I)** *pf.*, *intrans.*
station (*railway*) **вокза́л**
stay home, to **сиде́ть (II) до́ма**
stick **па́лка**
still (*adv.*) **ещё**
stop, to **остана́вливаться (I)**; **останови́ться (II)** *pf.*
stop by, to (*in passing, by conveyance*) **заезжа́ть (I)**; **зае́хать (I)** *pf.*;
  — (*in passing, on foot*) **заходи́ть (II)**; **зайти́ (I)** *pf.*
store **магази́н**
    department — **универма́г**
story **расска́з**
    — (fairy tale) **ска́зка**
street **у́лица**
streetcar **трамва́й**
    to go by — **е́здить (II)**; **е́хать (I) на трамва́е**
strong **си́льный, -ая, -ое**
strongly **си́льно**
student **студе́нт** (*m.*); **студе́нтка** (*f.*)
studies **заня́тия** (*n. pl.*)
study, to **изуча́ть (I)**; **занима́ться (I)** *intrans.*; **учи́ть (II)**; **учи́ться (II)** *intrans.*
success **успе́х**
    to enjoy — **по́льзоваться (I) успе́хом**
such, such a **тако́й, -а́я, -о́е -и́е**
suddenly **вдруг**
suit **костю́м**
summer (*noun*) **ле́то**
    (*adj.*) **ле́тний, -яя, -ее**
    in the — **ле́том** (*adv.*)
summer cottage **да́ча**
summer home **да́ча**
summit **верши́на**
sun **со́лнце** (*n.*)
Sunday **воскресе́нье**
    on — **в воскресе́нье**
supper **у́жин**
    to have — **у́жинать (I)**; **поу́жинать (I)** *pf.*
surely **наве́рно**
surname **фами́лия**
    what is your — ? **как ва́ша фами́лия?**
''Swan Lake'' ''**Лебеди́ное о́зеро**''
sweater **сви́тер**
symphony **симфо́ния**

T

table **стол**
tablet **тетра́дь** (*f.*)
take, to **брать** (I); **взять** (I) *pf.*
tale, fairy — **ска́зка**
talk, to **говори́ть** (II); **поговори́ть** (II) *pf.*
    to begin to — **заговори́ть** (II) *pf.*
tall **высо́кий, -ая, -ое**
Tanya **Та́ня** (*dim. of* **Татья́на**)
tasty **вку́сный, -ая, -ое**
    — (thing) **вку́сное** (*noun, n.*)
taxi **такси́** (*n., not decl.*)
    in a — **на такси́**
Tchaikovsky **Чайко́вский**
tea **чай**
teach, to **учи́ть** (II) (*see* ¶ 26-3 a)
teacher (*m.*) **учи́тель**
    (*f.*) **учи́тельница**
telephone **телефо́н**
telephone, to (*once*) **позвони́ть** (II) **по телефо́ну**
television set **телеви́зор**
tell, to **расска́зывать** (I)
temperature (*fever*) **жар**
ten **де́сять**
tennis **те́ннис**
    to play — **игра́ть в те́ннис**
terribly **ужа́сно**
text **текст**
textbook **уче́бник**
than **чем**
thank you **спаси́бо**
thanks **спаси́бо**
that **что** (*rel. pron.*); **тот, та, то, те**
    — is **т. е.** (**то есть**)
thaw, to **та́ять** (I)
theater **теа́тр**
    movie — **кино́** (*n., not decl.*);
    Bolshoi Theater **Большо́й теа́тр**
then **пото́м**; **тогда́**; **то** (*conjunc.*)
    — (*emphatic*) **же**
    but — **зато́**
there (*location*) **там**
    — (*direction*) **туда́**
    — is **есть**
    — is (are) not **нет**
therefore **поэ́тому**
thing **вещь** (*f.*)
think, to **ду́мать** (I); **поду́мать** (I) *pf.*
thirteen **трина́дцать**
thirty **три́дцать**
this; these **э́тот, э́та, э́то, э́ти**
thither **туда́**

thousand, a ты́сяча
three три
three hundred три́ста
throat го́рло
through че́рез (*with acc.*)
Thursday четве́рг
    on — в четве́рг
tight у́зкий, -ая, -ое
time вре́мя (*n.*)
    (*occasion*) раз
    all the — всё вре́мя
    at that — тогда́
    at what — в кото́ром часу́
    for a long — до́лго
    for the first — в пе́рвый раз
    how quickly — passes как бы́стро идёт вре́мя
    it is — пора́ (*noun*)
    on — во́-время
    to spend — проводи́ть, провести́ вре́мя
tired (*adj.*) уста́лый, -ая, -ое
    (*verb form*) уста́л, -а, -о, -и
to на (*with acc.*)
    — (*into*) в (*with acc.*)
    — (*towards*) к (*with dat.*)
    — (*up to, until*) до (*with gen.*)
tobacco таба́к
today сего́дня
    for — на сего́дня
together вме́сте (*adv.*)
Tolstoy Толсто́й
tomorrow за́втра ;
    — evening за́втра ве́чером
tonight сего́дня ве́чером
too сли́шком
    — much сли́шком
top верши́на
tourist тури́ст (*m.*); тури́стка (*f.*)
towards к (*with dat.*)
town го́род
    out of — (*direction*) за́ город
tractor тра́ктор
train по́езд
    by — по́ездом
translate, to переводи́ть (II)
translation перево́д
transmit, to переда́ть (*irr.*) *pf.*
tree де́рево (*pl.* дере́вья)
trip, on a — в доро́ге
true, it is — that пра́вда что
truth пра́вда
try, to стара́ться (I)
tsarist ца́рский, -ая, -ое

Tuesday **вто́рник**
   on — **во вто́рник**
twelve **двена́дцать**
twenty **два́дцать**
two **два** (*m. & n.*), **две** (*f.*); **дво́е** (*collective numeral*)
two hundred **две́сти**

U

ugly **некраси́вый, -ая, -ое**
unattractive **некраси́вый, -ая, -ое**
uncle **дя́дя** (*m.*)
under **под**
understand, to **понима́ть** (**I**); **поня́ть** (**I**) *pf.*
unfortunate (*poor*) **бе́дный, -ая, -ое**
unfortunately **к сожале́нию**
university **университе́т**
until **пока . . . не**; **до**
Urals **Ура́л**
use, to **по́льзоваться** (**I**) (+ *instr.*)
U.S.A. **США**
U.S.S.R. **СССР**
usually **обыкнове́нно, обы́чно**

V

vacation **кани́кулы** (*f. pl., used only in pl.*); **о́тпуск**
various **ра́зный, -ая, -ое**
Vasya **Ва́ся** (*m.*)
Vera **Ве́ра**
Verochka **Ве́рочка**
very **о́чень**; **же** (*emphatic*)
via **че́рез** (*with acc.*)
village **дере́вня**
violin **скри́пка**
   to play the — **игра́ть на скри́пке**
visit, to (*once*) **посети́ть** (**II**) *pf.*
   — (*often*) **быва́ть** (**I**)
Vladivostok **Владивосто́к**
voice **го́лос**
Volga **Во́лга**
Volgograd **Волгогра́д**
volleyball **волейбо́л**
Votkinsk **Во́ткинск**

W

wait, to **ждать** (**I**)
walk (*outing*) **прогу́лка**
walk, to **ходи́ть** (**II**) *hab.*; **идти́** (**I**) *act.*
   — (*for pleasure*) **гуля́ть** (**I**)
   — (*on foot*) **ходи́ть** (**II**) **пешко́м**
   to take a — **гуля́ть** (**I**); **погуля́ть** (**I**) *pf.*
wall **стена́**

want, to **хотéть** (*irr.*); **хотéться** (I) *impersonal*
    — (*suddenly*) **захотéть** (*irr.*)
warm (*adj.*) **тёплый, -ая, -ое**
    it is — **теплó**;
    to — **греть** (I)
wash, to **мыть** (I); **помыть** (I) *pf.*
    — oneself **умывáться** (I); **умыться** (I) *pf.*
Washington **Вашингтóн**
watch **часы** (*m. pl.; used only in pl.*)
water **водá**
way (*road*) **дорóга**
    (*manner*) **óбраз**
    by the — **кстáти** (*adv.*)
    in some — **каким-то óбразом**
weather **погóда**
Wednesday **средá**
    on — **в срéду**
week **недéля**
weep, to **плáкать** (I)
    to begin to — **заплáкать** (I) *pf.*
well (*adj.*) **здорóвый, -ая, -ое**
    — (*adv.*) **хорошó**
    — (*exclamation*) **ну**
    very — (*adv.*) **прекрáсно**
    not — (*adj.*) **нездорóвый, -ая, -ое**
went away, he, they **ушёл, ушли**
western **зáпадный, -ая, -ое**
what **что; как**
    — a, — kind of **какóй, -áя, -óе; -úе**
    — for **зачéм**
    — is new? **что нóвого?**
    — time is it? **котóрый час?**
when **когдá**
where **где**
    — to **кудá**
whether **ли** (*interr. particle*) (*see* ¶ 18-1)
which (*adj.*) **котóрый, -ая, -ое**
    (*pron.*) **какóй, -áя, -óе, -úе**
while **покá**
white **бéлый, -ая, -ое**
whither **кудá**
who **кто**
    — is this? **кто э́то?**
whole **весь, вся, всё, все**
whose **чей, чья, чьё, чьи**
why **почемý, зачéм**
wide **широкий, -ая, -ое**
wife **женá**
willingly **охóтно**
wind **вéтер**[1]
window **окнó**
    show — **витрина**

wine **вино́**
winter (*season*) **зима́**
    (*adj.*) **зи́мний, -яя, -ее**
    all — **всю зи́му**
    in the — **зимо́й** (*adv.*)
wish, to **хоте́ть** (*irr.*)
with **с** (*with instr.*)
without **без** (*with gen.*)
woman **же́нщина**
wood (forest) **лес**
word **сло́во**
work (*noun*) **рабо́та**
work, to **рабо́тать** (I); **порабо́тать** (I) *pf.*
world **мир**
write, to **писа́ть** (I); **написа́ть** (I) *pf.*
writer **писа́тель** (*m.*)
writing (*adj.*) **пи́сьменный, -ая, -ое**
    — table **пи́сьменный стол**

Y

year **год**
    last — **в про́шлом году́**
yes **да**
yesterday **вчера́**
you **ты** (*fam.*), **вы** (*pl. & pol. sing.*)
young **молодо́й, -а́я, -о́е**
younger **мла́дший, -ая, -ее**
your, yours (*adj. & pron.*) **твой, твоя́, твоё, твой** (*fam.*)
    ваш, ва́ша, ва́ше, ва́ши (*pl. & pol. sing.*)

Z

Zhenia **Же́ня** (*dim. of* **Евге́ния**)
Zhukov **Жу́ков**

INDEX

INDEX

(The first number in each case refers to the lesson; the second number to the specific paragraph in the lesson)